21世纪应用心理学系列教材

名誉主编　张厚粲　杨玉芳

主　　编　孙健敏

HEALTH PSYCHOLOGY

健康心理学

主编◎郑莉君　副主编◎石向实　赵　晶

中国人民大学出版社

·北京·

序言（一）

德国心理学家艾宾浩斯说："心理学有一个漫长的过去，却只有一个短期的历史。"尽管在2 500多年以前古希腊时代的柏拉图、亚里士多德等和我国的孔子、孟子等大思想家们都有大量关于人性和心身关系之类的重要论述，但是那些都属于哲学思想的范畴，只有从1879年冯特在莱比锡大学创建了世界上第一个心理实验室开始，心理学才被认为是一门独立的学科，从哲学中分离出来。心理学成为独立的学科至今不过130多年。冯特对心理学贡献巨大，他不只在德国成立心理学实验室，使心理学成为一门独立的科学，同时他还广收学生，为世界各国培养了第一代心理学家，其中也包括了我国学者蔡元培。

20世纪初，心理学从西方传入我国，首先是1917年在北京大学建立实验室，1921年成立中国心理学会，在众多老一代心理学家的共同努力下，曾一度蓬勃发展，30年代在人员、机构、出版物等诸多方面都迅速增长，出现了中国心理学的第一个繁荣时期。抗日战争爆发后，心理学与我国的其他学科一样都发展变慢，年轻的心理学更因本来就人数不多的学者大多南迁，受到更大的影响。新中国成立以后，心理学的教学被停止，研究受到批判，开始进入它特有的曲折坎坷的长期发展历程。"文革"期间心理学被打成伪科学，使其陷入了一个更深的低谷。直到70年代末，心理学才又重新恢复发展。经过了30多年的奋斗，心理学从过去的冷门到现在的热门学科。我在心理学领域工作了60多年，亲眼见证了心理学在我国发展的起伏变化。从对心理学的热爱到与学科一起受打击挨批判，几经波折，心理学在中国终于得到了认可和欢迎，现在受国家重视，大力提倡研究并推广应用，并且我国的心理学在国际上也赢得了应有的地位。中国心理学自20世纪80年代加入国际心理科学联合会以来，我国学者已经担任过三届国际心理科学联合会副主席，至今仍有一位在执委会工作。目前在学习国际先进科学技术，大力开展认知神经科学等实验研究的同时，有意识地发扬东方文化传统，体现我国特色，中国心理学的发展前景无限光明。

教学是培养新生力量的基本途径。20世纪80年代初历经苦难保留下来的中国心理学工作者为数很少，恢复初期以显示心理学的科学性质、赢得社会认可为主要目标，集中力量加强心理学基础，在实证研究与理论探讨方面做出了一系列成绩并取得胜利，培养的人才大多数正是现代中国心理学的领军人物。改革开放以后，社会发展经济转型，心理学也开始走向社会，加强联系实际，首先是在教育、医学、军事等几个新中国成立前已有一定基础的领域，从事研究、应用和推广。取得的初步成绩不仅提高了心理学能够为社会服务的知识和能力，还更加明确了意义、增强了信心。心理学应用范围日益扩大：教育改革中推行素质教育、加强幼儿教育、培养创新型人才，教育考试改革、实行公务员考试、企业和部队等各行各业的人员选拔，我国体育健儿为国争光、在各种运动项目上的出色表现等等，都包含着心理学应用做出的贡献。近年来心理健康问题引起了社会的广泛关注，心理咨询与心理治疗迅速发展，已成为心理学应用的一个重要分支。此外，在以人为本的政策指引下，工程、管理、司法、消费等领域的心理学应用也在不断地迅速发展壮大。心理学的作用和取得的成绩受到国家的重视和人民的欢迎，为了进一步向更高水平前进，培养新生力量的教学工作自然就提上了日程。

近年来教育部每年都在十几所高等院校新增心理学专业。现在国内共有300余所院校开设心理学系或专业，其中除80多所院校开设的是心理学专业外，其余的200多所开设的都是应用心理学专业，从这一点也反映出社会对心理学人才的需求，应该更多更快地培养出学以致用的应用型人才。为实现此目的，除进行适合应用心理学专业的科学的课程设置外，还应开发符合不同实践领域的应用型教材。鉴于国内应用心理学学科发展的需要，中国人民大学出版社组织了这套“21世纪应用心理学系列教材”，本套教材以国内应用心理学学科发展比较成熟的分支为线索，力求反映应用心理学各个分支最前沿的理论和成果；其作者都是在特定的学科领域内具有多年教学经验和科研成果的学者，有非常坚实的学科知识积淀和丰富的教学经验。套书还根据国内应用心理学发展的现状及人才培养的需要，在人力资源与管理和心理健康与咨询这两个相对更成熟的分支学科上进一步挖掘和拓展，做到进一步细分。总之，本套丛书在借鉴国外应用心理学发展成果的基础上，充分反映了国内应用心理学发展的需求与现状，以加强学科知识基础为出发点，以有效应用于实践为落脚点，做到了理论与实践的紧密结合。衷心希望本套丛书的出版，能够为我国应用心理学的发展做出自己的贡献。

张厚粲

2014年4月13日

序言（二）

心理学研究人的心理与行为。心理行为既有生物学基础，又受到社会文化环境的影响。因而，心理学兼具自然科学和社会科学的双重属性，在人类社会发展中具有重要而又独特的地位。

由于研究对象的复杂性，心理学研究的多层次和多角度并存。心理学对心理行为的研究可以分为三个层次，一是神经生理学层次，探索神经系统产生心智的机制；二是个体层次，探索个体的行为和心理活动，以及发展过程中的心智结构及功能特点；三是社会层次，研究人与社会情景交互影响，以及不同社会文化环境下心智活动的差异。心理学对基本主题的研究采用了不同的视角，包括结构、发展、比较、内容、进化等。结构视角注重研究对象的结构和形式。发生和发展的视角关注心理结构和功能随时间推移所发生的变化过程，解释心理行为的发生和发展，以及认知老化的过程和规律。内容视角研究已有心理结构内部的特殊成分对心理行为的影响。比较的视角研究个体之间以及群体之间的差异。进化的视角关注心理结构的来源，以及随着功能的变化而发生的适应和选择。这些研究视角在不同的研究层次上都有所体现。

按照心理学研究的不同层次、研究者采用的不同视角，心理学学科体系可以划分为不同的分支和领域。认知心理学注重人的意识和认知过程的研究，如注意、知觉、表象、记忆、思维和语言等。认知心理学不仅是一个学科分支，而且是心理学整体研究的理论和方法学基础。生物心理学主要探讨心理活动的生理基础，研究脑与行为的演化、脑的结构功能与行为的关系等。发展心理学主要研究人类在毕生发展过程中心理的变化过程及其规律。社会心理学研究个体和群体的社会心理现象。文化心理学强调不同文化条件下的心理特点和行为，主要研究心理与文化的关系，不同文化下的心理行为的比较等。

对心理学理论和方法的应用深入到社会生活的各个领域，形成了庞大的应用心理学的分支学科群。临床心理学通过心理咨询与治疗帮助病人纠正自己的精神和行为障碍，更有效地适应环境。教育心理学研究教学过程和学习的一般规律，侧重于研究正常学生群体的心理规律，是教师进行教学活动的重要依据。组织心理学以组织中的人作为特定的研究对象，致力于最大限度地调动人的积极性和创造性，共同实现管理目标。工程心理学研究人—机—环境系统，探求工程技术设计与人的身心特点的匹配，提高系统效率、保障人机安全和实现有效而舒适的工作环境。法律心理学是建立在法学和心理学基础之上的应用学科，研究与法律有关的心理活动和规律。心理学应用中比较成熟的分支学科还有军事心理学、运动心理学、健康心理学等等。在传统的应用领域不断发展并取得丰硕成果的同时，心理学的应用正在延伸到越来越广泛的社会领域，为社会性问题的解决发挥着独特的作用。

20 世纪初，科学心理学就已经开始在我国传播。但是，直到改革开放之后心理学才获得稳定和高速发展。至今我国已经拥有 300 多个心理学研究和教学机构，遍布全国各省市。研究内容涵盖了心理学几乎所有传统和新兴分支领域。在某些基础研究领域，已经达到或者接近国际领先的研究水平。进入新世纪以来，中国心理学工作者在国际优秀刊物上发表的论文数量不断增加。心理学应用研究主要集中于临床心理学、心理咨询与治疗、组织管理心理学、军事心理学和运动心理学等，其成果为社会建设与经济发展做出了贡献。

尽管如此，我国心理学研究的整体水平和规模，与发达国家相比，还有很大差距。尽快提高心理学的科学研究水平、加强原创性研究，提高心理学专业人才的培养数量与质量，发挥心理学科在国民经济和社会发展中的作用，是我国心理学科未来发展的重要任务。我国正处于社会与经济发展的转型期，各类矛盾凸显。中国社会和历史的独特性，为心理学的创新与发展提供了广阔的空间和舞台。心理学家应该具有社会责任感，对重大社会现实问题从心理学角度提出科学系统的解决办法，提高应用研究的针对性和时效性。人才是科学研究的关键，是一个学科的研究水平和未来走向的决定因素。目前我国心理学人才的培养，在数量和质量上都有待提高。培养目标、培养模式以及课程设置和教学方法等，与国外相比存在很大差距。尽快提高我国心理学专业人才的培养质量和数量，是未来心理学科发展的必要条件。

与基础心理学相比，应用心理学的发展或许有自己独特的规律和条件，因而在学科体系中具有特殊地位。它的形成与发展通常以社会需求为牵引，以心理学与相关学科的交叉与融合为基础。在不同社会生活领域的应用，为心理学研究提出许多新鲜课题。应用性成果所产生的效益和影响，又为心理学赢得更好的社会文化与政策环境。

本套“21世纪应用心理学系列教材”立足于应用心理学的国际发展趋势，服务于我国应用心理学的学科建设，它的编撰和出版，必将有助于我国应用心理学教学和应用性人才的培养，也有助于应用心理学自身的发展与繁荣。

杨玉芳

2014年3月

序言（三）

应用心理学在我国的普及和流行，近年来出现了突飞猛进的趋势。国内已经有340多所院校设置了心理学本科专业，其中绝大部分是应用心理学专业。根据国家教育部的学科设置，应用心理学属于心理学的二级学科，与基础心理学和发展与教育心理学并列。作为一个二级学科，应用心理学在人才培养和科学研究方面，都面临着难得的机遇和相当大的挑战。首先，对于什么是应用心理学，还缺乏一个统一的定义。其次，应用心理学所涉及的领域十分广泛，例如教育、法律、咨询、运动等，是把不同领域的知识和技能整合到一个专业里，还是在一个统一的“大帽子”下侧重不同的专业领域，这是应用心理学人才培养和课程设置中亟待解决的问题。最后，社会上对应用心理学的需求十分旺盛，需要各种人才去解释和解决现实中的问题，而我们的研究和人才培养，无论从质量上还是从数量上，尚不能完全满足这种不断增长的社会需求。

《韦伯斯特大辞典》对应用心理学的定义是：心理学的分支之一，试图把心理学原理应用到教育、工业或市场领域的实际问题中。

百度百科提供的定义是：应用心理学是心理学中迅速发展的一个重要学科分支。由于人们在工作及生活方面的需要，多种主题的相关研究领域形成心理学学科。应用心理学研究心理学基本原理在各种实际领域中的应用，包括工业、工程、组织管理、市场消费、社会生活、医疗保健、体育运动，以及军事、司法、环境等各个领域。随着经济、科技、社会和文化的迅速发展，应用心理学有着日益广阔的前景。

维基百科对应用心理学没有提出标准的定义，而且声明，现在提供的信息（截至2013年12月底）不属于百科全书式的说明，只是个人观点的表达，希望有人能进行补充和完善。其定义是：应用心理学是心理学原理和理论在克服真实生活情境中的问题中的应用。心理健康、组织心理学、企业管理、教育、健康、产品设计、工效学、法律等是几个应用心理学原理和科学发现的典型领域。还有一些应用心理学领域，包括临床心理学、咨询心理学、进化心理学、工业与组织心理学、法律心理学、神经心理学、职业健康心理学、人的因素（人—因工程，也叫工效学）、法医心理学、工程心理学、学校心理学、运动心理学、交通心理学、社区心理学、医学心理学。另外，普通心理学中的一些专门的领域也有应用的分支，例如应用社会心理学、应用认知心理学等。但是，专门的分支领域和主要的应用心理学分类的界限常常是模糊不清的。例如，人的因素心理学家必须使用认知心理学理论，这可以称为人—机因素心理学，也可以称为应用认知心理学。

成立于1892年的美国心理学学会（APA），属于全球最大的心理学专业学会，拥有54个分会，13万多名会员（包括国际会员）。其研究问题和分会的设立，大多都是属于应用心理学或与应用有关的学科，例如：社会问题的心理学研究（第9分会）、临床心理学（第12分会）、工业与组织心理学（第14分会）、学校心理学（第16分会）、军事心理学（第19分会）、消费者心理学（第23分会）、健康心理学（第38分会）、传媒心理与技术（第46分会）、创伤心理学（第56分会）。

1920年，国际应用心理学会正式成立，标志着这个学科的学术地位得到普遍认同。

目前有来自80多个国家和地区的会员1 500多人，共有18个分会（包括一个学生分会，即第15分会）。实际上，应用心理学的出现，远比国际应用心理学会的成立要早。闵斯特伯格（Hugo Munsterberg）被认为是应用心理学的创始人。19世纪末，他从德国到了美国，开始研究哲学。但他对心理学领域的广泛兴趣，使他的研究都多集中在社会现实的心理问题上，例如目的心理学、社会心理学、法庭心理学等。他发表了多篇关于证词、法庭程序与认罪等方面的文章，1908年出版了《证人的立场》（*On the Witness Stand*）一书。次年，应用心理学部合并到哈佛大学心理学实验室。

100多年来，应用心理学的研究和人才培养在世界各地都有了长足进展，心理学家在社会生活的各个领域发挥的作用越来越大。但在我国，由于各种原因，心理学的学科建设和发展经历了很多挫折和磨难，应用心理学的发展更是步履蹒跚。随着我国经济和社会各方面的发展，对应用心理学的需求逐渐凸显出来，人们对心理问题的关注，政府对心理科学的重视，为应用心理学的发展提供了难得的机遇。

遗憾的是，目前我们还没有一套能够既反映国际前沿的发展趋势和研究成果，又能结合中国实际的适当的应用心理学教材。尽管国内已经出版了几种版本的应用心理学丛书，但还不能完全满足各类高校在课程设置、专业选择、师资开发和提升等方面的广泛需求，广大师生还期望有更多的高质量的教材。

在这种背景下，中国人民大学心理学系两年前与中国人民大学出版社协商，邀请国内应用心理学各领域学有专长的老师，编写一套相对体现前沿研究成果和中国实际、针对心理学专业本科生的应用心理学教材。本套教材的编写原则是兼顾综合性和专业性、科学性和实用性、先进性和现实性、学术性与实践性，尽量使师生们在课程设置和内容取舍方面可以根据自己的特点进行必要的选择和组合。

中国人民大学心理学系是相对年轻的系，但心理学在中国人民大学却有着长久的历史，从20世纪50年代开始的心理学研究生班开始，到80年代在社会学系发展起来的社会心理学专业和后来的国内第一个社会心理学博士点的设立，以及在经济、管理和法律等相关领域的心理学应用研究和人才培养，在某种程度上形成了一些特色。2013年第一届21名本科生已经顺利毕业，其中11人考取了海外大学的博士或硕士留学生，9人考取了国内的研究生，1人顺利就业。这一成绩的取得，是我们在本科生教学和人才培养上贯彻中国人民大学培养"厚重人才"的指导思想的结果，也是我们以科研促教学、打好基础、培养顶尖人才的教学思想的体现。我们愿意与国内兄弟院系的同行一起，团结合作，探索和完善应用心理学人才培养的成功之道。

本套丛书的策划和出版，得到了我国著名心理学家张厚粲教授、杨玉芳教授的大力支持和悉心指导。两位前辈不仅同意做名誉主编，而且身体力行，在百忙之中指导丛书的选题，为丛书推荐作者，多次参与讨论和审定编写大纲，并为本套丛书撰写序言。前辈严谨的学术态度和敬业精神，使我们深受教育。

本套丛书从策划、编写到出版，得到了来自全国各地的各位作者的大力支持。我作为主编，在此向各位作者表示衷心的感激和敬意！

本套丛书的策划编辑张宏学，更是不遗余力，对丛书的编写、出版做出了重要贡献。

恳请丛书的读者和使用者提出意见和建议，使我们不断改进和完善。

孙健敏

2014年4月16日

作者简介

郑莉君，教授，硕士生导师，现任杭州师范大学发展与教育心理学硕士学位点负责人。兼任浙江省社会心理学会副会长，2000 年至 2006 年任中国科学技术协会全国委员会委员。多年来从事发展与教育心理学，心理卫生与心理健康教育研究。主持和参与多项国家、省部级科研课题。主编、参编著作 8 部，发表学术论文 50 余篇，其中多篇论文被中国人民大学复印报刊资料《心理学》全文转载、2 篇被 SSCI 收录。1997 年获曾宪梓教育基金会高等师范院校教师奖，1997 年获省级优秀科技工作者荣誉称号，2000 年大学生心理健康研究的最终成果获省级社会科学优秀科研成果一等奖，2001 年获全国优秀科技工作者荣誉称号。

石向实，现任杭州师范大学研究员，兼任浙江省社会心理学会会长、中国社会心理学会常务理事、中国社会科学院社会心理研究中心特聘研究员。

赵晶，现任浙江外国语学院教育技术中心主任助理，文科实验中心主任。参与国家社科基金教育学项目 1 项，参与省部级课题 3 项，主持厅级课题 5 项。在《心理科学》、《心理学探新》、《中国临床心理学杂志》、《外国教育研究》等期刊上发表论文 30 余篇，参与撰写著作 2 部。

前言

幸福生活、健康长寿是人类社会中个体普遍追求的目标。因此，如何营造有利于人类生存的绿色环境，如何营造良好的社会氛围从而使人类健康、幸福地生活已成为社会高度关注的课题。学科的产生和发展离不开社会的需要，随着经济和科技的发展，人类社会进入一个崭新的时代，人们在物质生活基本满足的基础上，对精神生活有了新的追求。健康心理学正是为了满足人们的精神需求和心理学科分化、整合的需要而诞生的。健康心理学是从个体心理发展的视角，结合现代社会心理问题，探讨个体和群体维护心理健康的方法与策略，以期提升个体幸福生活的学科。健康心理学尝试从人生发展的角度探讨维护身心健康的理论及其实践问题，以预防身心障碍为基础，以促进人生发展为核心，以充分发挥个体的心理潜能、幸福生活为目标。

本书所讨论的健康心理学是要探求在现代社会中，个体身心健康的维护。例如，我们如何应对压力和冲突以维护身心健康，我们如何在人生周期中更好地适应外界环境，提高身心潜能，快乐幸福地生活。健康心理学是系统研究个体不同发展阶段如何维护心理健康，预防身心疾病，提高身心健康水平，提高个体适应能力的心理学分支学科。她是心理学领域的年轻分支学科，1978年正式诞生，成为美国心理学的第38个分支。虽然年轻，但她对人类及个体的心理健康具有重要意义，这必然使她在未来对人类社会发展做出重大的贡献。阅读本书你将会了解到在人生不同的时期如何维护身心健康，在高效率、快节奏的时代如何适应社会、提高工作效率，在信息化社会中如何与人交往、保持愉快的心情。家庭作为人所接触到的最初环境对儿童身心健康发展有何作用，学校有计划、有目的、有组织的教育对儿童青少年的身心健康发展又会产生怎样的影响，社会文化环境、职场环境、生态环境又将如何影响人们的健康。

这本书在构思设计和写作理念上有以下特色。

1. 构建我国健康心理学的新体系。作者多年从事心理健康教育教学和科学研究工作。在工作中深刻地体会到，虽然心理辅导和心理健康教育工作在我国已开展30多年，但随着社会生活节奏的加快和人们价值观念的变迁，人群中心理健康问题的类型和数量也在不断增加。人生发展是一个连续的过程，教育要走在发展的前面。我国应当积极推进发展性的心理健康教育，将心理健康教育与学校教育、人生发展有机结合，倡导家庭教育、学校教育、社会环境三位一体的维护个体心理健康的理念，使全社会一起来推进心理健康工作。在这种理念的指引下，作者提出了健康心理学的结构体系：以人生心理发展为主线，结合当代社会发展讨论影响个体心理健康的问题，探讨人生不同阶段如何维护心理健康，幸福地生活。结合中国改革开放、经济发展和城市化进程中出现的新问题讨论心理健康。这个体系是作者的探索和尝试，其中定会有一些不完善的地方，欢迎大家指正。

2. 提炼健康心理学的基础理论内容。作为一门课程必须有其理论思想做指导，本书详细讨论了健康心理学研究的基础内容与研究方法；古今中外健康心理学思想的发展；个体如何应对应激以维护身心健康；个体怎样应对不可避免的人际关系冲突和多种角色转换中的矛盾心态，扮演好不同的角色；为什么不同的事件使我们产生程度不同的压力，个体应如何使压力降到最低。以上这些问题是任何个体在不同年龄阶段均会遇到的基本问题，它们构成了健康心理学研究的出发点。在这些问题的讨论中，本书力求在阐述理论观点的同时，结合现实生活给读者以一定的启迪。

3. 以积极心理学理念讨论身心健康问题。积极心理学更关注社会的和谐发展和人类的幸福生活，关注人与环境的良性互动。书中讨论了在快节奏、高效率工作的现代社会中，我们应如何应对职场环境的不断变化与挑战；如何通过休闲调整身心，促进心理健康；分析了我国社区服务体系对大众心理健康的影响，提出了更有效地促进和谐社区乃至和谐社会建设的构想；从心理健康的角度，分析了网络对个体心理健康的积极影响、消极影响以及如何健康地使用网络。

4. 关注特殊群体的心理健康问题。自20世纪80年代至今，伴随着中国社会的发展出现了一个特殊的群体——农民工。他们的生活质量如何，他们是否能融入到城市中，他们的后代如何与城里人一样接受到平等的教育，他们居住的情况如何，这些问题一直备受社会各界的关注。本书就农民工自身身份认同、农民工心理健康问题及影响因素、如何提高农民工的心理健康水平等进行了专章的研究与讨论。女性受关注程度及其心理健康是社会发展与进步的重要标志。现代社会提倡男女平等，无论在工作和家庭中男女享有同等的权利和地位。但受中国传统文化的影响，在一些人的观念中总有男尊女卑的情结，如体现在生儿育女的态度中，求职的竞争中。在岗位的设置及工作分工中的性别偏见，家庭和职场环境中的多种角色转换，使女性心理受到前所未有的挑战。现代社会中女性如何在发展中维护心理健康，如何平衡家庭与事业的关系，既享受和谐幸福的家庭生活又能实现自己的理想和追求，是健康心理学的关注点之一。

5. 构建终身发展的心理健康教育内容体系。书中有三章内容详细讨论了个体不同发展时期的心理健康问题。家庭是个体最初接触到的环境，它对个体心理健康发展有非常重要的影响，本书结合教育实例指导家长如何运用良好的教育引导方法，培养聪慧、快乐、活泼、乐于与他人交往的儿童。结合作者的研究成果，讨论了青少年成长和学习中的心理健康问题，例如：中小学生的常见心理健康问题及解决对策；青春期学生应如何正确看待自身的成长发育；大学生在学习生活中如何建立良好的人际关系，如何处理好学习和谈恋爱的关系，怎样处理恋爱中的冲突问题；研究生如何认识自我、规划好未来的职业生涯。随着社会的发展，家庭婚姻关系发生着悄然的变化，我国的离婚率也呈现出逐年上升的趋势，所以如何建立和维护幸福的婚姻家庭，是成年期的重要人生课题，书中还讨论了幸福婚姻家庭的维系及中老年身心健康的维护。

6. 理论探索与实证研究相结合。本书在阐述基本知识的同时，密切结合近年来国内外研究成果，积极拓展学习者的思路。结合典型个案，分析了问题形成的原因。书中还介绍了作者近年来在学校心理健康教育、小学生心理健康、大学生心理健康研究方面的一些成果，使理论阐述和实践研究有机结合起来，同时，为学习者提供了理论联系实际的空间。

本书由郑莉君担任主编，设计全书内容，石向实和赵晶担任副主编，对全书进行了统稿。各章编写人员分别为：第一章、第二章由郑莉君编写；第三章由胡俊、郑莉君编写；第四章由石向实、张宝强编写；第五章、第六章由赵晶编写；第七章由石向实编写；第八章由石向实、沈菲菲编写；第九章由郑莉君编写；第十章由石向实、崔晨星编写；第十一章由张宝强、赵晶编写；第十二章由郑莉君、米豆豆编写；第十三章由米豆豆、郑莉君编写。

本书在编写过程中，参考和引用了许多学者的研究成果。本书得到了杭州师范大学人文振兴计划项目“青少年心理健康教育实践基地建设”的支持。中国人民大学出版社的编辑张宏学为本书的出版付出了辛勤的劳动。在此，向他们表示衷心的感谢！

郑莉君

2014年3月22日于杭州

目　录

第一章 健康心理学概述

【学习目标】

1. 现代身心健康观是如何认识健康的
2. 中国古代心理保健的主要方法
3. 健康人的心理行为活动方式有哪些特点
4. 健康心理学的主要研究方法有哪些

【章节导读】

在人类社会科技、经济高度发展，物质生活水平极大富裕的今天，重视精神健康问题，才能使人们生活得真正快乐和幸福。人的健康包括身体健康和心理健康。健康心理学概述，梳理了古今中外健康与身心健康关系的思想、中国古代身心保健的主要方法，揭示了我国古代关于身心健康的思想对现代身心关系研究的意义。通过这部分的学习，学习者可以了解健康心理学怎样研究人的健康、健康心理学的研究对象与方法，认识健康心理学的体系与发展。

第一节 健康与心理健康概述

一、健康与身心健康

古往今来，健康长寿是人们追求的目标。人们总结出了不少有关健康与人生的俗语，如健康是人生第一财富，健康是智慧的摇篮，健康是幸福的标志等等。现代人认为健康是第一位的，有健康的体魄才能谈得上家庭和事业的发展。如果健康、家庭和事业能很好地协调发展是100分，健康则位于百位处，所以，没有健康一切都是零。然而，在对健康概念的理解上却有不同的看法。有人认为躯体没病、身体强健就是健康；有人认为生活富足、活得潇洒就是健康。以上都是人们对健康的通俗认识，从现代健康心理学的角度看，以上的认识是片面的。因为它们忽略了对人具有重要意义的心理健康问题。人类对健康的认识是随着哲学认识论、科学医学和生理心理学的发展而不断发展的，大致可以从古代和现代两个阶段去考察。

（一）古代的健康观

1. 健康的生命观

在远古时代，由于生产力水平极为低下，医学尚不发达，人类凭借生存本能战胜自然、保护自己。人们认为疾病与生俱来，疾病致死的现象很多，有时很小的疾病就可夺去人们宝贵的生命。因此，那时的健康即等同于生命，生命的存在就是健康，“生死有命，富贵在天”是最早的健康的生命观的体现。

2. 健康的疾病观

随着科学和医学的发展，人类对各种疾病有了一定的认识，开始探索如何预防和消除疾病，提高生活水平，延年益寿。此时，人们用是否有疾病来看待健康与否，在人类社会历史的很长一段时期内都是用这种健康的疾病观来看待健康的。对健康疾病观的认识大致经历了以下三个阶段。①

（1）神灵医学疾病观。认为生命为神灵所赐，疾病则是神灵的惩罚。人之所以患病，是因为神鬼缠身，或因为人失去生命之本原。因此，治疗疾病要求神问卜，驱鬼除魔。

① 参见陈家麟：《学校心理健康教育：原理与操作》，2页，北京，教育科学出版社，2002。

例如，“魔鬼说”认为，疾病是魔鬼侵入人体内所致，治疗的方法就是从人体内赶出魔鬼。具体方法是，在病人头顶钻一小孔，好让魔鬼从此逃出，并祈祷与念咒，称“魔鬼疗法”（exorcism）。到了中世纪，改用接触圣物，给予闹声、放血、将恶臭物品塞进鼻孔、服用泻药、践踏恶魔画像等方法，甚至极不人道地使人忍受饥饿、拷打或火刑。此时，在治疗疾病中即使使用一些有效的医学方法，也是医巫混杂。对超自然现象的顶礼膜拜、臆测和恐惧成为病因的原始意想。

（2）自然哲学疾病观。随着生产力的发展和经验的积累，医学逐渐脱离了巫术的羁绊，人们开始形成了自然哲学的疾病观，即用较为辩证的观点解释疾病的发生、发展。比如，认为疾病是由于人体内诸元素失去平衡所致，或是由于“气”发生紊乱而产生。如中国传统医学中的阴阳五行说，古希腊医学家希波克拉底（前460—前370年）的体液说等，都是这方面的例子。

（3）自然科学疾病观。16世纪中叶以后，自然科学有了长足的进步，英国医生哈维通过大量动物实验证明了心脏的搏动是血液循环的动力，并指出了体循环与肺循环的途径，之后细胞学、组织胚胎学、生物化学，遗传学、病理学等学科相继形成，显微镜等各种检测技术在医学研究与疾病诊断、治疗中得到了广泛的运用，使得人类从生物学的观点来解释生命现象，在系统、器官、细胞和生物大分子水平上寻找形态结构和生化代谢等方面的变化，从医学的角度解释疾病现象，用科学的态度来确定生物致病原因，阐明其机理和规律，并探求治疗方法。美国学者鲍斯（C. Boorse）指出：什么是疾病？凡是与健康不一致的都是疾病。健康是正常的功能活动，这里的正常状态是统计学的，功能是生物学的。如对人体各个系统功能正常和功能紊乱的认识，用统计测量的方法来描述人体机能系统的正常值等。

（二）现代的健康观

1. 身心健康观的发展

20世纪初，我国青年运动领导人杨贤江就曾指出：就健康言之，则有身体的和精神的两种。由于现代科技与社会文化的迅猛发展，生活节奏的不断加快，人们普遍面临着压力和竞争，致使社会、心理刺激与疾病的关系开始受到重视。人们逐渐认识到社会、心理因素在健康与疾病及其相互转化中有不容忽视的作用。人是一个向着社会和自然界开放的系统，自然和社会环境可以通过心、身两个方面对机体发生影响，引起机体的某系统和器官乃至细胞分子水平的变化。身心医学的研究证明，心理社会因素可促进躯体健康，亦可损害健康。随着时代的发展，人类疾病的类型和复杂程度也在发生着变化。在社会和医学尚不发达的时代，营养不良、传染病等是危害人类健康的主要原因。而现代社会则以心、脑血管疾病和肿瘤等取而代之，最近一些发达国家对综合性医院门诊病人的调查证明，纯属躯体性疾病患者只占病人的1/3，神经官能症和各类心身疾病分别占2/3。由此看来，与心理社会因素相关的疾病占门诊病人的60%～70%。1998年，杭州市科委进行了一项为期三年的调查，结果显示，在2 961名学生中，有65%的学生对考试有厌烦感，相当一部分学生处于过度的考试焦虑状态，也有部分学生产生神经衰弱的问题。

郑日昌教授等人在1996年对全国3 000名大、中专学生的调查发现，42.73%的学生“做事容易紧张”，55.92%的学生“对一些事情过分担忧”，41.7%的学生“感觉人与人之间的关系太冷漠”，67.26%的学生“在心情不舒畅时找不到朋友倾诉”，48.63%的学生“对考试过分紧张，感到有些吃不消”。[①]

郑莉君1998年在一项国家课题“蒙汉大学生心理健康状况研究”中对内蒙古3 200名大学生心理健康状况进行了调查，调查结果见图1—1。

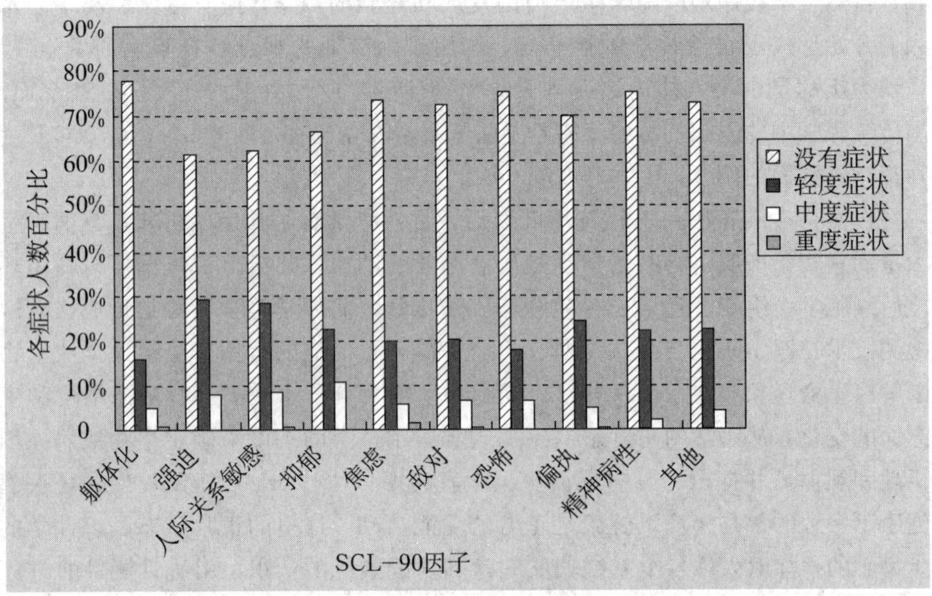

图1—1　3 200名大学生心理健康现状调查分析

图1—1显示：3 200名大学生心理健康状况总体良好，其中有29.15%的人有不同程度的心理障碍。在SCL-90的10个因子中心理问题分布具有以下特点：（1）强迫症状。有28.1%的被调查者有此症状，是10个因子分中检出率最高的一项。（2）人际关系敏感。有27.6%的被调查者有此症状，是10个因子分中检出率位居第二的因子。（3）偏执因子。有25.9%的被调查者有此症状。检出率居第三。（4）抑郁因子。有22.4%的被调查者有此症状。检出率居第四。（5）其他因子。百分比低于22%。

早在20世纪30年代，美国健康教育家鲍尔和霍尔（W. W. Bauer & H. G. Hull）就曾提出一个较为合理的健康定义：健康是人们在身体、心情和精神方面都自觉良好、精力充沛的一种状态。其基础在于机体的一切器官组织机能正常，并了解和适应物质、精神环境和健康生活的科学规律。

2. 现代身心健康观

1948年，联合国世界卫生组织（WHO）在其成立宪章中对健康进行了这样的界定：健康不仅是没有身体缺陷和疾病，而且要有完满的生理、心理状态和良好的社会适应能力。1989年世界卫生组织在健康的定义中又增加了“健康的道德”的内容，即“健康不

① 参见石向实：《心理咨询的原理与方法》，22～23页，杭州，浙江大学出版社，2010。

仅是没有身体缺陷和疾病，还要有完满的生理、心理状态和良好的社会适应能力以及健康的道德”。从这个健康概念可以看出，健康是身体和心理的良好状态以及道德的完美。可见，判断一个人是否健康，不仅要看他身体上是否有生理缺陷和疾病，而且要看他的精神发育是否健全，社会适应是否良好。1998年，世界卫生组织从人的生理、心理和行为活动的特点的角度，又提出了人的身心健康的八个标准，即“五快”和“三良”。“五快”指吃得快，便得快，说得快，走得快，睡得快；“三良”指良好的个性、良好的处世能力、良好的人际关系。

现代身心健康观认为人的健康应包括生理健康和心理健康，且二者相互联系、密切配合并与外界处于和谐的状态。在人的生理和心理关系上，一方面，存在相互依存、相互影响的密切联系。愉快的情绪有益于身体健康，消极悲观的心理状态则会影响身体健康，甚至导致疾病，身体欠佳也会影响心理状态。另一方面，身体健康和心理健康又有着明显的区别。一个身体健康的人不一定精神健全，而一些在生理上有缺陷或疾病的人在心理上却可能是健康的。绝不能把身体健康等同于心理健康。

二、心理健康和生理健康的关系

（一）古代对身心关系的认识

据近代考古学家、人类学家之研究，推测距今25 000年至50 000年前的人类，已具有灵魂之观念，或人死后灵魂继续生活之观念。当时由于科学知识的贫乏，人们不懂得人体的构造和做梦的原因，因而产生了灵魂的观念，灵魂被设想成独立于身体的某种东西，以为心理现象和做梦都是灵魂活动的结果，认为灵魂是不死的。当人降生的时候，灵魂就来到人体。等人睡着时，灵魂外出游荡，人就做梦。灵魂一旦永远离去，人就死亡。

宗教认为，灵魂居于人或其他物质躯体之内并对之起主宰作用，它们亦可脱离这些躯体而独立存在。不同的宗教和民族，对灵魂有不同的解释。例如，中国佛教的因果报应、轮回转生之说就是建立在灵魂不死的观念之上的，所以，人死后要诵经超度亡灵。中国道教的许多派别都认为，人的灵魂是一种拥有意识的特殊物质，称之为“元神”，又叫作“内丹”。这种元神有阴阳之分，经过修炼，使人变为纯阳，就可以控制灵魂进出肉体，称之为“元神出窍”。基督教认为灵（spirit）是神赐予人的生命本能（life principle），魂是在个人里面的生命表现（resulting life），而体是灵与魂所活动的物质生物或机体(material organism)。《古兰经》认为，灵魂的意义与“呼吸”、“风”相关联。灵魂是在身体受造后才受造的，但灵魂是永恒的。在人死亡时，灵魂会与身体分开；在复活之时，灵魂和身体将会重新复合。①

不同时代的哲人和智者在不同时期建立了各种独树一帜的学说或理论去讨论心身关系问题，如心身一元论、心身二元论、心身交感论、心身平行论、心身两面论、心身同一论等。

① 参见《中国大百科全书·心理学》，155页，北京，中国大百科全书出版社，1996。

古希腊医生希波克拉底提出，人体有四种体液，即黏液、黄胆汁、黑胆汁和血液。一个人的身体是否健康，个性是否健全，要看体内四种体液的比例混合是否恰当。他认为使人的体液始终保持平衡正常，或把已经紊乱的体液恢复到正常，是保证精神健康的基本途径。柏拉图认为，形成一个人的健康人格需要理性、精神和生理需求的彼此协调、一致。他认为人的精神失常主要是由于躯体因素造成的，同时，心理因素和神学因素也在其中起着某些作用。

生活于10世纪末、11世纪上半叶的塔吉克族著名医生阿维森纳（Avicenna）在其所著《医典》中提出了维护健康应注意的六点内容：阳光和空气、食物和饮料、运动和安静、睡眠和兴奋、新陈代谢、情感。从这六点内容中体现出阿维森纳对生态环境与健康、神经系统的活动与健康、情绪情感的自我调节与健康的关系已有了比较具体的认识。

我国春秋时期的管仲将人的心理状态分为善心、定心、全心、大心等不同层次，并提出了相应的养心之术。早在2 000年前，我国古代医学对心身关系就十分重视，对心身关系问题有较为精辟的论述，如“形神合一”的身心统一学说，认为人的生理现象与心理现象是不可分割的统一体；人的心理活动和生理活动是相互作用的，提出了“形盛则神旺，形衰则神惫”。在情绪与疾病的关系方面提出了情绪能致病也能治病，即“以情胜情”，“怒伤肝，悲胜怒，喜伤心，恐胜喜，思伤脾，怒胜思”等。[①] 古代人们的这些论述说明人们当时就意识到了健全的精神宿于健康之身体，初步形成了心、身、物相统一的健康观。

（二）现代对心身关系的认识

现代关于心身关系的研究，在古代医学心理学思想、哲学心理学思想及宗教心理学思想关于心身关系的基础上，结合了现代生物学、医学、心理学，形成了许多探讨心身关系的学科。主要的分支学科有以下几个。

医学心理学（medical psychology）是研究心理活动与病理过程相互影响的心理学分支学科。它是由心理学和医学相互结合而形成和发展起来的边缘学科。它强调从整体上认识和掌握人类的健康和疾病问题，主张从主体和环境的相互作用中认识人类的健康和疾病，安排治疗与保健措施，明确一切疾病在时间和空间上都表现出心理过程和生理过程的相互作用。

生理心理学（physiological psychology）是研究心理现象的生理和生物基础的科学。现代生理心理学研究的问题很广泛，如研究行为的动机和情绪、学习和记忆的脑机制、语言和思维的心理过程、学习和记忆的信息加工过程，以及心理障碍等问题的生理机制。

心理卫生学（mental health）是研究人类维护身心健康的途径、方法、措施的一门学科。心理卫生又称精神卫生，其主要任务是探讨如何使人达到心身健康、人格健全和具有良好的社会适应能力；保护人的心理活动的健康，预防精神疾病的发生；充分发挥个人的潜能和价值，提高工作和学习效率，提高人的生活质量。这门学科的研究开始于20世纪初，随着人类社会的不断进步与发展，人们越来越重视精神修养和需求，使这门学

① 参见孟昭兰主编：《情绪心理学》，6页，北京，北京大学出版社，2005。

科迅速地发展起来。

心理咨询学（counseling psychology）是运用心理学的知识、理论和技术，通过咨询者与来访者的协商、交谈和指导过程，提供可行性建议，针对正常人和轻度心理障碍者的各种适应和发展问题，帮助来访者进行探讨和研究，从而使其达到自立自强，增进健康水平和提高生活质量的目的。它是针对有心理障碍的个体和心理基本正常的个体开展的指导帮助过程。

情绪心理学（psychology of emotion）主要探讨伴随人的活动出现的各种情绪情感体验。研究情绪情感体验的发生机制及其对人心理活动的影响。情绪心理学的研究已明确认识到，情绪情感是生理多水平整合的产物。如情绪与脑的不同部位的关系；情绪与机体内分泌系统的关系。

环境心理学（enviromental psychology）主要探讨心理与自然环境的关系，如自然环境、气候、景观城市发展等对人心理的影响。社会环境，如家庭环境、人际关系、学习和工作环境、生活事件等与人心理的关系。文化环境，如民族历史文化、风俗与习惯、时尚与从众、传播与媒体等对人身心健康的影响。

心身医学（psychosomatic medicine，psycho 意为心或精神、灵魂，soma 意为身体），是医学与心理学的交叉学科。它有广义和狭义之分，广义的心身医学主要研究包括复杂的社会环境、人际关系、生活事件等与社会、心理密切相关的因素，以心理为中介所引发的以躯体症状为主要表现的失调。狭义的心身医学是研究心身疾病、心身障碍等心理应激、个体易患素质、社会环境等因素在人体内相互作用所致的功能和器质性疾病。

变态心理学（abnormal psychology）从人的心理行为异常入手，揭示心理异常现象的发生、发展和变化规律及形成的原因。作为研究和揭示心理异常现象发生、发展和变化规律的一门学科，从理论上为我们认识个体异常心理状态提供了依据。

第二节 中国古代心理健康思想与现代健康心理学

中国古代有着丰富的心理健康思想，他们存在于中国古代的医学、哲学和教育典籍中。梳理这些思想，挖掘这些思想的现代意义，是健康心理学的重要任务之一。

一、中国古代健康心理学思想发展脉络

心理健康亦称精神健康，是指人具有良好的心理状态和较强的社会适应能力。同时在工作生活中能够充分发挥自身的潜能和价值，愉快地工作和幸福地生活。尽管中国古

代典籍中并未明确提出“心理健康”或“健康心理”的概念，但中国古代哲学家、医学家、养生者和教育家的思想中却无不闪耀着健康心理思想的光辉，折射出古代中国人对心理健康的重视。

从发展过程上看，中国古代心理健康思想大致可以划分为四个阶段。

(1) 先秦时期为准备阶段。

这个时期中国思想界出现了“百家争鸣”的局面，主要的代表学派及人物有：儒家的孔子、孟子、荀子，道家的老子、庄子，法家的韩非子等等。在《论语》、《老子》、《庄子》和中医典籍《黄帝内经》等著作中可以窥见大量的心理健康思想。

(2) 秦汉至隋唐时期为形成阶段。

这一时期思想中蕴涵健康心理思想的代表人物及其著作有吕不韦的《吕氏春秋》、王充的《论衡》、葛洪的《抱朴子》、张湛的《养生要集》、张仲景的《伤寒杂病论》、孙思邈的《备急千金要方》等等。

(3) 宋元时期为完善阶段。

这个阶段是儒道合流的鼎盛时期，也是医学和科技发展的高峰期。宋代理学家和心学家在其著作中多有涉及健康心理思想，代表人物和著作如二程的《二程集》、蒲虔贯的《保生要录》等。值得指出的是，这个时期中国传统心理治疗理论日臻完善，宋金元四大家刘河间、李东垣、张子和、朱丹溪分别将《黄帝内经》中的心理学思想融入自己的学说，并在各自的著作《素问玄机原病式》、《脾胃论》、《儒门事亲》和《丹溪治法心要》中对相关心理治疗思想进行了阐发。

(4) 明清时期为普及阶段。

至明清时期，儒道两家经过长期的磨合，已经共同承载了中国人的心灵之境，而明清医家也开始普遍接受并广泛运用《黄帝内经》以来的传统心理治疗理论体系。值得指出的是，一些医学家和养生家围绕保健养生撰写了不少著作，这对普及健康心理思想产生了一定的积极作用。代表人物和著作如万全的《养生四要》、高濂的《遵生八笺》、曹慈山的《老老恒言》、叶天士的《临证指南医案》、俞震的《古今医案按》等。

从上面的分析中我们可以看出，中国古代先哲思想中蕴涵的健康心理思想既丰富多彩，又源远流长。那么，中国古代的心理健康思想具体包含哪些内容，它们对现代健康心理的养成具有什么启示和意义？

从思想内容上看，中国古代心理健康思想基本上是沿着这样三条路径发展的：一是古代哲学思想家的健康心理思想，以先秦诸子百家的哲学思想为发端，以儒道两家的哲学思想为代表，而后历代哲学思想家或继承或延伸儒道两家思想，并在其著作中论述了丰富的健康心理思想。二是医学思想家和养生学家的健康心理思想，以《黄帝内经》为发端，此后历代医学家、养生家在其著作中系统阐释了宏富并颇具价值的健康心理思想。三是古代教育思想家的教育观念中蕴涵的心理健康教育思想。可以说，中国古代心理健康思想发展的这三条路径并不是割裂开来、毫不相干的，相反，从发展之初这三条路径便密切联系、互相渗透，如医学家、养生学家的思想深受儒道思想的影响，而儒道两家的健康心理思想也无不烙着中国传统医学和养生学的印记。

二、中国古代心理保健的主要原则和方法

中国古代的身心保健原则也是我们现代维护身心健康的指导思想。中国古代的心理保健的具体方法在现代社会心理健康的维护中发挥着不可替代的作用。

（一）形神共养

在“形神合一”思想的指导下，中国古代在心理保健方面主张做到形神共养，即既要保养身体，以促进心理健康，也要保养精神，以促进身体健康。

“形全者神全”（《庄子·天地》），“其形化，其心与之然”（《庄子·齐物论》），说明保健先要养形，形体健全，精神也就完好，即养形具有促进养神的功效。然而，“养形必先之以物，物有余而形不养者有之矣；有生必先无离形，形不离而生亡者有之矣。……世之人以为养形足以存生，而养形果不足以存生，则世奚足为哉！”（《庄子·达生》）。意在说明，保养身体离不开物质给养，维护健康离不开保养身体，但仅有物资给养，仅注重身体保养，尚不能维护健康。维护健康，同样离不开保养精神，因为“精神内守，病安从来”（《黄帝内经·上古天真论》）。一言以蔽之，保健应做到形神兼顾，神形共养。

庄子（约前369—前286），战国中期哲学家，名周，字子休（一作子沐），宋国蒙（今安徽蒙城，又说河南商丘东北）人，先秦（战国）时期伟大的思想家、哲学家、文学家。道家学说的主要创始人之一，与道家始祖老子并称为“老庄”。代表作为《庄子》，其中名篇有《逍遥游》、《齐物论》等。

形神共养观至今仍具有重要的现实意义，因为现代科学心理学也认为生理和心理相辅相成，息息相关。由此，现代人塑造健康心理，应充分认识心理和生理的辩证关系，一方面重视调适自我情绪和压力，另一方面也要重视体育锻炼，保证身体健康，真正做到形神共养，身心协调发展。

（二）以养神为主

如上所述，我国古代思想家强调“形神兼顾”的共养观，但古代先哲们同时也指出“以养神为主”，认为“抱神以静，形将自正”（《庄子·在宥》）。唐代医学家王冰主张“太上养神，其次养形”，《中外卫生要旨》也指出：“养生家应以养心为主，心不病则神不病，神不病则人自宁”，传统文化对养神的重视程度可见一斑。

古人强调养神，并且指出兴趣爱好对于养神尤为重要，继而古人提出“陶情治性法”，即主张通过兴趣爱好来陶冶身心，增进身心健康。如《管子·内业》中说：“去忧莫若乐”，孙思邈在《备急千金要方》中提到：“弹琴瑟，调心神，和情性，节嗜欲”，龚

廷贤在《寿世保元》中也指出："诗书悦心，山林逸兴，可以延年"。

现代人进行身心保健同样应遵循古人"重在养神"的思想，辩证看待养神与养形、心补与药补的关系，注重培养广泛的兴趣爱好，经常从事自己喜爱的活动，如唱歌、下棋、书法和绘画等。

（三）养神重德

中国古人提倡"养神重德"，儒家、道家、中医学家普遍如此。如在孔子看来，良好的道德本身就是心理健康的标志，那些道德高尚的人因为不会患得患失，所以反而可以避开许多不必要的焦虑和烦恼，长久地维持积极乐观的人生态度，正所谓"君子坦荡荡，小人长戚戚"。老子则认为，心理健康的人，是圣人，是得道之人。同时，老子说："孔德之客，唯道是从"，意即"德"是"道"在人世间的体现，"道"与"孔德"的精神一脉相承。于此，养神必须重德。吕坤在《呻吟语·养生》中说："今之养生者，饵药、服气、避险、辞难、慎时、寡欲，诚要法也。嵇康善养生，而其死也，却在所虑之外，乃知养德尤养生之第一要也。"

遵循"养神重德"的原则，中国古代思想家特别是儒家提倡"修德养神法"。关于"修德养神"，孔子认为主要在于对内进行自我反省，对外践行"仁、义、礼、智、信"。庄子认为养德重在杜绝"五声、五色、五味、五臭、趣舍"五个方面的危害。唐代养生学家张公则主张以忍来修身养性，曾作《百忍歌》云："人生不怕百个忍，人生只怕一不忍，不忍百福皆雪消，一忍万祸皆灰烬"。

现代心理学研究也发现，长寿者大多性格开朗、情绪稳定，并具有良好的道德品质和个人修养。心理学者分析认为，道德因素是最重要的心理因素之一，道德感属于人的高级社会情感，因而，良好的道德修养有助于个体减少心理冲突，维持心理平衡。这就启示我们，进行身心保健应重视加强自身道德修养，提高自身公德意识，塑造健康人格。

（四）动静结合

古人进行心理保健向来重视动静结合，主张既要注重保持清静、平和的心态，又要适当运动，达到以动养形，以静养神。

道家主静说，强调"静为躁君"（《老子·二十六章》），同时倡导人们做到"致虚极，守静笃"（《老子·十六章》）。庄子进一步发展了老子的观点，提出"夫恬淡寂寞，虚无无为，此天地之平而道德之质也。故曰：圣人休，休焉则平易矣。平易则恬淡矣。平易恬淡，则忧患不能入，邪气不能袭，故其德全而神不亏"（《庄子·刻意》）。意即一个人若能保持恬淡的心态，积极顺应自然，那么就能避开疾病的侵袭，保证心理健康。中国传统医学深受道家"以静制躁"思想的影响，《黄帝内经》中明确提出"清静养神"乃健康之道，《黄帝内经·素问》中也认为"静则神藏，躁则消亡"。儒家也重视清静养神，《论语·雍也》中说："知者动，仁者静。知者乐，仁者寿。"推崇儒道的宋代理学家二程进一步指出："仁者寿，以静而寿"（《二程遗书》）。可见，在儒家看来，仁寿或身心健康与心静密切相关。

需要指出的是，古人所提倡的"清净养神"并非要求人们的精神有如死水一般，它同样主张保健要以动养神使之专一或以动养形以怡神。关于“以动养神”的重要性，《庄子·刻意》中说：“水之性，不杂则清，莫动则平，郁闭而不流，亦不能清，天德之象也。故曰：纯粹而不杂，静一而不变，淡而无为，动而以天行，此养神之道也。”意在说明，保养精神，维护心理健康，要排除物欲，精神专一，也要动之以神。关于“以动养形以怡神”这点，从《吕氏春秋·尽数》中“流水不腐，户枢不蠹”的思想中便可窥见一斑。

遵循中国古代“运动养形以怡神”的心理保健原则，古人提出了“运动怡神保健法”，其中最著名的如三国时期名医华佗发明的“五禽戏”，倡导人们在日常生活中模仿虎、鹿、熊、猿、鸟五种动物的姿势舒展筋骨、活跃身心。此外，清朝时期的曹庭栋还提出“散步法”，主张人们通过“走走停停，停停走走”的闲庭信步获得一种悠闲自在的心态。现代医学研究也发现，散步能够促进人体血液循环，改善人体心脏功能，增强人体肠胃吸收，并且还能够调节人体大脑机能，进而产生良好的心理效应。鉴于此，现代人维护心理健康，应注重培养“终生运动”的观念，使运动成为生活的一部分，充分持久地发挥运动的心理学效应。

（五）中和适度

中和适度即不偏不倚，折中正常。把中和适度应用在心理健康标准上，可以理解为保持适中，不能“过”，也不能“不及”。将这种心理标准反映在个人内心，表现为一种平衡的心理状态；反映在情绪上，表现为情绪恰当适度；反映在个人性格层面，表现为既不过于内倾，也不过于外倾；反映在与人关系方面，表现为与人和睦相处，讲究和谐。

儒家提倡中和适度，讲究中庸。中者，天下之道；庸者，天下之定理。在儒家看来，中庸乃是处理世间万物的法则，也是心理保健的重要原则。根据该原则，人们要保持心理健康就应行中庸之道，换句话说，人们要时常保持一颗平常心，行为适中，心态平和。只有这样，人们才能达到“居处安静，无为惧惧，无为欣欣，婉然从物，或与不争，与时变化，尊则谦谦，谭而不治，是谓至治”的阴阳平和、心理健康状态。道家也强调中和适度，“天地之间，其犹橐籥乎？虚而不屈，动而愈出”（《老子·第五章》），这是老子所谓的“中和适度”。老子认为，所有事物皆有中点，并且这个“中”是相对稳定的。如果人们能够找到这个“中”，就能抓住事物的本质，这样的做法叫做“守中”。同样，如果人们能够找到并守住自我内心的“中”，就能够坦然地面对各种问题，而不至于偏离“道”，出现或大或小、或多或少的心理问题。

遵循“中和适度”的心理保健原则，中国古代先哲们多提出“节情寡欲法”。关于节欲，孔子指出：“君子有三戒：少之时，血气未定，戒之在色；及其壮也，血气方刚，戒之在斗；及其老也，血气既衰，戒之在得。”老子提倡“少私寡欲”，主张“去甚、去奢、去泰”（《老子·二十九章》）。《黄帝内经·素问》则指出节制情欲关键在于“恬淡虚无，真气从之，精神内守，病安何来”。

值得指出的是，虽然从心理健康的状态来看，中和适度有时可能不是最优的心理健康状态，但是处于中庸状态的个体相比处于两个极端的个体终归更易于保持心理健康。

当然，“中和适度”的心理保健原则并非要求人们内心波澜不惊，没有任何情感起伏，或是一味消极被动地适应周围人与事，而是强调人们在任何情况或境遇中都力争发挥自己应有的潜能和智慧，沉着冷静地应对意料之中或意料之外发生的事情，不偏执、不固守，保持心理的动态平衡。

（六）顺应自然

中国古代先哲认为养形调神要顺应自然，它包含两个方面的含义：一是指顺应自然界的阴阳变化，即“顺四时而适寒暑”以调摄形神；二是指顺应自然规律来保养心身。

根据顺应自然规律保养心身的保健原则，《老子·二十五章》中说“人法地，地法天，天法道，道法自然。”，主张效法自然是一条贯穿于天、地、人之间的大法则，人们在进行保健时要遵守这条法则，重视节制自己的情欲，同时防止过分保健。

根据顺应自然界阴阳变化的保健原则，中国传统医学提出“顺时调神法”。关于“顺时调神”，《黄帝内经》指出，人们保养身心，维护健康，应该根据四季的变化调节自身的生理和心理活动。例如，春季来临时，顺春气“养生之道”，伸展筋骨，抒发心情，不可抑郁；夏季来临时，顺夏气“养长之道”，保持心情充实欢愉，“使志无怒”，“使气得泄”；秋季来临之时，顺秋气“养收之道”，保持心情安宁平和，“使志安宁”；冬季来临之际，顺冬气“养藏之道”，保持心情安静愉快，不可过分宣泄消极情绪。

今天我们进行身心保健也要讲究顺时调神，根据四季气候变化规律合理安排生活作息，全面调养身心。

三、中国古代心理健康思想对现代心理保健的启示

我国古代有丰富的心理健康思想，对我们认识心身关系，维护身心健康有重要的启发意义，具体可概括为以下几点。

（一）推崇整体保健观念

我国古代心理健康思想带有明显的整体观，强调形神合一、天人合一。根据这种主张，保健不仅要形神兼顾、神形共养，还要力争取得人与自然、人与社会、人与自我的和谐统一。也就说，保健养生应重视生理、心理、自然、社会四个方面对个体身心健康的协同作用。此模式与健康心理学史上长期占据统治地位的医学生物模式相比具有明显的优越性。后者将人的生物学方面同心理社会方面割裂开来，把疾病看作独立于社会行为和自然的实体，试图仅仅依据生理功能的紊乱来描述和解释个体的心理与行为障碍，这种“心身二元论”的观点显然是行不通的。此模式与目前流行的“生物—心理—社会”

心理保健模式相比也有优势，后者虽弥补了生物医学模式的缺陷，以“身心一元论”为指导思想，注重生理、心理、社会对个人心理健康的影响，但忽略了人是大自然的缩影，人与自然的和谐对个体心理健康的维护同样具有非常重要的意义。现代人在进行心理保健时，应在当下流行的“生物—心理—社会”模式下，推崇我国传统文化的整体保健观，顺应自然，适时调养。

（二）注重个人道德修养

我国古代心理健康思想尤其重视个人的道德修养，主张“德全者神全”、“大德必大寿”。虽然在今天看来“大德必大寿”的观点有失偏颇，但是在影响个体身心健康的诸多因素中，品德无疑是最为重要的因素之一。“君子坦荡荡，小人常戚戚”，试想一个人内心如果长期充满负罪感、恐惧、紧张、焦虑，又何谈心情舒畅、身心健康呢？所以“君子”长寿，“小人”难长寿。这点在美国也得到了证实，美国密歇根大学调查研究中心曾经对 2 700 人进行了长达 14 年的跟踪调查，结果发现，善者长寿，恶者早亡。美国耶鲁大学和加州大学也共同就这一结论跟踪调查了加州阿拉米达县的 7 000 名居民，也得到同样结论。同时，他们还在研究中一致指出，乐于助人、多做好事，有助于促进身心健康。这就启示我们，建设现代健康心理学应重视道德修养与心理健康的关系，号召人们在维护心理健康时着力提高个人的道德修养，增强个人的公民意识。

（三）多种保健方法并用

我国古代心理健康思想提出了诸多心理保健原则和方法，如形神共养、清净养神、修德养神、陶情冶性、运动怡神等等，这些原则和方法在今天看来仍然具有很强的生命力。现代健康心理学的发展尤其是中国本土心理学的发展应注重从观念、理论、实践三个层面上检验这些原则和方法，对其批判地加以继承和吸收。

我国传统文化中传承着中华民族的大量心理习俗，其中的心理健康思想深刻影响着国人的心理和行为。因此，今天我们构建健康心理，进行心理保健，不仅要洋为中用，更要古为今用，继承和发扬我国古代优秀的传统文化，对古代心理健康思想进行研究验证和诠释转换，在此基础上，对现代心理学知识体系进行整合，使古代心理健康思想真正为现代人的心理健康发挥作用。

（四）提倡和谐，促进心理健康

我国古代心理健康思想中注重“天人和谐”的观念，强调人与自然的和谐，人与社会的和谐，人与自身的和谐。人自身的和谐，其一是指人身心的和谐，其二是强调认知、情感、个性的和谐统一。由于自我是个体最核心的部分，因而，自我和谐是其他两种和谐状态的基础，自我是否和谐直接影响到个体的各种情感体验，还会影响到心理和谐的其他方面。

第三节 健康心理学的研究内容、方法及体系发展

认识健康心理学的研究内容，可以使学习者更好地理解健康心理学的知识。了解健康心理学研究体系的发展可以使学习者更好地把握健康心理学的发展脉络。探索健康心理学的研究方法可以对人们维护心理健康予以具体的指导。

一、健康心理学研究内容概述

早期的研究领域主要有健康、疾病与心理的关系，如研究者们探讨心理因素如何影响疾病的发生和治疗的过程，以及社会生态文化因素对疾病与健康的影响，如生态文化环境差的地域，人们可能发生的各种疾病及身心问题等。随着社会生活环境的变化，研究者们开始关注其对个体健康的影响，例如：生活节奏的加快、压力的增多对身心健康的影响；情绪情感与心身疾病，如从人体九大系统的角度探讨人体各个系统在不良情绪状态下对机体器官活动的影响；个体的认知与生活方式对身心健康的影响，如不良的饮食与睡眠节奏对身心健康的影响、教育对成长者身心健康的影响等。

（一）疾病与心理的关系

早期的健康心理学主要讨论健康与疾病的心理学基础，探讨心理因素是如何引起疾病的和在疾病的治疗中是如何发挥作用的。

知识拓展

皇帝的病痛

中国古代的皇帝身边总有医术精湛的御医，但御医也常有伴君如伴虎的感觉。故事讲的是某位皇帝病重，卧床不起数日，且寝食难安。御医看到皇帝的身体每况愈下，焦虑万分，他不断来看望皇帝，用了所有的治疗方法和好药，但都无济于事。一天，皇帝已病入膏肓，御医又一次被传唤，可是宫廷侍卫到处找也找不到御医。三天后，御医没经通报就闯进了皇帝的住所，对皇帝破口大骂。皇帝对御医的不敬火冒三丈，从床上跳起来，命其侍卫将御医投入烧滚的油缸。从那天起，皇帝迅速地恢复了健康和活力，又开始精力充沛地处理国家事务，以前的症状几乎都不见了。

这个小故事阐明了精神和身体在人类的疾病和健康中是如何相互联系的。故事中的

御医，已推测出国王的病是无药可医的（包括身体症状），意识到了国王的病是思想病，所以采用了一种改变国王消极思想的办法，即刺激国王，使他有了活下去的理由并为此理由采取行动。今天看来御医的做法是正确的，尽管他为此付出了自己的生命。Thomas Ots 指出，中国人仍旧极其推崇用情感的力量治疗疾病，其实就是中国古代讲的“以情胜情”。

（二）社会生态文化因素对疾病与健康的影响

社会生态文化因素对疾病与健康的影响主要有两个方面的研究：第一，从文化与地域特点的角度研究疾病的发生与发展，如我国一些地区的甲状腺疾病，地域性痴呆患者的增多等。1959 年，一位流行病学专家意识到库鲁病与一种叫 scrapit 的睡眠疾病极其相似。这种睡眠疾病是由一种病毒感染引起的，它可能有长达一年的潜伏期。在实验研究中给大猩猩接种了来自福雷族库鲁病患者的脑组织，这些大猩猩一年后也死于此病。[①] 第二，心身疾病的跨文化探索。主要是通过医学社会学家、医学人类学家和医学流行病学家的工作来实现的。医学社会学家研究如何用社会学知识来促进健康和控制疾病，如 2003 年大众媒体对人们广泛宣传非典的传播机制，专家们展开了非典对个体恐惧心理的研究，通过媒体让广大人民群众正确认识非典的传播途径，减小恐慌感的社会心理干预。医学流行病学专家感兴趣的是，疾病在何时、何地、何种人群中发生。医学人类学家则要进一步探讨哪些人群是非典的易感群体，疾病可能的严重程度和可能的持续时间。

（三）应激、压力与健康

应激是我们每个人都会遇到的。比如，出乎预料的紧迫情况会迅速引起高度紧张的情绪状态，使人做出不寻常的行为反应。例如，1976 年发生在唐山的大地震、1998 年发生在长江流域的特大洪水、2003 年发生在世界范围内的非典疾病、2008 年发生在我国四川省的 8.6 级地震，均使人民经受了强烈的应激。

应激的研究主要集中在应激源的性质、强度对个体的影响，如各种生物的、物理的、化学的、心理的、社会的刺激，如何使个体产生应激反应。霍姆斯与拉赫（Holmes & Rahe）1967 年最早把对人体产生应激刺激的 43 种因素进行了量化研究，开创了应激对个体身心健康影响程度的量化分析，为人们避免和控制外界应激刺激对健康的损害提供了可控依据。继霍姆斯与拉赫之后，国内外心理学家编制出了多种不同性质的应激调查问卷。多种可测量工具在实践中的应用，推动了应激理论观点和模型的建构，从而提高了个体认识应激和应对应激的能力。

（四）情绪情感与心身疾病

所谓的心身疾病，是指由心理社会因素为主要诱因所引起的有明显躯体症状的疾病。

---

① 参见王甦、林仲贤：《中国心理科学》，975 页，吉林，吉林教育出版社，1997。

社会心理因素是错综复杂的，如社会政治经济体制的改变、人们价值观念的转变、人际关系的变化、个体需要和动机的变化、家庭传统观念和个体生活习惯的改变、社会教育和道德观念以及行为规范等的变化都可以作用于个体，引起心理和行为的变化。坎农1932年首先分析了不同情绪状态对胃肠功能的影响。他认为胃是最能体现情绪的器官之一，并区分了有利于和不利于胃肠道分泌和收缩的各种情绪。他的研究还证明，情绪不仅对胃肠道功能有影响，而且与心血管、肌肉、呼吸、泌尿等系统的功能也都存在着类似的关系。

人在失望、恐怖、悲哀情绪下，胃的全部功能降低。在抑郁寡欢、灰心或激烈运动比赛时，肠蠕动受抑制，出现便秘。紧张状态概念在心身疾病的研究中有重要的意义，人在紧张状态下，可产生焦虑、恐惧的情绪，同时引起一系列生理的变化。在长期的紧张状态下，还可以引起新陈代谢率以及血糖、血质含量的增高。有时，焦虑等情绪的发泄，会因心理的防御作用受到阻抑，强烈情绪的被压抑可导致疾病的发生。现代身心医学的研究证明，人体的九大系统在长期的负性情绪影响下均可患病。

（五）性格与心身关系

我们周围的人性格各不相同：有的人活泼开朗、善与人交，有的人寡言少语、喜欢独处；有的人诚实善良，有的人尖刻狡诈；有的人意志坚强，有的人情感脆弱。这就反映出人的性格是千差万别的。这种差异主要表现在对待现实的态度和行为方式上。人的性格是在社会生活中逐步形成的。心理学的研究认为，性格是指对现实的态度和习惯化了的行为倾向。心理学家从不同的角度对性格进行了分类。

1949年在艾森克（Eysenck）撰写的《人格诸向度》一书中，描述了人格的两个主要维度因素，即内外向和神经质。艾森克以生活适应为标准把性格分为内倾型和外倾型。内倾型（又称内向型，introvert type），是指个性沉静不善于社会交往的人；外倾型（又称外向型，extrovert type），是指个性好动善于与人交往的人。他认为这两种神经类型在人际关系和人际适应方面存在较大差异。国内外多项研究证明了性格内向者比性格外向者更易出现心理困惑。

1954年，美国心理学家威特金（Witkin）从认知方式的角度把性格分为场独立型（field-independent style）和场依存型（field-dependent style）。威特金通过实验证明，场依存型者往往更多地利用外在的社会参照来确定自己的态度和行为，他们的行为往往是社会定向的，比较注意别人提供的社会线索，优先注意他所参与的人际关系的情况，对其他人有较大的兴趣，表现出善于与人交往的能力。而场独立型者往往是非社会定向的，对社会线索不敏感，比较喜欢独处，比较关心概念和抽象原则，社交能力差。

1959年美国心脏病专家M. 弗里德曼（Friedman）和罗森曼（R. Rosenmman）从行为模式的角度把人划分为A型性格（A-type personality）、B型性格（B-type personality）和C型性格（C-type personality）。他们根据对多例心脏病患者的回溯性和前瞻性研究，提出A型人格的人容易患冠心病。此后，在1977年国际心肺及血液病学会上得到公认，确定A型人格是引发冠心病的一个独立危险因素。我国心理学家张伯源等（1985、1988）用A型行为问卷对714名冠心病人和425名正常人进行了测查，结果表明病人组问卷得分 TH+CH 为 31.9+8.5 分，正常人得分为 27.2+8.1 分；冠心病人中 A 型性格分布所占比例明显高于正常人组，相差 2.2 倍。杨菊贤等（1988）曾对 3 361 人进行了行为类型与冠心病的调查。在 3 361 人中 A 型行为类型者 1 853 人，B 型者 1 508 人。A 型与 B 型之比为 1.23∶1。发现在 3 361 人中有 239 人患冠心病，患病者中 A 型性格和 B 型性格之比为 3.12∶1，A 型性格中患冠心病的人数明显高于 B 型。[①]

为什么 A 型性格的人易患高血压和冠心病呢？心理学家和生理学家通过十几年的追踪调查发现，A 型性格者的典型特征是：过分的抱负和雄心壮志，有过重的工作要求，常对工作成绩不满足。时间紧迫感强，做事快，总感觉时间不够。有时对事情缺乏耐心。情绪易波动，身心经常处于紧张状态。总想在尽可能少的时间办较多的事，如总想同时做好几件事，把工作日程排得满满的，从而常体验到内部紧张和压力。竞争意识强，爱与别人比高低，如认为自己必须不惜一切代价出人头地。当两个典型 A 型人相遇时，他们极易发生冲突，彼此争强好胜，都想拼命压倒对方，无形中增加了心理压力。A 型性格者常有典型的自我中心主义特征，总抱怨别人和外部事物与他作对，是典型的外部归因者。遇到挫折变得敌意和攻击，对他人怀有戒心，缺乏耐心和忍耐力。

（六）认知、生活方式与心理健康

知识拓展

认知方式与学习压力

同一个班级的学生，对同一件事情的认识差距有时是颇大的。比如，对考分的看法，有的同学非常看重考试分数，把分数看成衡量学习好坏的唯一标准。在学习中表现出不敢越课本一步的现象，他们每天忙于记笔记、背笔记，学习完全是为了考高分。因此，一旦考试失误就会带来巨大的挫折感，甚至对自己持怀疑和否定的态度，因而出现心理障碍。另有一部分同学则对考分持一般态度，更注重知识面的掌握，在平时的学习中拿出一些时间去涉猎其他相关学科的知识，也比较注重自己其他方面的能力的培养。从心理压力程度来看前者压力较大，后者则较为轻松并经常体验到学习的乐趣。由此可以看出，一个人对客观事物的认知方式和认知态度，对他的情绪情感以及行为有较大的影响，认知—情感—行为是否和谐对其健康会产生直接的影响。每个人的情感和行为在很大程度上是由其自身认识世界、处事的方式或方法所决定的，即一个人的思想决定了他对外界刺激的体验和感受。对事件的不正确认知会导致不愉快的体验，甚至痛苦。

以上事例说明对考分的态度和学习方式的不同，所导致的时间管理倾向和压力是不一样的。

认知心理学家贝克认为人们在认识过程中常见的认知歪曲有以下几种。

（1）任意推断（arbitrary inference），是指在证据缺乏或不充分时便主观草率地作出

① 参见何成银：《大学生心理咨询与治疗》，成都，四川教育出版社，1992。

结论。如对某人的猜测、对某些事的主观臆断等。这种不合理的思维方式会使个体经常处于怀疑、自责、猜疑等不良情绪状态中，影响正常的人际交往。

（2）夸大或缩小（magnification or minimization），是指对客观事件的意义作出歪曲的评价。这种不合理的认知通常以夸大失败或痛苦的体验为特征，认为某件事情的发生“必定会非常糟糕，后果不堪设想”。

（3）选择性概括（selective abstraction），是指仅依据个别细节而不考虑其他情况便对整个事件作出结论。这是一种瞎子摸象式的、以点概面的认知方式。

（4）过度引申（overgeneralization）或称过度泛化，是指在单一事件的基础上作出关于能力、操作或价值等普遍性结论。例如，遇到一点儿挫折或不幸便认为自己“一切都完了、如此不幸”等等；以某一件事的结果来评价自己或他人，一味地责备他人，甚至产生愤怒、敌意等情绪。

（5）极端思维（all or none thinking），是指对人或对事有绝对化的要求。即以自己的意愿为出发点，对事件抱有必定会发生或一定不能发生的绝对化倾向，通常与“必须”、“应该”这类想法联系在一起。如“我必须成功”，“他应该怎样对我”等等绝对化的要求。持有这种极端思维的人，对事件的考虑，要么全对、要么全错，这种人把世界看成是非白即黑的单色调，无中间色。这种极端思维使他们在日常生活、学习和人际交往中，经常体验到无法接受的痛苦。

二、心理健康的概念与标准

心理健康问题从 20 世纪三四十年代开始受到学者们的关注，现代科学技术的迅猛发展，生活节奏加快，价值观念发生变化，迫使人们重新认识健康问题。从多视角审视健康问题是创造和谐、健康社会所要求的。社会和谐发展的基础是大环境的和谐、家庭的和谐以及每个个体的健康和谐。所以，人人拥有健康是人民的权利，人人身心健康是社会进步的体现。心理健康问题的多元性和复杂性使得学者们难以用一个标准的概念对心理健康加以界定。由于国内外学者所处的文化背景的差异，研究问题的角度、方法的差异，迄今为止对心理健康尚未有统一的界定。这正如卡普兰（L. Kaplan）所说：许多人都试图定义心理健康，但这是一个混合的领域，难以给予精确的定义，它不仅包含知识体系，也包含生活方式、价值观念以及人际关系的质量。[①]

（一）国外学者提出的心理健康观点

社会学家波孟（W. W. Boehm）认为，心理健康是指合乎某一标准的社会行为。这种社会行为一方面为社会所接受，另一方面能为自身带来快乐。

精神病学家梅尼格尔（K. L. Menniger）认为，心理健康是指人们对于环境的良好适

① 参见 K. Menninger，*The human mind*（*3rd edition*），1973，p. 1。

应情况。心理健康者应能保持稳定的情绪，拥有敏锐的智能、适应社会环境的行为和愉快的气质。①

心理学家英格利士（H. B. English）认为，心理健康是一种持续的心理状态，当事者在那种状态下能进行良好的适应，具有生命活力，不仅能免于心理疾病，而且能充分发挥其身心的潜能。②

人本主义心理学派的心理健康观，较为系统、全面地从发展的角度论述了心理健康的特征，主要包括奥尔波特的“成熟者”理论、马斯洛的“自我实现者”理论、罗杰斯的“功能发挥者”理论、弗洛姆的“创发者”理论、弗兰克尔的“自我超脱者”理论、珀尔斯的“此时此地者”理论。其中马斯洛的“自我实现者”理论是最有影响力的理论。所谓自我实现指个体达到最高的发展水平，所具有的能力全部得到发挥，也可以说是个人潜能和价值的最有效的挖掘和使用。马斯洛认为自我实现者应具有以下心理特征：对现实知觉良好；接纳自然、他人与自己；自发、坦率、真实；以自身热爱的工作为中心；有自理和独处的需要；在自然和文化环境中能保持相对的独立性；欣赏力常新；具有难以形容的高峰体验；对社会道德予以关注；人际关系良好；具备民主的性格结构；富于创造性；处事幽默、风趣；反对盲目遵从。③

关于心理健康的概念，《简明不列颠百科全书》（心理学卷）中解释为：心理健康是指个体心理在本身及环境条件许可范围内所能达到的最佳功能状态，但不是十全十美的绝对状态。从这个概念中可以看出，一个心理健康的人能够较好地适应周围环境，同时能充分发挥自身的潜能和价值。

（二）我国学者提出的有代表性的观点

台湾学者钱萍认为：心理健康的人有满意的心境，和谐的人际关系，完整的人格，稳定的情绪。

张承芬教授认为：心理健康是指个体在各种环境中能保持一种良好的心理效能状态，并在与不断变化的外界环境的相互作用中，能不断调整自己的内部心理结构，达到与环境的平衡与协调，并在其中逐渐提高心理发展水平，完善人格特质。

张春兴将心理健康定义为：“了解自己并肯定自己；掌握自己的思想行动；能与人建立亲密关系；有独立谋生的意愿和能力；理想追求不超脱现实”④。

郑日昌将心理健康定义为：“认知功能良好；情感反应适度；意志品质健全；自我意识完整；个性结构完整；人际关系协调；社会适应良好；人生态度积极；行为规划合理；活动与年龄相符”⑤。

我国学者编撰的心理学大辞典中对心理健康是这样界定的：心理健康（mental health）亦称“心理卫生”，指个体的各种心理状态（如一般适应能力、人格的健全状态

---

① 参见 K. Menninger，*The human mind*（*3rd edition*），1973，p. 1。

② 参见 B. Katz & R. Lewis，*The psychology of abnormal behavior*（*2nd ed.*），1961，p. 116。

③ 参见陈永胜：《导引人生——心理卫生学》，69～71 页，济南，山东教育出版社，1992。

④ 张春兴：《现代心理学》，633 页，台北，东华书局，1991。

⑤ 郑日昌：《大学生心理卫生》，济南，山东教育出版社，1999。

等）保持正常或良好水平，且自我内部（如自我意识、自我控制、自我体验等）以及自我与环境之间保持和谐一致的良好状态。关于其正常状态有四种含义：第一，正常即健康状态，以有无心理疾病为判断标准；第二，正常即平均状态，从统计学角度强调正常和异常之间的程度变化，处于正态分布中间范围属正常；第三，正常即理想状态，用以评价行为，而非描述行为；第四，正常即适应过程，将正常视作不断发展进步的过程，心理健康者能不断学习有效的技巧应付紧张状态。①

笔者认为对个体心理健康的认识应该从一个可以客观观察的角度去看，即从人的行为活动方式观察个体的心理健康状态。从心理和行为活动的方式看，一个心理健康的人应符合以下特点（即心理健康的标准）。

（1）心理活动与客观环境保持一致。这首先体现在一个人应当能正确认识周围环境，积极适应环境，在适应环境的基础上又有远大理想，对未来、对人生有自己的正确态度。

（2）能在学习、劳动、生活中体验到乐趣。一个心理健康的人能独立地安排自己的学习、工作和生活，并积极主动地面对学习、工作和生活中的各种问题，在这些活动中发挥出智慧和能力。对学习、工作和生活充满向往之情，并在活动中体验到成功和乐趣。

（3）行为方式和社会角色相一致。一个人的举止行为应当和自己的社会角色相符合，有正确的自我认识，能够较好地接受自己、悦纳自己，甚至对自身不完美的地方也能够正确看待。

（4）情绪情感乐观，积极情绪占主导地位。情绪情感乐观是指在一般情况下，积极乐观的情绪为主导心境。即使遇到挫折和不幸时也能够及时调整情绪，保持冷静，从痛苦中尽快解脱出来。

（5）人际关系正常，能够与人和睦相处。心理健康的人乐于与人交往，也善于与人交往，通过与人交往可以使归属感得到满足。心理健康者在与他人交往中经常体现出友爱、宽容、团结互助的品质，善于了解别人，能理解别人的困难和努力，富于同情心。

（6）人格健全，勇于探索与进取。心理健康者的心理、行为活动是相统一的。他们能主动地面向世界、面向未来，在学习、工作中善于探索、勇于改革，并能在各种活动中不断主动地完善自我，发展自己各种潜在的能力。

综合以上几种心理健康的观点，我们不难看出，心理学者对于心理健康的界定既强调个体要适应环境，顺从主流文化，保存与延长生物学意义上的生命，又强调个体要主动地认识和改造环境，追求有价值的、创造性的幸福生活。

三、健康心理学的内容结构体系与发展

（一）健康心理学的发展

19世纪三四十年代出现了有关健康与疾病的生物—医学模式（biomedical model），认

① 参见林崇德、杨治良、黄希庭：《心理学大辞典》，1395页，上海，上海教育出版社，2003。

为疾病是由于病毒入侵身体引起体内的身体变化所致，或者是源自人体内某些偶然发生的身体变化，如内分泌失调等。生物—医学模式疾病观用偏离正常的、可测量的生物学（躯体）变量，说明生理功能受损导致疾病。由此，医务人员只关心如何改善病人的躯体机能，认为身体功能和心理是独立的。心理不能影响身体，身体和心理不是相互影响的，这是历史上身心二元论的反映。

20世纪以来，生物—医学模式的一些假设受到了前所未有的挑战。心身医学观、行为主义健康观和行为医学的出现，使疾病观发生了重大的改变，出现了生物—心理—社会医学模式的疾病观。生物—心理—社会医学模式将“人”视为具有生物、心理和社会属性的人，强调生物、心理、社会因素在健康与疾病防治中的作用。在疾病的治疗过程中，不但要治疗躯体疾病，还要帮助个体改善社会适应能力以及心理调适能力，对人的心理、精神、行为方式等方面予以全面的关注。

传统的生物—医学模式认为，疾病是由生物学因素的变化引起的，有明确的病因，也有明确的生物学治疗方案。而生物—心理—社会医学模式则认为，在个体出现疾病和治疗疾病的过程中，心理社会因素有着重要的影响。生物—心理—社会医学模式提出了心身疾病的概念，拓展了对健康和影响健康的因素的认识，同时也显示出了心理学的研究在维护人类健康中的地位越来越重要。

在人类对疾病与身体的关系的认识不断深化的基础上，1978年健康心理学诞生了，它主要研究疾病的防治、不良行为的矫正、生理功能障碍的康复、意外事故的减少、精神紧张的缓解、运动锻炼与健康教育的普及等内容。Joe Matarazzom 对健康心理学的发展做出了重要的贡献，他认为健康心理学包括两个范畴，分别是：教学，即学校教育中、社区教育中的心理健康教育与指导，研究人们的心理行为活动方式对健康的影响等。干预，即通过研究得到的健康方面存在的问题，需要心理教育工作者的干预来消除这些问题。健康心理学的重要工作是促进和维护健康，关注社会发展、生活方式的改变、生活质量的提高对身心健康的影响。它在心理疾病的预防和治疗方面已做出重要的贡献。

早期的研究领域，主要有健康、疾病与心理的关系，社会生态文化因素对疾病与健康的影响，社会生活环境的变化对个体健康的影响，个体的认知与生活方式对身心健康的影响。随着社会的发展和生活节奏的加快，现代健康心理学的研究触角延伸到教育和人生发展的不同阶段。研究者们开始探讨在人生发展的不同时期，如何结合社会对个体的要求，帮助个体更加愉快地学习、工作和生活。

（二）现代健康心理学的内容和结构体系

现代健康心理学（modern health psychology）尝试从人生发展的角度探讨维护身心健康的理论及其实践问题。以预防心身障碍为基础，以促进人生发展为核心，以充分发挥个体的心理潜能为目标，我们构建了健康心理学的基本内容体系，主要包括以下五部分。

第一部分，健康心理学的基本观点。这部分系统阐述了健康与心理健康的关系、心理健康的概念与标准、健康心理学与其他相关学科的关系、国内外健康心理学的思想及健康心理学学科的发展、健康心理学结构体系的发展、健康心理学的主要研究内容及研究方法。这部分内容只包括第一章。

第二部分，健康心理学的基本理论问题。这部分系统阐述了现代社会中个体可能面临的应激与挑战，应对各种应激、压力的方法，以及个体如何适应社会文化环境的变迁以维护身心健康。这部分内容由第二章、第三章、第四章构成。

第三部分，主要讨论人生发展不同阶段身心健康的维护，早期的家庭教育对个体心理健康的影响，学校教育对青少年心理健康的影响，成年期心理健康问题，包括和谐美满的婚姻、幸福的家庭与个体心理健康，职场环境中人际关系问题的处理等。这部分内容由第五章、第六章、第七章、第八章构成。

第四部分，阐述现代社会发展中特殊群体和特殊环境下心理健康问题的处理。现代社会中女性如何维护身心健康，我国城市化发展过程中出现的农民工心理健康问题。这部分内容由第九章、第十章构成。

第五部分，阐述信息化社会发展中的个体、群体面临的心理健康问题。社区心理健康的现状与发展，群体和个体网络使用中如何增强心理防御机制、健康使用网络、维护心理健康，个体如何通过参与健康的休闲活动，调适身心，维护身心健康。这部分内容由第十一章、第十二章、第十三章构成。

四、健康心理学的研究方法

健康心理学的研究方法主要包括：观察法、调查法、测验法、实验法、个案法、叙事研究法、跨文化比较研究法和流行病学法。

（一）观察法

观察法是指在自然条件下，研究者通过感官或一定的仪器设备，有目的、有计划地对被观察者的言语、表情、体态、行为举止等进行观察和分析，由此发现其心理行为产生和发展规律的一种方法。健康心理学研究中如果要了解个体的心理健康状况，就需要对来访者的神态、言语、表情、动作等进行细致入微的观察。

（二）调查法

调查法包括访谈法和问卷法，是通过访谈或问卷的形式来考察个体心理行为因素与健康、疾病间的关系的一种方法。调查法通常以被调查对象对所调查问题的自我报告为依据，间接收集资料。调查法主要包括以下两种。

1. 访谈法

访谈法是研究者借助与被调查对象的口头言语交谈，了解并收集他们相关心理特征与行为数据资料的一种研究方法。根据不同的标准，可以将访谈法分为不同的类型：结构性访谈和非结构性访谈；直接访谈和间接访谈。其中，结构性访谈与非结构性访谈的区别在于对访谈内容和访谈过程是否具有统一明确的要求；直接访谈和间接访谈的区别则在于访谈是否借助于一定的中介物（如电话等）。

访谈法的突出特点在于：整个访谈过程中，访谈者与被调查对象间相互影响、相互作用。由此，访谈者在访谈过程中应积极发挥主动作用，把握好访谈的内容和方向，尽可能地促使访谈按照预定的研究思路开展。

2. 问卷法

问卷法是研究者使用结构性问卷（仅包含是非题和选择题）、非结构性问卷（仅包含主观题）或组合问卷（由结构性问卷和非结构性问卷组合而成）收集被调查对象的心理行为数据资料的一种研究方法。

在健康心理学的研究中，问卷法常常和访谈法结合在一起使用。相比访谈法，问卷法的标准化程度高，能够大批量施测，并在较短的时间内收集到大量的资料进行量化分析与研究。

近年来，问卷法在健康心理学研究中的应用越来越广泛，越来越多的研究者采用问卷法考察个体心理行为因素与健康、疾病的关系。例如，采用应对方式问卷对慢性疼痛患者的应对方式进行分析，采用生活事件量表考察不良应激对大学生失眠症的影响等等。

（三）测验法

测验法是指使用标准化的心理测量工具（量表），通过标准化的测量程序研究被试某种个性品质或心理发展规律的方法。例如，使用自测心理健康评定量表，可以了解生理健康、心理健康和社会健康情况。

在实施测验的过程中，主试需要严格做到以下几个方面：

第一，做好测验前的准备工作，包括准备好测验所需的材料，熟悉测验指导语等。

第二，选择适合的测试环境，要求测验场地的光线、照明度、通风度、桌椅等均符合测验的要求。

第三，严格遵守测验程序和要求，除特殊情况外，均应按照标准化的指导语和标准时限实施测验。

第四，与被试保持良好的关系，争取被试的合作，保证测验的效果。

第五，根据被试的具体情况选择适宜的测验方法。例如，年纪较小的儿童独立性差，模仿能力强，对其进行测验，应采用个别施测，不宜采用团体施测。

（四）实验法

实验法是指创设一定的情境，通过有计划地操纵和控制某些变量，探讨自变量与因变量间因果联系的方法。在健康心理学的研究中，主要有实验室实验和课堂教学实验。如控制实验条件，观察强迫症患者的脑电变化，就是实验室实验。通过创设课堂教学环境分析课堂教学对学生心理健康的影响就是课堂教学实验。

（五）个案法

个案法来源于古代医疗实践中的问诊法，是一种颇为古老的研究方法，主要通过对某个被试或某些被试长时间的跟踪调查来研究其心理行为的发展规律，需要研究者对被试进行深入细致的观察。

在健康心理学的研究中，个案法的被试可以是正常人，也可以是患病者（包括躯体疾病患者、心理疾病患者）。被试的一般资料（如生活状况、婚姻家庭情况、工作情况、社会交往情况）、成长经历、心理及身体状况等都可能是富有价值的资料。

由于个案法仅使用少数案例，所以多数情况下个案法只适用于个别情况并且无法直接加以验证。为此，研究人员在使用和推广个案法所得结果时就需要秉持谨慎的态度和对学术负责的精神。

（六）叙事研究法

叙事研究法是质性研究方法的一种，近十多年来，叙事研究在健康心理学领域受到了极大的推崇。所谓叙事研究是指研究者以访谈的形式，引导受访者述说与自己有关的经验，如生命故事、生活片段等。在此过程中，研究者要进行及时记录，并在之后根据记录对受访者所叙述的经验进行分析和诠释，从而发掘或揭示内隐于个体日常生活事件和行为背后的对心理健康有着重要影响的思想、观念或深层心理活动过程。

（七）跨文化比较研究法

跨文化比较研究法是指在不同文化或社会背景下进行相同的研究设计以探讨文化和习俗对个体心理健康的影响的一种方法。跨文化比较研究法主要有两种具体的研究方法，一种是横向比较，例如，可以做不同文化背景下人群心理健康的比较研究，不同国家、不同地区、不同民族的横向比较研究；另一种方法是纵向比较，例如，在不同时间段对同一国家、同一地区或同一民族进行比较。

需要指出的是，由于文化间的差异非常明显，加上一些无关变量不能得到有效的控制，跨文化比较研究通常所涉及的因素十分复杂，这就要求研究者在实施跨文化比较研究时必须谨慎考虑好被试如何选择、测量工具是否存在潜在的偏向、测量内容是否存在文化偏向等问题。

跨文化研究方法对健康心理学的最大贡献在于通过研究可以揭示人类健康心理的普遍规律性和文化差异性对心理健康的影响。

（八）流行病学法

流行病学是研究特定人群中疾病、健康状况的分布及其决定因素，并研究防治疾病与促进健康的策略和措施的科学。在健康心理学研究中，分析某些心理行为因素对健康的影响作用，探讨具有哪些特质的个体是疾病或某种疾病类型的易感人群，这些问题都需要借助流行病学研究方法来考察。

【基本概念】

健康　心理健康　过度引申　顺应自然　心理卫生学

【复习思考题】

1. 性格对心身健康的影响有哪些？
2. 中国古代心理健康思想对现代健康心理学的研究有何启示？
3. 从心理和行为活动的方式看，一个心理健康的人应该有哪些心理行为特点？
4. 简述中国古代的心理保健原则与方法。
5. 什么是健康心理学的跨文化比较法？

【推荐阅读书目】

Cole，S. W.，Kemeny，M. E.，Taylor，S. E.，et al.. Elevated physical health risk among gay men who conceal their homosexual identity. Health Psychology，1996，15（4）.

Salovey，P.，Rothman，A. J.，Detweiler，J. B.，et al.. Emotional states and physical health. American Psychologist，2000，55（1）.

简·奥格登．健康心理学．严建雯，陈传峰，等，译．北京：人民邮电出版社，2007.

莎伦·伦得·奥尼尔等．职场人际关系心理学（第12版）．石向实，郑莉君，译．北京：中国人民大学出版社，2012.

第二章 人际冲突、应激与心理健康

【学习目标】

1. 掌握人际关系冲突、应激的概念
2. 掌握预防冲突发生的策略及解决各种冲突的具体方法和措施
3. 理解应激与人际冲突对个体身心健康的影响
4. 掌握减小应激刺激和应对应激的策略

【章节导读】

冲突是现代社会的矛盾运动及社会发展的必然，它包括群际关系冲突、人际关系冲突和个人内部的冲突。其中人际关系冲突、个体内部的冲突对身心健康有直接的影响。人际关系冲突是每个人都会遇到的问题，根据其强度的不同，可以分为一般的人际关系冲突和强烈的人际关系冲突。强烈持久的人际关系冲突，如夫妻间激烈的争吵、亲子间严重的抵触、同事间频繁的冲突，均会影响个体的身心健康；而一些突发事件，如突如其来的自然灾害、社会制度的急剧动荡等，均会使个体处于应激状态。因此，人际关系冲突和应激是健康心理学关注的话题。本章重点讨论应激的理论观点及预防和应对应激维护身心健康的具体方法；人际关系冲突与心理健康的关系，以及个体应对人际冲突维护身心健康的策略。

第一节 人际关系冲突与心理健康

认识人际关系冲突的特点，分析其产生的原因，对于个体预防人际关系冲突，缓解由于人际关系冲突所导致的情绪障碍，维护心理健康，有重要的作用。

一、人际关系冲突的概念

人际关系冲突（interpersonal conflict），是指两个或更多社会成员间，由于反应或希望的互不相容性而产生的紧张状态。对于人际关系冲突，学者们从不同的角度进行了不同的界定。

雷文（B. H. Raven）认为，人际关系冲突是由于实际的或希望的反应的互不相容性而产生的两个或更多个社会成员之间的紧张状态。

杰纳兹（Suzanne. C. De Janasz）认为，人际关系冲突是个人与个人之间、集体与集体之间以及经济体内部由互不相容的目标或情感所引起的对立或敌对的现象。

沙莲香认为，人际冲突就是一种人与人之间对立的状态，表现为两个或两个以上的相互关联的主体之间的紧张、不和谐、敌视，甚至争斗关系。

哈威尔（Hartwick）等认为，人际冲突指的是发生在相互依赖的个体和群体间的、互相知觉到的与各自既定目标的不一致，出现了干涉行为并同时伴有消极情绪体验的动态过程。

图 2—1 人际冲突广泛存在

人际关系冲突是一种广泛存在的社会现象（见图 2—1）。一般发生在个体与个体之间或个体与群体之间，亦可发生于群体和群体之间。具体包括不同社会阶层之间的冲突、领导和下属的关系冲突、同学冲突、邻里关系冲突、亲子冲突、婆媳关系冲突、夫妻关系冲突等等。轻度的人际关系冲突使我们感到不愉快，重度的人际关系冲突可能导致人们产生情绪障碍，长期的情绪障碍又可能导致人们出现各种身心疾病。无论是个体之间的人际关系冲突，还是群体之间的人际关系冲突，如果处理不当都可能引发恶性事件。所以，我们要从维护心理健康的角度出发，高度重视人际关系冲突问题。

二、人际关系冲突的特点

掌握人际关系冲突的特点，对于我们预防人际关系冲突，解决人际关系冲突，维护身心健康，具有重要的意义。人际冲突主要有以下四个基本特点。

1. 客观性

由于人与人之间在目标、认知、情感和行为等诸多方面都存在差异，所以，人际冲突是人际交往中不可避免的必然现象，是一种客观存在。

2. 知觉性

人际关系冲突有时是一种主观感受，是由于已经知道彼此的目标、意见或价值观不一致，以及为了竞争稀少的资源而产生的主观判断与知觉。

3. 对立性

人际冲突是一种对立行为，源自双方的互不兼容性。对立的表现形式和程度有很大的差别，并且伴随着强烈的情绪体验。

4. 递增性

发生人际冲突的可能性，会随着两个人彼此依赖程度的增加而提高，也就是说，人际互动越多，产生意见相左或争论的机会越多。正如伊恩·罗伯逊所说的，亲密的关系可能比不亲密的关系会引起更多的冲突，因为出现紧张的机会越多，激起深沉感情的可能性也就越大。

三、人际关系冲突的类型

研究者从不同的角度提出了人际关系冲突的类型。具有代表性的类型主要有以下几种。

(一) 三个层次上的冲突

布瑞克（H. B. Braiker）和凯利（H. H. Kelley）对人际关系在三个层次上进行了区分：

（1）特定行为上的冲突。双方对于某个具体问题存在不同意见和不同的行为方式。

（2）关系原则或角色上的冲突。双方对于如何处理两个人的关系，在关系中各自的权利、义务有着不同的理解，又很难调和彼此的不一致。

（3）个人性格与态度上的冲突。个人形成的稳定的性格特征和处事态度存在着明显对立，这是比较深层次的人际冲突。

（二）五种类型的划分

多伊奇（Morton Deutsch）根据冲突的基础不同把冲突分为五种类型：

（1）平行的冲突（parallel conflict）。双方存在客观分歧，而且双方都准确知觉了这种分歧。

（2）错位的冲突（displaced conflict）。一方可能有一个客观的理由，而且知觉到冲突的存在，但是却不直接针对真正的问题本身。

（3）错误归因的冲突（misattributed conflict）。存在客观分歧，但是双方对这种分歧并没有准确的知觉，是由于双方对事物的不同归因所导致的冲突。

（4）潜在的冲突（latent conflict）。存在客观分歧，但是双方对这种分歧并没有什么感觉。

（5）虚假的冲突（false conflict）。双方有分歧，但是这种分歧并没有客观的基础，可能是一方的错误判断所导致的。

（三）"零和"冲突和"非零和"冲突

（1）"零和"冲突（zero-sum conflict）。指一方的收获就是对方的损失，双方的收益和得失加起来为零。此种类型的冲突完全是竞争型的。

（2）"非零和"冲突（non-zero-sum conflict）。指冲突一方的收益不一定是对方的损失，即双方的收益和损失加起来不等于零。双方都可能赢，也都可能输。

四、人际关系冲突的过程

冲突不是一种静止的状态，而是一个动态的过程，在这个过程中，冲突双方的认知、情绪和关系都可能发生变化。托马斯（K. W. Thomas）提出了冲突过程的模型，认为冲突的过程可以分为四个步骤：挫折期—认知期—行为期—结果期。

庞地（L. R. Pondy）提出了冲突过程的五个阶段模式：潜伏阶段—知觉阶段—感受阶段—外显阶段—结果阶段（如图 2—2 所示）。（1）潜伏阶段。导致冲突的各种条件已经具备，但是双方并没有意识到彼此的不兼容性，不构成冲突，只是埋下冲突的因子。（2）知觉阶段。双方认识到彼此的差异，并不能相容，主体感到紧张或焦虑，潜在冲突向显性冲突转化。（3）感受阶段。一个或多个当事人，对彼此的差异有情绪上的反应，双方开始分析冲突性质，思考策略以及可能的后果，有情绪性反应介入。（4）外显阶段。冲突行为外显化，双方互相争执、说理或辩论，甚至出现言语攻击、肢体暴力等行为。此阶段很容易出现冲突升级甚至失控的现象。（5）结果阶段。人际冲突的结果可能是两败俱伤，可能一胜一负，也可能通过强烈的争执取得对方的谅解并达成统一的协议。

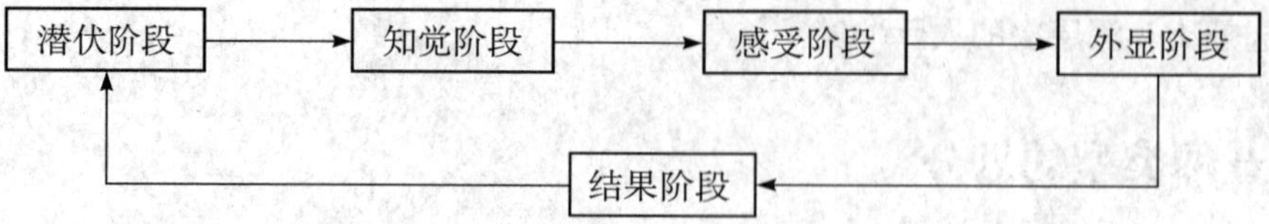

图 2—2　庞地的冲突五阶段模式

L. D. 布朗通过考察冲突后果与冲突激烈程度之间的关系，提供了一种分析冲突结果的方法。布朗认为，冲突的后果可以分为积极的、消极的和中性的三种类型，冲突的程度和冲突后果之间呈现倒“U”型的关系。当冲突过少或过多时，冲突的结果往往是消极的；当冲突是适度的、可接受的、可以调和的，那么，冲突的后果往往是积极的（如图 2—3 所示）。

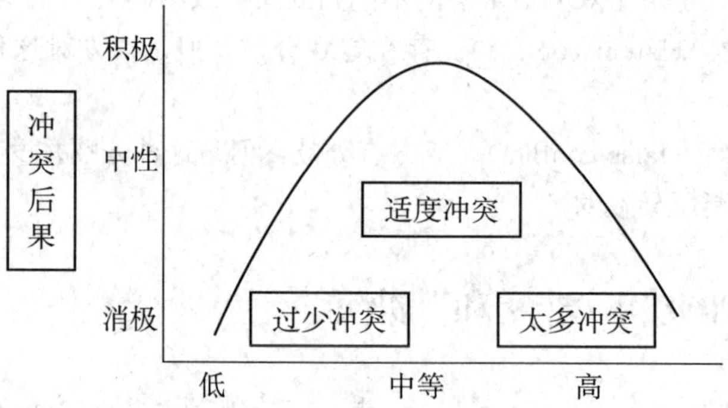

图 2—3　分析冲突结果的方式

从人际冲突过程理论可以看出，从轻微的人际冲突到强烈的人际冲突是有一个发展过程的。从建立和谐的人际关系的角度看，一旦发现人际冲突要尽快沟通解决，否则，对双方都是不利的，既有损于人际关系，又会影响身心健康。

五、人际冲突与心理健康

和谐的人际关系环境可以使个体在学习、工作、生活中体验到乐趣，而充满冲突的人际关系氛围则使个体感到压抑、郁闷和情绪低落。

（一）人际冲突与心理健康研究现状

人际关系是心理健康的重要内容之一。在国内外学者提出的心理健康的标准中，无一例外地都提到了人际关系与心理健康密切相关。例如，1946 年国际心理卫生大会提出的心理健康的标准之一便是适应环境，人际关系好。在美国学者奥尔波特的六条心理健康标准中，“与他人建立亲睦关系的能力”也涉及人际关系。台湾学者钱萍在 1980 年也曾指出，心理健康是指有满意的心境、和谐的人际关系、人格完整、个人与社会协调、情绪稳定。

研究表明，人际关系是社会心理因素中对个体身心健康影响最大，作用最强烈的因素。1998年，郑莉君运用SCL-90调查量表对3 067名大学生心理健康状况的调查研究发现，人际关系敏感是大学生心理问题中的首要问题，37.6%的大学生存在人际关系敏感问题。[①] 李书平、王燕、马璟（2007）对临床医学四年级大学生心理健康状况进行调查，结果显示，人际关系问题在心理健康问题中占首位。[②] 汪雪莲和许能峰（2005）发现，大学生人际困扰总检出率为47.8%，其中轻度人际困扰者达32.1%，较严重人际困扰者达15.7%，具有明显人际关系障碍者达4.4%。[③] 张晨等（2009）对720名大学生的问卷调查表明，大学生的人际困扰显著，特别是在待人接物方面。张翔和樊富珉（2003）对大学生冲突行为问卷进行因素分析发现，大学生在冲突中的外显行为主要有“问题解决”、“拒绝合作”和“直接攻击”，人际冲突各因子与心理症状中的“人际关系敏感”、“敌对”、“偏执”各因子以及心理症状总分呈显著正相关，人际冲突总分与心理症状各因子以及心理症状总分亦呈现显著正相关。[④]

（二）人际冲突对身心健康的消极作用

人际冲突对个体身心健康的消极作用主要表现为以下几点。

（1）冲突可能使当事人经历伤害、生气、挫折等消极情绪。

（2）冲突会给双方的关系带来压力与紧张，甚至会增加彼此的敌意，造成关系的破裂。

（3）冲突引发的挫折感容易使人产生报复的反社会化心理倾向。

（4）长期处于人际冲突的环境下，个体容易出现焦虑、沮丧、抑郁等情绪，影响身心健康。

早期研究者认为，人际冲突对人际关系、个体活动及身心健康只有破坏性作用。20世纪40年代以来，心理学家研究发现，人际冲突对人际关系、事业发展及身心健康既有消极意义也有积极意义。

（三）人际冲突对身心健康的积极作用

人际冲突对个体身心健康的积极作用主要表现为：

（1）有些人际冲突能够激发人的潜能，促进竞争。当冲突与个体的成长目标不一致时，就会促进个体的反思与顿悟，推动个体通过竞争激发潜能。

（2）冲突可以突显双方的问题症结，促使双方努力寻求可能的解决途径。

（3）冲突对个体的社会化过程也有独特价值。解决冲突，特别是大学生解决与恋人的冲突是社会化的重要过程。冲突的解决，一方面可以促进大学生人格及社会性的发展，

---

① 参见郑莉君：《大学生心理健康》，67页，呼和浩特，内蒙古文化出版社，1998。

② 参见薛轶娟：《人际关系对大学生心理健康的影响》，载《山西农业大学学报》，2007（6）：173-175。

③ 参见汪雪莲，许能峰等：《医学学生的人际关系困扰及其影响因素》，载《中国心理卫生杂志》，2005（4）：247-250。

④ 参见张翔、樊富珉等：《大学生人际冲突来源及其处理策略》，载《青年研究》，2003（9）：45-48。

另一方面解决冲突的方式也体现出大学生社会性发展的成熟与否。

(4) 有利于新的人际关系的建立。常言道“不打不成交”，说的就是人们通过解决冲突成了朋友。

(5) 冲突可能使双方产生新的思想、目标等，有益于双方的合作与发展。

六、人际冲突产生的原因

人际关系冲突产生的原因是复杂多样的，既有主观因素也有客观因素，有时还受偶然因素的影响，学者们从不同角度提出了不同的观点。

(一) “寻衅—认可”说

“寻衅—认可”说是由霍斯曼提出的。该理论认为，一个人受到意料之外的惩罚或没有获得意料之中的回报，就会愤怒，便极有可能采取寻衅行为，从而引发冲突。

(二) “利益最大化”说

“利益最大化”说由布劳提出。该理论认为，在交换关系中冲突是固有的，人人都试图用最小的代价换取最大的利益，并力图使自己在关系中占据有利的地位，但是，各社会群体在关系交换中都形成了自己的准则，在权势的一方破坏了准则的情况下，人际冲突便会产生。

(三) “资源”说

“资源”说由 E. 福阿、U. 福阿提出。该理论认为，引起冲突的原因有两个：一是在固定资源的供需双方中，由于一方拒绝提供资源，导致资源短缺，从而引起了双方的冲突；另一个是资源的交换在人际传播的过程中发生了误解。

(四) “公平分配”说

“公平分配”说是由 E. 沃尔斯特、贝尔谢德和 G. 沃尔斯特提出的。该理论认为，人们将自身的投入和收益与其他人相比较，与自身投入相当的人得到的收益应该也是相近的，不会差别很大，但是一旦公平分配被打破，个体觉得自己处于不利地位就会愤怒，就会采取一些行动，使公平分配的原则得以恢复。

以上四种观点主要从利益、分配、公平的角度寻找人际关系冲突的原因，着重考察导致人际关系冲突的外部原因，而对导致人际关系冲突的内部因素，即冲突双方的内在心理因素的考察较少。实际上，内部心理因素对人际关系冲突的发生发展也发挥着非常重要的影响。内部心理因素主要表现在以下几个方面。

（1）目标冲突。个体与个体间或个体与群体间目标的不一致，导致冲突的发生。

（2）认知冲突。双方对某事物的认知差异很大，甚至截然相反时，会导致冲突。

（3）价值观、信念差异。价值观是个体对外在事物价值取舍的判断，由于人与人生活环境的差异，会导致价值观与信念的差异，因而会出现人际冲突。

（4）情感冲突。情感冲突是指个体对事物判断过程中所产生的态度体验的差异，当这种差异比较大时，就会导致冲突。

（5）行为冲突。指个体与个体在行为活动方式上的矛盾与冲突。

（6）个性冲突。指个体与个体间在个性方面的差异和分歧，如在现实生活中有的人喜欢和别人沟通处理分歧，有的人则对分歧采取回避态度。

在我们的生活中会不可避免地遇到人际冲突，人际冲突并不可怕，可怕的是不会处理人际冲突。当你做完下面这个小测验，你便能初步了解你处理人际冲突的能力如何。如果结果不理想，你要尝试学习处理人际冲突的策略，提高处理人际冲突的能力。

小测验

人际冲突平息能力测验

下面每项有四个备选答案。请根据自己的实际情况，选择一个最适合的答案。

1. 要是你与某同学产生了矛盾，关系紧张起来，你将怎么办？

A. 从此不再搭理他，并设法报复他。

B. 请别人帮助，调解我们之间的紧张关系。

C. 我将主动去接近对方，争取消除矛盾。

D. 他若不理我，我也不理他；他若主动前来招呼我，那么我也招呼他。

2. 如果你被人误解干了某件不好的事情，你将怎么办？

A. 同亲友捏造一些莫须有的事加在对方身上，进行报复。

B. 找这些乱说的人对质，指责他们。

C. 要求相关部门调查，以弄清事实真相。

D. 置之一笑，不予理睬，让时间来证明自己的清白。

3. 如果你的父母之间关系紧张，你将怎么办？

A. 谁厉害就倒向谁一边。

B. 采取不介入态度，不得罪任何人。

C. 谁正确就站在谁一边，态度明朗。

D. 努力调解两人之间的关系。

4. 如果你的父母总是为一些小事争吵不休，你准备怎么办？

A. 尽量少回家，眼不见为静。

B. 根据自己的判断，支持其中正确的一方。

C. 威胁他们：如果再吵，就不认你们做父母了。

D. 设法阻止他们争吵。

5. 如果你的好朋友和你发生了严重的意见分歧，你将怎么办？

A. 下决心中断我们之间的朋友关系。

B. 为了友谊迁就对方，放弃自己的观点。

C. 请与我俩都亲的第三者来裁决谁是谁非。

D. 暂时避开这个问题，以后再说，以求同存异。

6. 别人妒忌你所取得的成绩时，你将怎么办？

A. 以后再也不冒尖了，免得被人妒忌。

B. 同这些妒忌者争吵，保护自己的名誉。

C. 走自己的路，不管别人怎么看我。

D. 一如既往地工作，但同时反省自己的行为。

7. 如果有一天需要你去处理某一件事（不是坏事），而处理这件事的结果不是得罪甲，就是得罪乙，而甲和乙恰恰又都是你的好朋友，你将怎么办？

A. 为了不得罪甲和乙，宁可不顾当时的需要，不去做这件事。

B. 瞒住甲和乙，悄悄把这件事做完。

C. 事先不告诉甲和乙，事后再告诉得罪的一方。

D. 向甲和乙讲明这件事的性质，想办法取得他们的谅解，再处理这件事情。

8. 如果你的好朋友虚荣心太强，使你很看不惯，你将怎么样？

A. 听之任之，随他（她）怎么做，以保持良好关系。

B. 只要他（她）有追求虚荣的表现，就同他（她）争吵。

C. 检查一下对方的虚荣心是否同自己有关。

D. 利用各种机会劝导他（她）。

9. 如果你对某一问题的正确看法被教师否定了，你将怎么办？

A. 同教师争吵，准备离开该校或者所在班级。

B. 学习消极，以发泄自己的不满。

C. 向学校领导反映，争取学校领导的支持。

D. 一如既往地认真学习，在适当的时候再向教师陈述自己的看法。

10. 如果你同朋友在假日活动的安排上意见很不一致，你准备怎么办？

A. 与朋友争论，迫使朋友同意自己的安排。

B. 到时独自活动，不和朋友在一起度假了。

C. 双方意见都不采纳，另外商量双方都不反对的安排。

D. 放弃自己的意见，接受朋友的主张。

计分及结果解释：以上各项选 A 得 0 分，选 B 得 1 分，选 C 得 2 分，选 D 得 3 分，把各项相加即为总分。总分为 0～6 分，表明处理人际冲突的能力很弱；总分为 7～12 分，表明处理人际冲突的能力较弱；总分为 13～18 分，表明处理人际冲突的能力一般；总分为 19～24 分，表明处理人际冲突的能力较强；总分为 25～30 分，表明处理人际冲突的能力很强。

温馨提示：如果你在该测验上的得分不理想也不要紧，相信下面提到的内容能够帮助你有效提高自身的冲突解决能力，加油啊！

七、应对人际冲突的策略

不同的人在面临冲突时会采取不同的应对策略。1976 年，K. W. Thomas 提出了应对策略的两个维度，即追求个人的利益和需求，考虑对方的利益和意见。根据这两个维度的不同程度可能出现五种情况：只考虑自己而不注意关系（高—低），使冲突对方不愉快，冲突一方就会选择竞争策略。如果肯定自己的倾向较弱，顾虑人际关系的倾向也较弱（低—低），冲突一方就会选择退避策略。如果冲突一方倾向于肯定自己，也倾向于顾虑关系，冲突一方就会选择协调策略。如果冲突一方倾向于考虑关系而不肯定自己的追求，则冲突一方可能选择配合和通融的策略。处在这些策略中间的，是对各方面利益的妥协，也可以称为中庸的策略。

（一）人际冲突的管理步骤

人际冲突管理是指角色期望对象和角色期望的发出者之间的沟通行为。一般包括以下几个步骤：（1）澄清并界定问题；（2）找出彼此的需要与愿望；（3）寻求可能的解决方案；（4）达成共识；（5）评估和总结经验。

（二）人际冲突的处理策略

1940 年，Follett 首次提出了冲突解决的三种主要方式：控制（domination）、妥协（compromise）和整合（integration）。

1964 年，Blake & Mouton 第一次将组织内人际冲突解决方式归纳为五种类型：强迫（forcing）、退避（withdrawing）、安抚（smoothing）、协商（compromising）和问题解决（problem solving）。

1977 年，Thomas 提出冲突的五种应对策略：（1）回避（avoiding），即不作处理，使冲突双方的利益都不能得到满足；（2）强迫（competing），即满足自身利益，无视对方利益；（3）迁就（accommodating），即满足对方利益，牺牲自身利益；（4）合作（collaborating），即通过合作使双方利益都得到满足；（5）折中（compromising），即双方都有所让步。

1983 年，Rahim 将托马斯的五种应对策略发展为：（1）统整（integrating）；（2）忍让（obliging）；（3）支配（dominating）；（4）逃避（avoiding）；（5）妥协（compromising）。

新近的研究进一步发展了人际冲突的解决策略，如国内学者黄丽莉在 1999 年提出华人解决冲突的四种方式，分别是抗争、协调、退避和忍让。[①]

2005 年，Robbins 将人际冲突处理策略分为五种：（1）协作；（2）妥协；（3）调停；

---

① 参见杨宜音、张曙光：《社会心理学》，220 页，北京，首都经济贸易大学出版社，2008。

（4）彻底争论；（5）回避。

国内学者樊富珉等在2003年通过调查分析，得出人际冲突的三种解决策略：（1）合作、折中型策略，即双方协商、谈判，公开面对和解决问题的建设性冲突处理策略；（2）回避、迁就型策略，即愿意顺应他人、成全对方，或回避冲突的方式；（3）竞争型策略，即为争取己方利益或维护己方立场，不断声张自己的主张或利益，并不断削弱、抨击对方的策略。

在所有解决冲突的方式中，谈判是一种积极的抗争方式。谈判也称协商，是指冲突双方通过提出要求和相反的建议，并经过反复讨论，最终达成双方共同接受的解决方案的沟通方式。谈判可以分为正式的谈判和非正式的谈判两种方式。正式谈判需要正式的程序和规范，解决原则性问题时往往采用此种形式，如需要双方到场或领导或第三方在场等。非正式的谈判如通过几句话彼此化解矛盾等。

当冲突双方为了各自的利益争执不下时，解决冲突的另一个方法是通过设立更高级的目标来缓解矛盾。比如，在双方都不肯放弃争优名额发生冲突时，可以设立另一更高级的目标去平衡。这一方式也被称为超级协调目标（super-ordinate goal），是通过设立超越群体类别之上的目标，解决现有冲突并可向更高目标发展，不失为解决矛盾的好方法。

第三方的介入可以避免谈判双方的直接冲突，由第三方来安排谈判的时间和地点等具体事宜，使冲突双方易于接受。有时第三方提出的建议不但可以改善双方的关系，还能带来一些新的观点和方法，改变冲突双方对待事情的方式及对对方的看法。此外，第三方的介入还有助于保全冲突双方的面子。

为了使彼此能够和谐相处，人们必须放弃一些利益，考虑对方的立场，达成相应的妥协。心理健康中提到的看待问题不能“非白即黑”，讲的就是要从多角度辩证地看待问题，这对于化解冲突、缓解矛盾是非常有利的。

总的来说，在冲突管理中，为了有效提高冲突处理的能力和水平，冲突双方应该努力做到：认清冲突的性质，控制好自己的情绪，直接沟通，宽大为怀，介入调停，化干戈为玉帛。

第二节
应对应激，维护心理健康

个体在与外界环境发生互动时，生活事件是普遍存在的，有些应激刺激是无法回避的。此时，只有掌握应对应激的相关知识，积极面对，才能使应激反应降到最低强度。当然在现实中也要尽量避免应激的出现。

一、应激概述

应激是个体预料之外的紧急事件，应激强度不同对个体身心健康的影响也不同。

（一）应激

汉斯·塞里（Hans Selye，1907—1982）第一次明确地提出了“应激”的概念，他将应激定义为：机体在受到各种内外环境因素刺激时所出现的非特异性全身反应，应激可以由不同的生理及心理因素引发。心理应激是机体通过认识、评价而觉察到应激源的威胁时引起的心理、生理机能改变的过程，同时也是躯体唤醒的过程。塞里还指出，机体面临不同的刺激，如冷、热、缺氧、水及电解质平衡失调、长期情绪冲突、焦虑、抑郁、沮丧等，都可以产生同样的应激症状群。对于这些能够引起个体应激症状的因素，塞里称之为“应激源”（stressor）。实际上，任何躯体的或情绪的刺激，只要达到一定的强度，都可以成为应激源。由此，应激源可以定义为：向个体提出适应的要求，并能引起个体的应对反应，使个体稳态失衡的客观变化的环境事件或情景。人们生活中的各种重大生活事件，就是应激源（如表 2—1 所示）。不同类型、不同程度的应激性生活事件，会给个体带来不同程度的压力。

表 2—1　社会再适应评定量表

序号	生活事件	分值	序号	生活事件	分值
1	配偶或同伴死亡	87	18	承担照顾病人或老人的责任	56
2	亲密家庭成员死亡	79	19	健康保险上的重大损失或收益	56
3	个人重大伤害或疾病	78	20	自己或家庭成员因触犯法律被捕	56
4	关入监狱或触犯其他刑法	76	21	在孩子的抚养、监护、探视上的重大意见分歧	53
5	亲密家人受到重大伤害或疾病	72	22	经历或卷入车祸	53
6	没收债务或抵押品	71	23	工作上降职	53
7	离婚	71	24	处理意外怀孕	51
8	成为犯罪受害者	70	25	成年子女搬来与父母同住或父母搬来与成年子女同住	50
9	成为警察暴力的受害者	69	26	孩子有行为或学习问题	49
10	失贞	69	27	经历雇用歧视或性骚扰	48
11	经历家庭暴力或性虐待	69	28	努力戒除自己的成瘾行为	47
12	与配偶或同伴分开或重归于好	66	29	发现或努力戒除亲密家庭成员的成瘾行为	46
13	被解雇	64	30	雇员重组或裁员	45
14	经历财政问题或困难	62	31	处理失败或努力无果	44
15	亲密朋友死亡	61	32	结婚或再婚	43
16	在灾难中存活	59	33	更换雇主或职业	43
17	成为单亲父母	59	34	收回抵押品失败	42

续前表

序号	生活事件	分值	序号	生活事件	分值
35	自己或配偶或同伴怀孕	41	44	增加一位新的家庭成员	33
36	经历工作场所之外的歧视或折磨	39	45	改变工作责任	32
37	出狱	39	46	孩子离开家	30
38	配偶或同伴辞职	38	47	赎回家庭抵押品	30
39	与老板或同事有重大意见分歧	37	48	偿还大部分债务	30
40	搬家	35	49	退休	28
41	找到合适的保姆	34	50	开始或停止接受教育	26
42	得到一大笔意外之财	33	51	触犯法规而收到罚单	22
43	改变职位（升迁）	33			

在塞里的“应激”概念提出后，便得到了各学科领域研究人员的广泛关注，学者们开展了大量的研究。至今，心理学家、社会学家、免疫学专家和医学研究者提出了近300种概念。本书综合国内外学者的观点，在把握应激的本质的基础上，将应激（stress）定义为：机体在受到各种强烈因素（即应激源）刺激时所出现的以交感神经兴奋和垂体—肾上腺皮质分泌增多为主的一系列神经内分泌反应，以及由此引起的各种机能和代谢的改变。

（二）应激的应对

应对（coping）的本义是指有能力或成功地对付环境挑战或处理问题。1982年，Lindop和Gibson在其研究的基础上提出，应对是一种解决或消除问题的行为，其目的旨在通过个体努力来改变应激环境或由环境所引起的负性情感体验。此行为可由明确的思想所指导，也可为隐蔽的企图所驱动。1984年，Lazarus和Folkman将应对定义为：个体为了处理被自己评价为超出自己能力范围的特定内外环境要求而做出的不断变化的认知和行为努力。他们认为应对的目标主要是：改善自身与环境的关系，或者减轻痛苦与烦恼。[①] 1992年，国内学者肖计划认为，应对是个体在应激环境或事件中，对该环境或事件作出认知评价以及继认知评价之后为平衡自身精神状态所采取的措施。近年来，研究者们整合各种应激理论提出了应对的综合性概念，即应对是以任何一种健康的或不健康的，有意识的或无意识的努力，来预防、消除或减弱应激源；或用最小的痛苦来忍受应激带来的效应。

这些概念表明：

第一，人们有时使用的是健康可行的应对策略，有时使用的是消极的应对策略。

第二，有时我们是在无意识间使用了应对策略，但如能对这些日常使用的无意识心理防御机制加以梳理、提炼，就可以提高主动应对的效果。

第三，使用应对策略并不能消除应激源，只能起到预防应激源的发生或减弱应激源的作用。

第四，应对策略是用来减少情感上或躯体上的痛苦的，而且任何时候应对策略的使

① 参见［美］Phillp L. Rice：《健康心理学》，158页，北京，中国轻工业出版社，2000。

用都是要消耗能量的。

二、应激的理论及模式

学习应激的刺激理论模型可以使我们更好地认识外界刺激与个体产生应激之间的关系，提高预防应激的能力。

（一）刺激反应的应激理论

1956年，塞里首次从生理学和医学的角度提出了应激的刺激反应理论，因此，他被称为“应激综合征之父”。他认为，应激是人或动物有机体对环境刺激的一种生物学反应现象，可由加在机体上的许多不同需求（从剧烈的生理因素，如出血，到单纯的心理学因素，如沮丧）而引起，并且是非特异性的（即环境刺激或需求可能是多种多样的，但机体生物学反应却是固定不变的）。塞里将有机体的这种生物学反应称为“一般性适应综合征”（the General Adaptation Syndrome，GAS），并将其划分为惊觉期、抵抗期、衰竭期三个阶段。

（二）应激的认知—交互作用模型

应激的认知—交互作用模式（见图2—4）是以拉扎洛斯（Richard S. Lazarus，1922—2002年）等为代表的心理学者在20世纪70年代提出的应激理论观点。该理论将应激定义为个体和环境之间的一种特定关系，即需求与能力和环境之间的关系。应激只有在环境需求超过了个人处理需求的能力时才存在。这种关系在个体耗尽其资源或者环境需求威胁到其利益时出现（Lazarus，1991）。[①] 如社交能力很强的人，在和陌生人谈判时不会感到应激，而社交能力很差的人在面对陌生人时就会感到巨大的压力和应激。拉扎洛斯特别强调认知因素在应激反应中的作用，注重对应激过程进行研究，是现代认知应激理论的开拓者和领导者，而应激的认知—交互作用理论是一个综合的、不断发展的、有影响力的理论。

拉扎洛斯认为，个体与环境之间的交互作用是个体对外界刺激的评价及相应的应对过程。在个体应对外界刺激的过程中，有三种彼此联系的评价过程，即初级评价、次级评价和重新评价。

初级评价主要是个体考虑是否被卷入某一困境，评价的结果可能是把这个事件看成与己无关的良性事件，或是应激性的麻烦事件。如果看成后者，个体通常会产生负性情绪，出现一定的生理反应，同时，个体还会调整行为以应对刺激。次级评价就是在回答“我将如何应对此事”的基础上进行资源评估，即个体评估其能力、社会支持、物质或其

---

① 参见R. S. Lazarus，*Emotion and adaptation*. New York，Oxford University Press，1991。

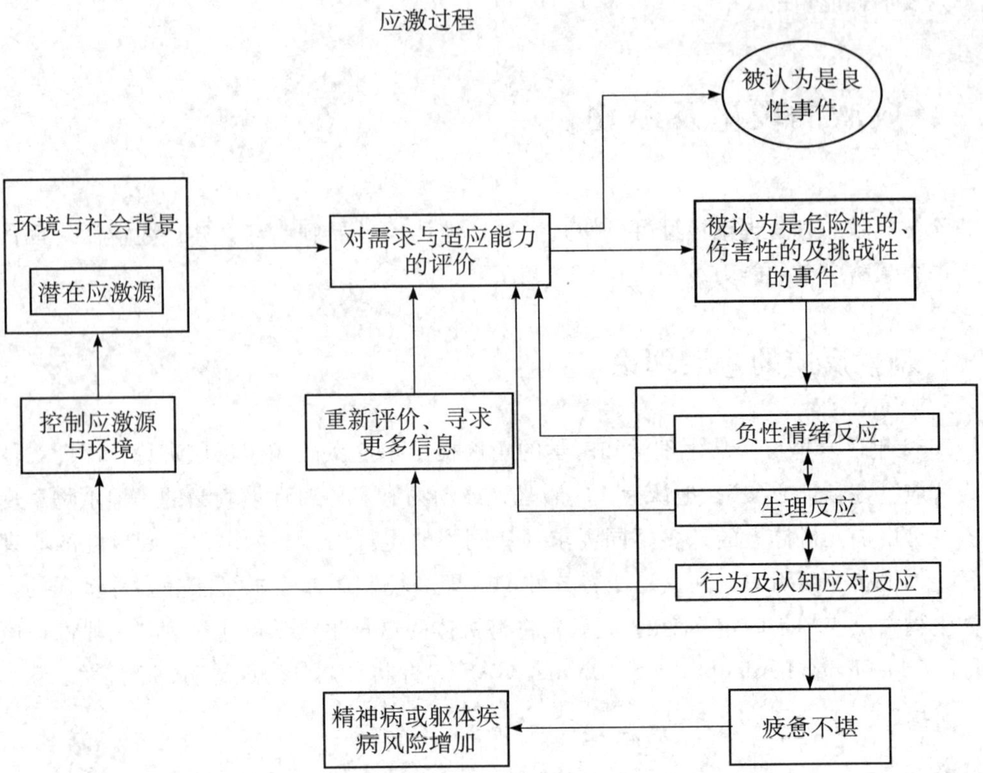

图 2—4　应激的认知—交互作用理论模型[①]

他资源，考虑如何重建自身和环境的平衡等。如果个体发现自己的应对技巧足以应对需求，应激就会减弱甚至消失；如果个体认为自身技巧缺乏，则会产生应激反应，如情绪反应和生理反应等。重新评价过程，是指个体运用新的信息或前面所做出的应对努力的反馈来检查初级评价和次级评价的准确性。

交互作用观点的重要意义在于：第一，某件事情对张三可能是应激刺激，而对李四可能是良性刺激；第二，同一件事情在个体不同的时期是否看成是应激刺激，决定于个体的状态；第三，个体内部建构的事实有时也会有误，如和外界不一致、错觉、歪曲的认知都可能引发情绪和生理的唤醒，导致个体产生应激反应。

由此可见，应激的交互作用理论及模型是一种强调应激是需求和现实、环境与个体的交互作用的 CPT 理论模型，更是一种强调内部认知和评价过程的模型，更多地涉及应激中的心理上的认知过程及行为反应。因此，这种理论的倡导者多数是一些心理学家。

认知—交互作用的模型提供了两种类型的应对方式：

第一，在关注情感的应对中，个体试图控制和减弱应激源带来的负性情绪。例如，我们在遇到情感性问题时，首先是控制自己的负性情绪，这样才能使应激减轻。

第二，在关注重要事件的应对中，个体试图调动全部的能量并制定出具体的行动计划以尽可能地直接面对问题、解决问题。

---

① 参见［美］Phillip L. Rice：《健康心理学》，142 页，北京，中国轻工业出版社，2000。

（三）人格—健康行为—应激理论模型

人格特点在应激与压力的处理过程中起到重要的中介作用。人格对压力或应激的影响并非直接关系，而是通过促进或损害健康的行为间接影响个体对压力或应激的反应。从图 2—5 的模型可以看出，人格通过影响个体对“能够产生压力的客观事件”的认知评估，进而促使个体做出应对反应，即对应激事件做出积极的应对反应或消极被动的应对反应，应对反应直接导致行为的改变，行为的改变可以引起生理的唤醒，激发个体动用自身的能量去应对压力，也可能引发疾病。例如，外向的人和他人产生冲突时会采取沟通的方法或寻求社会支持解决问题，而内向者则可能会生闷气或将不良情绪指向自我。又如，具有悲观主义倾向的个体相比具有乐观主义倾向的个体，在评估应激事件本身时往往容易夸大事情的严重性、贬低自我效能感，进而表现出更强烈的负面情绪反应和消极应对行为。

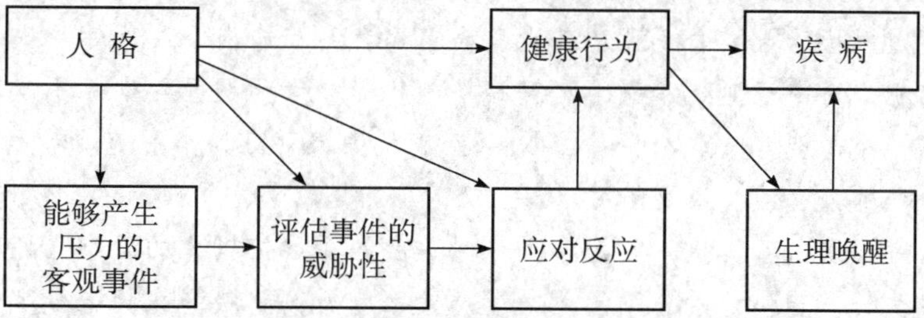

图 2—5　人格—健康行为—应激理论模型[①]

（四）应激的认知激活理论

2004 年 Ursin 和 Eriksen 等研究者在其多年的实验研究和理论总结的基础上提出了应激的认知激活理论（Cognitive Activation Theory of Stress，CATS）。该理论对其涉及的重要术语、概念和测量问题进行了系统的界定与描述，这既是该理论的主要特点，也是其优势的体现。该理论认为，应激主要包含四方面的含义：应激刺激、应激体验、一般应激反应和应激反应体验。其中，应激体验是指刺激通过大脑的评估或过滤而产生的由个体频繁报告的、来自应激刺激的心理或情感“负担”。一般应激反应被概念化为自我平衡系统中的一种预警，能导致更高的心理或行为的一般唤醒水平的产生。应激反应不仅意味着预警的产生，同时也意味着生理神经的激活以及对负担的主观体验和对应激反应的主观体验。

预期（expectancy）也是 CATS 理论中的一个核心概念。该理论认为，期望是大脑存储的刺激之间以及刺激与反应之间的关系，它对通达到所有反应系统的输入信息起评估或过滤作用。该理论还区分了两类预期，与防御机制有关的对刺激的预期（stimulus ex-

---

① 参见［美］兰迪·拉森、戴维·巴斯：《人格心理学》，521 页，北京，人民邮电出版社，2011。

pectancy）和对反应结果的预期（response outcome expectancy），其中，对于反应结果的预期分为积极预期（应激）、消极预期（绝望）和无预期（无助）三种不同的预期。对刺激的预期和对反应结果的预期都对应激反应有着决定性的影响。

知识拓展

参与人体应激活动的主要内分泌腺和神经系统的部位

脑垂体。可分为腺垂体和神经垂体两部分。腺垂体可分泌多种激素来调节和控制其他内分泌系统的活动，同时，对内分泌器官的正常发育有重要的维持作用。神经垂体可分泌抗利尿激素，大剂量的抗利尿激素，有升高血压的作用。

下丘脑。下丘脑的一些区域是特化了的神经细胞，也能分泌激素，通过垂体门静脉系统，作用于腺垂体，调节腺垂体的活动。人的腺垂体可以分泌几十种激素来加强或抑制内分泌腺的活动。下丘脑的一些区域构成了脑和内分泌系统的中间环节。通过他们的作用，使得中枢神经系统能够精确地调节内分泌系统的活动，从而使得神经系统和内分泌系统共同配合，应对内外环境的变化。

甲状腺、甲状旁腺。甲状腺分泌的甲状腺素有调节体内物质代谢和促进生长发育的功能，特别是对中枢神经系统的发育和功能的影响尤为明显。幼年甲状腺功能低下者身材异常矮小，智力低下，称“呆小症”。甲状旁腺素，其作用是调节血钙浓度，对维持神经系统的兴奋性有重要作用。

胰岛可分泌胰岛素和胰高血糖素。这两种激素在维持机体的正常代谢和提供能量中是不可缺少的。若胰岛素分泌不足，就会使血糖升高。胰高血糖素分泌不足就会出现血糖缺乏症状。二者分泌失衡时还会出现代谢的紊乱。

肾上腺。可分为皮质与髓质两部分。肾上腺皮质可分泌盐皮质激素与糖皮质激素。盐皮质激素可调节体内的钠钾代谢，糖皮质激素可以调节机体内的糖、蛋白质、脂肪的代谢，并能增强机体对各种有害刺激（如创伤、高温、惊恐、疼痛、焦虑等）的抵抗力。糖皮质激素的这种作用称为“应激反应”，又称“抗紧张”作用。肾上腺髓质分泌肾上腺素与去甲肾上腺素，当机体处于异常状态时分泌量增加，作用于中枢神经系统使机体的警觉性提高，增强对外界刺激反应的灵活性与速度，并可提高心血管系统和呼吸系统的功能，从而使机体做好应激准备，缓解紧张情绪。

三、应激对身心健康的影响

应激会对人的身体、心理、行为等方面产生不同程度的影响。

（一）应激影响行为与健康的三种途径

我们应该如何理解应激与健康之间的关系呢？图2—6中显示了应激对身心健康影响的三种主要途径。个体遇到的应激性生活事件，在严重性、影响程度和范围、持续时间、可控性和可预测性方面存在不同。个体在遇到应激性生活事件后，以行为的改变、生理状态的改变和消极的情绪情感等三个方面为中介，最后表现出某些方面的疾病，进而对身心产生不良的影响。2009 年，茹学萍等研究发现，青少年在地震后出现一些显著的生理反应（胸闷、食欲不佳、头晕）、心理反应（悲伤、易惹、恐惧、注意力减退）以及社会功能的退缩。由此可见，地震作为一种较强的应激源，给青少年带来了很大的压力，对他们的身心健康带来了不良的影响。

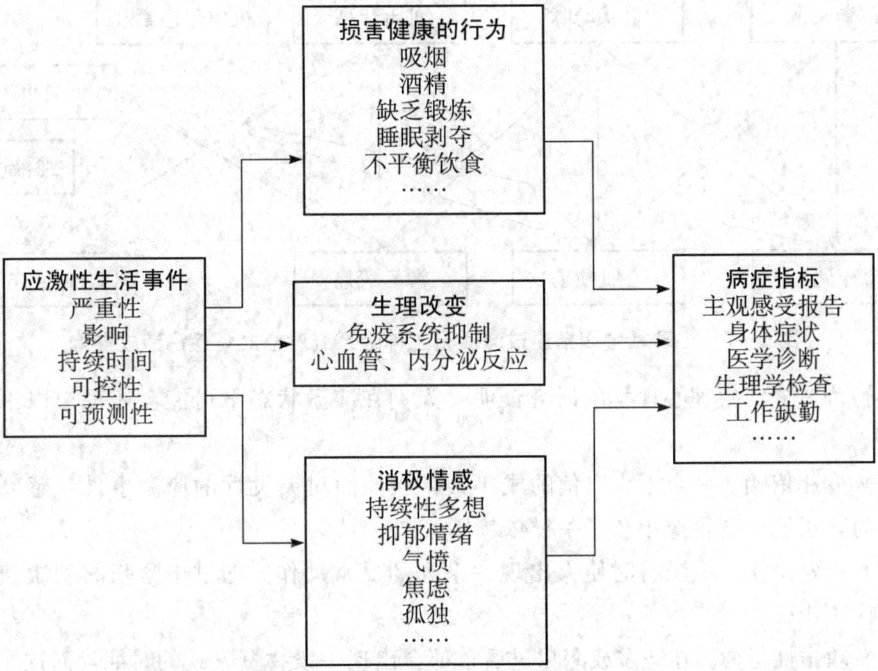

图 2—6　应激对身心健康影响的途径

（二）应激刺激作用于自主神经系统导致心身疾病的过程

图 2—7 显示了心理社会因素通过激活自主神经系统对心血管疾病造成的影响。不良的心理社会因素，如工作或学习压力过大、激烈的人际冲突等，会影响个体的情绪状态，使自主神经系统功能失调，从而影响机体的心血管系统，如引起心率失常、冠状动脉循环受阻、血压升高等，心血管系统活动的失调又会导致心绞痛等各种严重心血管疾病。此外，自主神经系统的功能失调还可以直接影响个体的代谢和正常生活，如有研究发现，工作压力是众多心理行为问题，如失眠、食欲不佳等的背景因素；存在饮食障碍的成年女性相比无饮食障碍的成年女性，通常会报告更多的消极生活事件或压力等。

（三）应激状态下的行为反应

应激状态会改变机体的激活水平，使肌肉的紧张度加强、心跳加快、激素分泌增多、呼吸系统发生明显的变化。人的智力水平和情绪的稳定性不同决定了人们在应激状态下

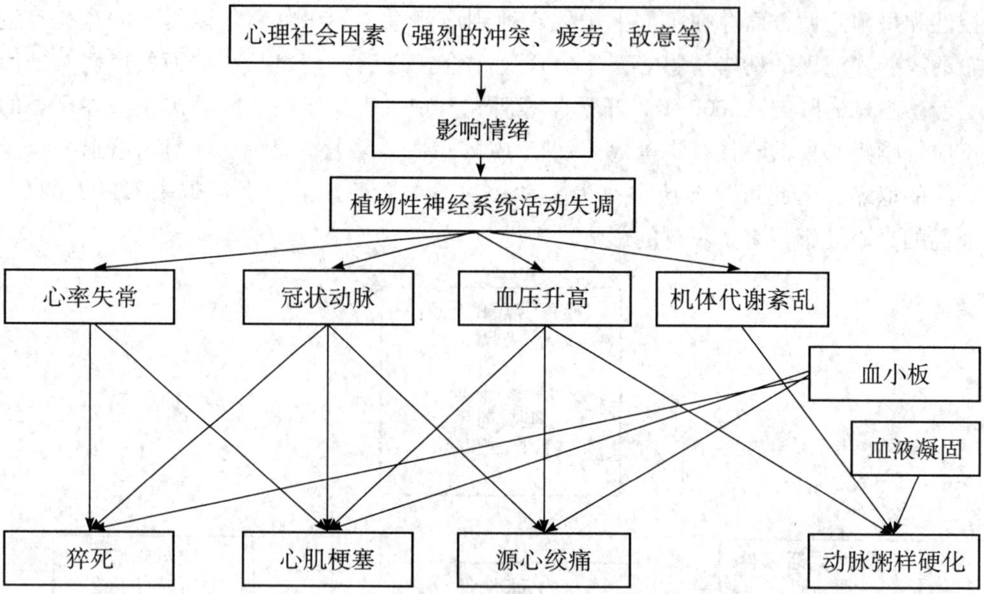

图 2—7　心理社会因素通过激活自主神经系统对心血管疾病造成影响

的不同行为方式。生理心理学的研究证明，人们在应激状态下可能会表现出以下几种行为方式。

（1）变相依赖。一个不太自信的成年人，当他面对突发性的应激事件，感到自己无力应付时，可能会变得像小孩子一样依赖别人。

（2）反常动作。应激有时使人出现一系列的反常动作。如过于紧张的刺激使人张口结舌，说不出话。

（3）攻击性行为。在地震或海啸过后，都会出现一段物资紧缺的时期，而这段时期内的抢劫和犯罪数量往往会明显增多（特别是在贫穷的国家）。分析认为，可能是因为应激使群体遭受了巨大的心理创伤，使得人们的心理很脆弱，在一定程度上增加了冲突的发生。

（4）急中生智。人类与动物的最主要区别是主动意识和创造性思维。面对应激，个体的反应具有很大的差异性。那些主动意识、创造意识强的个体往往能够急中生智，当机立断，摆脱困境，有效应对刺激。而那些被动依赖、缺乏问题解决能力的个体则会束手无策，手忙脚乱，陷入困境。

案例分析

小江珊的应激反应

应激是我们每个人都会遇到的。那些出乎预料的紧迫情况往往会迅速引起人们高度紧张的情绪状态，使人们做出不寻常的行为反应。1998 年发生在长江流域的特大洪水，使灾区人民经受了巨大的应激和生活困难。在抗洪抢险的过程中，救援的战士们发现了在洪水中紧抱大树 9 个小时的小女孩江珊。从心理学的角度来看，正是这场突如其来的“天灾”促使这位年仅 8 岁的孩子，动员了机体的全部力量，顽强地与洪水搏斗。在这场与洪水的较量中，小江珊高度地激活了自身机体的全部能量，特别是使肌肉的紧张度增强，任凭洪水怎样冲击和拍打她的下半身，她仍然坚持紧抱大树。当救援战士们发现并成功救出她后，小江姗的手和胳膊仍然保持着环抱大树的动作，巨大的应激刺激导致她暂时说不出话来——这同样也是应激状态下个体的典型行为表现。从小江姗的事件中，我们可以看出，面对应激，人类的潜能能够被激发到何种程度；面对应激，我们又会做出哪些不寻常的行为反应。

四、预防和应对应激，维护身心健康

既然应激会对个体的身心带来不良的影响，那么我们一定要采取措施，降低或减少应激对个体产生的消极影响，达到维护身心健康的目的。

（一）调整认知以降低应激的强度

现实生活中有些人面对考试持积极的态度，认为考试是反映自身能力的最好途径，可有些人面对考试则如临大敌，考前不思茶饭、夜不能寐。为什么面对同样一件事，不同的个体的反应却有天壤之别呢？心理学家分析指出，个体对外界事物的认知直接影响其心理状态和行为表现。

认知在某种程度上也决定着个体的应激感受与应激反应。如上面所举的两类人，由于他们对考试存在不同的认知，前者把考试视为展示自己能力的机会，就会做好充分的准备，积极把握这个机会。而后者对考试缺乏自信，认为自身能力不足，考试中可能会发挥不好，因此恐惧考试，躲避考试，结果会产生强烈的应激反应并形成恶性循环。

认知对应激的影响及个体对事件的认知差异还表现在以下三个方面。

第一，某一件事可能被一个人看成是应激性的，而他人则不同。例如，对工作期望值高的人来说，上级总是交代给自己一些无关紧要的小事，而拒自己于重要工作任务的门外，这可以说是一种挫折、苦恼或应激。但对那些对工作期望值低的人来说，这可能是一种"幸福"，因为自己不必担重责，不仅活得轻松，而且也可以避开很多可能的麻烦和风险，正所谓"不做不错，多做多错"。

第二，同一个体在不同的时间对同一事件的认识也是有差异的。同样是面对炒股失败，当家庭经济条件好时，个体可能会将其视为学习经验或交学费。而当经济条件不好时，个体就会觉得像在割自己的肉。

第三，个人错误的认识可能使应激更强烈。有时夫妻之间有了矛盾，但彼此都不愿直面现实，而是通过猜测去推及事实，这会使事情变得更糟。事实上，当我们在错误的信念下推测事实时，反而会引发高涨的情绪状态。在这种情绪状态的笼罩下，我们往往会夸大事实、加深误会，导致生理的唤醒及不良的应激反应进一步加强。金玻莉（Kimberly A. Blair）就曾在研究中对 79 名 7～12 岁儿童面对同伴拒绝时的情绪和行为反应进行了考察，结果发现，面对同伴的不理睬，那些倾向于认为同伴藐视自己的儿童会产生较强的愤怒情绪。在这种情绪的作用下，他们会表现出更多的攻击行为。而面对同伴的不理睬，那些倾向于认为同伴不是故意的儿童，虽然也会产生不愉快的情绪，但他们通常能够进行重新评价，并很快地调整好自己的情绪。[1]

人们的认知及其建构是否合理，是否符合事实，直接影响个体对外界事件的感受，即生活事件的强度经常由我们的认知来决定，个体认知对应激的强弱有重要的影响。由于认知方式的不同，个体会采取不同的方式来处理心理社会刺激，其中，过去的经验及自我认识起着重要作用。因此，我们需要不断地调整自身认知，学会从多个角度看问题，以应付外界的各种刺激。

（二）调整生活方式与节奏，提高应对能力，缓解应激

根据“社会再适应评定量表”（表 2—1），个体一年内要把自己所能承受的社会心理刺激的分值尽量降到 300 分以下。如果一年内的变故事件无法控制在 300 分以下，如个体离婚时正在妊娠期，后又经历了地震、亲人去世、疾病或外伤等，对个体的打击是巨大的，是强烈的应激。在经历了这些强烈的应激之后，需要通过心理行为调整来降低应激对个体身心健康的影响，如可以给自己放一段时间的长假来调整心态，也可以到心理行为调整中心，在专家的指导下做些身心放松训练。此外，我们也可以通过调整生活方式和放缓生活节奏等来降低生活压力，积极预防心身疾病的发生。

应对能力是个体处理被自己评价为超越了自身资源的内部或外部的特定需要时，采取的不断变化的认知和行为的努力。已有研究证明，应对能力作为应激与健康的中介机制，能够通过影响个体应激反应的性质和强度，进而调节应激和心理健康的关系。

案例分析

沉着而获得重生

2008 年汶川地震，当消防队员搜救生还者时发现了压在大石板窟窿下面的 27 岁的岳某，消防队员向她喊话时，岳某这样说：“我知道你们会来救我，我现在很好，谢谢你们来救我，我不着急，你们慢慢来。”当她的上半身露出来时，消防队员问她：“你为什么不呼救？”她说：“你们没来前，我乱喊，不是要消耗能量吗？那样等你们来了，我说不出话，你们就找不到我了。我相信你们会慢慢接近我，这时我喊，你们才能准确地发现我。”据报道，岳某当时已在石板下压了 60 个小时。人们很难相信这个 27 岁的青年妇女在自己生命遭受地震灾害这样巨大的应激刺激下，居然还能如此镇定不乱。岳某用智慧创造着生命的坚强，用灵活的反应保存着自己的生命能量，用平和的心态等待着生命的重生，这不能不令我们为之震撼！

从心理学的角度来看，岳某的事例也给予我们这样一些启示。当个体遇到危机时能临危不乱，恰当地估计自己的应对能力，注意发现和利用各种社会支持，往往能顺利地度过危机。相反，过于着急或过高地估计自己的能力，对生活事件的变动没有足够的心理准备，则容易导致强烈的生理心理不良反应，造成不可挽回的损失，甚至危及生命。

① 参见 Susanne A. Denham, Kimberly A. Blair, Elizabeth DeMulder, Jennifer Levitas, et al.. Preschool emotional competence: Pathway to social competence?, *Child Development*, 2003, 74 (1), pp. 238 - 256。

所以，当个体遇到应激刺激时，一定要保持情绪的稳定，对事件、相关环境因素、自身能力及可利用的资源做出合理的分析、判断，之后再做出恰当的应对反应，这样方能尽量减少应激对个体身心健康的消极影响。

五、应对应激的具体策略

个体掌握应对应激的策略可以有效地应对应激，降低应激对个体身心健康的影响。通常我们可以从以下几个方面进行心理行为训练，掌握应对应激的有效策略。

（一）提高生活适应能力，尽量减少或避免应激

现在很多家长送孩子到国外读书，有的家长在孩子出国之前有计划地主动训练孩子的生活适应能力，使孩子到国外后能够顺利地生活和学习。然而，也有些家长缺乏此种意识，平时不注重培养孩子做家务以及其他生活自理的能力，结果导致孩子在出国后产生强烈的受挫感，甚至因此无法继续留学生活。

（二）合理调整自我需求水平

人的需求水平越高，往往导致的应激也越强烈。如现代人在利益的追逐中往往会体验到一定的应激，特别是一些不择手段追逐个人名利、地位、金钱的个体，不但会体验到强烈的应激，甚至会毁掉自己的大好前程。

（三）了解应激的来源，改变导致应激的生活与行为模式

现实生活中的人们往往会遭遇很多应激和压力，而这些应激和压力又在很大程度上与人们既定的生活方式（多是不良的生活方式）有关。所以，要减少或避免应激，人们首先得学会调整自己不适宜的生活方式。

（四）直面应激，解决应激

有时直面应激也是一种不错的选择，例如，你可以参照表 2—1 所列出的应激事件，对自己的烦恼事件进行赋值，并找到最令自己感到烦恼的应激事件，寻求解决的方法，制订解决的计划。当然，面对一些自感无法摆脱的应激刺激，你还可以采取脱敏的方法，通过一次次地直面应激，逐渐降低自己面对应激时的不良感受。

（五）寻求社会支持，改变应激

团体动力学的理论观点认为，团体成员的互动是最好的社会支持方式。我国学者刘

贤臣等1998年的实证研究也发现，生活事件能否引起心理、生理反应受制于个体对发生事件的认知评价以及所处的社会支持系统的缓冲作用。据此，自感无力应对应激的个体可以向一些专业的心理咨询机构或咨询人员寻求帮助。例如，可以参加一个由具有类似应激感受的8～12人组成的心理训练团体，借助团体的力量，通过讨论寻找解决问题的办法，进而帮助自身降低不良应激反应。

（六）储备应对应激的能量

一个人要想身体健康就要锻炼身体，讲究卫生，注意饮食。同样，我们要使自己能够较好地应付应激，就要学会储备应对应激的能量，如在生理方面，具有强健的体魄、反应灵敏、提高耐受性；在心理方面，具有坚强的意志、人格和谐、相信自己的能力；在管理方面，合理利用时间、提高时间利用效率、学会有计划地生活等等。

（七）辩证地看待应激

应激的生理机制研究使我们认识到，强烈的应激刺激有损于个体的身心健康。但任何事物都具有两面性，轻度的应激可以调动机体的能量，提高工作效率。所以，我们要做的是尽量避免强烈的应激，但同时使工作具有一定的挑战性，这才是心理健康的真正奥秘，即心理健康的人应该在富有一定挑战性和创造性的工作和生活中享受乐趣。

【基本概念】

人际关系　人际冲突　应激　应激源　应对

【复习思考题】

1. 什么是人际关系冲突、应激？
2. 庞地的人际冲突五阶段模式对于我们预防人际冲突的恶化有何启示？
3. 我们怎样看待人际关系冲突，如何解决人际冲突？
4. 结合你曾遇到过的应激事件谈谈应激对个体身心健康的影响。
5. 请你和同学们分享你在现实生活中是如何应对应激的。
6. 试比较四种应激理论模型的异同。

【推荐阅读书目】

1. 威廉·W·威尔莫特，乔伊斯·L·霍克．人际冲突：构成和解决（第7版）．曾敏昊，刘宇耘，译．上海：上海社会科学院出版社，2011.

2. 戴维·迈尔斯．魅力何来：人际吸引的秘密．寇彧，译．北京：人民邮电出版社，2012.

3. 戴维·迈尔斯．他人即地狱？人际冲突的源起与化解．张智勇，金盛华，侯玉波，译．北京：人民邮电出版社，2012.

4. 梁宝勇．精神压力、应对与健康——应激与应对临床心理学研究．北京：教育科学出版社，2006.

5. 邱鸿钟，梁瑞琼等．应激与心理危机干预．广州：暨南大学出版社，2008.

第三章 压力与心理健康

【学习目标】

1. 认识压力的概念及理论观点
2. 理解压力的两重性
3. 掌握管理压力和应对压力的策略

【章节导读】

随着现代社会中生活、工作节奏的加快，以及周围环境的不断变化，来自工作、家庭、环境的压力不断地向人们袭来，由此，一些心理健康问题也随之涌现出来。通过对本章的学习，读者能从中获得一些应对压力的方式，学会一些缓解压力和压力管理的策略。本章主要涉及以下几个方面的内容：压力与心理健康概述、有关压力的理论、压力产生的生理与心理学基础、工作压力与心理健康、家庭压力与心理健康。

第一节 压力与心理健康概述

压力是对人的精神和意志的一种压迫的力量。心理学所说的压力（stress）一词来源于工程领域，1978年，Cannon最早使用"压力"一词来解释有机体对环境刺激的反应。研究认为，压力是个体在受到外界刺激后产生的一种紧张状态，这种紧张状态的持续会引发个体的情绪变化和生理反应。

一、什么是压力

（一）心理压力的含义

压力是指个人对刺激的生理及情感反应。stress一词来源于拉丁文stringere，原意是困苦。单词stress是distress（悲痛、穷困）的缩写。班森（Herbert Benson）将"压力"定义为"会使行为做连续性适应的一种状态"。然而，大部分科学性的定义，多着眼于人类对于压力的反应与经验。马卡尼斯（Richard Mackarness）认为，压力，以科学性的语言来说，乃是有机体（生物）在具有伤害能力的媒介（动因）中，维持本身正常的状态，其中接二连三的挣扎就称为"压力"。布鲁斯·麦克尤恩（Bruce McEwen）提出，压力是"一个或一些对个体有威胁的事件，并引起身体或行为上的反应"[①]。

由于研究者所站角度不同，研究方法不同，侧重点不一样，对压力的定义也不相同。目前，压力定义主要围绕三种观点展开。

（1）刺激观。强调压力就是压力源，认为压力指那些使人感到紧张的事件或环境刺激，它认为压力存在于外部事件中。

（2）体验观。认为压力是一种主观反应，是紧张或唤醒的一种内部心理状态。

（3）相互作用观。强调有机体和环境之间的相互作用，认为压力是个人特征与环境刺激物之间相互作用的结果，是形成个体生理、心理及行为反应的过程。

在这三种观点中，相互作用观点得到压力研究者的广泛认同。在很多情况下，我们将压力理解为心理压力。心理压力又称心理紧张，是有机体在内外环境的作用下，因客观要求与主体应付能力的不平衡所产生的一种适应环境的紧张状态。它主要表现出以下一些特点。

---

① ［美］James W. Kalat，Michelle N. Shiota：《情绪》，292页，北京，中国轻工业出版社，2009。

（1）心理压力是一个动态的过程。

从根本上说，压力是一个过程，一个从刺激即压力源（stressor）到反应的动态的过程。在这一过程中，存在着多种中介因素，如控制、社会支持和个性变量等。在整个压力动态过程中，个体的主观评价始终起着决定性的作用。因为外界的刺激只能作为潜在的压力源存在，只有当个体把这种潜在的压力源评价为一个压力事件时，其才能成为一个真正的压力源；同时，许多影响压力反应的中介因素也正是通过影响个体对潜在压力源的主观知觉评价过程而发生影响作用的。

（2）心理压力过程的多重性。

心理压力过程的多重性可以从两个方面进行分析。其中，一方面是从个人适应能力的运用程度上进行分析，可把压力分为过度压力和匮乏压力。前者是指已经超过个体适应能力的极限时的压力状况；后者是指生理上的长期静止、单调乏味或感觉被剥夺等引起的一种缺乏自我实现的压力状况。另一方面是从压力对于个体行为的意义上去分析。适度的压力能够使人振奋，增强行动的动机，有利于提高个体行动的绩效，这叫做良性压力；反之，不适当的压力只会带来破坏性的后果，降低行动的绩效，就叫做恶性压力。[①]

（3）心理压力是个体对压力事件的反应而形成的。

心理压力与压力事件密切联系，是对压力事件的反应而形成的一种综合性心理状态。没有压力事件，个体心理压力无以形成。人并非对任何刺激的反应都形成心理压力，一般心理过程并不一定形成心理压力。只有当个体意识到他人或外界事物对自己构成威胁，即对压力事件进行主观反应时，才可能形成心理压力。见图3—1。

图3—1　心理压力

（4）心理压力表现为认知、情绪、行为的有机结合。

心理压力是个体的一种综合性心理状态，表现为认知、情绪、行为三种基本心理成分的有机结合。个体心理压力是意识的产物，是建立在一定的认知基础上的。心理压力伴有持续紧张的情绪、情感体验。

小测验

心理压力自测

以下是心理压力自我检查小测验，共有30个题目，选出您认为符合您情况的题目。

1. 经常患感冒，且不易治愈。
2. 常有手脚发冷的情形。
3. 手掌和腋下常出汗。
4. 突然出现呼吸困难的苦闷窒息感。

① 参见高钟等：《企业社会工作概论》，237页，北京，社会科学文献出版社，2007。

5. 时有心脏悸动现象。

6. 有胸痛情况发生。

7. 有头重感或头脑不清醒的昏沉感。

8. 眼睛很容易疲劳。

9. 有鼻塞现象。

10. 有头晕眼花的情形发生。

11. 站立时有发晕的情形。

12. 有耳鸣的现象。

13. 口腔内常有破裂或溃烂情形发生。

14. 经常喉痛。

15. 舌头上出现白苔。

16. 面对自己喜欢吃的东西，却毫无食欲。

17. 常觉得吃下的东西像沉积在胃里。

18. 有腹部发胀、疼痛感觉，而且常便秘。

19. 肩部很容易坚硬酸痛。

20. 背部和腰部经常疼痛。

21. 疲劳感不易解除。

22. 有体重减轻的现象。

23. 稍微做一点事就马上感到很疲劳。

24. 早上经常有起不来的倦怠感。

25. 不能集中精力专心做事。

26. 睡眠不好。

27. 睡觉时经常做梦。

28. 在深夜突然醒来时不易继续再睡着。

29. 与人交际应酬变得很不起劲。

30. 稍有一点不顺心就会生气，而且，时有不安的情形发生。

这个诊断表列举了30项自我诊断的症状，如在这些症状中，你出现了5项，属于轻微紧张型，只需多加留意，注意调适休息便可以恢复；如有11项 至20项，则属于严重紧张型，就有必要去看医生了；倘若在21项以上，那么就会出现适应障碍的问题，这就需要引起特别注意了。

（二）压力的种类

个体所感到的压力可以来自多个方面，不同个体的压力反应是不同的，我们只有清楚压力的种类，才能更好地应对压力。

1. 正压力与负压力

根据压力的性质和主观反应可将压力分为正压力与负压力。正压力指个体的一种积极愉快的体验，例如，参加生日派对、参加文艺演出等。负压力指具有破坏性或不愉快的体验，是一种愤怒、恐惧、担忧和激愤状态，是消极的、痛苦的、想要避免的体验。

2. 过度压力和轻度压力

依据压力对个体负荷程度分类，可将压力分为过度压力和轻度压力。所谓过度压力，是指超过个体所能容忍，且会造成严重后果的压力。所谓轻度压力，是指个体能够容忍，可以处理且不会产生太多负面反应的压力。在一般正常的情况下，大部分的压力都属于轻度压力。

3. 轻压力、中压力、重压力

依个人对压力的反应水平，可将压力分为轻压力、中压力、重压力。轻压力是指能激发人们变得更警觉、更积极及更机智的压力。中压力是指使人们对他们所处的环境敏感性降低的压力。重压力是指会令人们产生压抑行为，且可能会导致个体冷漠与僵化的压力。有重压力反应的人，面对极度的挫折或困乏时，会感到无助。

4. 家庭压力、工作压力、环境压力

从压力涉及范围划分，可分为家庭压力、工作压力、环境压力等。家庭压力指破坏或改变家庭体系的压力，包括家庭变迁、单亲家庭、家庭暴力、虐待儿童等。工作压力包括工作负荷、工作复杂性、角色冲突、角色模糊等。对工作压力的定义也可以是当个体被迫偏离正常的或希望的生活方式时体验并表现出的不舒适的感觉。环境压力指由于周围环境的改变，如自然灾害、噪声、大气污染等，人们因此而体验到的一种负性感觉。

（三）压力的来源

压力来源主要来自外在环境与个人内在因素。外在环境的重大改变是许多人产生压力的根源，即使这些事件是受欢迎的，比如，彩票中奖或得到提升，它们都会对人的生活常规产生较大影响，需要人们去适应新的要求。具体来说，外在环境包括：生活变迁，如离异、丧偶、移民等；工作上的变化，如换工作、换岗位、升迁等。个体的内在因素包括：心理特质，如A型人格特质个性急躁，求胜心切，B型人格特质较随和，生活悠闲等等；心理冲突，当事人无法调和的两种情况和行动倾向的对立，带来心理压力；其他个体因素，如对变化的容忍、自尊的高低、个性等。这些个体心理特质成为了不同个体产生不同程度压力的原因。

二、压力的理论观点

有关压力的理论主要有生物学压力理论、心理学压力理论、社会学压力理论三类。生物学压力理论的代表是汉斯·塞里（Hans Selye，1907—1982）的适应综合征和遗传发生论，这类理论试图解释人们对压力做出反应的方式。[①] 心理学压力理论主要包括心理动力学理论、学习理论、社会压力论、控制论和交互作用论。心理学理论主要从人格特点、期望因素是如何使社会事件转变成个体压力的角度去论述。社会学理论则试图解释为什么权力和财富的分配不公平会引起个体越来越多的压力体验，甚至导致群体事件的发生。为了使读者更好地理解这些观点，我们从压力定义、压力来源、理论优点、理论不足等方面对这些理论进行了进一步的分析和比较（见表3—1）。

表3—1　　压力理论

压力理论	压力定义	压力来源	理论优点	理论不足
适应综合征理论	压力是指破坏身心的平衡	多种环境刺激、慢性疾病等都可能成为压力	具有实证性，并得到大量验证	未能区分压力的性质，忽略了压力的社会认知因素
素质与压力互动理论	认为个体素质不同体验到的压力不同	生理天赋与环境压力源之间不匹配	交互作用模型；平等对待内部因素与外部因素	很难给出术语的操作性定义
心理动力学理论	主要参考焦虑的定义	威胁与内心冲突的信号	该理论构造了少量的却强有力的概念；具有知觉的吸引力	适用范围不够大；几乎没有考虑生物因素和社会因素；难以检验
学习理论	错误的条件反射引起的条件性的情绪反应	一些条件刺激或强化刺激的出现	具有实证性；基本概念和步骤过程有明晰的操作定义；试图解释有关的应对行为	适用范围太有限；过分忽略一些生物因素；社会背景因素考虑太少；忽略或否认认知过程的重要性
社会压力论	顺应或适应社会系统的压力	社会冲突或压迫；社会变化或生活条件；缺乏使用的资源	合并了许多与压力有关的社会因素	很难给出术语的操作性定义；忽略了生物变量；忽略了个体差异
控制论	在反馈弧中参照价值与比较价值之间的干扰	任何引起系统不平衡性的因素都可导致压力	有能力把影响压力反应的各种不同的系统都包含在内	操作和检验有困难
交互作用论	当需要与应对之间产生强烈矛盾时个体会感到压力	真实存在的或知觉到的心理社会压力	生物模型与社会模型能够共存；不断涌现出大量的支持性证据	其循环性受到批评；有些构成成分定义不好；没有明确地指出心理是怎样影响身体过程的
整体健康理论	强调生理、心理、环境状态的不协调即为压力	认为压力是由把人错看成功能体而导致的	该理论普遍适用；默认了生理、心理和社会因素之间的交互作用	不是一个正式理论；缺乏正式的操作定义；缺乏明确的支持性研究
付出—回馈工作压力理论	付出与回馈二者的不平衡（高付出、低回馈）产生压力	薪酬、尊重、对社会地位的控制	从社会交换理论的视角出发	付出—回报失衡值的操作化有待统一；缺少增加工作特征因子

① 参见顾瑜琦、张颖：《健康心理学》，97页，北京，中国医药科技出版社，2006。

三、压力的生理与心理学基础

通过压力理论的学习，可知压力的产生来自于多方面的因素。对于个体来讲，生理因素和心理因素是其中最直接的因素。

（一）压力产生的生理基础

当外界刺激使个体产生压力时，机体的大脑、身体与免疫系统会相继产生生理反应。如外界刺激首先引起大脑对信息的加工和分析，再传向其他脑区，如丘脑、中脑等部位。下丘脑是连接脑和内分泌系统的重要部位，它可以分泌多促激素释放激素，通过血液循环运送到相应的靶器官，产生一系列生理反应，形成神经内分泌体液调节。如当人感到巨大压力时没有食欲就是通过上面调节系统抑制了饮食的欲望。

（二）压力产生的心理学基础

压力的产生主要源于以下几种心理学基础。

1. 认知评价

认知评价是指个体从自身的角度对遇到的生活事件的性质、产生影响的程度和可能的危害情况做出估计。对事件的认知评价直接影响个体的应对活动和心理及身体反应，因而，它是压力源能否造成个体压力反应的关键要素之一。个体在一生中会遇到无数的压力源，只有对人有意义的刺激物才能引起心理压力反应。许多事物本身是中性的，它们能够引起心理压力反应，是因为人们对它们做出了错误的估计与判断。即使是消极的生活事件，如果个体采取积极的认知评价可能会减少自身的心理压力反应。由于评价是认知加工过程，个体的认知及应对能力对同一压力源可做出不同的评价，不同的评价结果可引起不同的反应。认知评价可受多方面的影响，如个性心理特征、个性倾向性、自我调节机制与生活经历。

2. 人格特征

不同人格类型的个体在面临压力时可表现出不同的应对策略，人格类型在压力过程中会不同程度地直接或间接地影响个体的认知评价、应对方式、社会支持系统。人格特征与压力因素之间存在相关关系。例如，A 型性格的人往往感觉到时间急迫、竞争与敌意等。医学研究者发现，A 型性格者在工作与生活中会经常体验到压力，或将已有压力知觉为更严重。B 型性格的人，往往个性随和、生活悠闲，对工作要求较为宽松，对成败得失的看法较为淡薄，且较能抵抗压力。新近医学研究发现，B 型性格者在高血压与心脏病的患病率上，远低于 A 型性格者。C 型人格包括忧郁，压抑、攻击、冲动与过度和蔼三大特质，面对压力常感到无助与绝望。

3. 应对方式

应对也称为应付，是压力研究领域中的一个核心课题。Folkman 和 Lazarus（1986）将“应对”定义为“当一个人判断与环境的交互作用可能会为自己带来负担，甚至超出自己拥有的资源时，他为处理（减少、最小化或忍耐）这种交互作用的内、外需求而采取的认知和行为上的努力”①。应对方式是指个体在面对挫折和压力时所采用的认知和行为方式，又可称作应对策略或应对机制。它是心理压力过程中一种重要的中介调节因素，个体的应对方式影响着压力反应的性质与强度，并进而调节着压力与压力结果之间的关系。以往的研究者在探讨压力应对问题的过程中主要采用两种不同的概念模式：自我心理学模式和压力关联模式。其中，应对的自我心理学模式主要围绕着心理发展的主题加以展开，以心理防御的概念为基础，将应对方式看作人格的一个方面；而压力的关联模式将应对看作个体用来处理内部/外部要求的一系列不断变化的思考与行动的动态过程，在此过程中个体常常会采用不同的应对方式或策略的组合形式。

四、压力对生理功能及心理健康的影响

压力对个体的影响是多方面的，如对生理功能的影响，长期处于压力状态会影响胃肠功能、内分泌系统及其他系统的活动。对心理功能的影响主要体现在压力会使个体焦虑不安，情绪难以控制甚至出现攻击性行为等。

（一）压力对生理功能的影响

压力状态的生理反应主要表现为自主神经系统和神经内分泌系统的变化。在压力状态下，自主神经系统中交感神经活动增强，动员机体潜能，立即采取行动应对紧张刺激。这一方面促使心血管系统机能迅速变化，血液循环加快，另一方面促使肾上腺髓质分泌儿茶酚胺来增强代谢过程。此时，心跳加快、脾脏收缩，肝脏释放糖元转化为葡萄糖，皮肤和内脏血管收缩，使肌肉和大脑有充分的血液供应，呼吸加快，支气管扩张，加快了血氧置换的速度与血凝速度，从而使危急情况下减少出血。

神经内分泌系统的活动，除肾上腺髓质系统的作用外，肾上腺皮质系统分泌的糖皮质激素和盐皮质激素，也参与压力反应。它们为应付紧急状态升高血糖、储备能量及调节盐和水的代谢，在压力状态下，血管紧张素、甲状腺素、生长素以及性腺激素等也会发生相应变化。因此，长期的持续的压力状态会导致神经内分泌系统的紊乱。

① 参见 Folkman，Susan，Lazarus，Richard S.，Dunkel-Schetter，Christine，et al.，Dynamics of a stressful encounter：Cognitive appraisal，coping，and encounter outcomes，*Journal of Personality and Social Psychology*，1986，50（5），pp. 992－1003。

（二）压力对心理功能的影响

压力状态产生的心理反应首先表现为相伴的一系列消极情绪体验，如愤怒、焦虑、恐惧、嫉妒、内疚、抑郁、悲伤、绝望等。在情绪体验产生的同时又会伴随一系列的生理的变化，强烈持久的情绪反应常常给人体各器官带来严重的影响。例如，焦虑是在人预期将要发生某种灾难性后果时的一种紧张心情，它最早表现为一种莫名其妙的担心和恐惧。适度的焦虑可以增进心智活动，使人精神警觉，更加注意环境中的刺激物。但过分强烈而持久的焦虑则会妨碍人的认知水平和智能的发挥，降低人的适应和应对能力。抑郁反应表现为对周围事物冷淡，对生活失去乐趣，自信心下降，严重时会悲观沮丧和绝望，感到浑身无力和躯体的不适。这种情绪状态容易降低自己的应对能力，甚至会导致自杀行为。压力状态所造成的心理失衡会干扰心智功能的正常发挥，容易形成思维紊乱。

人体处于压力状态时的各种反应，本是为防止身心受损而做出的一种防御性反应。如果反应不适当或过度反应，自然会危及人的生理和心理机能的平衡，甚至会造成一系列的与压力有明显关系的身心疾病，也称为“适应性疾病”或“压力状态病”，如高血压、冠心病、脑卒中、消化性溃疡、支气管哮喘、糖尿病等以及某些免疫性疾病，还有各种癌症和各种神经官能症。心身医学的研究发现，人体的九大系统在长期压力下均可以导致心身疾病的产生。心身疾病，是指由心理社会因素为主要诱因所引起的有明显躯体症状并伴有负性情绪的疾病。心理因素虽然是导致疾病的主要因素，但它是非特异性致病因素。所以，社会心理因素刺激是否导致疾病还要看个体的心理承受能力、个性特征和身体素质。

五、压力管理策略

压力是每个人一生中都会遇到的，也是无法逃避的。只有掌握了压力的管理策略，积极地面对压力，才能解决压力或变压力为动力。

（一）提高对压力源的抵抗能力

在减轻压力方面，增强主体对压力源的抵抗能力是特别重要的。这就需要人们：（1）培养良好的个性,正确对待压力源，增强对紧张刺激的承受能力。（2）加强自身修养，正确权衡利弊得失，以稳重的态度对待事物，保持人际关系的和谐。（3）创造条件学习新知识，掌握新技能，提高实际应对能力。（4）争取获得社会性支持，加强适应和应对的能力。

（二）恰当处理压力源

设法消除致压因素，阻止压力状态的产生。改善可能成为压力因素的社会生活环境，通过社会物理工程加以处理，改善环境、交通、居住和工作条件。重建人与人之间的新关系、新环境，减少压力状态发生的可能性。

（三）调整生活态度

培养较高的压力容忍度；改变生活步调，学会调节生活节奏，做到劳逸结合，加强身体锻炼；学习改变消极的思维方式，改善认知水平，矫正不良的思维方式；寻求社会支持，个体如果拥有一个强大的社会支持系统（如朋友、家人、同事等），那么就可以使个体疏导和宣泄压力心态，减小压力所导致的身心反应。

（四）认识压力的两重性

从压力对个体行为的意义上去分析，适度的压力可以使人振奋，增强行动动机，有利于提高个体行为的绩效，这叫做良性压力；而那些不适当的压力只会带来破坏性后果，这叫做恶性压力。作如此区分的目的就是设法做到在过度压力和匮乏压力之间保持平衡的同时，尽量找寻更多的良性压力而避免恶性压力的出现。

需要指出的是，完全没有心理压力的情况是不存在的，要遵循压力与效率之间的倒U型关系（如图3—2所示）。压力过大或过小都会使学习和工作效率下降，保持适度的压力，不仅无损于效率，反而有助于效率的提高。

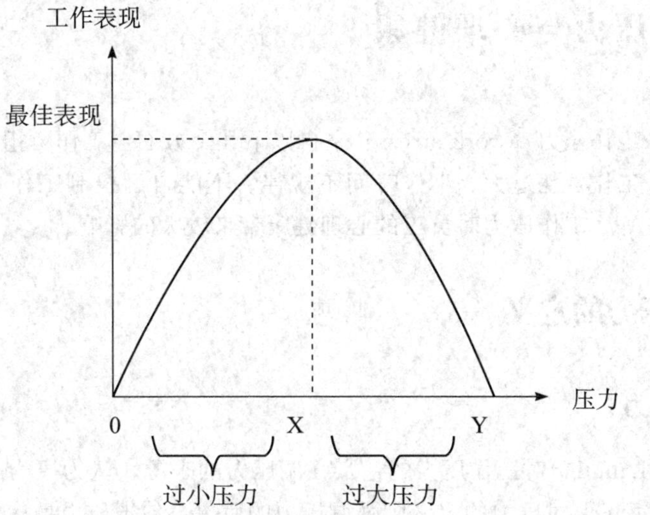

图3—2 压力和效率之间的倒“U”关系

（五）掌握科学的放松方法

生理心理学的研究表明，身体的放松可以达到心理的放松，所以，当我们感到压力大时可以采取几种简单有效的放松方法来减轻压力感。（1）深呼吸法：深呼吸时，全身放松，肺部一张一合，呼吸频率逐渐减慢，呼吸逐渐加深。（2）放松法：肌肉放松法，可先在心理咨询师的指导下进行，逐步做到每天自我练习。想象放松法。即通过想象轻松的、愉快的情景（如大海、山水、瀑布、蓝天、白云等），达到身心放松，情绪舒缓的目的。(3) 转移注意力法：有时我们的工作和生活中出现不知原因的压力感，此时我们越集中注意，压力感就越大，因此，我们需要暂时转移一下自己的注意力，如参加朋友的聚会、走进大自然等，从而舒缓自己的情绪。

第二节 工作、家庭压力与心理健康

工作和家庭生活中每个个体均会面对不同的压力与挑战，理解产生工作压力的原因，掌握调试工作压力的应对策略对于提高工作效率、维护身心健康有重要的意义。家庭中的夫妻关系、亲子关系及其他人际关系是否和谐是导致压力的直接来源，认识家庭压力与身心健康的关系有助于建立和谐幸福的家庭关系。

一、工作压力与心理健康

一般来说，工作压力（work stress）来自以下几个方面：工作负担过重、变换工作岗位、时间压力、工作责任过大、工作时间不规律、不能自己控制工作速度、工作的自然和社会环境不良等。工作压力对员工的心理健康带来较大的影响。

（一）工作压力的定义

1. 工作压力

Lazarus 和 Launtier 对工作压力的定义强调压力的来源，认为压力是超出正常适应反应的任何状况。Quick 对压力的定义则强调压力的后果，他把压力反应定义为“在面对压力源时，机体对自然能力资源的普遍的、有规律的、无意识的调动”。有些研究者对工作压力没有给予操作性的定义，他们将某些工作特点定义为工作压力，如工作负荷、工作复杂性、角色冲突、角色模糊等。Denisi 和 Summers 在研究中强调了工作压力中个体由于正常生活方式的改变而引起的反应，而并不强调改变本身。他们对工作压力的定义是，“当个体被迫偏离正常的或希望的生活方式时体验并表现出的不舒适的感觉”[①]。研究者对

① 刘小禹：《组织中情绪管理的文化视角与实证研究》，78页，北京，中国经济出版社，2011。

工作压力的不同定义表明，工作压力是一个多维度的概念。但不同的定义使得研究之间缺少可比性，影响研究者之间的交流。

2. 过劳

在工作压力的研究中，另一个常使用的概念是过劳（overwork）。过劳的定义最早产生于19世纪70年代，是一个起源于精神病学的概念，用以描述那些身体、情绪、精神、人际关系、行为严重耗竭的病人。一种非常广义的定义将“过劳”描述为一种内在的心理体验，一种由于情感上的要求长期得不到满足而导致的包括身体、心理等方面都处于耗竭状态的体验，纯属于精神病学的范畴。[①]“过劳”现已由精神状态和心理体验发展成专指由于持续高强度、超负荷的超时工作而导致的健康问题。过劳死（karoshi）是一种源于日本的现代特殊疾病，最早出现于日本20世纪七八十年代的经济繁荣时期。近几年，在我国部分城市尤其是经济相对发达的沿海城市，“过劳死”问题有日益严重的趋势，而且呈现出向年轻人这一低龄化蔓延的态势。引起过劳死的过劳现象主要有以下四个特征：（1）产生于个体自身或工作环境等因素的压力；（2）个体超负荷工作；（3）个体心理处于耗竭状态；（4）最终导致恶劣的健康状况。

（二）工作压力对身心健康的影响

压力反应（stress reaction）是指在压力来源的持续作用下，个体产生能被主观意识到的、身心方面反应的过程。1978年，Beehr在总结了工作压力有关研究成果后得出结论，不良的工作压力会产生以下三个方面的消极个人后果：心理健康症状、生理健康症状和行为症状。[②]

1. 工作压力的心理反应

心理反应包括认知和情绪反应。认知反应具体表现为注意力不集中、短期和长期记忆力减退、错觉增加、思维混乱等。情绪反应具体表现为焦虑、紧张、迷惑和急躁、疲劳感、生气、憎恶；感情压抑、交流的效果降低、退缩和忧郁、孤独感和疏远感；精神疲劳和低智能工作、自信心不足。

2. 工作压力的生理症状

生理反应主要是指过高的工作压力所导致的身体上的不适，主要表现为新陈代谢紊乱、心率与呼吸频率增加、疲劳、血压升高、头痛、缺乏食欲等症状。

3. 工作压力的行为反应

其主要体现在一般意义上的非正常行为，包括指向外部环境的过激行为（如攻击、

---

① 参见罗财喜：《论知识分子过劳死的法律性质及劳动法的完善》，载《经纪人学报》，2005（1）。

② 参见Terry，A. Beehr，Nina，Gupta. A note on the structure of employee withdrawal，*Organizational Behavior and Human Performance*，1978，21（11），pp. 73－79。

破坏等）和指向自身的不当行为（如过量饮酒、过度吸烟等物质滥用行为），以及一些工作中的行为表现，主要体现为经常请假、旷工、离职等。

（三）工作压力源

工作压力源，指任何能使个体产生压力反应的源自工作内外环境中的刺激。有调查发现（李虹，2005），大学教师的工作压力主要为工作保障压力、教学保障压力、人际关系压力、工作负荷压力和工作无乐趣压力。① 另有调查发现（王秋璐、阎世平，2012），对于企业的“80后”大学毕业生来说，他们的主要压力来源是工作负荷、外部压力、群体压力、角色模糊以及工作难度。②

引发工作压力的因素可以分成两大类，一类是与工作组织有关的因素，另一类是与工作者个人有关的因素。这些因素之间还会相互影响，构成复杂的工作压力系统，对工作者产生不同的影响作用。多数学者认为，工作压力主要来源于组织特质和工作要求与角色特性，具体引起工作压力的因素有工作本身的因素（工作负荷、时间压力、工作自由度等）、组织中的角色（不同的人之间的冲突、不同角色间的冲突、不同任务间的冲突）、工作中的关系（与上级的关系、与同级之间的关系、组织和社会支持等）、职业发展（工作安全、辞职与升迁、自我实现等）、组织结构和组织倾向（组织价值观、决策方式、领导风格、解决冲突的方法等）。表3—2中列出了工作压力源研究中的主流观点。

表3—2　　工作压力源研究中的主流观点

学者	工作压力主要来源
Weiss（1976）	工作本身因素、组织角色、职业发展、组织结构与组织风格、组织中的人际关系
Cooper & Marshall（1978）	工作本身的因子、组织中的角色、工作中的关系、职业发展、组织结构和组织倾向
Brief（1981）	一类是组织特质和程序，包括组织限制、工作自主性、组织气氛与政治氛围；另一类是工作要求与角色特性，包括工作不确定性、工作负荷大、人际冲突、工作—家庭平衡等
Ivancevich & Matteson（1980）	压力源来自于组织内部和组织外部，并强调个体差异和个人对压力的感知对压力大小的影响，把压力源分成五种基本类型：生理条件、个人层面、团队层面、组织层面和组织外因素。
Hendrix（1995）	组织内部的因素（角色冲突、角色模糊、角色超负荷、时间压力、较低的参与和控制、管理/监督制度、组织气氛、组织内冲突）；组织外部的因素；个人特征
Luo Lu（1997）	工作内部的因素、职业特征、工作外部特征
许小东（2007）	一类是来自工作本身的，由工作内容、工作标准要求等因子所构成的工作内源压力；另一类是来自工作活动以外的，由工作环境、人际关系等因子所构成的工作外源压力

① 参见李虹：《大学教师的工作压力类型和压力强度研究》，载《清华大学教育研究》，2005，26（5）：97-102。

② 参见王秋璐、阎世平：《企业“80后”大学毕业生工作压力实证研究》，载《广西大学学报：哲学社会科学版》，2012，34（1）：114-118。

工作压力虽说是与工作有关的压力，但工作场所中的压力源并非工作压力的唯一决定因素，个体特点、组织以外的家庭和社会因素都是影响个体工作压力的动因。图 3—3 的压力模型揭示了压力产生的原因及后果。

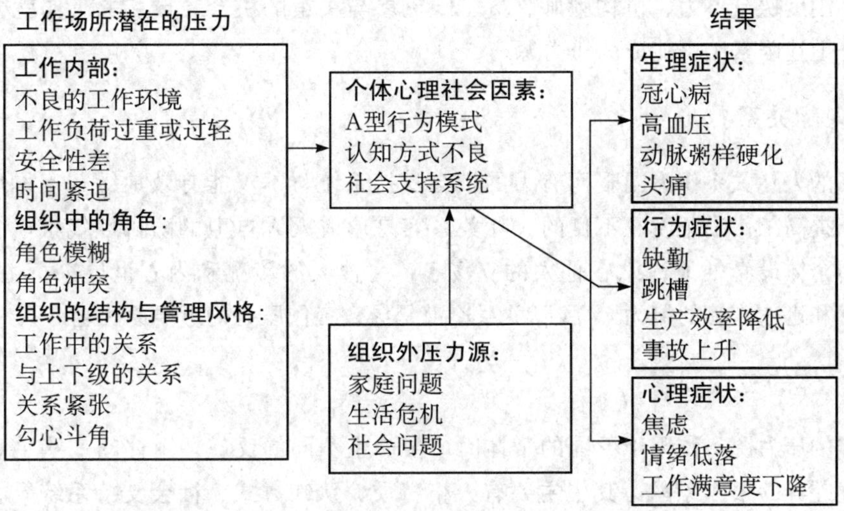

图 3—3　压力模型

在日常生活中，个体面临着各个方面的工作压力源，而且这些压力源可能给个体在生理、心理、行为方面带来多方面的影响。

1. 工作内部的压力源

这类压力源主要包括工作环境不良、负荷过轻或过重、工作安全性、时间紧迫等等。

（1）不良的工作环境因素，如噪声超标、气味难闻、温度过高或过低、安全没有保障、照明条件差以及与他人隔离等。

（2）工作负荷过重一直是公认的损害身体健康的压力源。它的一般含义是指由于工作难度过高或数量过大，使人难以在正常的工作时间内完成工作任务。高负荷的工作常常使人熬夜、加班、透支脑力和体力，各种身心疾病往往乘虚而入。另外，工作负荷过轻，如工作单调、重复、无挑战性，也可能使人因自我价值未能实现而感到压力。

（3）工作安全性不仅指工作本身实际的安全性，也指个体主观感知到的危险性。

（4）时间紧迫是另一个来自工作内部的压力源。“最后期限”、“截止日期”等字眼，“时间就是生命”、“准时、高效”等观念常压得现代人无喘息之机，使人们常处于尚未准备便仓促上阵的状态中。

2. 角色模糊或角色冲突

当一个人对自己充当的角色把握不准或缺乏真正理解时，他便会产生无所适从的困惑，或者当周围很多人对某一个体的工作提出了完全不同的期望和要求时，个体会处于进退两难的尴尬境遇。这些都引发了角色模糊。当个体在工作中面临多重角色期待或要求时，便容易产生角色冲突。

3. 组织的结构与管理风格

组织的结构是指组织层次分化的水平、规章制度的效力、决策机制等。如果规章制度过多、制度执行不力、机构臃肿、员工缺乏参与决策的机会，员工的工作就会因此受到影响。上述因素则可能成为压力源。

4. 人际关系

良好的人际关系作为温暖而有力的社会支持系统，不仅能有效地缓解工作压力，而且有助于提高工作满意度。不良的人际关系容易形成人人自卫的防御性气氛，彼此缺乏共情（即个体设身处地地站在他人的立场上，对他人的境况和内心世界进行主动体察，平等分享和迅速应答的能力）。人际关系冷漠是导致工作压力的重要原因之一。

5. 个体的主观因素

同样的压力源，作用于不同的个体时，会产生不同的反应。个体的一些主观因素是导致上述差异的根本原因，其中主要有人格特质、认知方式、社会支持系统等。除此之外，性别、年龄、健康状况、生活事件与经济状况等因素均可能影响到个体对工作压力的感受。

（四）工作压力的应对策略

很多研究认为，组织层面的压力控制和压力干预比个人层面的应对策略更加有效，因为他们具有更持久的效应。Elkin（1990）总结的组织压力管理策略有以下几点：重新设计任务、重新设计工作环境、建立弹性工作时间表、鼓励参与管理，这些策略的目的是增强员工的参与性、自主性，由此增强员工在工作中的控制感。[①]

萨瑟兰（Sutherland）提出了压力管理的三重模式：（1）压力诱因导向的预防方法。识别、确认及消除或减小具有压力的情境，目的是预防工作中的压力。（2）反应导向的干预方法。通过培训和教育，发展压力抵抗能力和适当的应对策略。（3）症状导向的干预方法。目的在于帮助治愈和重新雇用受到压力伤害的员工，主要采取员工帮助计划（Employee Assistant Program，EAP）。总的来看，预防性策略是最有效和最经济的方法。[②]

对于个人来讲应从以下几个方面应对工作压力。

1. 勇敢地面对压力

压力伴随着人的工作与生活，我们所有的人在不同的时间和空间里都会体验到压力，它是生活中无法避免的。为了不让压力对我们造成伤害，我们必须面对无法逃避的压力，

---

① 参见 A. J. Elkin，P. J. Rosch，Promoting mental health at the workplace：The prevention side of stress management，*Occupational Medicine*（*Philadelphia*，*Pa.*），1990，5（4），pp. 739－754。

② 参见［英］瓦莱丽·J·萨瑟兰、卡里·L·库珀：《战略压力管理：组织的方法》，217－218页，北京，经济管理出版社，2003。

并做好应对压力的准备。正视压力的存在，是管理压力和应对压力的第一步。

2. 建立良好的人际关系

良好的人际关系是缓解工作压力的重要保证。

（1）了解工作中的主要人际关系。纵向人际关系是指我们与上级领导的关系。建立良好的纵向人际关系是我们日常工作中的一项重要内容，也是我们减轻工作压力的保障。这是因为一个和上司友好互动的人，能更好地理解上司的想法，能更顺畅地工作。

横向人际关系是指我们与同事之间的人际关系。在个体刚刚进入职场初期，横向人际关系，即我们和同事们的关系也是非常重要的，因为我们在工作中经常需要他人的理解与支持。特别是在一些对合作要求较高的工作中，横向人际关系与团队氛围尤为重要。

（2）沟通交流是建立良好人际关系的基础。人际关系是在人与人的沟通中建立起来的。在工作中，同事之间由于个性特点、处事方式、工作角色、出发点的不同，难免会发生摩擦或矛盾。而沟通在保证信息传递和情感交流中起着非常重要的作用，是个体在工作乃至生活、学习中建立良好人际关系的基础。

3. 改变你的认知，正确对待工作压力

压力源本身并不能决定是否产生压力以及压力有多大，压力的产生是以个体对压力源的认知为中介的。个人错误的认识可能使压力更强烈。有时好友之间有了矛盾，但彼此都不愿直面现实，而是通过猜测去推及事实。事实上，当我们在错误的信念下推测事实时，反而会引发高涨的情绪状态。在这种情绪状态的笼罩下，我们往往会夸大事实、加深误会，导致生理的唤醒及不良的压力反应进一步加强。金玻莉（Kimberly A. Blair）就曾在研究中对 79 名 7～12 岁儿童面对同伴拒绝时的情绪和行为反应进行了考察，结果发现，面对同伴的不理睬，那些倾向于认为同伴藐视自己的儿童会产生较强的愤怒情绪。在这种情绪的作用下，他们会表现出更多的攻击行为。而面对同伴的不理睬，那些倾向于认为同伴不是故意的儿童，虽然也会产生不愉快的情绪，但他们通常能够进行重新评价，并很快地调整好自己的情绪。

4. 调整与改善 A 型性格的行为模式

A 型性格的人总愿意从事高强度的竞争活动，不断驱使自己在最短的时间里做最多的事情。A 型性格有利也有弊，虽然这种性格特点与进取心、事业成功和物质利益的获得密切相关，但是，A 型性格的人常处于中度至高度的焦虑中，他们常为自己制定最后期限，不断给自己施加时间压力，这不利于身心健康。为此，A 型性格的人需要适度调整自己的个性和处事方式，从而正确应对压力，预防各种身心疾病。

5. 掌握科学的时间管理方法

面对工作压力，学会科学地管理自己的时间是非常重要的，这不仅可以使工作井井有条，而且可以有效缓解工作压力。那么如何进行科学的时间管理呢？

（1）遵循“帕瑞托原则”。帕瑞托原则的核心理论是：20％的目标具有 80％的价值，而剩余的 80％的目标只有 20％的价值。为了有效地管理时间，我们应该根据价值来投入

时间，即将时间投入到有较大意义的目标中去。

（2）依据两维度模型对压力事件排序。把压力事件根据优先顺序进行日程排序（见图 3—4）。首先，将不重要且紧急的事情授权别人去做。其次，剩下的事情按照重要紧急事件优先、重要不紧急事件随后、不重要且不紧急的事情最后，来依次解决。在执行过程中要避免拖延。拖延会导致压力积聚，工作低效，而立即行动则可以增强自信，提高解决问题的能力，减少压力。

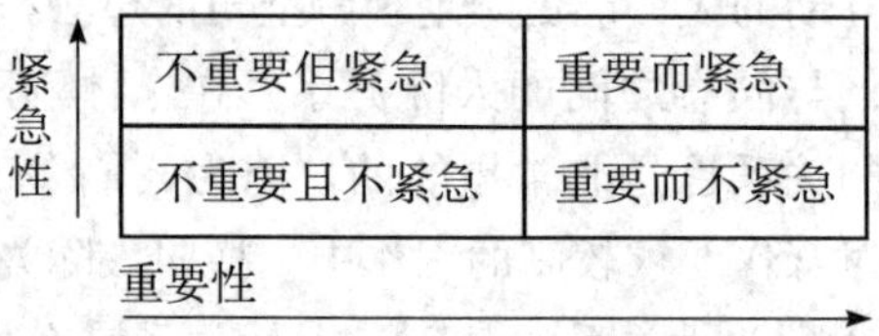

图 3—4　压力事件的两维度模型

6. 培养健康的生活方式

安排好工作，控制好工作节奏，切忌长时间埋头工作，充分利用业余时间放松和休闲。多参加各种形式的体育运动、娱乐活动和户外休闲活动，不但可以锻炼身体，还能缓解紧张的情绪，舒缓压力。健康的行为习惯不仅是缓解压力的有效途径，而且也是决定人生幸福和成功的重要因素。

二、家庭压力与心理健康

家庭应该成为温馨的港湾，但在现代社会中很多家庭已失去了温馨的味道。夫妻关系的不睦、亲子关系的紧张、婆媳关系的微妙，家庭人际关系的不和谐已经严重影响了很多家庭的生活质量。在这样的家庭中生活感到压抑和无助。如何认识家庭压力的来源，怎样调适家庭压力是现代家庭的重要课题之一。

（一）家庭压力的定义

当压力降临在某个家庭时，每个家庭成员的压力表现都会影响家庭的功能。同时，家庭应对压力的方式又会影响到每个家庭成员所承担的责任。在此，家庭压力指的是影响家庭单元的生活事件或变迁，这种事件有着改变家庭社会系统的潜力。家庭压力是家庭对事件的反应，这种反应取决于家庭成员对事件的解释、赋予事件的意义和对威胁严重性的认识。若家庭缺乏精力和技巧去处理压力引起的混乱和功能失调，就会出现家庭危机。有研究发现，家庭压力与工作压力负向影响员工的整体健康，而其工作压力要大于家庭压力对健康的影响①。

① 参见魏祥迁、马红宇、张明亮：《员工家庭压力与工作压力对健康的影响》，载《心理研究》，2012，5（4）：41。

(二) 家庭压力来源

家庭压力的来源是多方面的，不同时代，不同家庭的压力来源又是有区别的。以下几点是现代社会家庭中的主要压力来源。

1. 家庭成员的分离

家庭成员的分离主要有两种情况：（1）夫妻离异不仅给夫妻双方带来痛苦，更给孩子造成无法弥补的创伤。（2）家庭成员离家出走或因工作原因离开家，或子女成家立业，另立门户。尤其对那些独生子女家庭而言，子女一旦结婚离家，父母会有一种失落感，感觉到子女离自己远去，加重其进入老年期的心理感受。

2. 家庭冲突与危机

夫妻间出现激烈的矛盾冲突，严重的将导致家庭危机，甚至造成夫妻离异。家庭冲突不仅会影响家庭的和谐及家庭内部的自然沟通与交流，而且会对儿童、青少年造成情感伤害，使其处在感情的缺失或心理扭曲的状态下，自尊心受到伤害，身心健康受到影响。

3. 家庭成员的亡故

家庭成员的亡故是家庭的一大灾难，会使整个家庭充满悲伤的气氛，影响家庭成员的正常情绪表达和交流，使人感到压抑，并消磨人的意志。并且，年轻家庭成员的亡故相比年迈家庭成员的亡故更令家庭悲痛，突然的亡故要比慢性疾病后的亡故更令家庭成员难以接受。

4. 家庭暴力

家庭暴力（domestic violence）既指家庭成员的肉体上的伤害，例如殴打、体罚、残害、捆绑、限制人身自由等行为，也指精神上的折磨，通常表现为以威胁、恐吓、咒骂、讥讽、凌辱人格等方式虐待家庭成员（见图 3—5）。家庭暴力通常发生在具有血缘关系和婚姻关系的家庭成员之间。2003 年全国妇联的一项调查表明，在我国 2.7 亿个家庭中，约 30%存在不同程度的家庭暴力，其中施暴者九成是男性，每年有 10 万个家庭因之而解体；暴力行为轻则拳打脚踢，重则用东西砸，此外还有性暴力和精神暴力。随着社会经济的发展，家庭暴力也呈现出新的趋势和特点："冷暴力"、"精神虐待"、"高知识阶层"等逐渐成为谈论家庭暴力问题时频繁出现的关键词。

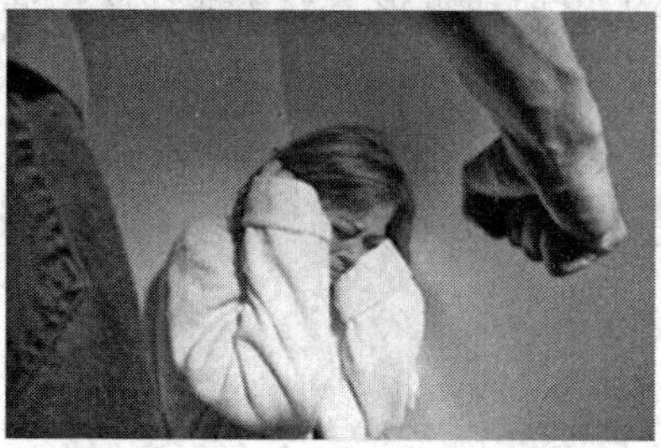
图 3—5　家庭暴力

家庭暴力会严重摧残受害人的身心健康，它不仅使受害人受到肉体上的伤害，而且会导致受害者长期生活在恐怖、紧张的气氛中，心里充满了恐惧与悲哀，严重的还会导致受害人心情抑郁、精神分裂，甚至以自残或自杀的形式进行消极反抗。崔铁等 2012 年在全国范围内选取 7 个省市 8 个地区的 2 810 位处在或曾经处在亲密关系（婚姻、同居）中的个体进行调查，发现家庭暴力发生率分别为生理暴力 34.8%、精神暴力55.6%，一年内发生率为31.6%和52.4%。

案例分析

如何应对家庭暴力

刘同与丈夫是大学同学，刘同在大学任教，丈夫在省委某机关任副厅级干部。丈夫几年前就有了外遇，刘同曾一度忍让，想保全这个家。当刘同指责丈夫的不端行为时，这位副厅级干部不但不自责，反而对妻子暴力相向，撕裂了她两个手背的皮肉，并叫嚷："想过就这么过，别的你管不着。"

案例中的家庭暴力实际上在现实生活中并不少见，长期以来，家庭暴力也一直牵动着全世界人的神经。1993年，联合国发表了《消除针对女性的暴力宣言》，1999年，联合国大会将每年的11月25日正式定为"国际消除针对女性暴力日"。在我国，家庭暴力现象时有耳闻，且90%以上的受害者为女性。一项数据显示，在所调查的女性中有65%的人表示曾经遭受过家庭暴力。2011年10月21日，全国妇联发布第三次全国女性社会地位调查结果，该结果披露，在整个婚姻生活中，24.7%的受访女性表示曾遭受过配偶侮辱、谩骂、殴打、限制人身自由、经济控制、强迫性生活等不同形式的家庭暴力。其中，有5.5%的受访女性明确表示遭受过配偶殴打，7.8%的农村女性和3.1%的城镇女性明确表示曾遭受丈夫的"铁拳"。家庭暴力的普遍性可见一斑。

为了防止家庭暴力，要做到以下几点：第一，倡导男性尊重女性、爱护女性的社会风气，反对歧视女性，谴责和惩治一切侵害女性的暴力行为；第二，完善消除对女性暴力侵害的专门性、预防性和行政性的法律、法规体系及执法监督体系，实现女性人权保障的全面法制化；第三，提高女性的法制观念、法律意识、以法维权的能力，增强女性自我的防暴、抗暴能力；第四，政府和非政府组织要重视和受理女性的来信来访，为受害女性排忧解难，伸张正义。

（三）如何应对家庭压力

家庭压力需要家庭成员配合面对，首先找出家庭压力的来源，成员间相互协商，解决压力问题，具体做到以下几点。

1. 性格爱好上追求和谐，保持独立

"我们性格不合，因此只好离婚。"这样的话我们经常耳闻，人们在这种场合所指的"性格"，外延相当广泛，它既包括性格上的开朗与闭锁、外露与内向、活泼与好静等等，又包括志向、兴趣与爱好上的差异。现实生活中，由于人们处理失当，上述种种差异造成了沉重的家庭压力。两个性格爱好酷似的人在一起生活，固然有可能缔造和谐的婚姻，但两位性情不同的男女同样可以组建幸福美满的婚姻，关键是彼此之间能够相互尊重，努力寻找双方兴趣的共同点，培养彼此可以接受的共同爱好，同时，允许各自有自己的特殊心理需求，包括自己的隐私。

2. 时间分配上珍惜共享，尊重独处

成功的家庭将时间看作可以控制的资源，他们在时间的分配上能分清轻重缓急，预

先为家庭活动制订计划。要挤出更多时间进行夫妻间、亲子间的共娱和交流，在需要独处时也要给各自空间和时间。

3. 感情交流上言语相通、心灵相契

美满家庭的普遍传统是家庭成员彼此间的不断谈心。这种谈心，将本已陷入压力威胁的家庭成员的感情沟通起来。当某个子女行为不当的时候，当夫妻意见不合的时候，当突发事件从天而降的时候，当意识到某种潜在压力的时候，这种家庭交谈便发挥巨大作用了。“婚姻是一次长谈，杂以争辩”。谈心的习惯有助于家人心灵相通，家庭和睦幸福。

4. 亲子关系上维护权威，保持灵活

父母对子女的影响力来自威信而非独裁。据此，父母应体察子女的愿望、诉说和感情，所作决定必须确实最有利于孩子的成长。正确的决定，即便周围人或孩子本人反对也绝不更改。与此同时，有威信的父母还应清晰地表明对子女的期望，定下言谈举止、待人接物等规矩。当然，好家长也要讲究灵活性，在不违反规矩的前提下有所变通。对于年长的子女，还要努力做到充分尊重子女在行为规范和行为后果方面的发言权和自主权。

【基本概念】

压力　心理压力　工作压力　家庭压力　压力管理策略

【复习思考题】

1. 压力的概念与特点是什么？
2. 简述有关压力的理论。
3. 如何进行压力管理？
4. 如何认识压力的两重性？
5. 如何应对家庭压力？
6. 谈谈你是如何应对学习压力的。

【推荐阅读书目】

1. Lorne Sulsky，Carlla Smith. 工作压力. 马剑虹，等，译校. 北京：中国轻工业出版社，2007.

2. Walt Schafer. 压力管理心理学. 方双虎，等，译. 北京：中国人民大学出版社，2009.

3. Brian Luke Seaward. 压力管理策略：健康和幸福之道（第 5 版）. 许燕，等，译. 北京：中国轻工业出版社，2008.

4. 赵国秋. 心理压力与应对策略. 杭州：浙江大学出版社，2007.

5. Valerie J. Sutherland，Cary L. Cooper. 战略压力管理：组织的方法. 徐海鸥，译. 北京：经济管理出版社，2003.

6. James W. Kalat，Michelle N. Shiota. 情绪. 周仁来，等，译. 北京：中国轻工业出版社，2009.

第四章 生活环境与心理健康

【学习目标】

1. 了解自然环境、社会环境和家庭环境对个体心理健康的影响
2. 了解社会变迁对人心理健康的作用
3. 重点掌握家庭教养方式对儿童心理发展的影响

【章节导读】

著名作家茅盾在其作品《青年苦闷的分析》中写道："只有不断地和环境奋斗，然后才可以使你长成。"可见，环境是人们赖以生存的必要条件，人类的生存环境已形成一个庞大的、结构复杂的、多层次相互交融的动态环境体系。人类的生活环境包括自然环境和社会环境，自然环境的温度、湿度、噪声、色彩、光照等都会影响人们的心理健康；社会的动荡和变迁，城市生活和工作，都会给人们带来一系列的心理问题。家庭是社会的细胞，是社会的重要组成部分，家庭环境对于个体的发展和身心健康来说具有重要作用。本章着重讨论自然环境、社会环境和家庭环境对人们心理的影响，探讨在当前社会和城市生活中常见的心理问题。

第一节
自然环境与心理健康

人类的生活空间被各种环境刺激包围着，其中社会环境和自然环境是影响心理健康的重要因素。自然环境包括：温度、声音、色彩、空气质量等。社会环境主要包括：社会变迁、社会经济状况、社会保障体系、就业压力、人际关系、社会是否和谐等。这些环境刺激对个体心理活动及行为模式产生着重要作用，进而影响着个体的心理健康。

一、高温与心理健康

温度与个体的生活密切相关，温度的高低直接影响着个体的机能状况。例如，生理学家发现，室内温度过高时，会影响人的体温调节功能，从而促使个体血管舒张、脉搏加快、心率加速。不仅如此，温度也与个体的心理健康状况密切相关，高温对个体的人际交往、攻击性行为与利他行为均会产生一定影响。

（一）高温与人际交往

研究发现，温度较高时被试往往报告说他们感到不舒服且容易发怒，对他人也会做出不友好的评价。Byrne 提出的人际吸引模型（model of attraction）中指出，当周围环境温度过高，人们体验到热带来的不愉快时，人际吸引降低。也就是说高温减少人际吸引，处于既热又拥挤的情况下更是如此。Griffitt 等在实验中告知被试经过态度测量，他和陌生人的态度有 25%或 75%是一致的。然后将其分配在温度为 20℃、湿度为 30%和温度为 32℃、湿度为 60%两种环境中，任务是让被试对陌生人进行评价。结果发现，相对于低温被试组，高温被试组对陌生人的评价更差，即人际吸引降低。

然而，Bell 和 Baron 的研究则发现，在某些情境中热对人际吸引的影响具有“分享效应”，即是否与他人在同样温度条件下，是影响人际吸引的一个重要因素。在他们的实验中，当另外一个陌生人和被试是在同样的热环境中时，无论之前这个陌生人是恭维还是贬低过被试，温度都不会影响人际吸引。这个研究说明，当与他人分享同样的环境遭遇时，高温不会降低人际吸引；相反，没有这种分享时高温会减少人际吸引。

（二）高温与攻击性行为

很多研究者认为，20 世纪 60 年代美国城市和校园发生的一系列暴乱事件与气候关系密切，当时的高温增加了人们的攻击性，造成了骚乱的发生。由于气候和暴力行为之间的关系如此紧密，以至于美国联邦调查局也把气候列为解释暴力犯罪增加或减少的一个重要因素。

Anderson 等对高温与攻击性行为的关系进行了研究。他们的研究分为三类，一类是地理区域研究，即对一个国家不同气候区域（最热、最冷和中间温度）的暴力犯罪率进行比较，发现较热的地方的暴力犯罪率显然要高。第二类研究为时期研究，即系统调查某天、某月或某年中的高温时段暴力行为的发生率，并与这一时期平均温度时的暴力发生率进行比较，结果发现，高温时期与暴力发生率呈较高正相关，即暴力犯罪率随温度的升高而增加。最后一类研究探讨随温度变化所出现的行为变化。结果表明，当气温高于 29℃时，司机按喇叭的次数比气温低于 29℃时明显增多；如果汽车内有空调，气温升高不会使司机按喇叭的次数增多。

然而，一些实验室对伴随温度所出现行为的研究却有了一些新的发现。Baron 和 Bell 在假装电击实验中，先让一个人去激怒或者恭维被试（不同的生气程度），然后告诉被试可以对这个人进行电击。电击的强度和次数由被试控制，并且把它作为衡量攻击性的指标。被试所在环境中的温度分别为 23℃和 35℃两种情况。结果发现，当温度为 23℃时，被试生气程度越高，攻击性越强。但是，当温度为 35℃时，出现了相反的情况：被试生气程度越高，攻击性越低。Baron 和 Bell 的多次重复实验，结果都一样。如何解释这一研究结果呢？Baron 和 Bell 用“消极情感逃离模型”（negative affect-escape model）来解释这种现象。消极情感是热和攻击性的一个中介变量，它们的关系可以用一个倒 U 型曲线来表示。在 U 型的某一段区间内，消极情感增加了攻击性行为，但是超过这一区间，攻击性随消极情感的增加而下降，因为，此时尽快消除不适感成为个体急需解决的问题。在实验室研究中，用热作为影响消极情感的一个因素，证实了攻击性与负性情感之间的关系的确如倒 U 型曲线所表示的那样。以上研究说明在某个区间内，温度的升高增加了攻击性；但是，如果温度过高，超出了这个区间，高温和其他环境因素的结合则会促使个体逃离高温环境，从而，使攻击性随温度的升高而降低。

（三）高温与利他行为

另一种与高温有关的社会行为是利他行为。Page 等研究发现，让被试在一个不舒适的热房间中待一段时间，然后让他们自愿报名在一个实验中帮忙。结果和另外一些在舒适温度中的被试相比，来自热环境的被试很少有人愿意参加另一个实验。也就是说，高温使利他行为减少。相似的结果也出现在 Cunningham 的研究中，他让被试参加一个访谈，结果发现利他行为在夏天随温度的升高而降低；在冬天随温度的升高而上升。然而，其他研究却提出，热与利他行为之间的关系较复杂，还受其他一些因素的影响，例如，需要帮助者的长相、热引起人好或坏的情绪体验等。

与高温的研究结果类似，低温也不会直接影响心理健康。研究发现，虽然居住在南极的人表现出失眠、焦虑、抑郁和易怒等症状，但这更多地是由孤独和对工作条件的不满造成的，有关冷和社会行为之间关系的系统研究很少。Bell 和 Baron 的实验室研究发现当温度在 16℃左右时，被试的消极情绪更多。他们进一步研究后发现，与热的影响相似，当负性情感为中等水平时，随温度的下降攻击性增加；但是，当负性情感很强时，随温度的下降攻击性减弱。一种解释认为是由于低气温使人们更愿意选择留在屋子里，长时间之后会变得易激动、烦躁不安、敌对情绪增强。最后，我们不难发现环境温度通常是影响身心健康的间接原因，它对心理健康的影响通常与个体特性以及它对个体行为和情绪的唤起程度相关联。

二、噪声与心理健康

超过 60 分贝的声音称为噪声，如火车、飞机、重型机器等发出的声音。噪声通常通过对个体应激反应的影响作用于其心理健康。有研究对在 95 分贝噪声环境中工作的 200 人进行调查，结果显示，39%的人常感到头晕，32%的人失眠，27%的人头痛，27%的人记忆力衰退，22%的人感到心烦，18%的人食欲不佳。在噪声环境下个体容易头痛、恶心、发怒、焦虑、情绪烦躁、神经衰弱等，甚至会感到控制感减弱，产生无助感。见图 4—1。

图 4—1　噪声对心理健康有间接的影响作用

（一）噪声与人际吸引

人际距离可以作为研究噪声与人际吸引之间关系的一种方法。Mathews 等通过测量人际距离发现，当噪声的强度为 80dB 时，人们彼此感到舒服的距离会增加。也就是说噪声使人们要求有更大的个人空间，从而降低了人际吸引。在其他研究中也发现，居住区周围的交通噪声使邻里间的交往减少。但是，不同的情境，噪声对人际吸引的影响也不同。如 Kenrick 和 Johnson 的研究表明，女性更喜欢那些和她们一起处在噪声环境中的人；而对那些没有和她们“共患难”的人，则表现出更多的负性评价。有研究者就认为，这是因为噪声使人的注意力范围缩小，因此，人们只注意观察周围环境的很多负面评价。

（二）噪声与攻击性行为

诸多理论认为，唤醒水平是引发攻击行为的中介因素，在可能产生攻击行为的情况下，个体的唤醒水平与其攻击行为的强度呈正相关。从某种程度上说，噪声在增加唤醒水平的同时，也使那些已具有攻击意图的个体表现出更强的攻击行为。

基恩和奥尼尔验证了这一假设。他们首先给被试看一段非暴力的体育比赛录像或一段职业拳击赛录像，并告诉被试可以对另一个人进行电击，电击的水平（强度、持续时间、次数）由被试控制。在实验中，一半被试处于正常噪音水平，另一半是在 60dB 的白噪声环境中，并且噪声每两分钟出现一次。结果表明，不论是在正常噪声条件下还是在 60dB 的白噪声条件下，观看拳击赛组的攻击性都比看一般体育比赛的组强。

Donnerstein 和 Wilson 也认为，如果个体不能预测噪声的出现，那么会引起较高的唤醒水平，导致更高的攻击性。在他们的实验中，先让被试解决一些数学问题，然后把他们分配在三种环境中：无噪声环境、95dB 噪声不可预测且不可控制的环境、95dB 噪声不可预测但可控制的环境。主试告诉被试可以对另一个人进行电击，并且能控制电击的水平（强度、持续时间、次数）。此外，在电击之前，有一半被试事先被激怒。结果发现，被激怒的被试攻击性比正常情绪被试高；特别是当噪声不可预测和不能控制时，恼怒被试的攻击性增强；然而，当被试知道可以控制噪声时，噪声不会对攻击性产生影响。

另有研究也说明，噪声并不会直接增强攻击性，只有当个体被激怒或情绪不佳时，噪声才对攻击性产生影响。因此，科恩和斯伯克潘认为，噪声仅仅是加强或者增加攻击行为，并不直接引发攻击行为，必须有其他原因先引发攻击意图，噪声才能影响攻击行为。

（三）噪声与利他行为

社会心理学的研究证明，个体的助人行为在积极情绪状态比在消极情绪状态时要多。因此，一些研究者推测，因为噪声会导致后一种情绪，所以会影响到助人行为。另外一些心理学家则用环境负载说来解释，他们认为噪声分散了个体的部分注意力，因此，不能注意周围环境的细节和重要线索，对他人的需要也就“视而不见”了。

Mathews 和 Canon 做了两个实验来说明噪声与利他的关系。一个是实验室研究，实验分三种不同的噪声环境：48dB 的正常噪声、65dB 和 85dB 的白噪声。实验过程是让被试在一个房间里和另一个人（实验助手）一起等候，这个实验助手腿上放有一堆画报和书。几分钟后，当实验助手站起来时故意把画报书刊掉落在被试的面前，这时通过记录被试是否帮助捡起地上的书刊，来测量他们的助人行为。结果发现，在正常噪声、65dB 和 85dB 的白噪声三种条件下帮助捡起掉落书刊的百分比分别为 72%、67%和 37%。另一个研究是现场研究。实验过程中主试抱着一个装满书的盒子从车上下来，为了区别主试对帮助需求的程度，其中一半被试看到主试的一条胳臂是打着石膏的。噪声分两种条件：50dB 的正常噪声和 87dB 的高噪声。结果表明，当主试手臂没有打石膏时，噪声对利他行为影响不大。但是，当主试手臂打石膏时，在高噪声条件下路人的利他行为从低噪声时的 80%下降到 15%。其他一些研究也得到了相同的结果，噪声使人的注意广度变窄，不能注意到旁人的需求，助人行为减少。

近期研究关注的是，在解释噪声和健康的关系时，需要理解整个声音的情境（物理情境和社会心理情境）。研究者抽取 128 名英国公务员作为被试，研究噪声和工作压力间的相互作用。结果表明，周围噪声对工作满意度、安康状态以及工作投入没有产生直接影响。但是，周围低的噪声水平能够缓解工作压力对这三种结果产生的负面影响。因此，社会心理压力可以被看成是一种中介变量，用来解释周围的环境因素（比如噪声）是如何对人们的健康和幸福（human health and well-being）产生影响的。

三、色彩与心理健康

色彩对人的心理有直接的影响，如绿色使人有生机盎然之感，红色使人感到很热烈，蓝色给人以沉静的感觉，黑色有一种神秘感。色彩不仅影响人们的情绪与心理感受，还影响着我们视觉范围的大小。

（一）色彩与情绪

色彩影响我们的情绪和情感，情绪的斯特鲁普效应（stroop effect）证明了这一点（McKenna & Sharma，2004）。[①] 在情绪斯特鲁普任务（Stroop task）中，向被试呈现不同颜色的词语（包括情绪词和中性词），要求他们忽略词的意义，尽可能快地命名词语的颜色。结果发现，被试命名与情绪有关词语的颜色的时间较中性词语的时间长。这表明，色彩干扰了对情绪词汇的命名，色彩与情绪之间存在一定的关联。

不同的色彩可以让人感受到不同的情绪体验，蓝色和绿色是大自然最常见的颜色，也是自然赋予人类的最佳心理镇静剂；粉红色给人温柔舒适感。处于蓝色和绿色的环境中，可使皮肤温度下降 1～2 ℃，脉搏跳动减少 4～8 次，还可降低血压，减轻心脏负担。这类颜色能缓和心理压力，缓解紧张，使人安静，从而更冷静地对待现实。美国《脑与神经研究》报道，粉红色具有息怒、放松及镇定的功效。在一些拘留所有不成文的规矩，当犯人闹事以后就将其关进粉红色的禁闭室，10 多分钟后，犯人就会打起瞌睡。也有研究发现，粉红色对个体身心有不利影响。如长期生活在粉红色环境里会导致视力下降，听力减退，脉搏加快。由于粉红色波长与紫外线波长十分接近，长期穿着粉红色衣服会削弱人的体质。可充分利用色彩对人情绪的有利方面，如在医院病房的布置中采用接近蓝色或粉红的颜色，能营造出温馨的环境，使病人产生积极情绪，促进病人的病情好转（见图 4—2）。

图 4—2 医院里温馨的住院环境

（二）色彩与主观感受

合理的色彩搭配也会影响人的心理感受，进而影响行为。一般来说，浅蓝色、浅黄

① 参见 F. P. Mckenna & D. Sharma，Reversing the emotional stroop effect reveals that it is not what it seems：The role of fast and slow components. *Journal of Experimental Psychology*：*Learning*，*memory and cognition*，2004，30：382 - 392。

色、橙色宜于保持精神集中、情绪稳定；而白色、黑色、棕色对学习效率的提高不利。教室的颜色搭配和组合还会影响师生的反应和互动。Barker 等的一项研究更能说明颜色对人的主观感受的影响。他们给家庭主妇试用不同颜色的颗粒状洗涤剂。当颗粒颜色从白色换成红色时，主妇的反应是这种洗涤剂使手变得粗糙了，即所谓烧手。当颗粒颜色从白色换成黄色时，主妇们大多抱怨这种洗涤剂洗不干净衣服。当颗粒颜色从白色换成蓝色时，主妇们普遍反映这种洗涤剂效果很好。其实在整个实验期间，只是颗粒的颜色不同，其他成分都保持不变。看来颜色使主妇们的主观感觉出现了变化。

医学方面的资料显示，病人房间的淡蓝色可使高烧病人情绪稳定，紫色使孕妇镇定，赭色则能帮助低血压的病人升高血压。荷兰和丹麦的研究人员发现，当人们服用红色或橘黄色等暖色调药片时疗效较好。而将同样的药物制成蓝色或绿色药片时，疗效则减弱。这一现象的产生与心理因素有关，红色等暖色调药片会刺激患者机体的活力，使药物更容易发挥疗效。另有研究表明，在医院和诊所里，广泛使用蓝色会减少阵痛药物的使用。

四、光照与心理健康

阳光为我们带来温暖，光合作用为我们生产食物，但光有时也会给我们制造麻烦，如阳光太强会晒伤皮肤，光线太强会刺伤眼睛。在特定条件下，自然光和污染物的结合，还会造成光化学烟雾。光照通常比暗（无光）使人愉悦，从而使人更愿意做出利他行为。比如，在阳光明媚的条件下，向路人征集实验的志愿者，报名的人更多；而在同样的光照条件下，餐馆侍应生得到的小费也比阴暗的光照条件要多。

人类是昼行动物，光照增加唤醒水平。阳光有助于减少瞌睡和抑郁感。如秋冬日照时间缩短，一些人会表现出瞌睡、疲劳，嗜食碳水化合物，体重增加，情绪不高等。Rosenthal 称这种人为光饥饿者（light hungry）。这种问题女性多于男性，在北欧或靠近极地地区，极夜出现的几个月里，人们情绪易低落。出现的症状与上面叙述的类似。由于这些问题与季节有关，所以，也称它们为季节性情感障碍（seasonal affective disorder）。由于认为季节性情感障碍是光照不足造成的，所以有学者就提出，如果对人进行有效地光照补偿，应该能减轻甚至消除上述症状。

第二节 社会环境与心理健康

社会环境与心理健康的问题越来越引起人们的重视，社会变迁、政治经济制度的改革、就业压力的困扰、都市生活的拥挤等都对人们的身心健康产生不同的影响。

一、社会变迁的含义

社会制度、社会结构、社会组织、人口、周围生活环境，以及道德 、法律 、哲学、宗教、文化艺术、风俗习惯、时尚等一切社会现象的突发的急剧变化或演进的缓慢的变化，都叫社会变迁。社会变迁主要包括以下几个部分。

生产方式的变迁：生产方式是由生产力和生产关系总合起来构成的。工业革命的到来，大大改变了我们的生产劳动方式，从而也相应地改变了人类社会的生产力和生产关系。

自然环境的变迁：汉语有一个词叫“沧海桑田”，即大海变成农田，农田变成大海，用来比喻世事变迁很大。自然环境是指构成人们生活和活动的自然条件那一部分 ，而不是指整个无限的自然界。

社会意识形态的变迁：道德、法律、哲学、宗教、文学艺术、风俗习惯等的变迁。

生活方式的变迁：生活方式的变迁内容相当广泛，包括衣食住行、劳动工作、休息娱乐、社会交往、待人接物等物质生活方式和精神生活方式的变迁。

社会变迁是人类活动的过程与结果，而社会变迁又反过来影响到我们每一个人。社会变迁对人们的影响，自然包括对人的健康的影响，这种影响是多方面的，而且是巨大的。

二、社会变迁与心理健康

社会变迁正以快速度、全方位的方式影响着现代人的生活方式、工作态度、情绪变化及健康状况。

（一）城市人的亚健康

随着时代的发展，健康的内涵和外延也在不断变化，心理健康日益受到人们的重视。身体与心理、物质与精神、个人与家庭、社会的均衡式协调发展是健康的基本内涵。然而，现代人大多自觉不自觉地选择了不良的、失衡的生活方式，因而导致生命质量的下降，尤其是心理健康日益恶化，这已成为亚健康人的主要特征之一。而且，城市人口的亚健康比例高于农村，文化程度高的人群高于文化程度低的人群。这表明现代人对于快节奏、高压力的都市生活缺乏足够的适应能力 。如何防患于未然，将心理疾病消灭在亚健康状态之中，保持健康的心态，是摆在现代人面前的一个重大命题。

身心的亚健康状态对人们的工作效率和生活产生了一定的影响。如失眠、健忘、焦虑、恐惧、强迫、妄想、多疑、孤僻、冲动、易怒等心理的“亚健康”正在影响着人们的生命质量、工作质量、家庭生活和人际关系。由于亚健康的心理问题集中出现在成功人士，包括政府各级领导、工商界高层管理者及高级专业技术人士身上，使这些社会精英层工作效率低下，甚至因种种心理困扰，导致决策失误、创造力衰弱。

（二）职业枯竭

北京师范大学心理学院教授许燕认为，在工作重压下的身心俱疲容易导致职业枯竭症。职业枯竭症主要表现为身体疲劳、情绪低落、创造力衰竭、价值感降低、人性化淡漠、攻击性行为增多等。如果某人出现精力不济、极度疲乏以及失眠、头痛、背痛、肠胃不适等症状，极有可能是患上了职业枯竭症。调查显示，职业枯竭症排在首位的高发群体是助人职业；第二个高发群体是高工作压力群体，例如，白领阶层、记者以及一些正处于发展阶段的创业公司里的职员。在中国，职业枯竭也已成为现代职业领域中广为流传的职业病。

那么职业枯竭的主要原因有哪些呢？

（1）个人因素。有些人是理想及完美主义者，经常为自己制定很高的目标，通过狂热的工作来达到目标。但有的时候由于目标过高，非自己能力所及，工作非但不能带来愉快，反而经常体验挫折。此外，还有超负荷的工作量和额外的工作，社会变迁和革新所带来的适应不良，家庭和职场多重角色带来的冲突等等，都会引发职业枯竭。如果一个人处在较大压力之下，又得不到领导的支持和同事的配合，同时缺乏家人、朋友的支持，只是一个人默默承受，则有可能在倦怠的泥潭里越陷越深。

（2）环境因素。某些职业的工作负荷量很大，且需要工作者付出大量的精力和情感，如教师、医护人员、警察、心理咨询师和新闻从业人员，因此，这类职业的工作者也就成了容易出现职业枯竭的高危人群。此外，工作不能提供给个体他想要的东西，或是薪酬等物质层面的东西，或是成就感等心理层面的东西，也会导致他们无工作动力。还有一些人，他们工作清闲，报酬也不差，但他们却觉得毫无乐趣，觉得体现不出自我的价值。有的人长时间地从事一项一成不变、没有任何新意的工作，也会导致枯竭。

（3）缺乏有效沟通。管理者与员工不能有效沟通，缺乏理解，作决策不考虑员工的利益，政策不灵活，缺乏人性化管理，福利待遇差，工作量长期超负荷等，均会导致员工的职业枯竭。

（4）角色冲突。当员工同时兼任多种角色，但定位又不明确时会出现角色混乱，很难完成各种角色赋予的职责，导致工作效率下降，自我效能感降低，对自己的能力产生怀疑，对工作产生抵触情绪，这也是职业枯竭的重要原因。

（5）组织文化因素。封闭保守、责任不明、规则模糊，缺乏对员工个人隐私的保护等，都会对员工造成不利影响，使员工没有归属感，易导致枯竭感。

三、都市生活与心理健康

日益加快的生活节奏，层出不穷的时尚新品会不断冲击人们的大脑，从而打破人们原有的生活秩序。在传统社会与现代社会转型时期，很多人既有凌云壮志，也会有一些莫名的忧郁和恐惧。在灯红酒绿的都市生活中，总有许多人感到“活得太累”。一些人感到“累”并不是身体上的疲劳，而是一种心理上的感受和体验，是精神负担过重的表现。人们在享受着都市生活的高度繁华和文明时，也不得不面对都市生活环境给他们带来的文明时代的各种问题。

（一）拥挤与心理健康

一般来说，拥挤带给个人的第一反应是“感到难受”。很多研究都发现高密度会导致个体消极的情感状态（见图4—3）。Marshall和Heslin用实验室法研究了拥挤对人的短期影响。他们的实验是把两个大小不同的空间和两组人数不同的受试者分别组合起来：大空间和小实验组、小空间和大实验组、大空间和大实验组、小空间和小实验组。实验组可以由同性别受试者组成，也可以男女受试者各一半。实验要求受试者一起解决各种问题。结果发现，在同性别组中，女性更喜欢小实验组；在混合组中，女性更喜欢大实验组；而男性不管组大组小，更喜欢混合性别组，但偏爱大空间。但是，拥挤对男性和女性所产生的消极情感是有差异的，Freedman等人发现，在高密度空间，男性体验到的消极情感比女性更强。因为，一般来说男性比女性需要更大的个人空间；女性在社会交往中有更高的合群动机，所以，在近距离内有更大的亲和力，而男性的竞争动机更强，所以和他人距离过近会产生威胁感。研究还表明，在高密度环境下，女性的合作性比男性高。也就是说，高密度对个人的情感会产生消极影响，但是，对男性的影响大于对女性。

图4—3　拥挤的环境

拥挤在一定程度上会造成负面情绪的产生，而Freedman继续研究发现，如果个体先前已经有一定的情绪，那么，这个情绪无论是积极情绪还是消极情绪，都会被拥挤的环境所加强。例如，一大堆人在房间里开舞会，会觉得兴致很高，运动场上观众的欢呼，会增进个人的兴奋情绪。另有研究发现，长期在高密度环境中生活，可能引发疾病或使病情加重。McCain等对监狱的研究为此提供了一个很好的证据，在美国，监狱的拥挤是一个严重问题，从1979年到1984年监狱人口增加了45%，而犯人的居住面积却只增加了29%。长期在这种拥挤的空间中生活，犯人的死亡率、高血压和精神病的发病率都较高。

（二）人际关系网里的疲惫

在我们身边，经常发现一些收入不错的白领辞职跳槽，问及原因不少人回答是因为单位人际关系复杂，感觉很孤立。良好的人际关系是舒心工作的第一条件，在很多单位，尤其是刚从学校里出来的学生，自我意识较强，突然进入错综复杂的大环境里，往往因为人际关系而调整不好自己的坐标。还有一些内向的人，甚至患上了社交恐惧症，难以达到心理专家所讲的那种为人处世态度——对上司先尊重后磨合，对同事多理解慎支持，对朋友善交际勤联络，对下属多帮助细聆听，向竞争对手莞尔一笑。

(三) 工作压力如影随形

很多办公室一族以电脑、手机、网络为伴，每天长时间坐在电脑前，在享受到电话、短信、邮件等快捷通信带来便捷的同时，也会不断地懊恼。“有时需要找人，却找不到；有时需要安静，却不断地被电话骚扰。由于工作任务超负荷，回到家中还要加班，紧张得无法休息。”（见图 4—4）如果长期处于这种状态，多数人会感到烦躁、疲劳、注意力难以集中、眼睛发干或头疼，还有人出现了颈椎病、视力下降等健康状况不良的信号，使得身体长期处于亚健康状态。

图 4—4　做不完的工作

(四) 感情危机重重

现在，大都市中出现了一个有关交朋友的新名词：6 人晚餐。这种模式是为那些因忙于工作而忽略了自己感情的白领年轻人提供一个交友的机会。放眼社会，所谓的“钻石王老五”越来越多，很大程度上，都是繁重的工作压力所造成的。其实，每一个人都会面临多面性的感情人生，生离死别时的悲痛欲绝、感情寂寞时的无所适从、友情背叛时的孤独无助，都不免会产生心理压力，压力长期累积还会形成负面情绪，甚至引起身体不适。“情关难过”并非一种托词，要越过这种感情挫折更需要时间的沉积和朋友的帮助，走出悲伤，及时“化淤”，防止日积月累成为一座可能随时引爆的火药库。现实中很多男女青年由于工作繁忙，压力过大，无暇认真考虑和对待个人问题。他们认为事业是第一位的，成家有时也是很麻烦的事情，甚至会带来更大的压力。

(五) 强迫症

随着社会的进步、时代的变迁以及商品经济的高度发展，越来越多的人置身于高度竞争的压力下。而强迫症又往往容易缠上都市白领，原因在于都市白领过于追求完美，长期的重复工作导致压力过大。这些因素都使得都市人的发病率不断增加。对 42 例强迫症患者进行的调查表明，这些患者平均发病年龄在 18～39 岁之间，高中以上文化程度的病人占 66.7%。同时，强迫症发病也有人格基础，如做事放不开、总是拘泥于细节、常焦虑的人易发病，企业高管、银行职员、会计、秘书、医生等各种压力大的职业也容易诱发强迫症状。对于知识女性来说更为严重，因为她们所处的环境压力大、竞争激烈、淘汰率也高，所以就特别容易精神紧张、焦虑。在这样的环境中如果内心脆弱、急躁、自制力差，加上具有完美主义倾向，就更易产生强迫心理。

第三节
家庭环境与心理健康

图 4—5　幸福的一家

家庭是由婚姻、血缘或收养关系所组成的社会生活的基本单位。《中国大百科全书·社会学卷》对家庭的定义为：家庭是由婚姻、血缘或收养关系组成的社会生活的基本单位。家庭是社会的基本组成部分，是社会的细胞，家庭关系是社会关系的重要内容。人们通过家庭以及在家庭中的演练逐渐了解和适应了各种社会关系。家庭为其成员服务，并被看作一个相互依赖的关系系统，每个家庭成员在其中都扮演一个特定的角色。家庭的各种因素都会直接或间接影响子女社会化的进程。图 4—5 所示为幸福的一家。

一、家庭的特征

了解家庭的特征有利于建立家庭的角色意识，更好地履行家庭的责任与义务，充分发挥家庭的功能，使家庭生活更幸福。

（一）家庭是初级社会群体

家庭是一种最典型的初级群体，它具有初级群体的一些特征，家庭成员在家庭中往往扮演多种角色，如一个男性在家庭中既可以是自己父亲的儿子，也可以是自己儿子的父亲。他们对家庭的投入是全面的，涉及经济的、身体的、感情的各个层面。家庭成员之间的互动频繁，具有直接性、面对面的特点，并且往往带有强烈的个人感情因素，受到亲密关系的主导。因为家庭涉及每个人的各个方面，特别是涉及情感，所以家庭的良好运转需要家人的全面合作、互助和互谅。

（二）家庭是靠纽带紧密联系的系统

通常，联结家庭成员的纽带是婚姻和血缘，但也可能是其他的，比如，法律上的收养关系，还有非婚的同居关系等。维系家庭的纽带不同，家庭关系的稳定性和牢固性也不同。一般来说，血缘关系最稳定，中国有句古话叫做“血浓于水”，说的就是家庭中血缘关系更稳定、更可靠。婚姻关系和收养关系的稳定性仅次于血缘关系，稳定性最弱的就是同居关系。家庭是一个人生活时间最长的单位，也是个体社会化的来源。家庭成员间相处的时间越长，彼此的关系就越亲密，相互之间的影响也就越大。

（三）生活、经济上的共享

一般来说，家庭中的资源都是家庭成员所共有和共享的。夫妻双方为家庭创造和积累财富，这些财富提供家庭生活所必须的物品、赡养老人和抚养小孩所必需的开支等。家庭中的资源是家庭内部所有人共享的。

（四）家庭具有韧性和稳定性

家庭是每个人生活中的避风港，因为家庭具有一定的韧性和稳定性。每个人都希望创建一个幸福美好的家庭，就算遇到什么艰难困苦，也都尽力倾向于维系家庭的存在，不到迫不得已不愿意解散家庭。Geffken 等（2008）认为，在家庭中如果孩子能够感受到父母的温暖和关心，那么这样的孩子在成年以后患糖尿病的几率较低，相反则会较高。[①]良好的家庭环境会孕育一个人健康的心理和健全的人格，会为其健康成长提供必要的条件。家庭环境包括家庭教养方式、家庭结构和家庭关系等，它们都在潜移默化地影响着个体人格的形成，对个体的心理健康产生重要的影响。表 4—1 中的家庭环境量表中文版列出了能够测量家庭成员互动的 90 个题目。

表 4—1　　家庭环境量表中文版（Family Environment Scale-CV，FES-CV）（共 90 题）

编号	题　目	选项	
1	家庭成员总是互相给予最大的帮助和支持	是	否
2	家庭成员总是把自己的感情藏在心里，不向其他成员透露	是	否
3	家中经常吵架	是	否
4	在家中我们很少自己单独活动	是	否
5	家庭成员无论做什么事都是尽力而为的	是	否
6	我们家经常谈论政治和社会问题	是	否
7	大多数周末和晚上家庭成员都在家中度过，而不外出参加社交和娱乐活动	是	否
8	我们都认为不管有多大困难，子女应该首先满足老人的各种需求	是	否
9	家中有较大的活动都是经过仔细安排的	是	否
10	家里人很少强求其他家庭成员遵守家规	是	否
11	在家里我们感到很无聊	是	否
12	在家里我们想说什么就可以说什么	是	否

① 参见 Gary，R. Geffken，Heather Lehmkuhl，Kelly N. Walker，Eric A. Storch，Amanda D. Heidgerken，Adam Lewin，Laura B. Williams & Janet Silverstein. Family functioning processes and diabetic ketoacidosis in youths with Type I diabetes. *Rehabilitation Psychology*，2008，53（2）：231 - 237。

续前表

编号	题　　目	选项	
13	家庭成员彼此之间很少公开发怒	是	否
14	我们都鼓励家里人具有独立精神	是	否
15	为了有好的前途，家庭成员都花了几乎所有的精力	是	否
16	我们很少外出听讲座、看电影或去博物馆以及看展览	是	否
17	家庭成员常外出到朋友家去玩并在一起吃饭	是	否
18	家庭成员都认为做事应顺应社会风气	是	否
19	一般来说，我们大家都注意把家收拾得井井有条	是	否
20	家中很少有固定的生活规律和家规	是	否
21	家庭成员愿意花很大的精力做家里的事	是	否
22	在家中诉苦很容易使家人厌烦	是	否
23	有时家庭成员发怒时摔东西	是	否
24	家庭成员都独立思考问题	是	否
25	家庭成员都认为使生活水平提高比其他任何事情都重要	是	否
26	我们都认为学会新的知识比其他任何事都重要	是	否
27	家中没有人参加各种体育活动	是	否
28	家庭成员经常在生活上帮助周围的老年人和残疾人	是	否
29	在我们家里，当需要用某些东西时却常常找不到	是	否
30	在我们家里，吃饭和睡觉的时间都是一成不变的	是	否
31	在我们家里，有一种和谐一致的气氛	是	否
32	家中每一个人都可以诉说自己的困难和烦恼	是	否
33	家庭成员之间极少发脾气	是	否
34	在我们家，每个人的出入是完全自由的	是	否
35	我们都相信在任何情况下竞争是好事	是	否
36	我们对文化活动不那么感兴趣	是	否
37	我们常看电影或体育比赛、外出郊游等	是	否
38	我们认为行贿受贿是一种可以接受的现象	是	否
39	在我们家很重视做事要准时	是	否
40	我们家做任何事情都有固定的方式	是	否
41	家里有事时很少有人自愿去做	是	否
42	家庭成员经常公开地表达互相之间的感情	是	否
43	家庭成员之间常互相责备和批评	是	否
44	家庭成员做事很少考虑家里其他人的意见	是	否
45	我们总是不断反省自己，强迫自己尽力把事情做得一次比一次好	是	否
46	我们很少讨论有关科技知识方面的问题	是	否
47	我们家每个人都对1～2项娱乐活动特别感兴趣	是	否
48	我们认为无论怎么样，晚辈都应该接受长辈的劝导	是	否
49	我们家的人常常改变他们的计划	是	否
50	我们家非常强调要遵守固定的生活规律和家规	是	否
51	家庭成员都总是衷心地互相支持	是	否
52	如果在家里说出对家事的不满，会有人觉得不舒服	是	否
53	家庭成员有时互相打架	是	否
54	家庭成员都依赖家人的帮助去解决他们遇到的困难	是	否
55	家庭成员不太关心职务升级、学习成绩等问题	是	否
56	家中有人玩乐器	是	否

续前表

编号	题　　目	选项	
57	家庭成员除工作学习外，不常进行娱乐活动	是	否
58	家庭成员都自愿维护公共环境卫生	是	否
59	家庭成员认真地保持自己房间的整洁	是	否
60	家庭成员夜间可以随意外出，不必事先与家人商量	是	否
61	我们家的集体精神很少	是	否
62	我们家里可以公开地谈论家里的经济问题	是	否
63	当家庭成员的意见产生分歧时，我们都一直回避它，以保持和气	是	否
64	家庭成员希望家里人独立解决问题	是	否
65	家庭成员对获得成就并不那么积极	是	否
66	家庭成员常去图书馆	是	否
67	家庭成员有时按个人爱好或兴趣参加娱乐性学习	是	否
68	家庭成员都认为要死守道德教条去办事	是	否
69	在我们家每个人的分工是明确的	是	否
70	在我们家没有严格的规则来约束我们	是	否
71	家庭成员彼此之间都一直合得来	是	否
72	家庭成员之间讲话时都很注意避免伤害对方的感情	是	否
73	家庭成员常彼此想超越对方	是	否
74	如果家庭成员经常独自活动，会伤害家里其他人的感情	是	否
75	先工作后享受是我们家的老习惯	是	否
76	在我们家看电视比读书更重要	是	否
77	家庭成员常在业余时间参加家庭以外的社交活动	是	否
78	我们认为无论怎么样，离婚都是不道德的	是	否
79	我们家花钱没有计划	是	否
80	我们家的生活规律或家规是不能改变的	是	否
81	家庭的每一个成员都一直得到充分的关心	是	否
82	我们家经常自发地谈论家人很敏感的问题	是	否
83	家人有矛盾时会大声争吵	是	否
84	在我们家确实鼓励成员都自由活动	是	否
85	家庭成员常常与别人比较，看谁的学习、工作好	是	否
86	家庭成员很喜欢音乐、美术和文学	是	否
87	家庭成员的娱乐方式是看电视、听广播，而不是外出活动	是	否
88	我们认为提高家里的生活水平比严守道德标准还要重要	是	否
89	我们家饭后必须立即有人去洗碗	是	否
90	在家里违反家规者会受到严厉的批评	是	否

二、家庭教养方式与心理健康

家庭教养方式对一个人的成长有重要影响。因此，国内外教育专家、心理学家和社会学者从不同角度对家庭教养方式进行了分类。

(一) 家庭教养方式的分类

斯腾伯格(L. Steinberg)曾指出，家庭教养方式是父母的教养观念、教养行为及其对子女情感的一种组合形式，这种组合形式是相对稳定的，不随情境的改变而变化，它反映了亲子交往的实质，是父母各种教养行为的特征概括，是一种相对稳定的行为风格。

西蒙兹(P. M. Simonds)是最早研究家庭教养方式的学者，他在大量研究的基础上，根据父母与子女之间的关系，将教养方式分为接受—拒绝、支配—服从两个因子，并按其不同的组合把父母教养方式图解为四种类型，即不关心型、残酷型、过度保护型、放任型。

麦克沃特(J. Jeffries McWhirter)等概括了一系列的有关家庭教养方式的研究，提出家庭教养方式的三个基本维度(如图4—6所示)，包括：放任/严厉维度，体现了权力和控制的结构；敌意/温暖维度，表示父母情感投入的水平不同；焦虑情绪的卷入/冷静独立维度，表示一个从高焦虑到低焦虑的连续体，反映了父母的情感参与或者与孩子的情感联结。

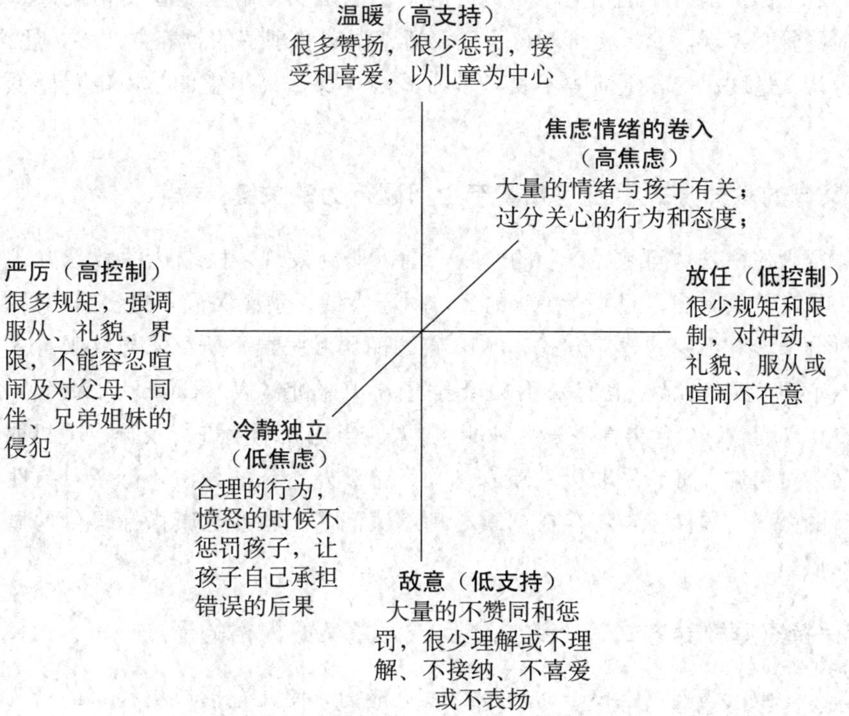

图4—6 家庭教养方式的三个基本维度[①]

① 参见J. Jeffries McWhirter等：《危机中的青少年(第3版)》，55页，北京，人民邮电出版社，2009。

（二）家庭教养方式与儿童心理健康

1. 良好的教养方式是儿童健康成长的基础

家庭教养方式与个体的心理健康关系密切，科学的教育观念和民主的家庭氛围能促进个体心理的健康发展。良好的教养方式会使青少年具有较强的成就动机、良好的人际关系及较高的社会适应能力，有助于促进青少年的社会性发展；不良的教养方式是子女心理、行为问题的负面影响因素。张文新和林崇德（1998）研究表明，父母教育方式对青少年的自尊有较好的预测作用。在中国文化背景下，儿童的自尊与父母教育方式的关系，在城乡和男女不同群体中存在差异，差异产生的原因与城乡两种亚文化的特点有着密切的联系。2003年，高雪屏等用"Conners儿童行为问卷"和"父母养育方式评价量表"对842名8～17岁小学至高中学生进行问卷调查，发现多动—冲动组儿童其父母的"情感温暖、理解"得分均明显低于正常组，而"惩罚、严厉"和"拒绝、否认"得分均明显高于正常组。2005年，王运彩以321名初中生为样本，考察了父母教养方式与心理健康状况的关系，结果发现初中生的心理问题与父母的惩罚严厉、拒绝否认及母亲的过于干涉、过于保护呈显著正相关，与父母的情感温暖和理解呈显著负相关。2011年，李敏和甘怡群研究发现，如果父母对孩子采取情感温暖和理解的教养方式多，惩罚和严厉、拒绝和否认、过度保护和干涉等不良教养方式少，那么高中生的学习倦怠感低，学习热情高。

2. 父母的教养方式不当是儿童产生问题行为的关键

问题行为往往是"问题父母"的产物，国内研究发现，极端化的教养方式对青少年犯罪行为具有严重影响，犯罪青少年的父母对子女缺乏情感关爱，更多采用惩罚、拒绝、否认及过分干涉等不良的教养方式。2010年缪丽珺和张继平研究了男性吸毒人员家庭教养方式与心理健康状况，他们采用父母养育方式评价量表（EMBU）及症状自评量表（SCL—90）对青海40名男性吸毒者和40名男性当地大学生进行了分层随机取样，结果发现，父亲对男性吸毒者采取极端粗暴惩罚、干涉及否认的做法，母亲对男性吸毒者也采取否认的做法；男性吸毒者存在严重心理健康问题，各项健康指标得分均显著高于男性学生对照组。①

3. 保持家庭教养方式的一致性，促进儿童良好人格的形成

父母的一致行为能增强孩子对环境的预见能力，使儿童形成更稳定的行为模式，而不一致的行为则会对儿童产生消极的影响。不一致的教养方式包括以下几种类型：某一种行为有时被允许，有时又被禁止；孩子被告知去做的事情，与他们自己亲眼所见的其他家庭成员所做的事情不一致；奖励或惩罚模式不一致，在某一时刻被奖励的行为，在

① 参见缪丽珺、张继平：《吸毒男性家庭教养方式与心理健康状况研究》，载《教育学术月刊》，2010（5），53－54。

另一时刻却被惩罚。2002 年，Dishion 和 Bulloc 的研究发现，父母不一致的行为和经常变化的纪律要求，与青少年的反社会行为存在高度的相关，不稳定的家庭会使儿童缺少社会责任感，变化无常的纪律要求会增加儿童的攻击性和适应不良问题。

三、家庭结构与心理健康

家庭结构是家庭关系的整体模式，按照家庭代际层次和亲属关系，可将家庭分为核心家庭、主干家庭、联合家庭、其他家庭等。家庭的结构也是影响个体心理健康的重要方面，完整的家庭结构能促进个体心理的健康发展。在这样的家庭里，气氛融洽，家庭所扮演的各个角色恰如其分，父母互敬互爱，有足够的经历照顾子女和老人，能够使其子女在健康的环境下成长。家庭功能缺损（如流动、分居、离异、留守家庭）会对子女的成长带来不利影响，阻碍子女的社会化和心理的健康发展。其子女在学习、认知、情绪、行为、自我概念和社会适应等心理和行为各方面与普通家庭子女之间存在一定差异。家庭结构缺陷造成对子女的教育和关爱减少甚至缺失，使其角色转换困难，甚至发展成犯罪。

2008 年，郭晓飞等采用自编的中小学生教养方式评价问卷和中小学生心理健康状况测查问卷测查了 526 名特殊家庭和 510 名普通家庭的中小学生及其教养人。结果发现，在特殊结构的家庭中，教养人采取的拒绝否认、干涉保护、惩罚严厉是不良的教养方式，这些教养方式会使孩子不断体验到自己的无能和失败，使他们丧失情感支持，心情沮丧，从而对自己做出否定的评价，甚至产生行为和情绪问题。生长在特殊家庭中的孩子，由于家庭的特殊性，他们变得更敏感，心理更容易受到伤害。[①] 2012 年，王铁凡的研究发现，青少年罪犯的家庭结构分散，功能失调，父母采取放任型的管教方式（遗弃子女、冷漠和忽视子女），经济困难（父亲工作报酬低、母亲失业率高），家庭拥挤，父母的工作时间限制性强，使他们没有时间或很少有时间陪伴子女。

四、家庭氛围与儿童心理健康

家庭氛围是指家庭中占优势的一般态度和感受，是家庭在处理生活事件时所形成的固定风格或形式，主要由语言和人际氛围构成。它直接影响着家庭中每位成员的心理活动，尤其对儿童的心理健康有着重要的影响。2011 年，胡群英、谢秀东的研究发现，良好的家庭氛围对孩子的心理健康水平有明显的提高作用。家庭成员之间，特别是父母关系不和谐，如经常争吵、打闹或者离婚等往往会给孩子的心理发展带来危害，使儿童的情绪情感受到伤害，容易形成敏感、多疑、自卑、抑郁、焦虑、敌意、偏执等消极心理

① 参见郭晓飞、藏学萍、刘刚等：《特殊家庭教养方式与子女心理健康状况的关系》，载《中国特殊教育》，2008（2），85-91。

特征，很难与环境建立有意义的联系，从而容易出现心理健康问题。

儿童生活在温馨、和谐、民主、积极向上的家庭气氛中，往往会对家庭产生较强的归属感，感到愉快和安全，对待他人时也能做到彬彬有礼、和蔼可亲、乐于助人，从而拥有良好的人缘。相反，生活在不良的家庭氛围中，如权威型、压抑型、冷淡型、拒绝型、批评型、高标准型、功利型、过度保护型等，或者父母长期工作繁忙，无暇关注或照顾家庭，儿童就会感到不安和焦虑，缺乏幸福感，自我评价不高，在对待他人时，还会表现出言语及行为攻击，离群、孤独等。

五、父母自身素质与儿童心理健康

（一）父母的文化水平与儿童的心理健康

很多研究成果都表明父母的文化素质与其子女的心理健康存在较大关系，尤其对子女的情绪情感影响较大。我国研究者发现，受教育程度是影响父母行为的重要因素，受教育程度低的父母在教养子女时更趋向于采取专制、惩罚、暴力或忽视、放纵、溺爱的方式，并且较少与儿童进行沟通。相反，受教育程度高的父母在教育子女时则更注重采取理智、民主和尊重的态度，会用自己的知识去影响和教育子女，会在学习上给予子女正确的指导，同时对子女会有更高的要求和期望，而这些都在某种程度上对儿童的心理健康发挥着正向的促进作用。因此，年轻的父母要尽量提高自身的文化水平和素养，不断学习育儿知识；在学习上给予儿童正确的指导，在情感上多与儿童沟通；此外，注重采取民主、理智的方式来教育子女，从而进一步促进儿童的心理健康。

（二）父母的职业与儿童的心理健康

父母的职业也会影响儿童的心理健康。现代心理研究认为，职业与工作环境、薪资水平、社会地位等一系列社会因素相联系，通过影响父母的性格、情感、价值观、生活方式和情绪等心理活动和过程，作用于对子女的教养方式和教养态度，进而对儿童以及其长大后的心理健康状况产生影响。1999 年，霍如涛等以内蒙古地区 1 200 名大学生为被试进行研究，结果发现父母亲不同职业的大学生呈现出不同的心理健康水平，并且表现出一定的规律性。其中，父母亲从事教师职业的大学生心理问题较多，其余依次为干部职业、农牧民和工人职业。2009 年，鲁娟等在研究中也发现，父母职业和学历对军医大学生心理健康水平具有一定的影响，其中，父母职业是商人、父母学历是文盲的军医大学生心理健康水平普遍较低。需要指出的是，父母从事不同的职业尽管对儿童的心理健康存在一定影响，但是这种影响是间接的，父母只要能够采取正确的教养方式，不管从事什么职业，都可以培养出健康快乐的孩子。

(三) 父母的心理素质与儿童的心理健康

父母是孩子的第一任老师，就心理素质而言，父母的行为及与之紧密相关的心理状态对儿童的影响最大。因为儿童总是处在一种与父母的心理神奇的融合、感应与参与的状态之中，他们对父母心理的重大变化往往有着迅速的反应，而父母的不健康心态则会毫无例外地投射到儿童的心灵上，据此，儿童在心理上甚至生理上的某些病态往往都可以在其父母的精神状态中找到原因。例如，父母面对挫折时的胆怯、退缩心理会通过其言谈举止影响甚至完全同化孩子，使儿童对挫折产生不良的认知；父母对人、对事的敏感多疑、胆小害怕、不恰当的愤懑等也会于无声无息中感染孩子，促使孩子的情感变得脆弱而多变；父母待人粗暴、遇事脾气暴躁、经常的攻击和残忍行为或一贯的抑郁、孤独、焦虑等也会给孩子的性格形成和个性发展带来极大的负面影响。

可见，要清除和避免对儿童的各种"心理污染"，父母首先要注重自我心理卫生，学着正确地处理自我与他人、与社会的关系，正确地待人处事，从而最大限度地维护自身健康心理，进而最大限度地减少、消除和避免自身不健康心理对子女健康心理造成的不良影响。

(四) 父母的期望与儿童的心理健康

家长对孩子的期望带有一种"隐蔽的强化作用"，其程度如何，对孩子的心理健康具有重要影响。适当的期望，会使孩子感受到家长的激励、关怀和信赖，进而产生较为持久的努力和进取心，促进其心理健康。而期望过高，从各方面对儿童高标准严格要求，并且明显超过儿童的发展能力，就会增强儿童的心理负担，使儿童产生挫折感，进而表现出焦虑、抑郁等不良情绪，甚至诱发各种心理障碍。如果家长对儿童不抱期望，或者对儿童期望值过低，任其自由发展，儿童的努力不能得到肯定与关注，子女就容易失去上进心，缺乏动力，甚至自信受损，进而出现一系列心理行为问题。据此，父母需要根据子女的身心发展特点和先天气质秉性，向子女提出恰当的期望，从而更好地促进他们的全面发展和健康成长。

六、家庭社会经济地位与儿童的心理健康

家庭社会经济地位（Social Economic Status，SES）是对儿童家庭成员的社会和经济地位的度量，根据个体能够获取或者控制的社会资源数量对其进行社会层级划分，参照的社会资源一般包括家庭成员的教育程度、收入水平和职业声望等因素（任春荣，2010）。[①] 大量的研究表明，家庭社会经济地位与儿童的发展、儿童的心理健康之间高度相关。一般来说，在社会经济地位较低的家庭中，家庭教育往往存在以下几点问题：

① 参见任春荣：《学生家庭社会经济地位（SES）的测量技术》，载《教育学报》，2010，6（5）：77－82。

（1）父母可能整天忙于繁重的工作或体力劳动，没有太多时间和精力教育子女，因而对子女关爱不够。（2）父母大多教育程度较低，缺乏正确的教育理念和教育方法，经常采用直接、专制、暴力等方式教养子女。（3）因家庭经济压力过大，夫妻间矛盾冲突频繁，并且夫妻双方或一方容易将不满发泄到孩子身上，并置孩子于紧张的家庭气氛中，导致孩子敏感、脆弱和不安。（4）因经济拮据，无法让孩子享受良好的教育资源，并置孩子于危害心理健康因素较多的环境中。社会经济地位较低家庭的教育存在的问题都直接或间接地影响着儿童的心理健康。1998 年，Mcloyd 在研究中指出，逐渐变得贫困会使夫妻之间以及与孩子之间的冲突增多，而冲突反过来又会使教养向敌意、强迫方向转变，并进一步导致儿童产生各种心理问题。

当然，任何事物都不是绝对的，家庭的社会经济地位与儿童的心理行为问题间也不是绝对的线性关系。面对经济地位较低的不争事实，如果父母能够树立科学的教育理念，掌握正确的教育方式和方法，并竭力给予孩子相对更好的成长环境，尽量满足孩子的合理需求，那么孩子同样可以健康成长，甚至表现得更出色。

【基本概念】

自然环境　社会环境　家庭环境　社会变迁　家庭教养方式　家庭社会经济地位

【复习思考题】

1. 我们的生活环境中有哪些自然因素对心理健康产生影响？

2. 如果你即将踏上社会，你觉得应该为快节奏的都市生活做些什么准备？

3. 联系实际谈谈社会变迁会对人们的心理健康产生哪些消极影响。

4. 家庭环境是如何对人的心理健康产生影响的？

5. 请记录一周内周围环境对您心理造成影响的事件，并分析是哪种环境因素带来的心理不适感。

6. 我国的家庭教育对家长素质提出了哪些要求？

【推荐阅读书目】

1. 朱建军，吴建平．生态环境心理研究．北京：中央编译出版社，2009.

2. 吴建平．生态自我：人与环境的心理学探索．北京：中央编译出版社，2011.

3. 阿什福德等．人类行为与社会环境：生物学、心理学与社会学视角（第二版）．王宏亮，等，译．北京：中国人民大学出版社，2005.

4. 吴建平，訾非，李明．环境与人类心理．北京：中央编译出版社，2011.

5. 露易丝·海．生命的重建．徐克茹，译．北京：中国宇航出版社，2008.

6. Paul A. Bell 等．环境心理学（第 5 版）．朱建军，等，译．北京：中国人民大学出版社，2009.

7. J. Jeffries McWhirter. 危机中的青少年（第 3 版）．寇彧，等，译．北京：人民邮电出版社，2009.

第五章 儿童心理健康

【学习目标】

1. 了解幼儿的发育与心理健康的关系
2. 理解家庭教育对儿童心理健康的影响
3. 认识幼儿期主要的心理问题及特点
4. 掌握幼儿心理健康的维护及一般问题的疏导

【章节导读】

幼儿期是人生发展的关键时期。近年来，学者们在关注儿童智力发展的同时，对儿童的身心健康和谐发展也表现出了极大的重视。培养一个健康向上的孩子是每一位家长梦寐以求的事情，也是学前教育工作者要高度重视的问题。良好的家庭教育环境、和谐的家庭教育氛围及父母对儿童适度的教育与引导，是儿童健康成长的基础；温馨的幼儿园环境、和谐的同伴关系、幼儿园教师的正确教育方式，是促进儿童健康成长的必要条件。本章将讨论幼儿的正常发育与心理健康，家庭教育与儿童心理健康，重点讨论普通家庭、单亲家庭和留守儿童心理健康指导问题。

第一节 发育与幼儿心理健康

心理健康教育是从出生开始贯穿人的一生的教育。促进幼儿身心全面和谐发展，是幼儿教育的终极目标。幼儿心理健康教育作为整个教育的基础和起点，对开发人的潜能，对人的一生发展，发挥着极其重要的作用。幼儿心理健康教育作为心理健康教育的重要组成部分，是幼儿身心和谐发展的内在需求，已日益受到研究者们和广大教师的关注。

一、幼儿发展与心理健康

在过去的很长一段时间内，人们常常将健康的概念理解为“不得病”、“身体没毛病”，也就是身体健康。随着社会发展和各种条件的改善，人们的健康观念也随之发生变化。健康包括四个方面的内容：第一，生理健康；第二，心理健康；第三，道德健康；第四，社会适应健康。这构成了健康的整体概念。

（一）幼儿心理发展与心理健康

幼儿的生理、心理发展程度和心理发展的阶段性特点，决定了幼儿的心理健康程度。幼儿心理健康是指幼儿的精神、情绪、意识方面的良好状态，包括智力发育正常、情绪乐观稳定、意志坚强、人际关系协调、生理心理年龄一致等方面。如果幼儿的心理发展水平低于标准，或在心理发展过程中受到不良因素的影响，则会产生一定的心理问题。2011年，夏莹和张昕月调查了黑龙江607名幼儿，发现幼儿心理健康水平总体良好，有异常心理问题的幼儿占少数。幼儿心理问题主要表现在行为适应性方面，25%的幼儿喜欢争论，17%的幼儿精神不能集中，注意力不能持久；13%的幼儿明显表现出坐立不安，活动过多；16%的幼儿有轻微的强迫观念；13%的幼儿明显表现出做事情必须做到最好；34%的幼儿在座位上手脚动个不停；34%的幼儿难以安静地参加或投入某项活动；33%的幼儿惧怕上幼儿园。

1. 幼儿的动作发展与心理健康

在幼儿发展的早期，他们认识和感知客观世界的主要途径是动作。动作的发展是判断个体脑发育正常与否的重要指标（董奇、陶沙，2004）。[①] 幼儿最大的特点是逐渐开始

① 参见董奇、陶沙：《动作与心理发展（修订版）》，北京，北京师范大学出版社，2004。

能自己行动，喜欢到周围环境中行走和探索，活动的范围逐渐扩展；开始能自己吃饭，与人能进行对话和交流，参与家庭的日常生活。从运动机能方面看，幼儿的粗大动作已经很发达，精细动作逐渐发展。学前儿童能准确地抛出物体并能准确地拿回，说明精细动作已经发展到一定程度。粗大动作能促进幼儿认知、语言、情绪情感、个性与社会性的发展；精细动作的发展能够促进身体机能的进一步协调和完善。如果在动作的发展过程中受到不良家庭因素或父母错误的教育方式的影响，则会导致幼儿不良习惯的形成。作为与环境互动的基本方式，动作的良好发展可以为幼儿认知、情绪与社会性等多方面的发展奠定良好的基础。

2. 语言发展对幼儿心理健康的影响

在语言发展方面，幼儿能流利地表达自己要表达的意思，好奇心特别强，常运用学会的语言向大人提问来满足自己的求知欲。有研究发现，如果负责言语监控的颞叶系统和负责言语运动控制的额叶系统与皮层下脑结构存在功能失调，则可能损害言语产生时的精确时间控制，进而导致发展性口吃的产生。此外，语言发展还能促进幼儿的心理健康。语言是幼儿表达自己思想的工具，为幼儿的心理表现提供了机会。通过语言，幼儿可以表达心中的不快，释放负性情绪，促进心理健康。在家庭和幼儿园中要创设和谐积极的语言环境，让幼儿感受到团结友爱与互相帮助的氛围，让他们在互助、互动、互相倾诉的环境中形成健康的心理状态。

3. 幼儿的交往对其心理健康的影响

儿童的交往包括两个方面，与成人的交往和与同伴的交往。从幼年起，儿童就表现出强烈的寻找伙伴进行交往活动的倾向，随着年龄的增长与活动场所的扩大，儿童不断扩大交往的空间与范围，他们与同伴接触的时间也逐渐增加（吴育红，2012）。[①] 皮亚杰强调同龄儿童之间的交往对儿童认知和道德发展的重要性；班杜拉认为儿童可以通过对同伴所能完成的活动的观察来提高自我效能感。可见，交往对于儿童心理的健康发展具有重要的作用。家长和教师要以心理健康教育为手段来促进儿童的社会交往，使儿童乐于与人交往，在交往中变得开朗、自信。

4. 幼儿的自我中心与心理健康

学前儿童都会表现出自我中心化的倾向，他们在思考问题时，都从自己的观点和立场出发，不能站在别人的立场去考虑问题。虽然自我中心化是儿童发展过程中的一种正常的心理现象，它与有意识的自私自利，从不考虑别人的自我中心主义有本质的区别，但是随着儿童的年龄逐渐增大，如果成人不给予正确的引导，那么儿童会仍以自己的观点看待所有问题，自我中心化极易演变为自我中心，从而产生一些心理行为问题，如自负、自私等。因此，家庭和学校要采用正确的方法，对儿童产生的自我中心化进行必要的、有效的引导，促进其道德和心理的健康发展。

---

① 参见吴育红：《我国学前儿童交往的现状与对策》，载《教育理论与实践》，2012，32（14）：16－18。

5. 幼儿情绪发展与心理健康

在情绪发展方面，幼儿的情绪具有易冲动、易转移、易感染等特点。幼儿情绪的复杂程度和社会化程度都已经发展得较好，并影响到心理、行为的发展。有研究发现，如果父母对幼儿的情绪反应方式是积极的，即对幼儿的情绪反应表现为敏感和热情，那么他们的孩子自身的情绪调节能力就较强；反之，如果父母对儿童的情绪表达过于严格控制，就会使孩子感到压抑而不能有效地调节情绪。如果处于此阶段的幼儿无法顺利地表达自己的积极情绪和消极情绪，或消极情绪得不到宣泄，或在有压力的情况下得不到有效的社会支持，则会影响他们情绪表达和情绪控制的发展，致使幼儿产生焦虑、抑郁等心理问题。

（二）幼儿心理健康的标准

幼儿的心理健康主要是指幼儿合理的需要和愿望得到满足之后，情绪和社会化等方面所表现出来的一种良好的心理状态。教育工作者可以对照幼儿心理健康的标准判断儿童的心理健康状况。

1. 动作发展正常

发展心理学的研究表明，3～6 岁是幼儿动作发展的关键时期。动作发展与脑的发展及大脑功能的分化密切相关，儿童精细动作、粗大动作以及动作平衡和协调能力的发展是其自身成长的重要组成部分。幼儿躯体大动作和精细动作的发展水平处于正常范围是心理健康的基本条件。

2. 认知发展正常

一定的认知能力是幼儿生活和学习的重要条件。儿童的认知发展存在个体差异，如一个儿童的认知水平明显低于同龄儿童，且不在正常范围之内，那么，该儿童的认知能力偏低。在儿童成长的早期，家长和教育工作者要尽量给儿童提供丰富多彩的刺激，多和儿童做互动游戏等，促进儿童认知的发展。

3. 情绪乐观

积极情绪反映了中枢神经系统功能的协调性。消极情绪是儿童与他人进行交往和参与各种活动的障碍，长期的紧张、压抑、恐惧会使儿童产生种种行为问题。心理健康的幼儿情绪正常，乐于得到别人的爱抚、关心和照顾，有一定的情绪表达与控制能力，不经常发怒，不会无故摔打玩具与其他东西。

4. 乐于与人交往

幼儿之间的交往是维持其心理健康的重要条件，也是促进身心健康发展的必要途径。幼儿从家庭进入幼儿园集体环境，会有许多不适应，如生活自理能力差、不熟悉老师和同伴，产生不安全感。幼儿进入幼儿园不能同在家里一样可任意得到自己需要的玩具，独生子女没有和同伴合作、分享的经验，常会为玩玩具和同伴发生争吵、哭打等不良行为，产生不愉快情绪，由此会产生人际关系上的不协调。心理健康的幼儿能与同伴正常交往，对人有同情心和友好行为，不随便打人骂人，不妒忌同伴；在集体中能愉快地生活，在成人指导下，愿意为集体做力所能及的事。

5. 个性良好

性格反映在对客观现实的稳定态度和习惯化了的行为方式中。心理健康的幼儿热情勇敢、自信主动、性格温和、意志坚强、情绪乐观，自尊心和自信心强，对称赞感到高兴，对批评、指责感到羞愧，希望做受人欢迎的事，不愿做遭人责骂的事。而心理不健康的幼儿则表现出自私冷漠、胆怯自卑、被动孤僻等行为。

6. 好奇心强

心理健康的幼儿喜欢提问题并积极寻求解答，他们经常会问“为什么”、“这是什么”等问题，以满足他们的好奇心和探求周围世界的欲望。他们在学习时或完成任何力所能及的任务时，能集中注意力；爱表达，语言表达能力同年龄相符，无口吃情况；生活中喜欢做自己能胜任的事情，不过分依赖别人的帮助，能比较认真地做事情。

二、幼儿发展中常见的心理问题

俞国良（2005）采用儿童行为量表（Achenbach’s Child Behavior Checklist，CBCL）调查了36所城市幼儿园的457名3～6岁幼儿，结果发现行为问题的检出率为15.1%，主要表现为抑郁、强迫性、交往不良和攻击性等心理行为问题。① 另外，上海精神卫生中心对3 000名4～5岁的幼儿心理健康调查显示，8.8%的幼儿有不良习惯，11%的幼儿情绪抑郁、自卑，5.8%的幼儿焦虑、紧张，20%的幼儿表现多动、坐立不安，25%的幼儿偏食，22%的幼儿性情古怪。俞国良等认为，幼儿常见的心理问题主要有：（1）小儿多动症；（2）社会行为问题；（3）性格和情绪问题，包括任性、自私、固执、娇气等；（4）神经功能障碍，包括排泄机能障碍、言语障碍、睡眠障碍等；（5）不良习惯；（6）意志力薄弱；（7）学习问题，包括注意力不易集中、反应迟钝等。

（一）多动症

多动症是注意缺陷与多动障碍（Attention-deficit hyperactivity disorder，ADHD）的俗称，指发生于儿童时期，与同龄儿童相比，以明显的注意力集中困难、注意持续时间短暂、活动过度或冲动为主要特征的一组综合征。根据国内最新调查显示，多动症的发生率为4.31%～5.83%，成为幼儿发病率最高的心理行为问题之一，对儿童的身心健康成长有较大的危害。多动症主要表现为与年龄不相称的注意力分散，注意广度缩小，不分场合的过

① 参见俞国良：《未成年人心理健康教育的探索》，载《北京师范大学学报：社会科学版》，2005（1）：64-69。

度活动和情绪冲动。多动症不仅会干扰儿童的学习行为，引发厌学情绪，影响学业成绩，还容易引发儿童与同伴、师长之间的冲突，导致儿童产生自卑、社会认知偏差等心理问题；多动症还会影响儿童的睡眠质量。任衍镇等在2011年的研究表明，注意缺陷多动症状组儿童在男生比例、入睡时间、日间嗜睡、打鼾及夜惊的发生率上都高于非注意缺陷多动症状组，夜间睡眠总时间短于非注意缺陷多动症状组。多动症儿童常见的症状包括以下几种：

1. 注意缺陷

多动症患儿注意集中时间短暂，注意力易分散，他们常常不能把无关刺激过滤掉，对各种刺激都会产生反应。因此，患儿在听课、做作业或做其他事情时，注意力常常难以持久；经常因周围环境中的动静而分心，并东张西望或接话茬；做事难以持久，常常一件事未做完，又去做另一件事；难以始终地遵守指令而完成要求完成的任务；做事时也常常不注意细节，常因粗心大意而出错；经常有意回避或不愿意从事需要较长时间集中精力的任务，也不能按时完成这些任务。

2. 活动过度

活动过度是指与同年龄、同性别的大多数儿童相比，患儿的活动水平超出了与其发育阶段相适应的应有水平。活动过度多起始于幼儿早期，但也有部分患儿起始于婴儿期。在婴儿期，患儿表现为格外活泼，爱从摇篮或小车里向外爬，当开始走路时，往往以跑代步。在幼儿期后，患儿表现好动，坐不住，爱登高爬低，翻箱倒柜，难以安静地做事，难以安静地玩耍。上学后，因受到纪律等限制，患儿的多动表现更为突出：上课坐不住，在座位上扭来扭去，小动作多，常常玩弄铅笔、橡皮，与同学说话，甚至下座位。下课后招惹同学、话多、好奔跑喧闹、难以安静地玩耍。进入青春期后，患儿小动作减少，但可能主观上会感到坐立不安。

3. 好冲动

多动症患儿做事较冲动，不考虑后果。因此，患儿常常会不分场合地插话或打断别人的谈话，并打扰或干涉他人的活动。如老师问话未完，他们就抢先回答。此外，患儿还会常常登高爬低而不考虑危险，会鲁莽行事而给他人或自己造成伤害。患儿情绪也常常不稳定，容易过度兴奋，也容易因一点小事而不耐烦、发脾气或哭闹，甚至出现反抗和攻击性行为。

4. 认知障碍和学习困难

部分患儿存在空间知觉障碍、视听转换障碍等。虽然患儿智力正常或接近正常，但由于注意障碍、活动过度和认知障碍，患儿常常出现学习困难，学业成绩常明显落后于应有的水平。

5. 情绪行为障碍

部分患儿因经常受到老师和家长的批评及同伴的排斥而出现焦虑和抑郁，约20%～30%的患儿伴有焦虑障碍，该障碍与品行障碍的同病率则高达30%～58%。与同龄人相比，患儿会较多地伴有对立违抗、冲动、发脾气等情绪和行为问题。已有研究表明，多动症的孩子如不进行积极治疗很容易在长大后导致青少年犯罪。

（二）口吃

1. 口吃的表现

口吃是儿童中一种常见的语言障碍，国外许多语言病理学家称之为发育性语言不流畅（developmentally dysfluency）。口吃主要表现为说话时语言不畅，是一种言语节律障碍，表现为在说话过程中患者明确知道自己希望说什么，但常由于不随意的发音重复、延长或停顿，在表达时产生困难。口吃可分为发展性口吃（developmental stuttering）和获得性口吃（acquired stuttering）。有调查发现，在不同国家、不同种族的人群中，口吃的发生率成人为1%左右，男女比例为3～5：1。儿童期出现的口吃称为发展性口吃，发生率约为5%。典型的口吃多发生于学龄前，少数人发生于学龄后期。口吃的发生，是由于语言和思维活动不能同步进行。其中多半是因精神过度紧张、故意模仿别人口吃、神经系统失调、言语知觉有缺陷等生理和心理的原因所致。

2. 口吃的矫正

消除说话时引起情绪紧张的因素，是矫正口吃的关键。要努力创设平和、协调的气氛，帮助孩子减少紧张感。老师、家长与孩子对话时，对孩子的口吃行为不要特别加以关注，而是顺其自然。不要因孩子结巴，自己先焦虑，在孩子面前流露出紧张情绪，从而把焦虑传递给孩子。成人要冷静，让孩子保持轻松的心理状态，没有压力，这样才能消除紧张情绪。此外，还要使用正确的矫正口吃的方法。成人要耐心地让孩子把话说完，然后语速缓慢地用简单的语言与孩子交谈讨论的话题，让孩子在与成人简单的对话中作出简单的回答，让孩子把要说的事情慢慢地说清楚，逐渐消除其说话时的紧张和焦虑。

（三）行为问题

幼儿的行为问题通常是指在严重程度和持续时间上都超过了相应年龄所允许的正常范围的异常行为。常见的行为问题包括爱发脾气、争吵、社会退缩、攻击、违纪等。幼儿行为问题的产生既有儿童自身生理和心理特质等内部因素的作用，也有家庭、学校、社会等外部因素的影响。滕春燕（2011）对杭州市660名4～7岁幼儿进行行为问题的检测，结果发现幼儿总体行为问题检出率为15.9%，父母心理健康总分和各因子分均与幼儿行为问题总分存在着显著的正相关。[①] 2009年，刘培英和黄利研究发现，家庭功能和家庭教养方式，幼儿自身因素中的气质和性别对幼儿的行为问题有重要作用。因此，相对于幼儿的气质类型、性格特点、性别特征等不易控制的内部因素而言，研究者们更关

① 参见滕春燕：《4～7岁幼儿行为问题与父母心理健康的相关研究》，载《西南师范大学学报：自然科学版》，2011，36（3）：74-78。

注外部因素对儿童的影响，尤其是学校和家庭的作用。

(四) 不良习惯

幼儿不良习惯包括以下几个方面：(1) 过度依赖别人，遇到事情马上向成人求助；(2) 在交往中容易任性，做事经常以自我为中心；(3) 害怕承担责任，闯祸了就推卸责任；(4) 学习不爱刻苦钻研；(5) 盲目消费，经常攀比和炫耀；(6) 不爱劳动，希望所有的事情都由家长和老师代办；(7) 学习的主动性不强，常常被动学习，缺乏自我探索知识的能力。

第二节 家庭教育与儿童心理健康

在儿童身体发展和心理发展的过程中，家庭环境、学校环境、社会环境等都会影响其健康心理的形成，其中家庭因素是影响儿童心理发展的最主要因素。儿童生活在不同的家庭中，父亲或母亲缺失的家庭、独生子女家庭、多兄弟姐妹家庭等不同家庭模式对儿童健康心理的形成会产生不同的影响。

中国自20世纪80年代开始实行计划生育政策，多数城市家庭是独生子女家庭。独生子女缺少兄弟姐妹的陪伴，他们经常感到孤独，又不会分享。受养儿防老观念的影响，农村还有很多的家庭有两个或三个孩子。但由于经济状况的影响，有一些孩子存在不同程度的心理障碍问题。

一、当代中国普通家庭儿童的心理健康

(一) 独生子女家庭儿童的心理健康

自我国实行计划生育以来，独生子女教育一直是教育工作者关注的话题。独生子女常常是家庭的核心，家庭中所有的物质资源和感情都集中在他们身上。独生子女往往在智能上占有相当的优势，语言能力发展较佳；思维灵活，富于创新性。1994年，范存仁等的研究显示，独生子女的自我中心和学习动力方面的表现显著强于非独生子女，但在生活独立性方面则不如非独生女子。研究还发现，独生子女与非独生子女相比，不仅在学业成就方面比较优秀，而且在其他方面也优于非独生子女。需要注意的是，家庭往往

会对独生子女过度保护，从而导致儿童出现自我中心、过度依赖、骄纵任性、孤独胆小等心理行为特征。此外，由于成长过程中缺少兄弟姐妹的陪伴，独生子女在日后的同伴交往中往往容易出现各种身心适应问题，对新环境的适应能力也较差。国外有研究发现独生子女在社会交往方面“不协调”、适应性较差。

在独生子女群体中往往容易产生自我中心型儿童。这类儿童有的由于缺少管教，有的由于家长过分溺爱，从小就养成了唯我独尊的心理特点，事事处处以自我为中心，心目中没有父母、没有老师、没有他人。在行为上表现出自私自利，不关心他人，以自我为中心，随心所欲，稍有不满则迁怒于人。此外，独生子女往往感觉到孤独，他们没有朋友一起玩，跟爸爸妈妈无话可谈。尤其是一些学习成绩优异的孩子，因学习上的竞争，同学关系紧张，没有知心伙伴。

（二）独生子女家庭教育中应注意的问题

家庭教育在独生子女的成长过程中起着极为重要的作用。家庭环境不和谐是导致独生子女性格缺陷的重要因素，如紧张的家庭关系、枯燥的家庭文化生活、父母的常年离家，这些因素都与独生子女心理问题的形成有着直接联系。针对当前独生子女容易出现的心理问题，家庭教育中应注意以下几个问题。

1. 要创造和谐的家庭环境

英国教育家洛克（John Locke，1632—1704）强调父母要为孩子创造适合其成长的家庭环境。在独生子女的教育中，为了儿童的健康心理的形成，父母应该为他们营造良好的家庭环境。家庭中的每个成员都要和睦相处、相敬相爱、学会宽容。父母要转换自身的角色，从长辈变为朋友，走进孩子的内心世界。此外，父母应给予孩子更多的关爱，特别是常年离家或工作忙的父母。父母给儿童的爱是对儿童最大的鼓励和最美好的慰藉。

2. 父母要转变教育理念

父母的教育理念是影响独生子女健康成长的重要因素。独生子女心理问题的形成也受父母不正确的教育观念的影响，因此，父母应转变自身不正确的教育观念。第一，树立培养儿童良好道德的教育观念。我国自古以来就有重视德育的传统。父母要在儿童小的时候就对其进行道德教育，并为他们提供好的道德榜样，使儿童在潜移默化中形成良好的道德品质。第二，形成培养儿童劳动能力的教育观念。父母对劳动教育的忽视导致了儿童劳动观念的缺失，同时也阻碍了儿童的社会化进程。当前我国大多数独生子女过着优越的生活，缺少对劳动的体验，很多事情都有父母代办。因此，父母应从小培养儿童的劳动观念，根据儿童的生理、心理特征适当地安排一些力所能及的劳动，使他们逐渐形成自觉的劳动意识。

3. 讲求合理的教育方式

父母与子女之间应树立民主平等的亲子关系。多为儿童创造自由活动的空间，鼓励儿童为自己的事情做决定。若父母为孩子做了太多的决定，则会给儿童造成沉重的心理负担，日后也可能会导致儿童责任心的缺失。此外，父母对儿童应多鼓励、少批评，让他们认识到努力是一种可贵的心理品质，并树立他们的自信心，培养他们坚忍不拔的毅力和百折不挠的意志。

4. 进行一定的挫折教育

为了培养独生子女良好的心理素质，提高其抗挫能力，要对他们进行一定的挫折教育。挫折教育的目的在于提高儿童的心理承受能力，让他们能坦然地面对挫折与失败，培养他们冷静思考、果断处理问题的能力，以便对社会进行良好的适应。

（三）多子女家庭儿童的心理健康

1. 多子女家庭儿童容易产生的心理行为问题

在农村，由于传统的养儿防老观念的影响，很多家庭都两个或多个子女。另外，由于计划生育政策的调整，城市中有两个子女的家庭也会逐渐多起来。在多子女家庭中，父母提供的物质条件和感情需要分成几个部分，特别是在家庭物力、财力、成人时间、精力不足的情况下，易造成对孩子的忽略，降低教养质量，阻碍儿童身心的健康成长。

国外有研究指出，成长于多子女家庭的儿童在智力测验上的得分比独生子女低。如1996年O'Brien对413名婴幼儿的调查结果显示，多子女家庭儿童的行为问题比独生子女更突出，这些问题主要包括易怒、不服从和对成人活动的干扰。Fox等（1995）的研究显示，子女的数量影响着父母的育儿行为，子女数量多的父母养育子女的方式往往较差，所以，多子女家庭的孩子更容易出现行为问题。

2. 儿童出生顺序对心理健康的影响

儿童出生顺序也会影响他们的行为特征。[①] 有研究指出，出生顺序对于个体的能力和个性有着明显的影响。1992年，Hilton调查了出生顺序与儿童行为的关系，结果显示，多子女中的长子具有较大的优越感和自信心，同时，对母亲所给予的承认和帮助有更大的追求倾向。

由此可见，相比家庭中较早出生的孩子，第二个孩子的依赖性较强。心理学家阿德勒的研究提出：出生顺序会影响儿童的个性与心理状态。事实是否如此，还有待于进一步考证，但多子女家庭父母在每个子女上的平均物质和感情投入相比同等条件下的独生子女家庭普遍较低始终是不争的事实。值得注意的是，在多子女家庭中，兄弟姐妹间的陪伴和嬉戏，在某种程度上为儿童提供了更多的依恋和社会支持，对于儿童的成长是有益的。兄弟姐妹间的互相分享情感，互相倾诉生活中和学习中遇到的问题，对儿童心理压力的释放和健康心理状态的形成是有利的。

---

① 参见R. A. Fox, D. L. Platz, K. S. Bentley. Maternal factors related to parenting practices, Developmental expectations and perceptions of child behavior problems. *Journal of Genetic Psychology*, 1995, 156（4）: 431-444。

二、单亲家庭儿童的心理健康

单亲家庭是指由于丧偶、离异、分居等原因导致的家庭主体成员不齐全的家庭。离异单亲家庭意味着家庭中夫妻关系、亲子关系这两种最基本关系所组成的家庭“三角结构”的轰然倒塌，结构的变化必然会引起震荡，而受到冲击最大的则是孩子。由于家庭是儿童成长的重要场所，父母双方在儿童的成长中发挥着各自不同的教育角色，因此，如果缺少父母中的一方，整个家庭教育功能就会出现某种欠缺。

（一）单亲家庭儿童心理问题概述

教育学家和心理学家的研究表明，由于单亲家庭教育功能的不完整及一方情感的缺失，其子女容易出现不同程度的心理行为问题，如自卑、焦虑、抑郁、敏感、偏执、敌对、攻击、冒险行为和品德问题等。

Gilman 等的研究结果表明，无论离婚后的父母是否再婚，童年早期父母离异都是个体一生罹患抑郁症的危险因素。如果父母离异前冲突强烈而持久，这个影响还将更为明显。2006 年，Huurre 等对芬兰城市 1 471 名成年居民进行了 16～32 年的追踪性调查，观察被试童年时期父母离异对其造成的长期影响，并对心理、生活状况、健康行为、社会支持、负性生活事件和人际关系等问题进行评估。结果表明，来自离婚家庭的女性比来自未离婚家庭的女性有更多的心理问题、人际关系问题。这说明童年经历父母离异对儿童造成的压力及影响足以持续至成年。

国内学者傅安球和史莉芳 2001 年的研究发现，单亲家庭儿童的同伴关系不如完整家庭的儿童，离异家庭子女的主观自我控制能力明显低于完整家庭子女。方淑琼等在研究中则指出，来自离异或不幸家庭中的孩子，在心理、性格和性成熟方面普遍受到伤害，有的向自卑、自闭和敌视方向发展，有的则向攻击、窥视、不良冒险行为方向发展。特别是当男孩跟随父亲，女孩跟随母亲在单亲家庭中生活时，对异性的仇视和仰慕交汇起来的复杂感情很容易使青少年走上犯罪道路，或者至少在他们人生的性潜伏期埋下祸根。2005 年，李学容采用“心理健康诊断测验量表”对 1 118 名离异单亲家庭子女的心理健康状况进行调查，并将调查结果与完整家庭子女的心理健康状况进行比较，发现家庭结构对儿童的心理健康有着直接和深远的影响。离异单亲家庭子女多存在自卑、自责、冷漠、孤独、焦虑、冲动等心理问题。

（二）单亲家庭儿童心理问题的表现

单亲家庭儿童的心理问题主要表现在以下四个方面。

1. 孤独、抑郁倾向严重

父母离婚或父亲母亲一方去世后，父亲或者母亲在很长一段时间内都不能走出离婚或失去另一半的阴影。单亲家庭的儿童由于被父母所疏远而产生抑郁，不愿与人接触，对周围的人常有戒备、厌烦的心理。由于失去另一半的创伤，父亲或母亲很容易发脾气或长期不说话，儿童只好小心翼翼地生活，有什么要求也不敢向父母提，长此以往，他们做什么都会有畏惧心理，导致他们自我封闭。此外，他们总怀疑别人会在背后议论自己家庭的缺损和父母的离异，认为别人都瞧不起自己，不愿向他人敞开自己的心扉；他们缺乏积极从事交往活动的勇气，离群索居，自我封闭，在幼儿园里不愿与其他孩子交往和游戏。并且，单亲家庭对幼儿产生的影响一直可以延续到他们的成人阶段。2006 年，Ge 等对 550 名来自离异家庭和完整家庭的被试进行了 11 年的纵向研究，探讨抑郁症状的变化。结果得出：（1）抑郁症状的改变是曲线形的，特别是女性表现得特别明显。在青少年中期增强，在青少年晚期至成年早期减弱；（2）与男性相比，在青少年和成年早期女性存在更多的抑郁症状；（3）与完整家庭的儿童相比，父母离异的儿童在 15 岁时抑郁症状显著增强；（4）父母离异后儿童经历应激生活事件可诱发父母离异对抑郁症状的影响。

2. 自责倾向突出

自责倾向表现为对个人能力和品质作出偏低的评价，从而自我责备、自我鄙视，将一切的不如意归因于自己不好，对自己所做的事抱有恐惧倾向。离异单亲家庭子女在自责倾向上与完整家庭子女有着显著差异。在这方面表现得较为严重的幼儿有较为强烈的自卑感，他们感到自己不如别人，悲观失望。由于对自己的评价偏低，他们产生不安、内疚、失望等消极的情绪体验，从而导致自己的整个心理失去平衡。幼儿阶段的自责倾向，一旦发展下去，使这些孩子在青少年阶段总是对自己失去信心，甚至对那些稍加努力就可以完成的任务，也往往因自叹无能而轻易放弃。许多单亲家庭子女受到批评后，总认为是自己不好；在别人笑自己的时候，总认为是自己做错了什么事。

3. 心理问题所引起的身体症状明显

心理问题常常会通过身体症状表现出来，心理不健康、过度焦虑的人可能会表现出呼吸困难、心跳加快、出虚汗、头晕、知觉异常等症状。2005 年，李学容调查发现，身体症状比较明显的单亲家庭学生占了总体检出人数的 21.8%。对“你是否经常头痛”、“你手上是否经常有汗”、“你是否很难入睡”等问题，许多单亲家庭的学生的回答是“是”；超过半数以上的学生“经常觉得肠胃不好”、“经常感到呼吸困难”。这些身体症状实际上是学生心理问题的一种外部表现。

4. 行为问题

儿童的行为问题不但直接影响儿童的学习、情绪和社会活动，而且与以后的社会适应不良、情绪障碍、药物滥用、青少年犯罪现象有关。而母亲任何主动或被动的、反应或非反应的教养方式都会对学前儿童的行为产生直接的影响。单亲家庭儿童由于缺少父亲或母亲的教育，往往存在一定程度的行为问题。由于单亲家庭的环境与情绪导向不良，家庭的正常教育职能被降低和破坏，进而对儿童的行为产生不良的影响。2006 年，郑名对 226 名幼儿的行为问题与其母亲的教养方式进行了调查，结果发现，离异家庭幼儿的行为问题检出率高，其行为问题与母亲的教养方式显著相关，且离异家庭与正常家庭母亲的教养方式也存在显著差异，这说明母亲不良的教养方式是影响幼儿行为问题的重要因素。

当然，并非所有来自单亲家庭的孩子就一定会出现心理及行为问题。事实上，许多来自单亲家庭的孩子非但在心理健康水平上与来自完整家庭的孩子无明显差异，而且在身心发展各方面都表现出良好的素质。由此，可以准确地说，单亲家庭的孩子能否健康成长，很大程度上在于家庭、学校、社会等多方面的共同努力。如果家庭、学校和社会能够积极地关心、关爱单亲家庭的孩子，力争使他们生活在温暖和谐的环境中，那么这些孩子就能有健康的心理。

三、留守儿童的心理问题

留守家庭现象可以说是我国经济转轨、社会转型过程中不可避免并将长期存在的社会现象，而且呈上升趋势。留守家庭中大量家庭成员的外出务工为我国经济社会的发展和城市现代化建设作出了突出贡献，但同时留守家庭的出现也给留守儿童的心理健康和身心适应造成了严重影响。

（一）留守儿童的产生

随着我国改革开放和社会经济的迅速发展，大量农村富余劳动力开始向城市转移，在这种转移过程中，一种新的家庭结构即留守家庭的出现越来越引起人们的广泛关注。所谓留守家庭是指家庭成员外出务工（尤其以我国欠发达地区和农村地区为主），由家庭剩余人口所形成的特殊家庭，如丈夫出外打工而妻子、孩子留守的家庭，夫妻双双出外打工而老人、小孩留守的家庭，或几种情况兼而有之的家庭。留守儿童是生活在留守家庭中的儿童，由于父母双方或一方外出打工而被留守在家乡，并托付给其他人代为照看的儿童。留守儿童是一个弱势群体，目前我国留守儿童的数量巨大，其中父母双方至少有一人外出打工的14岁及以下的中小学生平均占全体学生的47.7%，有的省份比例达到60%。另有数据表明，目前我国农村留守儿童约有5 800多万，其中14周岁以下的留守儿童约为4 000万。

（二）留守儿童心理健康状况概述

当前有关留守儿童心理健康研究主要存在两类结论：一类认为留守儿童的心理健康明显地差于非留守儿童；另一类认为留守儿童的心理健康与非留守儿童没有明显的差异。

李宝峰2005年的研究发现，农村“留守子女”心理健康问题检出率较高，心理健康状况较差。在271名被试中，共有78人有各种轻度的不良心理反应，占总人数的28.8%；有6人有比较明显的心理问题，占总人数的2.2%；两项合计，具有轻度及其以上心理问题者占31%。2007年，黄艳苹等调查发现，相比非留守儿童，留守儿童存在更多的焦虑、过敏倾向、身体症状、恐惧和冲动倾向。2009年，刘照云等也发现留守儿童人格发展问题突出，较非留守儿童人格内倾、情绪紧张、掩饰度高。2007年，胡心怡等调查发现留守儿童生活压力事件水平显著高于非留守儿童。但李浩然和孟群英2012年的研究认为，虽然留守儿童的心理健康差于非留守儿童，但两者并未达到显著差异。留守儿童强迫心理的形式有其单独的环境机制，如遭受虐待和经常性的负面环境带给儿童的创伤经历等，通常是儿童强迫行为的致病原因，而留守儿童的环境总的来说仅仅是“功能性”的，即家庭功能不完整造成了留守儿童总的心理健康差于普通儿童，一般而言，留守儿童的家庭环境绝没有恶化到带来“心理创伤”的程度。

（三）留守儿童心理问题的表现

留守儿童因为缺少父母的管教，存在较多的心理问题。留守儿童的心理问题突出表现为两类：第一是个性发展问题，包括人际交往、性格与行为偏差、逆反心理等；第二是学习问题，包括学习兴趣不高和厌学等。

1. 个性发展问题

（1）人际交往障碍。留守儿童由于父母长期在外，缺乏最起码的心理交流机会，内心烦恼与冲突无从倾诉也得不到引导，导致对外部世界缺乏安全感和信任感，对人与人之间的关系更是充满不信任，这种情感欠缺严重影响其与他人的社会交往。周宗奎等人研究发现，相当一部分孩子在父母外出时有失落感，在一段时间里不爱说话，不爱和别人交往，变得自闭，性格孤僻、脆弱、渴望亲情等成为留守儿童最大的心理问题。

（2）性格与行为出现偏差。农村留守儿童由于父母长期不在身边，无法享受到父母在思想认识及价值观念上的引导和帮助，成长过程中缺少父母的关爱和呵护，极易产生认识上、价值上的偏离和性格发展的异常。一方面，孩子因为感到父母保护的缺失而变得胆小、懦弱、内心封闭、情感冷漠、行为孤僻、缺乏爱心和交流的主动性；另一方面，孩子因为没有父母的约束而性格失常和行为失范，表现为脾气急躁、冲动易怒，常常将无端小事升级为打架斗殴，打骂老师、同学，甚至是长辈。极少数留守儿童受社会不良团伙影响，出现违纪行为或犯罪现象。

（3）逆反心理严重。一些留守儿童逆反心理极强，对抗情绪严重，对周围的一切充满怀疑，对周围的人和事很冷漠。这种人际的不信任导致他们表现出种种逆反行为，常表现为“不听话”、“不礼貌”、“不谦虚”、“恶作剧”等。他们不理解父母的外出打工行为，认为父母不够关心自己，怨恨父母，与父母唱反调。也有的孩子抱怨社会的不公，把责任推向社会，甚至产生憎恨仇视社会的畸形心理，最终演变为暴力倾向。留守儿童总感到别人在欺负自己，一点小事就计较当真，与人交流时充满警惕甚至敌意，对老师、监护人、亲友的管教和批评产生较强的逆反心理。

2. 学习问题

留守儿童的学习心理问题主要表现为学习兴趣不高、学习自我效能感低、学习动机不明确等。父母的远离使他们意志消沉，在课堂上不能集中注意力听课；缺乏正确的引导，孩子没有形成浓厚的学习兴趣，学习主动性差；对知识的掌握方法比较机械，常常要在老师和监护人的督促下去学习，学习效果不佳。白素英等2011年的调查发现，留守儿童辍学率约为5%，在学留守儿童40%成绩较差，仅有10%成绩比较优秀（班级前20%）。留守和非留守儿童在完成家庭作业方面有明显差别，留守儿童经常拖欠作业，甚至还经常出现抄袭、不完成的情况。另外，由于情感支持的缺失、习得性无助感的形成、人际交往不良、师生互动失衡等因素的影响，留守儿童的学习自我效能感偏低。一些孩子会因为父母在外打工养家不易，想好好学习报答父母的辛勤劳动，产生了为父母而学的想法；也有一些孩子受到父母或他人迫切致富心态的影响，产生了为挣钱而学的想法，认为学习好了以后能挣大钱。他们没有形成一种积极向上的学习观，学习动机不够明确，学习态度也不端正，容易产生厌学心理，经常逃课，甚至辍学。

对于留守儿童表现出的各种心理问题，最根本的原因在于留守儿童正处于心理发育的重要阶段，他们对父母的关爱有着强烈的渴求，但父母外出打工造成的长期隔代监护或单亲监护一方面阻断或减弱了来自父母的关爱，另一方面也使得亲子关系疏离，造成留守儿童情感和心灵的缺失。留守儿童的代养人绝大多数为祖父母、外祖父母，其文化素质和教育能力普遍较低，教育观念陈旧，教育方法单一。祖孙之间存在着明显的心理代沟，多数隔代管理仅局限在生活上，疏于对孩子的心理健康和正常人格的培养。此外，由于缺少父母的引导和约束，留守儿童暴露于危险环境中（如问题少年集团）的几率也大大增加，而这又在某种程度上加剧了留守儿童不健康的心理与行为。

四、智障儿童心理问题

智力障碍（mental handicap）是由于大脑受到器质性的损害或是由于脑发育不完全从而造成认识活动的持续障碍以及整个心理活动的障碍。智力障碍的诊断标准有三条：(1) 智力水平比同龄正常儿童明显低下；(2) 社会适应能力较其相同文化背景下的同龄儿童显著不足；(3) 发病在发育阶段，具体讲就是在18周岁以前。

智障儿童是指在成年之前，由于各种因素导致儿童认知功能明显受损，智力发育低于同龄儿童并且出现适应性行为障碍的儿童。智障儿童的情绪相对于普通儿童更不稳定，普遍存在焦虑、恐惧、孤独等心理问题。他们有较强的自卑感，在人际交往时以退缩的方式为主；在学习和生活中缺乏坚韧性，以自我为中心，较固执；对环境的适应性较差，会伴随一些冲动行为。张福娟等2004年的研究发现，轻度智力落后学生有不同程度的心理健康问题，随班就读轻度智力落后学生的心理健康问题尤为突出。

（一）情绪问题

智障儿童比普通儿童存在更多的情绪问题，如焦虑、孤独等，且他们的抑郁现象比较普遍。张福娟等人的研究表明，与正常儿童相比，智障儿童在学习焦虑、对人焦虑及恐惧倾向等方面存在更多的心理问题，且女性的恐惧倾向尤其强烈。2005年，江琴娣的研究表明，智障学生普遍在学习焦虑、在与人交往，特别是与普通学生交往时易产生退缩行为，从而导致孤独感；遇到不如意的事情时更容易自责。2006年，张福娟等人的调查显示，轻度智障的学生在青春期较普通学生有明显的孤独感，容易产生自责的倾向，且自控能力差；智障学生中男生的心理健康问题比女生明显。

（二）人格问题

智障儿童由于其认知功能受损，以及较强的自卑感和孤独感，致使其人格发展缓慢，出现一些人格问题。1998年，李祚山的研究表明，相当一部分智障儿童存在人格问题，表现出较差的人格特质。2001年，张福娟等人的研究表明，智障儿童的人格品质水平显著低于正常儿童，且发展程度最差，这说明智力损害对人格品质发展的影响最大。2004年，于素红和曾凡林采用"缺陷儿童人格诊断量表"，比较了上海市563名分别在普通班随班就读与在辅读学校、普通学校辅读班学习的三类轻度智力落后儿童的人格特征，发现三类儿童的人格特征有显著差异，在普通班随班就读的轻度智力落后儿童的人格发展落后于其他两类轻度智力落后儿童。因此，应该关注随班就读的轻度智力落后儿童所受教育的质量。

（三）行为问题

智障儿童往往出现一些行为问题，如饮食、人际交往、适应能力等。智障儿童由于自身智力缺陷、家庭早期教育不当等原因，出现问题行为的几率很大。2002年，昝飞等的研究表明，智障儿童行为问题的发生率相对于正常儿童更高，在交往不良、社会退缩和多动症等方面的得分与正常学生组之间存在着显著的差异。2004年，王雁等人的研究表明，智障儿童学校适应的总体水平明显低于正常儿童。智力障碍儿童由于受其自身障碍的限制，普遍在认知、语言、沟通等多方面存在缺陷，因而，他们缺乏有效的人际沟通技能，这种人际交往能力的缺陷使得一些智力障碍儿童表现出更多的问题行为。

（四）语言障碍

智障儿童存在着语言障碍，即使在言语流畅性上与正常人没有很大差别，在语言内容、语言理解力以及语言逻辑性上仍然存在着质的差异。朱声华和胡彩红的研究发现，轻度智力落后儿童感知能力和手眼协调能力较弱，眼睛所看到的内容在大脑中经过加工之后，再通过手部反馈出来的这个过程是不连贯的，其间可能出现断裂或者交叉，导致加工前后的结果有出入。孙圣涛和姚燕婕2011年的研究也发现，在对陈述、祈使和反问三种句型的理解中，智力落后学生的反应能力都显著优于理解能力；随着年龄的增长，智力落后学生对不同句类的理解能力和反应能力都有显著提高。

第三节 儿童心理健康的维护

儿童心理健康的维护是家长和教育工作者必须高度重视的问题。健康的心理是儿童学习成长的基础，孩子的个性影响着孩子与他人的交往，良好的自我意识是儿童不断进步的动力。

一、儿童心理健康的维护

（一）儿童心理健康教育一体化

儿童心理健康教育的一体化是指家庭、幼儿园和社区共同关注儿童心理健康，形成合力，开展儿童心理健康教育。对儿童实施心理健康教育，是一个长期的、持续的过程。

1. 家庭环境

温馨的家庭环境是儿童形成健康心理的源泉，家长对子女的教养态度是影响儿童心理健康的重要因素。父母尊重儿童，与儿童平等相处，会促进儿童活泼、开朗、自信、独立等性格的形成，还能培养儿童良好的交往能力。父母粗暴或专制地对待儿童，会压制他们的自尊心，抑制他们的创造力，易使儿童形成对抗或缺乏自信等不良性格特征。

2. 幼儿园环境

创设良好的幼儿园环境（见图 5—1）是满足儿童心理需要，形成儿童良好心理素质的重要保证。幼儿园要创设有利于儿童健康心理养成的物质环境、心理环境、语言环境等多层次的环境。物质环境是指幼儿园的硬件设施，如温馨的生活空间。心理环境是指教师对儿童的态度及与儿童的情感交流。心理环境更值得重视，培养良好的心理素质，营造良好心理氛围，更不容忽视。如和谐的师生关系、友好的伙伴关系，会使儿童产生安全感，促使其健康心理的形成。语言环境是指幼儿园人与人的用语文明礼貌，民主平等。

图 5—1 温馨和谐的幼儿园环境

3. 社区环境

儿童教育走向社会，争取社区的支持也是培养儿童健康心理不可忽视的举措。要抓住每一个契机，培养儿童合作、乐群、创新的精神，促进其健康的心理品质的形成。幼儿园应该主动与社区沟通，扩大教育环境，使儿童在自然的、社会的、规范的社区环境中，发展出健康的心态。家长也要带着幼儿积极参与社区活动，利用社区的文化背景及和谐民主的群体氛围，为儿童健康心理的发展创造条件。

（二）以游戏促进儿童心理健康

幼儿时期是身体生长发育的关键阶段，骨骼、肌肉特别是大脑皮层高级神经活动中枢都在迅速发育着，而身体各个器官的发育是以幼儿接受足够的刺激为基础的。游戏是这一时期为儿童提供充分刺激的最有效的活动。游戏玩起来自由、随意、开放，内容变化多样，这正好符合了幼儿发展的要求，使得他们在丰富多彩的游戏活动中得到充分的刺激而迅速发展。此外，还可以通过游戏来矫治心理问题。幼儿园可为幼儿设立一个特别的游戏室，通过游戏，让儿童自发地将自己的心理感受与问题充分表现出来，并获得情绪上的松弛，学会认识自我、控制自我。这种方式要比教师强制儿童接受说教的效果好得多。

幼儿园教师应该注意用适合儿童的语言与幼儿交流，用优美的语言感染孩子。

（三）创设良好的家庭环境，促进儿童心理健康

儿童的成长离不开家庭，善良、美好的品质和优良的素质都是从家庭中萌芽的。为了儿童的健康成长，父母应采取合理的教养方法，创设良好的家庭环境。另外，家庭气氛也会影响儿童心理的健康发展。如果父母关系融洽，儿童会感到愉快，有安全感；如果父母关系紧张，儿童情绪就会不稳定，缺乏安全感。因此，家长应重视家庭环境的创设，注重言传身教。

家庭内部民主平等的人际关系是孩子心理健康的维生素。为了构建良好的亲子关系，父母要把儿童看成家庭中具有一定独立性和自主性的成员，有自己的情感和需要。父母要心平气和地与儿童讲话，使他们觉得父母和自己在某些方面是平等的，从而保持愉快的心情和与家人融洽的关系。此外，父母要礼待儿童，对他们要文明礼貌，时刻注意自己的言行举止，不要无缘无故打骂儿童，对孩子要既严格要求又和蔼可亲。当儿童取得了一些微小的成绩时，父母要祝贺与鼓励，以树立儿童的自信心。

二、单亲家庭儿童和留守儿童心理健康的维护

单亲家庭儿童和留守儿童产生的各种心理行为问题是由他们的生活环境所引起的。我们不能保证生活在完整家庭中的儿童不会产生心理问题，但总的来说，单亲家庭儿童

和留守儿童会产生更多的心理行为问题。Webster-Stratton 和 Hammond 1999 年对 120 名 4～7 岁儿童及他们的父母进行调查，发现婚姻状况不良和有矛盾冲突的家庭其子女行为问题的发生率明显高于婚姻状况良好、和睦家庭的子女。因此，要给予单亲家庭儿童和留守儿童更多的关心和关爱，让他们在健康的成长环境中茁壮成长。

(一) 单亲家庭儿童心理健康的维护

大部分单亲家庭的孩子由于缺少家庭温暖、感受不到父母的关怀，有失落感和被抛弃感，往往表现出孤单、寂寞、性格内向等不良心理倾向。这些不良心理和行为倾向，如果不及时加以正确的引导，将会出现偏差，轻者表现为胆怯、孤独、固执和不合群，重者会产生对别人的妒忌和仇恨等不良心理或对一切事物都无所谓的不良心态。因此，要注重单亲家庭儿童生活环境的建设，让他们多参加活动，多与他人交流，让他们在活动中树立自信心，并对他们进行一定的心理指导，纠正其不良心理状态，维护他们的心理健康。

1. 创造温馨轻松的家庭氛围

单亲家庭要特别注意尽量为孩子创造温馨舒适的家庭氛围，让孩子释放压抑的心情，以利于孩子良好性格的形成和心理的健康发展。为孩子营造良好的环境，作为单亲家庭的父亲或者母亲，应十分注意自己对孩子的行为方式、心理状态以及性格特征可能产生的巨大影响，要注意自己的言行举止，不要把自己的不良心态强加到孩子身上。同时也不要无限制地满足孩子的任何要求。此外，要鼓励孩子说出心中的需要并给予适当的引导，让他明白哪些是可以满足的哪些是不可以的，不要简单粗暴地否定孩子；让孩子做自己力所能及的事情，完成生活和学习中自己能做的事情。

2. 鼓励孩子多参加集体活动

离异家庭中父亲或者母亲的单调角色，会影响孩子健康人格的形成，同时对于他的性别认同和自我意识的形成也存在消极的影响。因此，在单亲家庭中，家长应鼓励孩子多在学校和社区参加集体活动，或在居住地多与邻居小朋友一起游戏，学会与人共处、团结友爱，帮助他们走出自卑的心理状态。从别的同性孩子身上找到自己的归属感，纠正以前可能出现的性别认同的偏差。

3. 给予合理的期望，适当鼓励

不少离异的家长把孩子作为自己唯一的精神寄托，对孩子抱有强烈的期望，甚至远高于普通家庭，致使孩子心理负担过重。其中一部分单亲家庭孩子也许能发愤努力，但是长期超负荷的压力，对其潜在的心理损伤也不容忽视。因此，只有根据孩子的喜好和能力给予合理的期望，才有利于孩子成才。

对于单亲家庭的孩子而言，鼓励是非常重要的。家庭的不健全会造成孩子们过重的心理负担，缺失基本的自信心，让他们总是有一种自己不如别的孩子的错觉。因此，无论是家长还是老师都要对这些孩子倾注更多的热情，积极主动地发现孩子身上的优点。

要时刻让孩子有一种被关注感，在不断的鼓励和表扬中帮他们树立自信，获取成就感和满足感。只有这样，才能有效地维护单亲家庭儿童的心理健康。

（二）留守儿童心理健康的维护

从留守儿童心理问题产生的根源来看，改善留守儿童的心理健康首先应从家庭教育方面着手。为此，留守家庭特别是父母首先要高度重视儿童的心理健康问题，尽量为儿童营造一个温暖、关爱的学习和生活环境，促使他们健康成长。其次，要经常与孩子保持联系，多和孩子进行情感交流和心理沟通，如让孩子讲述自己在学校发生的有趣的事或父母谈论自己的打工经历等，以此让儿童感受到来自父母的关心和爱护。最后要做好家校联系，经常与孩子的班主任或任课教师进行接触，有条件的家长还可委托老师作为孩子的监护人，因为老师与留守儿童接触时间较多，更容易理解留守儿童的心理需求和心理状况。需要指出的是，家庭环境的改善只是一方面，增进留守儿童的心理健康还需要社会、学校的共同关注和努力。

1. 加强学校层面的支持

学校要积极承担起应尽的社会责任，更多地关心留守儿童的学习生活情况和思想变化，让他们感觉到关怀的温暖。积极开展丰富多彩的活动来吸引留守儿童，培养他们的兴趣和爱好，以良好的教育环境为留守儿童的健康成长营造一个温馨的环境。要加强广大农村中小学教师的培训工作，提高教学水平，转变教学理念，建立科学的管理制度和管理方法。学校还要关注农村留守儿童心理健康教育。将儿童心理健康教育和安全教育等内容纳入教学计划，在课程教学中灵活多样地加强生存教育、安全教育、法制教育、心理健康教育，强化留守儿童的自尊、自立意识。此外，要积极动员政府和社会的力量，开办寄宿制学校。这样可以增加留守儿童的在校时间，同时也就减少了他们失去管理和监控的时间。

2. 挖掘留守儿童生活中的积极因素

留守儿童的环境有不利于其身心发展的一面，又存在着积极有利的一面，关键取决于如何挖掘积极因素。对于留守儿童，父母外出工作导致家庭生活环境的变化是一种逆境，但处理得好也可以对人的成长起到促进作用。逆境中能更好地适应环境的留守儿童往往表现出更大的心理弹性，抗压能力也更强。因此，要帮助留守儿童挖掘与留守逆境相对抗的保护性因素。

第一，留守儿童父母蕴含着丰富的教育素材，可以从父母方面挖掘积极因素。留守儿童的父母进城打工，经历的痛苦和磨难、各种感人故事，以及在城市中的所见所闻，对留守儿童都是一种很好的教育财富。这些财富有助于留守儿童理解父母外出打工的意义，有助于培养拼搏、吃苦耐劳的精神，有助于深刻理解和认识生活。懂得父母外出打工的目的是为了他们将来的学习和发展，有助于激发留守儿童的学习的自觉性和积极性。假期父母把子女接到打工的城市生活一段时间，可以开阔留守儿童的视野，增长见识。留守儿童会更加自信，更富有美好的理想。

第二，从留守儿童本身挖掘素材。留守过程对于留守儿童来说也是一笔财富。无论是家长还是教师，都应该帮助留守儿童正确认识自己的生活环境，引导学生理解、接纳自己的生活环境，主动适应环境的变化而不是一味抱怨环境。面对“留守”这一逆境的压力，留守儿童可以学会积极适应，应对各种困难；锻炼自己的独立能力、人际交往能力、挫折容忍力；培养自强、自律、自立精神，乐观地面对生活中的一切。

3. 通过艺术、体育及社会实践活动维护留守儿童心理健康

音乐可以使人快乐，可以使人忘记自我，心情得到放松；可以缓解心理压力，从而促进心理健康。美术可以使人在体验美感的同时获得完成作品的成功的快乐，增强自信，培养审美感，有助于消除人们紧张、害羞、孤独和自卑等心理。体育活动可以使人放松心情，消除疲劳。留守儿童在参加集体文体活动中既能培养兴趣爱好，又能增进与老师和同学的交往，从而使课余生活更加丰富，使情感有所寄托，使归属和爱的需要得到满足。因此，参与艺术和体育活动，有助于培养留守儿童刻苦、勤奋、坚韧、勇敢、自信等良好的心理品质。

社会实践活动也是留守儿童的一项重要的心理健康教育活动。通过参观、社会调查等实践活动，可以开阔留守儿童的视野，有助于加深他们对社会和人生的理解，有助于培养他们的社会责任感，从而有利于促进他们的心理发展，促进健康心理的形成。由此可见，留守儿童的心理健康教育可以充分运用美术、音乐、体育、社会实践等各种载体，通过有效地开展丰富多彩的活动来实现。

（三）对单亲家庭儿童和留守儿童的心理干预

针对单亲家庭儿童和留守儿童发展中出现的各种心理问题，如孤独、抑郁、逆反、人际交往障碍、性格偏差、其他心理行为问题等，可采用一定的心理治疗和干预方法，促进他们心理的健康发展。

1. 系统家庭治疗

系统家庭治疗是指利用一切可以产生信息、传递信息的有效手段，通过家庭会谈和布置家庭作业等方式，对家庭中的人际系统进行干预，以改变家庭中的不良交流模式，达到治疗心理疾病的目的。家庭治疗是邀请包括患者在内的家庭里的多位成员一起来到心理治疗室，治疗师也可以是多人共同协作参加的治疗团队的形式，治疗团队的参与人员包括多位治疗师、多位反馈小组成员等。2010 年，李红娟、罗锦秀的研究发现，在系统家庭治疗中，整体和系统的思想贯穿于治疗的整个进程中，比如一个女人同时可以是妻子、母亲、女儿、姐姐、妹妹、侄女、孙女等，在不同的子系统中这个女人可以是不同的角色。只有将来访者放到她所在的不同的系统中，我们才能做到真正理解这个人，理解她的思想、她的话语、她的行为等。因此，在对单亲儿童和留守儿童心理问题进行家庭治疗的过程中，要邀请包括儿童本身及其抚养人在内的所有家庭成员的参与。

针对单亲儿童和留守儿童的家庭治疗中，常用的技术包括：（1）治疗师对家庭问题及互动模式的假设；（2）治疗师对家人的循环提问、前馈提问、差异性提问及假设提问等；（3）治疗师对儿童出现的症状或问题给予特别的阳性赋义；（4）治疗后治疗师布置家庭作业、巩固治疗效果及促使家人进一步改变原有的互动模式，从而发展新的有利于儿童心理健康的模式。

2. 行为矫正

单亲家庭儿童和留守儿童存在多种问题行为，如过度焦虑、恐怖、冲动、好攻击、咬手指、违纪、自我封闭等。采用行为矫正法可改变单亲家庭儿童和留守儿童不良的行为习惯。行为矫正的方法是根据条件反射学说和社会学习理论来改正个体不良行为模式的一种心理干预技术。行为矫正法强调可观察到的行为的改变，其目标是帮助个体消除不良的行为或不适应的行为，学习和建立良好的新行为。对单亲家庭儿童和留守儿童行为的矫正，主要通过改变环境，运用恰当的强化以及示范和模仿等具体技术来改变他们的问题行为。

行为矫正法有六个基本步骤。

（1）明确需矫正什么行为、养成什么行为。行为矫正的第一步是要明确协助儿童改变什么不良行为，最终形成什么行为。治疗师列举的最终行为要具体、明确，具有可观察性和可分析性。

（2）观察、记录不良行为发生的程度和时间。治疗师应对单亲家庭儿童和留守儿童在一段时间内的行为加以观察、记录和评价，了解他们目前做了些什么，某种行为出现次数的多少。

（3）设计有利的情境。这个步骤要提供一定的条件，安排有利的环境，帮助儿童顺利地养成好的行为。

（4）选择适当的强化物。治疗师在执行矫治前，必须考虑什么强化物对儿童最有效。在选择强化物时要根据儿童的具体特点和问题行为的类型，以及对强化物需要的程度来进行选择。

（5）新行为模式的形成。任何一种动作重复多次就会变成习惯。因此，要求儿童养成一种良好的行为模式，消除问题行为，必然要求他们反复训练新的行为。

（6）矫正评估效果。对设计方案的每一阶段及整个过程加以评估，如不得当可随时加以修正；对新的行为模式进行评估，如没有达到预期效果需进一步矫治。

【基本概念】

儿童心理健康　系统家庭治疗　留守儿童　单亲家庭　智力障碍　行为障碍

【复习思考题】

1. 单亲家庭儿童存在哪些心理问题？

2. 留守儿童存在哪些心理问题？

3. 如何维护儿童的心理健康？

4. 选择一个地区，调查留守儿童的生活和学习状况，并分析留守儿童心理健康的影响因素。

5. 加强对单亲家庭儿童和留守儿童的关注、关心和关爱，我们需要做些什么？

6. 试通过调查分析在三类学校就读（普通班随班、普通学校辅读班、辅读学校）的轻度智力落后儿童的智力发展情况。

【推荐阅读书目】

1. 刘文．幼儿心理健康教育．北京：中国轻工业出版社，2008.

2. 布鲁斯·D·佩里，迈亚·塞拉维茨．登天之梯：一个儿童心理咨询师的诊疗笔记．曾早垒，译．重庆：重庆大学出版社，2012.

3. 克洛德·阿尔莫．光有爱还不够——帮助孩子构建自我．王文新，李美平，译．上海：上海社会科学院出版社，2012.

4. 董奇等．当代中国儿童青少年心理发育特征．北京：科学出版社，2011.

5. 玛考尔蒂．儿童心理创伤治疗．刘建鸿，王锦，译．北京：中国轻工业出版社，2010.

6. 李少聪．农村留守儿童心理及行为问题疏导——让留守儿童不再“留守”．西安：第四军医大学出版社，2011.

7. 朱卫红．留守儿童心理发展研究．昆明：云南大学出版社，2010.

8. 张理义，陈春霞．智力障碍．北京：人民卫生出版社，2009.

第六章 青少年心理健康

【学习目标】

1. 掌握中小学生心理健康的标准
2. 认识中小学生常见的心理问题
3. 认识维护大学生心理健康的途径
4. 了解提高研究生心理健康水平的措施

【章节导读】

心理健康教育是维护青少年心理健康发展，开发学生心理潜能，提高其心理素质的重要内容。青少年正处在身心发展的重要时期，随着生理的发育和心理的发展，社会阅历的扩展及思维方式的变化，特别是面对竞争的压力，他们在学习、生活、人际交往、升学就业和自我意识等方面，会遇到各种各样的心理困惑。因此，在学校开展心理健康教育，是学生健康成长的需要，是推进素质教育的必然要求。本章主要讨论小学生、中学生、大学生和研究生的心理健康的相关内容，存在的主要心理问题及解决心理问题的途径与方法，使中小学教师、高校心理工作者能够正确认识学生心理问题产生的原因和影响因素，发挥课堂教学在学生心理健康发展中的积极作用。

第一节 小学生心理健康

小学是一个人学习生涯的开始，是学生在教师的指导下获取科学知识，通过各种活动形成良好的道德品质的重要阶段，小学生要在参与班集体的活动中与同学们交往，形成健康和积极向上的心理。

一、小学生心理健康的标准

学者们在不同的文化背景下，从不同的研究角度提出了小学生心理健康的标准。美国学者 H. J. 柯赖齐亚和 W. 斯塔顿认为小学生心理健康有以下十项标准。

(1) 能够利用自己的聪明才智追求合理的目标。

(2) 具有自尊、自信等品质，能够正确认识自己的价值。

(3) 自知受人喜欢和欢迎。

(4) 具有安全意识，与周围环境能够和睦相处，热爱生活。

(5) 能够从实际出发寻求解决问题的办法；能经受挫折的考验，不怕困难，坚持到底。

(6) 能区别感觉和事实。

(7) 能够合理地处理与他人在学习中的竞争；有信心、有条理。

(8) 能够与他人合作，关心他人。

(9) 尊重别人的权利。

(10) 正视生活现实，能承担责任，能自我约束。

我国著名学者林崇德认为，凡对一切有益于心理健康的事件或活动做出积极反应的人，其心理便是健康的。对于小学生心理健康，大体可以从以下三个方面加以概括。

(1) 学习方面的心理健康。体现为学习的主体从学习中获得满足感，从学习中增进体脑发展，从学习中保持与现实环境的接触，从学习中排除不必要的恐惧，从学习中形成良好的学习习惯。

(2) 人际关系方面的心理健康。能了解彼此的权利和义务，能客观地了解他人，关心他人的需要，诚心地赞美和善意地批评，积极地沟通，保持自身人格的完整性。

(3) 自我方面的心理健康。善于正确地评价自我；通过别人来认识自我；及时正确地归因；扩展自己的生活经验；根据自身实际情况确立抱负水平；具有自制力。

小学生的身心健康状况可以通过活动和行为方式进行观察。参照已有的小学生心理健康标准，结合小学生当前的心理特征和行为表现，我们提出小学生心理健康的八项标准。

1. 智力正常

智力发展正常是小学生学习的重要心理条件和基本保证，也是衡量小学生心理健康的重要标准之一。具体表现为：有强烈的求知欲，乐于学习；对新问题、新事物有浓厚的兴趣和探索精神，在学习中体现出能动性；智力各因素在活动中能有机结合、积极协调，正常发挥作用。

知识拓展

测查孩子智力水平的简易方法

如何才能知道自己的孩子的智力处在什么样的水平呢？除了一些专业正规的智力测试外，在普通的家庭中，家长可以用一些简单的方法对孩子进行智力测查，如通过横向比较（与同龄孩子比）和纵向比较（与孩子的过去比），来了解孩子的智力发展水平。研究指出，较能表现出孩子智力水平的，一是语文能力，二是数学能力。这两种能力基本上可以包括智力的几种主要因素——感知力、记忆力、注意力、想象力、思维能力。所以，家长可以从孩子的语文、数学的学习情况中大概了解孩子的智力水平。

下面的一些具体方法可供家长参考。

（1）利用图画和语文来测查孩子的智力。

家长可以通过让孩子在错误的图画中找问题来测查孩子的观察力。让孩子进行物品分类，可以测查孩子的思维能力。让孩子看图编故事，可以测查孩子的想象力。

（2）利用数学测查孩子的智力。

家长可以通过一些算术题，了解孩子对数的实际意义、数的顺序、数的组成的认识水平，通过这样的评估测查孩子的概括力和抽象力。让孩子判断物品的大小、多少、粗细、薄厚，测查孩子的知觉能力和比较能力。用一些几何图形的纸板让孩子拼摆物品，测查孩子的想象力。让孩子用6个模子摆成一个三角形，用8个棋子摆成一个四边形，测查孩子的思维能力。

2. 有积极健康的情绪

童年期的情绪体验对一个人一生的心理健康发展起着很重要的作用。小学生情绪健康的内容主要有：积极情绪多于消极情绪，保持乐观、积极、向上的心态；情绪反应适度，反应强度与引发情绪的原因相符；能有效地调节和控制情绪的质、量、度，能在适当的时间和场合恰如其分地表达情绪，既能克制约束，又能适度宣泄，不过分压抑。心理健康的孩子，在乐观、满意等积极情绪体验方面占优势，尽管也会有悲哀、困惑、挫折感等消极情绪出现，但不会持续太久，他们能够控制自己的情绪，使之保持相对稳定。

3. 有较强的意志品质

意志品质主要表现为行动的自觉性、果断性、顽强性和自制力。意志是人的意识能动性的体现，是个性的重要精神表现。不怕困难和挫折，不达目的不罢休，做事能坚持到底、不半途而废，能根据外界的需要控制自己的愿望和行为，还能排除外界和内心的干扰，集中注意力进行学习和工作，这些都是意志力强的表现。小学生的意志力主要体现在学习中不怕困难，有一定的学习目标和计划，能够坚持做事。在活动中不一意孤行，能根据条件的改变调整自己的活动，在遵守纪律方面有一定的自制力。

4. 人际关系和谐

心理健康的小学生往往表现出乐群性，有人际交往的愿望，而且拥有积极、良好的人际关系。他们尊重他人、理解他人，善于学习他人的长处补己之短，并能用友善宽容的态度与别人相处。能够做到真诚坦率地和同学、教师、家长相处，从而能得到别人的信任，并建立起融洽的人际关系。愿意参加集体活动并能在活动中感到快乐。

5. 适应学校生活

小学生从幼儿园进入到小学遇到的第一个适应问题就是对学校纪律的适应、对学习方式的适应、对学校人际关系的适应。家长和教师应该主动关心学生，帮助他们尽快适应学校的学习和纪律要求。这种适应能力的标准是：能和班集体保持良好的接触和同步关系；自己的需要和愿望与教师要求基本符合；当和集体的利益发生矛盾时，能自我调节，明确自己所处的位置；学会调控解决学习及生活中遇到的一些问题，掌握排解心理困扰、减轻心理压力的简单方法。有的小孩很长时间不能适应学校的生活，遇到问题就哭闹或逃避，表现出呆板、沉默不语、任性、怯懦等，不能很好地与老师及同学们相处，这说明孩子的心理上存在着一些问题，家长应重视。

6. 有较强的好奇心和良好的记忆力

儿童时期的好奇心和探索精神是非常强烈的，他们经常会问这、问那，给家长、老师提出很多问题。这是他们思考和创造性的火花。他们具有较强的好奇心和记忆力，尤其对于自己感兴趣的东西，更会显得非常好奇。如果一个孩子对任何新鲜事物都显得漠然冷淡，那么，孩子的心理可能会存在问题。

7. 心理行为符合年龄特征

心理健康的孩子应该具有与同年龄多数儿童相符的心理行为特征。如果一个 5 岁的孩子其心理发展水平处在 3 岁阶段，那么这个孩子的心理发育就没有达到健康的标准。例如，3～5 岁的儿童常常依恋父母，围着父母转是正常现象。而如果到了小学高年级仍寸步不离父母，过分依赖父母，那么该儿童就可能存在着某种程度的人际交往障碍。

8. 热爱生活，喜欢玩耍

心理健康的儿童热爱生活，能深切感受到生活的乐趣和生活中的美好，积极憧憬着美好的未来。能在生活中充分发挥自己各方面的潜力，不因遇到挫折和失败而对生活失去信心。能正确对待困难，及时调整自己的思想、方法和行为策略，以适应各种不同的社会环境。爱玩是孩子的天性，小学生完成课业任务后会采取各种方法玩游戏，游戏是促进孩子智能发展的最佳途径。

二、小学生心理健康状况

小学阶段是人身心发展的重要时期，其发展状况对人一生都有重要影响。由于社会变迁的加速，社会竞争的加剧及生活节奏的加快，社会对人的素质的要求越来越高，因此，小学生面临的各种压力也普遍增加，各种身心问题也明显增多，心理健康状况不容乐观。因此，小学生心理健康问题必须引起人们的高度重视。

2004年，郑莉君在小学生心理健康状况与学习成绩相关研究中对323名小学生心理健康状况进行调查，结果显示，各种心理问题检出率从高到低依次为：学习焦虑、身体症状、自责倾向、过敏倾向、对人焦虑、孤独倾向、恐怖倾向、冲动倾向。郑莉君等2007年，对杭州市、宁波市五所小学4～6年级的917名学生作了心理健康状况的调查，结果表明：（1）小学生心理健康状况总体良好，至少有一种心理问题的学生检出率为38.4%。在总计检出中，居前四位的分别是：学习焦虑占总人数的38.2%；身体症状占22.2%；恐怖症状占8.3%；过敏倾向占8.0%。（2）小学生心理健康状况存在着显著的年级差异。在总体水平和孤独倾向、自责倾向、身体症状分量表上，五年级心理问题检出率最高，其次为六年级，四年级最低；在过敏倾向分量表上，五年级心理问题检出率最高，其次为四年级，六年级最低；在学习焦虑、恐怖倾向分量表上，六年级心理问题检出率最高，其次为五年级，四年级最低；在对人的焦虑、冲动倾向分量表上，四年级检出率最高，其次为五年级，六年级最低。（3）在性别差异上，除自责倾向、身体症状和冲动倾向外，女生在总体水平和其他分量表上心理问题的检出率均高于男生。（4）各种心理问题检出率从高到低依次为：学习焦虑、身体症状、恐怖倾向、过敏倾向、自责倾向、孤独倾向、对人焦虑、冲动倾向。

以上两项研究结果时隔3年，略有差异。通过比较与分析，以下几点值得我们的注意。

（1）两项研究分别发现被调查人中有43%和38.2%的学生存在不同程度的学习焦虑，这表明学习焦虑是小学生主要的心理问题，主要表现为当教师宣布考试时会感到紧张，对考试成绩相当重视，担心没考好会受到父母或老师的训斥，对老师课堂提问感到不安等，我们认为这种情况与中国的应试教育制度有很大的关系。小孩子刚上小学就被告知要为将来升大学而竞争，学校也经受着前所未有的升学压力，于是形成了中小学为应试而教、为应试而学的局面。虽然小学生没有现实经历中学生“中考”和“高考”的压力，但父母及教师对学习成绩相当关注的现状已通过各种途径提前潜入小学生的意识当中，这样就给孩子造成一定程度的心理压力，产生学习焦虑。

（2）两项调查显示存在身体症状的学生分别占被调查总人数的22.2%和24.39%，说明小学生的身体健康状况不容乐观，其身体上的不适反应主要有紧张得手出汗、容易疲劳、教师问有关学习问题时觉得心里扑扑跳、经常头痛等，这可能与小学生学业负担重，睡眠时间较少、活动空间有限、体育锻炼时间得不到保证而导致身体素质下降有关。

（3）两项研究都表明小学生的自责倾向与过敏倾向值得重视。自责倾向指小学生由于自信心不足或对他人不够信任而导致对自己所作所为经常感到不安，常怀疑自己的能力，常把失败、过失归咎于自己，如取得坏成绩时就认为是由于自己不用功造成的。过敏倾向指小学生对有些事情过于小心翼翼、谨小慎微，主要表现为决定一件小事时要思前想后、犹豫不决，对学习成绩及教师对自己的态度非常敏感，成绩稍有落后就担心自己在老师及同学心目当中的地位会下降。因此，教育工作者应采取切实可行的措施，降低学生在以上几方面的焦虑水平，使每位学生的身心都能得到健康发展。

三、小学生常见的心理健康问题及辅导策略

(一) 学校适应问题及其辅导

1. 学校适应不良

学校适应指儿童在学校愉快地参与学校活动并获得学业成功的状况。进入小学开始正规的学校生活是每个人成长过程中的一件大事，尤其是第一年的学校生活状况，在一定程度上将决定儿童对学校生活的态度和趋向，并可能影响他们将来的学业和社会成就。学校要求学生逐渐改变幼儿期的贪玩和任性等个性，成为一名合格的小学生。

从校园的环境到与教师、周围年龄相仿的同学的人际关系都是陌生的，而且，还面临着学习压力、校规校纪的约束等，这对刚进入小学的孩子来说，有适应困难的情况也是正常的。有部分儿童会产生一些适应不良的反应，如产生焦虑、不安等情绪障碍，注意力不能集中，不能约束自己的行为等。大多数孩子一般经过几周的自我调节都能逐渐适应学校的生活，但是也有极少数孩子会持续几个月，这就需要引起学校及教师的注意，因为许多研究都已经表明儿童的社会行为与其学校适应密切相关，亲社会、合作性社会行为与同伴接纳、良好的学校适应和健康的心理有关，而攻击或破坏性行为与同伴拒绝、不良学业表现相关，害羞—敏感性行为则与同伴拒绝和不良的学校适应相关。2001 年，刘胜琳对小学新生进行的一项调查显示，对学校的不适应主要体现在：对课堂纪律的不适应、对快节奏的作息制度不适应、对学科学习的不适应。

2. 学校适应不良的辅导

小学阶段是个体心理发展的关键时期，教师和家长应充分认识到这一点，积极主动地引导儿童正确面对成长过程中遇到的各种学校适应不良问题。

(1) 做好幼小衔接辅导。幼儿园和小学对个体的要求有本质的不同，幼儿园的主导活动是游戏，小学的主导活动是学习，游戏与学习的纪律要求是不同的。学校教育是人生系统学习的开始，所以，家长和教师应重视儿童的幼小衔接辅导。如主动向孩子介绍学校与幼儿园的主要区别，在学校应如何适应纪律要求，如何与同学、老师交流等等。国内外的研究提出了“入学准备”教育。“入学准备”是学龄前儿童为了能够从即将开始的正规学校教育中受益所做的各种准备。

2012年，卢富荣等对北京市389名儿童的入学准备类型的研究发现，儿童在四种不同入学准备类型上的比例如下：准备良好型（54.50%）、身体健康和动作技能准备不足型（14.65%）、身体健康和动作技能突出/其他领域准备不足型（21.08%）和入学准备综合不足型（9.77%）。此外，城区和郊区、女生和男生在入学准备上存在差异。不同入学准备类型儿童的学校适应状况存在显著差异，入学准备良好型儿童在一学期后学校适应状况良好，而入学准备综合不足型儿童的学校适应则最差。美国国家教育目标委员会（National Education Goals Panel，1997）提出儿童的入学准备应包括以下五个领域：身体健康与运动技能领域、情绪与社会性领域、学习方式领域、言语发展领域和认知发展与一般知识领域。在学前学校教育和家庭教育中，应从多方面对孩子进行入学准备教育，促进他们较快较好地适应学校的学习生活。

（2）培养克服困难和独立解决问题的能力。孩子入小学会遇到很多需要自己解决的问题，如整理书包、独立完成作业、值日、学习中遇到问题与同学共同解决、遇到突发事件时求助于他人等等。这些都需要小学生具备独立完成一定任务的能力，如果没有这些能力，不能完成相应的任务，就会出现自我否定，导致情绪低落，时间长了还会对学校活动兴趣降低，严重时就会出现学校不适应的情况。所以，从入小学就要开始培养个体的独立能力和主动精神。例如，在家指导孩子独立做一些力所能及的事情，从简单的事情做起，当孩子做好时给以鼓励，强化其独立做事的能力。

（3）培养学生坚强、乐观的性格。很多学校适应不良的学生性格孤僻，不愿与人交往，遇到困难容易退缩、逃避，耐挫力较差。针对此类学生应对症下药，帮助他们锻炼与人交往的能力，让他们发现自身所具有的闪光点，树立自信心。创造机会让这些学生融入到集体中，形成同学之间团结友爱的氛围。

（4）教师与家长密切配合。教育不仅是学校的责任与义务，将孩子放到学校并不意味着家长们把孩子的成长完全交给了学校，托付给了教师。在辅导学生的适应性上，教师应得到家长的密切配合，教师积极与家长沟通，共同寻找问题的根源和解决的方法，帮助学生更好地适应学校生活，促进他们的健康成长。

（二）学习困难及其辅导

1. 小学生学习困难的主要表现

学习困难（learning difficulty）是由一组学习技能缺陷构成的发展性心理障碍，表现为听、说、读、写、算术、空间等能力的习得与应用上的缺陷。小学阶段的学习困难是比较常见的问题。陈美娣等2004年对浦东四所小学2～4年级全部学生的调查发现，四所学校学习困难学生平均检出率为15.71%，各种类型分布以阅读、计算和拼写三项技能障碍同时存在的发生率最高（5.22%）。七种不同类型（阅读障碍、拼写障碍、计算障碍、阅读拼写障碍、拼写计算障碍、阅读计算障碍、阅读计算拼写障碍）的学习困难者的智力水平、语文和数学成绩都显著低于正常学生。学习困难主要表现为不善于独立思考、自学能力差、不会读书听课、注意力不集中，情绪容易受学习效果的影响，经常性的失败经验导致自暴自弃、考前紧张、失眠、有预感焦虑和期待不安等问题。在意志力上表现为缺乏恒心和毅力，学习目的不明确，缺少动力，学习懒散，厌学，贪玩。

2. 学习困难的辅导

（1）引导学困生正确认识自我。学习困难学生不善于自我评价和自我判断，他们的自我意识水平明显低于普通学生，因而容易降低学习目标，放弃对学习的努力。从自我意识的发展来看，健康的自我意识的养成并非一朝一夕之事，所以，教师有责任帮助学困生正确认识自我，形成恰当的自我意识，并培养他们主动调整自我意识的能力。教师要让学困生充分了解自己，在此基础上保证获得教学计划和教学大纲规定的知识与技能。同时，引导学困生分析学习失败的原因，作出恰当的自我判断，以取长补短，摆脱学习困难的困境。

（2）排除心理障碍，提高学生的学习能力。许多学生的学习困难是由心理障碍引起的，这些障碍表现在以下几个方面：自卑忧郁、多愁善感、沉湎于消极情绪之中；志向迷茫、胸无大志、行无目标、观念偏颇、耐挫力差、荣辱不分、懒散成瘾、思维迟缓、混乱；基础薄弱、知识积累少、概念模糊、错误的归因，将学习不良简单归于客观因素，却不从主观上找原因。这些都是导致学生缺乏学习动力，学习自信心不足的心理障碍。心理辅导老师应该有针对性地帮助这些学生，通过深入辅导来消除不良心理障碍，提高学习能力，从而让学生积极主动地去学习。

（3）帮助学困生培养适应环境的能力。能良好地适应环境是心理健康的一条重要标准。学困生心理行为问题的产生大多来自于对周围环境和人际关系不能进行良好的适应。因此，对学困生的心理辅导要从矫正负性认知着手，训练他们学会采用积极的应对方式，诱发积极的生活事件，并采用合理的、理性的应对方式来缓解和调节环境对个体的压力。要对学困生进行适应环境和承受挫折的教育。这种教育可以通过教师有目的、有计划地安排一些情境，让学生在情境中锻炼，增强学困生的适应能力，以此培养学生合理有效地应对外界各种刺激的能力，维护心理健康。

（三）学习疲劳及对策

学习疲劳是个体经过长时间连续紧张的学习后由于身心过度疲劳所导致的学习效率下降的现象。长期处在疲劳状态下的儿童不仅会产生生理疲劳（如食欲缺乏、瞌睡、大脑供血不足、头热脚冷等），还会产生心理疲劳（如情绪烦躁、注意力涣散、思维迟钝、记忆力减退等）。为了缓解学生紧张的学习压力，预防学习疲劳的出现，让学生们真正体会到学习的乐趣，可以从以下四个方面入手。

1. 合理安排课程

研究表明，各学科的疲劳值是不同的：数学、体育、外语最高，其次为语文、历史、地理、自然、社会等学科，而音乐、美术类以技能为主、学练结合的学科的疲劳值最低。因此，要合理安排课程，控制每种课程的授课时间，做到各种课程穿插进行，这样才能降低小学生的学习疲劳。此外，要注重改善教学方法，合理安排教学内容，科学利用教学时间，引导学生学会听课，提高课堂的效率等。

2. 睡眠时间充足

睡眠不仅可以缓解疲劳，维护神经系统的正常功能，而且也非常有益于儿童的身心发育。睡眠也不宜太多，学生年龄与睡眠时间的关系可参照表 6—1。

表 6—1 学生年龄与睡眠时间表

年龄（岁）	6	7	8	9	10	11	12	13	14	15	16	17
睡眠时间（小时）	12.3	11.5	11.2	11.0	10.5	10.2	9.8	9.6	9.25	9.0	8.76	8.5

3. 保证饮食营养

合理而充足的营养可改善大脑的机能，增加大脑活力，这对于处在身心迅速发育而又肩负紧张学习任务的小学生来说是很重要的。小学生每天的饮食可包括：鱼肉禽类、蛋类、大豆或豆制品、蔬菜、水果、牛奶或豆浆等，保证摄入充足的蛋白质和维生素。

4. 丰富课余生活

适度开展体育运动，丰富课外生活，所谓的劳逸结合，可以有效地降低学习疲劳。丰富多彩的体育活动，既可以锻炼身体，又可以缓解心理压力、消除疲劳。小学生可以在课余开展一些球类运动或跳绳、跑步等有益于身心健康的运动，但要注意不能过量，不然会增加身体的压力，导致更加疲劳。

(四) 考试焦虑

过度紧张和焦虑导致的考试焦虑症，会引起不良的生理反应：学生情绪情感亢奋，难以调节与抑制，感到考试是一种威胁而不是一种挑战，容易出现失眠、恶心、手心出汗、心跳加快、呼吸不匀、脸色发白或异常红晕等等。也会引起心理异常：学生在考场上容易发生视听模糊，正常的思维过程受到严重干扰，思维混乱，反应迟钝，注意的范围大大缩小，难以把注意力集中在考试题目上，对自己已充分准备的考试内容也无法回忆起来，影响了解题的速度和质量等等。

小学阶段仅是学习生涯的一个开端，能否树立正确的考试观念，克服或缓解考试带来的紧张感、焦虑感对学生今后的学习的影响很大，出现轻度考试焦虑的学生，可以从以下几个方面进行辅导。

1. 营造宽松的成长环境

小学生正处于生长、发育的关键时期，过重的心理压力会使其幼小的心灵不堪重负。这就要求教师和家长既要端正自己的育人观念，又要给儿童减压，帮助其正确认识考试的意义，端正考试动机，引导学生关注平时努力学习，而不要过分看重考试的得失。

2. 指导学生掌握调控紧张情绪的技巧

常用的方法有自我暗示法和放松疗法等。例如，可用自我暗示法，通过语言来调节中枢神经的兴奋性，以改善神经机能，调节情绪状态。当个体产生焦虑情绪时，可以想象一些轻松、愉快、舒适的情境，以减轻或解除紧张的情绪。

3. 考前制定合理的复习策略，养成良好的学习习惯

在复习过程中应将学习内容和重点、难点以及复习程序安排得当，以教材为主，课外参考书籍为辅，重点放在教材上。在复习过程中合理安排复习时间，注意劳逸结合，切忌“开夜车”。遇到问题及时请教老师或同学。此外，还应做好考前的物质准备，各种文具、计时表、准考证等准备齐全，以减少考场上不必要的紧张与焦虑。

（五）人际关系问题及辅导

人际关系的质量对小学生的心理健康有重要的影响。良好的人际关系能够促进小学生社会技能、自我意识的发展及学业成绩的提高。对于小学生来说，同伴关系、亲子关系以及师生关系所构成的社会交往体系对儿童的发展产生着巨大的影响和至关重要的作用。

1. 小学人际关系的主要问题

2005 年，陈文彬采用提名法对小学生进行问卷调查，将小学生的人际交往问题归结为四种，即攻击型（攻击性强、对人有敌意、经常谩骂别人、行为古怪、自命不凡、喜怒无常等）、学业型（上课不认真听讲、作业不完成、考试作弊、成绩差、不努力、不上进等）、吵闹型（活动或游戏中不守规矩，事事胡闹，缺乏责任感，不善于处理交往中的问题，无纪律、无约束等）、孤僻型（退缩的、安静的、孤独的、易于拒绝的、待人冷漠、不合群等）。2005 年，董莉等对 4 045 名小学生的同伴关系、亲子关系、师生关系及陌生人关系等四个方面的人际关系现状的调查显示，3～6 年级小学生的同伴关系要优于亲子关系、师生关系及陌生人的关系，女生的人际交往水平要显著高于男生。

2. 小学人际关系辅导

在对小学生人际关系问题的辅导中，我们应注意以下两个方面：（1）创造交往机会，有针对性地进行训练。交往中的心理障碍只有通过交往活动才能克服。家长和教师应为有交往障碍的儿童创造条件，鼓励他们积极与人交往，使他们得到实际的锻炼。如让他们代表班级参加各种集体活动，逐渐消除胆怯心理，能够大胆地与人交往。（2）培养儿童良好的个性品质。教师应注意在教学活动以及其他集体活动中，有意识地帮助有交往问题的儿童，为其创造条件，鼓励他们参加交往活动，学习交往技巧，增进交往需要和乐趣，从而改变不良的个性品质。

第二节 中学生心理健康

中学阶段是人生发展的重要时期，是一个人形成健康体魄、掌握系统的科学文化知识、形成良好的人格和积极的自我意识的重要时期。中学时期是儿童向成人过渡的关键时期，个体身心经历着巨大的变化，尤其是当代中学生面临着日益增大的外界压力，容易产生各种各样的心理危机。有研究指出，随着信息化社会的到来和经济的发展，中学生心理健康问题越来越明显，并且年龄越大，心理症状的表现越明显。

一、中学生心理健康的标准

根据中学生心理健康发展的特点，中学生的自我同一性的稳定程度、自我价值体系的建立水平、人际关系是决定其心理健康的主要因素。另外，对学习的适应性也仍然是左右中学生心理健康的一个重要因素。鉴于此，我们把中学生的心理健康标准确定为以下 10 个方面。

（1）乐于学习、工作和生活，保持乐观积极的心理状态。心理健康的中学生应乐于学习、工作和生活，能把自己的智慧和才能在学习、工作和生活中发挥出来，取得成就，获得满足感。能够从自己的实际情况出发，自觉完成学习和工作任务，而不以此为负担。在遇到困难时，能努力去克服，争取新的成就。

（2）善于与同学、老师和亲友保持良好的人际关系，乐于交往，尊重友谊。能与周围的人建立良好、稳定的人际关系，在交往中互相理解，互相尊重，团结互助，对人善良、诚恳、宽容、公正、谦虚。能尊重他人的权益和意见，正确对待他人的缺点，善于与各种类型的人相处。

（3）有正确的自我观念，能了解自我、接纳自我，能体验自我存在的价值。心理健康的中学生，不仅能客观地认识自我、承认自我、接受自我，而且还要有自知之明。对自己的能力、特长和性格中的优缺点，能做到客观、恰当地自我评价，既不自傲，又不自卑。能正视现实，生活、学习目标符合实际，不怨天尤人，也不自寻苦恼。对自己的不足或某些无法补救的缺陷，能正确对待，坦然接受。

（4）情绪稳定、乐观，能适度地表达和控制情绪，保持良好的心境状态。心理健康的中学生主导心境始终处于轻松、活泼和快乐的状态。虽然因学习、生活中的挫折、失败或不幸也会有悲、忧、愁、怒、烦等消极情绪体验，但不会长期处于消极、悲观、不可自拔的体验中，更不会因此而轻生。善于适度地表达和控制自己的情绪，能随时排解各种烦恼。绝不因一时冲动而违反道德行为和规范，能在社会规范允许范围内，满足自己的合理需要，保持稳定乐观的情绪。

(5) 保持健全的人格。人格健全的中学生的心理活动和行为方式处于协调统一之中，有正确的人生观，能以此为中心，把需要、动机、目标和行为统一起来，乐于生活、学习，兴趣广泛，性格开朗，胸怀坦荡，办事机智果断，表里如一，行为上表现出一贯性与统一性。

(6) 面对挫折和失败具有较高的承受力，具有正常的自我防御机制。心理健康的中学生在遇到挫折和困境时，能够表现出较高的耐受性和平衡性，不因此而影响和改变自己的目标和正常的学习生活。能驾驭自己的情绪，以良好的意志力，克服前进中的困难，自觉运用自我防御机制，随时可以排解影响学习和健康的情绪困扰，消除各种焦虑、紧张、恐惧、烦恼等情绪现象，使其心理保持良好的平衡状态。

(7) 热爱生活、热爱集体，有现实的人生目标和社会责任感。心理健康的青少年珍惜和热爱自己的学习生活、积极投入有乐趣的生活中，相信自己的存在对社会和对国家有意义、有价值。能坚持不懈地努力，从事有意义的事业，遵守社会公德，维护国家利益，勇敢承担社会义务，善于发挥自己的聪明才智为社会服务。

(8) 心理特点、行为方式符合年龄特征。心理健康的中学生其认知活动、情绪反应、性格特征等心理特点以及行为表现应与其年龄阶段相符合，与其充当的社会角色相适应，保持一定年龄阶段的共性与个性的统一。

(9) 能与现实的环境保持良好的接触与适应。心理健康的中学生面对激烈的社会竞争和快节奏的生活，能够保持良好的适应状态。能够根据客观的需要，主动调整自己的言行，在暂时无法改变客观环境的情况下，能主动改变自己，以适应社会环境的需要，保持平衡的心态，并能精力充沛地投入到学习和生活中。

(10) 有一定的安全感、自信心和自主性，而不是过强的逆反状态。心理健康的中学生们能保持相对稳定而常态的生活方式，不因生活的变故和学习环境、学习任务的改变而产生过度的焦虑和不必要的心理负担。能坦然处事，保持安定的心理状态。善于合理地提出和表达自己的意愿及要求，不盲目冲动，对成人无反抗和对立情绪。

二、中学生心理健康现状

近些年，人们对中小学生心理健康问题的关注程度不断提高。2006 年，侯振成等对北京市某区的 1 379 名中学生进行 SCL—90 测试，结果发现，有 6.73%的中学生存在各种明显的心理健康问题。2007 年，于连政等对辽宁省 4 593 名初中至高三学生进行的调查显示，有心理问题者占 26.3%，其中有严重心理问题者占 5.0%；高一和高三年级学生的心理问题检出率最高。2008 年，姜莹等调查了北京市的 1 893 名中学生，结果显示，31.3%的中学生存在轻度心理问题，7.0%存在中重度心理问题，学习压力及自我实现因子是目前中学生心理压力的主要来源。2011 年，张彦军等调查西宁市区的 1 478 名中学生，结果显示，心理问题的总检出率为 44.99%，和全国相比检出率较低。

2011年，单永花和李辉对2000—2010年中学生心理健康状况文献进行元分析显示，中学生心理健康状况存在性别差异和年级差异，女生在躯体化、焦虑、人际关系敏感度和抑郁因子上的得分显著高于男生，高中生在人际关系敏感、抑郁、精神病性和强迫因子上的得分显著高于初中生。辛自强和张梅2009年采用横断历史研究，选取1992年至2005年间107篇采用SCL—90为工具的研究报告，分析了111 925名中学生在该量表9个因子上得分随年代的变化情况。他们的研究结果表明：（1）1992—2005年中学生的心理问题测量的分值在缓慢增加，即中学生心理健康水平缓慢下降。（2）中学生的心理健康水平不再像以前那样趋同，而是逐年变得更为分化。

三、中学生常见心理问题及辅导策略

（一）学习困难

1. 学习困难的表现

学习困难的中学生作为一个异质群体，其心理健康状况必然比普通学生差，并且存在一定的心理行为问题。1997年，雷雳的研究指出，学习困难的学生心理健康水平明显低于非学习困难的学生，尤其突出地表现在强迫症状、人际敏感、抑郁、焦虑和敌对性等方面。学习困难的学生几个明显的心理障碍是自卑、逆反、厌学、懒惰、依赖等问题，学习兴趣淡漠、缺乏学习目的和学习自觉性、学习不专心、注意力分散、消极应付作业、过度焦虑、自尊心过强、自卑感重、意志力薄弱等。学习困难的中学生是一个特殊的群体，他们的自尊状况与普通学生存在差别，而自尊是心理健康的重要指标之一，学习困难的中学生的自尊状况在一定程度上反映了他们的心理健康状况。2000年，Heath和Ross的研究发现，在消极自尊维度上，学习困难的女生与普通女生的差异显著。2003年，Mc Nulty采用叙述分析法对诵读困难的学生的研究发现，随着诵读困难的学生在学校经历了学习成败，他们会意识和感受到自尊问题。此外，学习困难的学生与普通学生相比存在明显的问题行为。2000年，朱冽烈等研究表明，学习困难的学生与学习优秀及学习一般的学生相比，存在更多的品行问题，他们更多动，冲动性更强，行为问题更多。学习困难的学生比普通学生存在更多的违纪行为，许多青少年违法者在早期都存在学习困难，并且，学习困难的违法者再次犯罪的可能性更大。

在情绪特点方面，学习困难的儿童的情绪识别能力，包括对复杂的、混合的、隐藏的情绪的识别能力显著低于一般儿童。国内的张明和刘岩在2002年也发现，学困生的情绪困扰显著高于学优生。在学困儿童的情绪理解特点方面，2008年，佟月华和宋尚桂的研究发现，学习困难的儿童在情绪理解方面存在一定缺陷，具体表现为以下六个方面：（1）表情识别能力差；（2）自我意识情绪识别水平低下；（3）混合情绪识别较差；（4）情绪原因理解落后；（5）情绪隐藏理解较差；（6）情绪改变理解水平低下。

2. 学习困难的辅导

针对中学生学习困难的特点及其与小学生学习困难的异同，对中学生学习困难的辅导可采用以下几种方法。

（1）帮助学困生进行归因训练，消除不适应感。学习困难的中学生往往对自己的学习存在不正确的归因，对学习丧失了自信，进而产生不适应感，包括自卑、焦虑、困惑等消极体验，因此，对他们进行归因训练显得尤为重要。消除学习活动中的不适应感，克服自卑和悲观是对学困生进行治疗教育的根本所在。帮助学生消除学习不适应感，要以减轻其心理压力，树立学习信心，激发学习积极性为原则。教师应注重引导学生学会正确归因，提高自我归因能力。归因训练关键是让学生明确，学习困难并不是只由某一个因素造成的，若将学习成绩差只归因于相对稳定的能力因素，则必然导致自卑心理和对学习的恐惧。因此，对成绩差要具体分析，多从学习动力、学习方法、学习习惯等方面找原因，使学困生体会到“差”并不是不能改变的，以调动他们改变自我、奋发向上的积极性。此外，教师要帮助学困生培养悦纳自己的积极心理状态，肯定自己的价值所在，提高自尊水平。

（2）注重习得性勤奋训练，培养自我效能感。勤奋对于学生的学习是十分重要的，判断一个人是否勤奋的标准，要看他是否比别人付出更多的努力。努力是指当身体或心理受阻时，主体继续身体运动或加强心理活动，个体对努力带有一种天生的厌恶。要想使学困生的学习心态由“要我学习”变为“我要学习”，就必须在教育过程中注重勤奋的价值体验和努力训练，即习得性勤奋训练。教师要改“强化分数”为“强化努力”，让学困生体会到只要努力学习，任何人都能取得进步的道理，从而愿意在学习中付出劳动和努力。

（3）对学困中学生的心理干预。学困生心理问题的产生受到诸多因素的影响，因此，对心理行为问题的确认、评估、干预等，必须考虑学生本人、学校教师以及家长这三个不同的群体，并提出相应的干预措施，包括以下四个方面：第一，学校的心理健康工作者能够与学生面对面地接触，定期与那些存在心理健康问题的学困生见面；第二，学校教育应根据学困生的实际情况，制定出适应其发展的教育目标和结构；第三，转变家长错误的教育思想和教育态度，促进学困生的健康发展；第四，协调校内外人员、社区组织机构的干预和活动。

（二）人际交往与心理健康

人际关系是社会生活中人与人的交往关系，是个体社会生活的重要组成部分。中学生因其特定的学习与生活环境，他们的人际关系主要表现为同伴关系、与异性的关系（见图 6—1）、师生关系、与亲属的关系、与陌生成人的关系等。中学生的人际交往表现出如下特征：与同伴的交往水平增强，特别是与异性的交往；与父母交往的关系逐渐弱化；与教师的关系只保持在学习和知识上，并不与他们谈及个人问题。

在交往对象的选择上，初中生所交的朋友大多数是同岁或相差 1～2 岁的同伴。在对象的性别上，中学生中只愿结交同性朋友的人最多（占 80.2%）。国内学者汤腊冬等的调查结果显示，高中生最喜欢与同性伙伴交朋友，其次是既喜欢和同性伙伴也喜欢和异性伙伴交朋友。

图 6—1 青少年异性之间的交往

2001 年，沃建中等采用“人际关系量表”对北京、河南、重庆、杭州、新疆五地的 11 743 名初一到高三的中学生在异性关系、同性关系、父母关系、教师关系和陌生人关系五个方面进行研究，结果表明：(1) 中学生人际交往水平从初一到初二明显下降，初三时有大幅度的攀升，高中阶段保持在一个较高的水平上，女生的人际交往水平高于男生。(2) 中学生与同伴交往水平较高，与异性同伴的关系要好于与同性同伴的关系。(3) 中学生与成人交往水平较低，与陌生成人的关系要好于与父母和教师的关系。(4) 初二到初三女生与异性同伴交往水平迅速提高，初三后保持稳定；初二到高一男生与异性同伴交往水平迅速提高，高二后保持稳定；初三到高一，中学生与同性伙伴的交往水平明显提升。(5) 初一到初二，中学生与父母和教师的交往水平显著下降，高中生与父母的关系有所改善，但与教师的关系一直处于较低的水平上。随年龄增长，男生与陌生人的交往水平逐渐提高，女生与陌生人的交往发展波动较大，初三和高三水平较高，初二和高一水平较低。

既然人际关系的问题在中学生心理问题中占有较高的比例，那么有关人际交往问题的心理辅导就应该引起我们的高度重视。对学生人际交往问题的辅导，应针对具体的人际关系问题，帮助辅导的学生认识到产生人际紧张的原因，形成合理的情绪和理性的认知；同时，帮助学生掌握一定的人际交往技巧和方法，让他们学会在理解和宽容的原则下去与人交往。当然，交往方法的辅导，要由学生通过具体实践去应用和体验。

(三) 青春期性问题

中学生处于青春发育期，由于他们的身心在短时间内经历了急剧的变化，许多同学对此缺乏必要的心理准备，会引发许多矛盾和冲突，产生很多问题。处于青春期的学生会更多地关注异性，他们普遍地表现出一种特有的情感体验——对异性的向往。男女同学间有了彼此接近的需要，产生了相互吸引的心理。有研究显示，初中生的“恋爱率”为 30%～40%，高中生为 50%以上。而且近期一些研究显示，中学生恋爱呈现普遍化的趋势，恋爱的年龄提前至 11～12 岁。但是，由于中学生的心理发育尚未成熟，完全缺乏与异性交往的技巧，也当然把握不好与异性交往的分寸，还有的学生对自己的性心理发展没有任何准备。所以，他们要么会在与异性交往受到挫折后产生紧张焦虑的矛盾情绪和巨大的心理压力，要么对自己向往异性的心理感到羞耻，从而害怕和异性交往，甚至个别同学会出现异性交往恐怖症。

知识拓展

现代中学生的恋爱观

上海市 2007 年一调查结果显示，认为“中学生男女约会很正常”的初中生比例为

21.29%，高中生比例为56.89%；24.8%的高中生与异性有过拥抱行为，9.55%的高中生与异性有过接吻行为，8.63%的高中生与异性有过性爱抚行为。云南省保山市2008年的调查结果显示，在“恋爱动机”问题上，57.8%的高中生是为了“弥补内心空虚，寻求精神寄托”，20.3%的高中生“只是想玩玩，尝试恋爱滋味”，10.7%的高中生是出于真心，9.7%的高中生是为“促进学习”，只有1.5%的高中生“很认真，准备将来结婚”；在“高中生性行为”这一问题上，22.7%的高中生持赞成态度；在“女性贞操”这一问题上，5.8%的学生认为“再强调贞操太保守”，22.2%的学生认为“无所谓”，1.7%的学生认为根本不重要。

中学生并没有接受完整的青春期性健康教育，在青春期性心理发展上存在许多误区，比如，受我国传统文化的影响，一些学生也常把自己的情感误认为是思想不健康、品行不端正，从而产生道德上的自责感；有些学生饱受“单相思”之苦，产生各种假象与幻觉，这种一厢情愿的爱情使他们整天沉溺于美好的遐想中，无疑会影响学习成绩；一些学生受性别认同的性体像的困扰，对自己的性别不太认同，特别是女生对自己性别不满的比例远远高于男生。因此，要帮助中学生顺利地度过青春期的各种诱惑，健康地成长，将性心理教育纳入到性教育的体系中，与性生理教育、性卫生教育、性法律教育和性道德教育一起，共同构成性教育的完整体系。

(四) 网络成瘾

中学生是网络成瘾的高发群体。成瘾者过度沉溺于网络中虚拟的角色，迷失了真实的自我，将网络上的规则带到现实生活中，造成自我角色的混乱。过度沉溺网络极易导致中学生心理受损，其症状可发展为食欲缺乏、头昏眼花、情绪低落、精力难以集中、学习成绩下降等，严重的可导致神经紊乱、免疫功能降低，引发心血管疾病、抑郁症及眼睛方面的疾病等。据中国青少年网络协会2008年发布的2007年中国青少年网瘾数据报告显示，目前我国网瘾青少年约占青少年网民总数的9.72%，在网瘾青少年中“玩网络游戏”的比例（40.77%）高于非网瘾青少年（28.61%），中学生和高中生的网瘾比例分别为7.57%和8.69%。

近年来，在政府、学校、医院和心理工作者的努力下应对网络成瘾问题取得了较为理想的效果，但中学生的网络成瘾并没有消除。因此，要采取有效的措施来引导中学生形成健康的上网习惯，具体可包括以下几点。

1. 正确引导

对中学生应实行公开上网、限时上网，并有目的地培养他们的自我控制能力和良好的上网习惯。对于在网络中已经迷失自我的中学生，要寻找合适的方式去帮助他们排解心理困扰，充实他们的精神生活。

2. 重塑自信

多创造人际交流的机会，帮助他们建立更为积极和广泛的社会支持系统，让他们把压抑的情绪通过正常的人际交流宣泄出来，让其体验到现实人际交往的成功，感受到现实比虚拟更美好，从而帮助他们重建自信，提高对学业和人际交往的兴趣。

3. 有效治疗

对于重症成瘾者可在心理医生的指导下采用认知行为疗法或脱敏疗法，并配合药物调整等方法，以改善大脑功能和心理状态，帮助青少年建立积极的心理防御机制，使他们的不良网络行为得到改变，心理压力获得缓解。

案例分析

初三女生心理咨询案例

一、基本情况

1. 基本资料

小玲（化名），女，15岁，初三学生，独生子女，体态偏瘦。家庭经济状况较好，父母感情较差，与父母关系一般。该生成绩总体较好，其中理科成绩比较突出，是班级的化学科代表。比较内向，与班主任和班上同学关系较好。

2. 个人主诉

进入初三下半学期之后，学习压力变大，感觉到同学之间的竞争非常激烈。很想考入重点高中，但又害怕失败。在第一次模拟考试前，她担心自己复习不全面，考试成绩差，于是出现了失眠问题。每天晚上她都会入睡困难，睡眠质量较差，经常半夜醒来。

因为父亲有外遇，父母关系较差，经常吵架，她有时候在复习功课时，父母在隔壁房间争吵，她感觉自己快要喘不过气来。她觉得错误都在父亲，刚开始还会安慰哭泣的母亲，久而久之，觉得很烦，本不应该自己面对的事情，却偏偏要面对。害怕父母离婚，但又不喜欢看到他们时常争吵，觉得很矛盾，一想到这个问题，她就会感觉心口被一样东西堵住，呼吸困难。

近期她与同学之间的关系也不像之前那么“铁”了，考试排名的压力让大家的讨论都变得有所保留，她很不喜欢这种变化，觉得太假了。她情绪变得低落，觉得没有人能够真正理解自己。有时候看到大家都在认真地听课和记笔记，她心里就感到莫名的紧张。她觉得自己很努力地在学习，但是效果并不是很好。对于三个多月之后的中考，她很担心会发挥不好，越担心压力越大。

3. 观察与分析

该生衣着整洁，谈吐自然，思维清晰有条理。自知力完整，无幻觉、妄想，问答自如。班主任反映该生原来性格开朗，学习成绩优秀，近半年来情绪起伏较大，经常神情恍惚，有时甚至出现不交作业的现象，成绩下滑比较厉害。

二、评估与诊断分析

1. 评估

该生的精神状态：焦虑、烦躁、情绪低落，注意力差。身体状态：食欲差、失眠。社会功能：人际关系、社会功能基本正常。

2. 诊断依据

(1) 根据正常与异常的心理活动的三项原则，该生的主客观世界是统一的，知情意是一致的，对自己的心理问题有自知力，无逻辑思维混乱，无感知觉异常，无幻觉、妄想等精神病的症状，因此可以排除精神病。

（2）求助者的症状持续时间为半年——中程；心理痛苦自己摆脱不了，需借助心理老师的帮助才能摆脱，为中度痛苦；社会功能为轻度受损，影响了正常的学习，造成学习效率下降。

（3）心理测验的结果：SAS标准分为63分，诊断为中度焦虑。

对该生问题持续的时间、强度和典型的心理与行为的表现性质及严重程度进行分析和判断，该生被诊断为严重心理问题，焦虑情绪严重。

3. 原因分析

（1）生物原因：无重大躯体疾病史、家族精神疾病史和遗传史。

（2）社会原因：父亲有外遇的事件对该生来讲是一个较大的负性生活事件，让她感觉到只有考入一中，开始住校生活，才能摆脱父母吵架的困扰。该生强烈希望取得好成绩，对考试慢慢产生了焦虑感。

（3）心理原因：该生个性好强，追求完美，一直给自己设定较高的目标。她一直与表姐进行比较，表姐的优秀让该生产生一定的自卑感。只有考上一中，才能证明自己，久而久之，该生处于紧张的状态中，痛苦一直延续。

三、咨询目标与咨询方案拟订

1. 咨询目标

根据以上的评估与诊断，同该生协商，共同制定咨询目标。

咨询目标分为近期目标和长远目标。

近期目标：改变该生的不合理的信念，缓解焦虑症状，提高学习效率，增强自信。

长远目标：在近期目标的基础上，完善个性，形成合理的信念。使该生能把咨询中获得的方法、体验运用到日常生活中去，提高应对各种不良情绪的能力，增强其社会适应能力。

2. 咨询方案

咨询过程分为三个阶段：第一阶段为心理评估与诊断阶段，建立良好的咨询关系，确定咨询目标。第二阶段为咨询干预阶段，主要运用合理情绪疗法，帮助该生发现自身的不合理的信念，并与不合理信念进行辩论。第三阶段是巩固和结束阶段，帮助该生把咨询中学到的东西运用到今后的生活中。

3. 咨询方法

主要使用合理情绪疗法和放松训练。合理情绪疗法认为：人的情绪和行为不是直接由诱发性事件引起的，诱发性事件仅仅是引起情绪以及行为反应的间接原因。人们对诱发性事件所持有的信念、看法、解释才是引起人的情绪及行为反应更为直接的原因。该生的外在表现为焦虑，外在表现是由于本身的不合理信念造成的。加上家庭的压力以及同学间的关系变化，加剧了该生认知和个性的偏离。如果不及时采取有效的措施加以引导，极易导致该生形成焦虑症、恐怖症等神经症。

四、咨询过程

1. 第一次咨询

目的：建立咨询关系，收集相关信息，进行心理诊断，建立咨询目标，制订初步的咨询方案。

过程：

（1）与该生进行摄入性会谈，收集其临床资料，了解她的心理困扰。通过倾听、共情、无条件的积极关注，帮助她尽情倾诉，与其建立良好的咨访关系。

（2）焦虑自评量表SAS测验。

（3）将测验的结果反馈给该生，并作出初步问题分析。

（4）初步拟订咨询的方案。

2. 第二次咨询（合理情绪疗法的诊断阶段）

目的：加深咨询关系，让该生发现自己的不合理信念，打破完美主义倾向。

过程：

（1）向该生介绍合理情绪疗法中的ABC理论，以及人身上存在的11类不合理的信念。让求助者意识到A、B、C三者之间的关系。

（2）根据ABC理论，帮助该生结合自己的问题进行初步分析。例如，模拟考试前（A），存在情绪困扰，失眠（C）。表面来看，情绪以及行为表现（C）是由模拟考试这一事件（A）引起的。通过分析，是因为她在模拟考试之前担心自己复习不全面，怕考砸（B），才会出现的焦虑、紧张的情绪以及失眠的现象（C）。也就是说，行为与情绪反应不是考试本身引起的，而是她对考试的担心所引起的。

同样，父母吵架（A）和呼吸困难、情绪焦躁（C）的根源在于她的不合理信念（B）——家庭成员应该和睦相处，大家都要开开心心。

（3）帮助她在其种种想法中找出会使她产生不良情绪的想法，如成绩越来越差，我是个没用的人；我必须把所有的精力都用在学习上，这样才能考上一中；考上一中是我唯一的出路。绝对化要求、过分概括化、糟糕至极是她产生不合理想法的典型表现。

（4）布置作业：反思自己的不合理信念，结合艾利斯归纳的11条日常生活中常见的不合理信念，与自己的情况进行对比。

3. 第三次咨询（合理情绪疗法的领悟阶段）

目的：加深对不合理信念的分析，强化合理信念。

过程：

（1）反馈咨询的家庭作业。分析该生RET自助表中的不合理信念。如要么不做，要做就要做到最好。相应的合理信念为：做任何事情都要尽力，只要尽力，结果就不重要了。

（2）与不合理的信念做辩论。如对考一中，她一直觉得必须成功。与她一起分析之后，找出事件（A）中考，情绪反应（C）非常紧张，不合理的信念（B）是我必须考上。驳斥（D）“考不上一中，人生就真的完了吗？”“一中每年只招收几百人，很多人都考不上一中，那么又有什么理由表明这些人就完了？”引导该生形成新观念（E），我只要尽我所能，努力夯实基础，在考场上把自己会的都答出来，我就无怨无悔。

又如该生一直对父母关系差很难受。经过分析，理出事件（A）父母关系变差，情绪与行为反应（C）很难受，不愿意看到他们吵架，只要他们一吵架我就胸口痛。不合理的信念(B) 是他们怎么能吵架，一家人不就应该和和睦睦的吗，怎么不能为了我而不吵架呢？驳斥(D) 难道每个家庭都是温馨和睦的吗？一味地强求父母来迁就自己是不是很自私呢？新观念（E）是每个人都有选择自己生活的权利，我们不能控制他人的生活模式，却可以控制自己的。

(3) 分析不合理信念对她产生的影响，是如何导致其行为和情绪产生困扰的。如怕考不上一中而导致精神高度紧张、失眠、食欲缺乏等。

(4) 让该生认识到错误的认知会导致不合理的信念，改变以往使用的语言模式，比如，原先总是使用“我必须”、“应该”等，改为“我希望”。比如，“我必须考上一中”改为“我希望考上一中”。

(5) 布置家庭作业：让求助者制作 RET 自助表，与自己的不合理信念进行辩论。尝试使用合理的语言模式。

4. 第四次咨询（合理情绪疗法的修通阶段）

目的：巩固合理情绪疗法的成果。进一步与不合理信念辩论，放松训练。

过程：

(1) 反馈家庭作业，鼓励其继续执行。

(2) 巩固咨询的效果。引导该生学会用合理信念去看待事情。如她之前提到同学关系的变化，之前一直觉得是别人讨厌自己，才会不愿意与自己交谈。经过分析，她改变了固有的不合理的信念，建立了新的观念，每个人都有选择朋友的权利，不可能让所有人都喜欢自己，只要尽力做好自己，其余的事情不是自己可以掌控的。

(3) 进行放松训练。针对该生提到的焦虑症状和失眠现象，对其进行了放松训练。主要进行了渐进式的肌肉放松。

(4) 布置家庭作业：继续与不合理信念做辩论，写出合理的信念。遇到失眠时进行放松训练。

5. 第五次咨询

目的：巩固咨询效果，结束咨询，制定行为目标，加强自我管理能力。

过程：

(1) 全面回顾和总结整个咨询过程。

(2) 指出继续努力的方向，建议她把咨询中获得的方法、体验运用到日常生活中。当出现不良情绪反应时，进行放松训练，并找出自己身上的不合理信念，用合理信念取代。

五、咨询效果评估

求助者自我评估：觉得放松训练很好，改善了睡眠。面对即将到来的中考，觉得会尽力去做好每一道题。

班主任反馈：该生的精神状况有所改善，听课较认真。

咨询师评估：该生的焦虑状况有所缓解，提高了应对挫折的能力。

中考结束第二天，该生说中考发挥比较好。分数公布后，她如愿地被重点高中录取。

四、中学生心理健康教育的内容

学校心理健康教育内容是学校心理健康教育目标的具体化，它直接为心理健康教育目标服务。因此，合理选择心理健康教育内容无疑是学校科学、有效地开展心理健康教育的重要环节。早在 1957 年，美国学者琼斯（Jones）就根据心理健康教育所要解决的学生问题的性质，将心理健康教育内容划分成八个方面：(1) 健康与身体发展问题；(2) 休闲生活问题；(3) 人格问题；(4) 家庭与亲属关系问题；(5) 宗教生活问题；(6) 社会与道德问题；(7) 学校教育与生活问题；(8) 职业问题。国内一些学者也提出了若干具有代表性的观点，如刘华山将学校心理辅导内容分为学习辅导、生活辅导和职业辅导三个方面；吴增强将其分为学习辅导、人格辅导、生活辅导和职业辅导四个方面；林初锐、俞国良将心理健康教育内容划分为与学习有关的、与人际关系有关的、与自我有关的以及与生活、社会适应有关的四个方面。

知识拓展

中学生心理健康教育的目标

初中年级主要包括：帮助学生加强自我认识，客观地评价自己，认识青春期的生理特征和心理特征；适应中学阶段的学习环境和学习要求，培养正确的学习观念，发展学习能力，改善学习方法，提高学习效率；积极与老师及父母进行沟通，把握与异性交往的尺度，建立良好的人际关系；鼓励学生进行积极的情绪体验与表达，并对自己的情绪进行有效管理，正确处理厌学心理，抑制冲动行为；把握升学选择的方向，培养职业规划意识，树立早期职业发展目标；逐步适应生活和社会的各种变化，着重培养应对失败和挫折的能力。

高中年级主要包括：帮助学生确立正确的自我意识，树立人生理想和信念，形成正确的世界观、人生观和价值观；培养创新精神和创新能力，掌握学习策略，开发学习潜能，提高学习效率，积极应对考试压力，克服考试焦虑；正确认识自己的人际关系状况，培养人际沟通能力，促进人际间的积极情感反应和体验，正确对待和异性同伴的交往，知道友谊和爱情的界限；帮助学生进一步提高承受失败和应对挫折的能力，形成良好的意志品质；在充分了解自己的兴趣、能力、性格、特长和社会需要的基础上，确立自己的职业志向，培养职业道德意识，进行升学就业的选择和准备，培养担当意识和社会责任感。

——摘自《中小学心理健康教育指导纲要（2012 年修订）》

根据前面提到的中学生心理健康教育的目标，结合中学生心理发展的特点，我们将中学生心理健康教育的内容概括为以下几个方面。

（一）维护中学生的心理健康

面向全体学生，提高中学生基本素质的教育内容，具体可以分为以下几点。

(1) 智能训练，即帮助学生对智力的本质建立科学认识，并针对智力的不同成分如注意力、观察力、记忆力等设计不同的训练活动。

(2) 学习心理指导，即帮助学生对学习活动的本质建立科学认识，培养学生形成健康积极的学习态度、学习动机，训练学生养成良好的学习习惯，掌握科学的学习方法等。

（3）情感教育，即教会学生把握和表达自己的情绪情感，学会有效控制、调节和合理宣泄自己的消极情感，体察与理解别人的情绪情感，并进行相关技巧的训练，如敏感性训练、自我表达训练、放松训练等。

（4）人际关系指导，即围绕亲子、师生、同伴三大人际关系，指导学生正确认识各类关系的本质，并学会处理人际互动中各种问题的技巧与原则，包括冲突解决、合作与竞争、学会拒绝以及尊重、支持交往的原则。

（5）健全人格的培养，即关于个体面对社会压力应具备的健康人格品质，如独立性、进取心、耐挫能力等。

（6）自我心理修养指导，即通过训练和教导帮助学生科学地认识自己，并在自身的发展中始终做到能较好地悦纳自己，如悦纳自己的优势与不足、培养自信、建立良好的自我形象等。

（7）性心理教育，即关于性生理与性心理知识的传授与分析，帮助学生建立正确的性别观念和性别认同，指导学生认识和掌握与异性交往的知识与技巧，如异性同学交往指导、早恋心理调适等。

（二）矫治中学生的各种心理问题

面向少数具有心理问题和行为问题的学生而开展的心理咨询、行为矫正训练的教育内容，多属于矫治范畴，具体包括：

（1）学习适应问题。主要指围绕学习活动而产生的心理行为问题，如考试焦虑、学习困难、注意力不集中、学校恐怖症、厌学、逃学等。

（2）情绪问题。主要是指影响学生正常生活、学习与健康成长的负面情绪问题，如抑郁、恐怖、焦虑、紧张、忧虑等。

（3）常见行为问题。主要指在学生生活、学习中表现出来的不良行为特征，如多动、说谎、胆怯、打架等。

（4）身心疾患。主要是指因心理困扰而形成的躯体症状与反应，如神经衰弱、失眠、疑心症、神经性强迫症等。

（5）性行为问题。主要是指由于性心理障碍而产生的各种性变态行为，如性幻想、手淫、对性成熟的焦虑、性倒错等。

（三）心理潜能的开发与创造力的培养

根据学生的不同特点和发展需要，在初中、高中不同阶段有侧重地选择不同的内容，如初中阶段以青春期教育、代际关系调适、情绪调控、自信心培养、学习能力提高、人格塑造等为主要内容；高中阶段则以学习能力提高、考试焦虑调适、升学就业辅导、人格培养、人生观教育等为主要内容。同时，还应考虑上述各阶段心理健康教育内容之间的衔接与系统性，以期形成学校心理健康教育的科学体系，体现循序渐进和螺旋式上升的特点。

心理健康教育是一项系统工程，它只有与学校各项教育相互结合、互相促进，才能实现心理健康教育的最终目标。因此，必须把心理健康教育全面渗透在整个学校教育过程中，特别是学科教学中，学校心理健康教育要渗透在学校德育、智育、体育的全过程中。“全面渗透”之所以被定位为学校开展心理健康教育的基本途径，是因为它最能体现学校心理健康教育“全员参与、全体受教、全面铺开、全程实施”的“四全教育”的思想。全面渗透主要体现在四个方面。

（1）在学科教学中渗透心理健康教育。

（2）在德育工作、学生工作中渗透心理健康教育。

（3）在课外活动中渗透心理健康教育。

（4）在校园环境中渗透心理健康教育。

第三节 大学生心理健康

大学期间，很多学生会对自己有一个逐步的认识，心理上比较成熟的学生，发现问题比较快，能够及时调整自己的奋斗目标，以积极的心态去迎接新的生活；而心理成熟比较晚的学生，发现问题也比较晚，一旦遇到挫折很容易选择逃避或自暴自弃，以消极的心理与行为去对抗生活。积极的接纳与奋进是美好人生的起点，而消极的对抗则有可能一事无成。因此，大学生应在自己成熟发展的过程中，认识自己，调节不良的心理状态，努力拥有健康的心理状态，这样才能以积极的生活态度去适应社会的要求，才能为今后的人生道路奠定良好的基础。

一、大学生常见的心理困扰

个体进入大学后面临着学习方式的改变、生活环境的巨大变化，异地学生还要体验对亲人的思念和文化的碰撞与交流等。如不能正确认识和适应这些变化，就会出现身心健康问题。

环境适应问题

1. 入学适应困扰

对于大多数新生来说，来到陌生的大学校园，面对的是生疏而又即将相处几年的新的群体。大学的生活，改变了原来的生活模式，改变了原来所熟识的人际环境，离开了原来依赖的对象，一切都是一个新的开始，一切都要靠自己。所有这些，会使每个大学生产生不同程度的应激反应，使他们在内心或多或少感到惶惶不安。这种因不适应大学生活环境而出现的不安、苦闷和孤独感，在那些应变能力较差的学生身上表现得更为明显。

2. 缺乏学习动力

学习动力缺乏主要是人生的目标不明确，自我控制力差、缺乏远大的理想、没有树立正确的人生观以及上大学前后的“动机落差”。有的人由于家庭条件比较好，毕业后就可以做家里的接班人，于是学习上就没有了动力。有的同学对专业没有兴趣，在中学升入大学的报考过程中，许多情况限制了自己不能如愿以偿地报考自己喜欢的专业，于是没有奋发向上努力学习的动力。

3. 人际交往困扰

大学生的性格日趋成熟与稳定，其价值观、世界观基本成型，此时的学生在心理和生理上都处于飞跃发展阶段，其认知结构随着知识面的拓宽和学习的深入发生着很大的变化，强烈地要以自己的眼睛看世界，在很多问题上都表现出自己独特的观点。大学生们开始尝试独立的人际交往，并试图发展这方面的能力，交往能力越来越成为大学生心目中衡量个人能力的一项重要标准。一旦个体在此过程中受挫，就可能表现为自我否定而陷入苦闷与焦虑之中，或因企图对抗而陷入困境，并由此产生心理困扰。

4. 恋爱与性的困扰

大学生处于青春发育期的晚期，性生理机能基本成熟，性生理发育成熟的大学生在性需求和性满足之间会产生尖锐的矛盾冲突。但由于社会道德规范、法律和理智的约束，这种欲望被限制和压抑着。大部分大学生都有不同程度的性压抑，许多人在对性的关心和欲求的同时，还伴随着羞耻和不安感。大学生与恋爱和性有关的心理问题常表现为：因单相思而苦恋、因爱情与学业关系处理不当而烦恼、因失恋而痛苦、恋爱道德观淡薄、因性自慰以及由婚前性行为和校园同居等问题引起的恐惧、焦虑、担忧等。

（1）失恋。当恋人因为社会现实、他人干预、情感与性格不合等因素而感情破裂时，失恋的挫折就会严重影响大学生的心理、生活和正常学习活动。刘影春和王云 2012 年的调查发现，在 1 609 位被调查者中，报告受到恋爱伤害的有 658 位，占受试人数的 40.9%。失恋者经常表现为逃避现实，缩小人际交往圈，精神生活上既折磨自己又影响旁人的情绪，有人甚至向恋人进行行为的或心理的报复。失恋的创伤有时会带来严重后果，如自杀、心理变态等。

（2）性自慰焦虑。由于对性自慰缺乏正确的认识，加之受到一些错误看法的影响，例如，认为性自慰是一种道德败坏的行为，认为对身体有害等，有些人背上了沉重的精神包袱，内心矛盾重重，精神备受折磨，严重影响身体健康和学习。还有一些人对性自慰现象不加节制，在日常生活中频繁进行性自慰活动，结果导致身体各部分疲劳过度，经常感到腰酸、腿软、头昏等不适症状。

（3）婚前性行为。婚前性行为、校园同居的大学生，都有不一样的理由：有的是真正恋爱（在目前看来），为了加深彼此的融合，更为了满足自己的某些欲望；有的是纯粹为了新鲜刺激，或者满足自己的生理需求。他们在享受着同居生活的时候，也共同回答生活给他们出的一道道难题。盲目的婚前性行为很容易给大学生带来身体上、心理上的伤害。刘影春等 2012 年的调查发现，大学生恋爱性行为发生率较高。在 2 147 位被观察对象中，有恋爱经历者 1 187 人，恋爱受到伤害的人数是 977 人，受伤害率占被观察对象的 45.5%。在受伤害者中 235 人报告自己与恋友有恋爱性行为，占被观察对象的 10.9%，占恋爱受伤害人数的 24.4%，且遭遇恋爱伤害大学生随年级升高发生恋爱性行为的人数比例不断升高。

5. 理想自我与现实自我矛盾

理想自我，是将来要实现的自我，是现实我的努力方向；现实自我，是生活中实实在在的我。大学生理想自我与现实自我之间，往往反差比较大。由于社会的期望很高，加上自身的优越感，大学生理想自我相对其他同龄人较为高大完美，容易自我认识理想化或非客观化。当周围的人对自己的评价不像想象的那么高，就容易产生矛盾，使之对自我认识摇摆，把握不住。特别是当实现理想自我的过程遇到困难、挫折时，往往会产生苦闷、抑郁等消极的心理体验。

6. 择业困扰

高等教育分配制度改革的不断深入，一方面带给大学生更多的择业机遇和更大的自由度，另一方面也增加了择业难度，加重了大学生的行为责任和心理压力。毕业生自身的素质、性别、专业以及社会关系等制约着择业的自主权，对于少数大学生来说，甚至毕业就意味着失业。大学毕业生经过多年的学习，总希望在毕业后能够找到一份满意的工作。个人理想、收入多少、社会声望、工作条件、发展前途等是大学生在择业的时候重视的因素，而如今社会竞争激烈，用人单位的要求也越来越高，很多大学生在校时一心只读圣贤书，与社会接触少，对社会缺乏真正的了解，这些情况导致大学生在找工作时觉得不遂人愿，与自己想象中的差距太大，从而产生失落、不安、彷徨和焦虑的情绪。

7. 贫困心理困扰

据调查，在大学新生中约有 30%为贫困生，其中 15%为特困生。这些学生一入学便背负着沉重的经济负担。面对巨额的学费、相对富裕的同学以及竞争日益激烈的就业市场，一些贫困大学生能够正视现实，接受来自经济方面的挑战，而有些大学生则感到孤立无助，内心充满矛盾和痛苦，面对经济压力产生了心理问题。研究也表明，经济问题会使得大学生有更高的风险换上心理疾病。作为贫困生，经济上的窘迫是他们不愿提及的，也是最怕同学怜悯和看不起的隐痛。出于自我保护的需要，贫困生的内心尤为敏感。同时，由于自卑，他们有意无意地与同学疏远，尽量少参加集体活动。另外，与同学交往时，常常需要花费一些金钱，很多贫困生由于囊中羞涩，把同学间的交往看成一种负担，索性减少交往，甚至封闭自我。

二、大学生心理健康的维护

大学生的学习与生活是丰富多彩的，同时也面临着挑战与抉择，面对一些问题有的大学生难以应付，因而会出现种种情绪问题甚至心理障碍。大学生应如何对待自身的情绪与心理障碍问题呢？可以从以下三个方面进行尝试。

（一）自我层面

1. 掌握心理健康的知识

适当掌握一些心理知识。例如，学习大学生心理学，了解大学生的生理及心理特点，了解大学生如何创造开发，提高学习效率；学习社会心理学可以提高人际交往的能力及促进社会化过程；学习职场人际关系心理学，可以及时了解职场特点，有利于确立切实可行的目标，提高择业的准备能力；学习大学生心理健康知识，系统掌握大学生维护心理健康的理论与方法，可以提高心理适应能力，充分开发自身的智慧与能力，为未来人生的发展做好准备。

2. 客观正确地认识自我

自我认识是大学生确立人生目标的基础。主要包括对生理自我、心理自我和社会自我的认识。生理自我的认识是指大学生要对自己的外貌、体形、身高、体重、身体机能、健康状况等有客观的认识与评价。心理自我是指对自己的心理特征如气质、性格、能力、兴趣、意志、情感、理想等的认识与体验，对自己正在进行的心理活动的认识与了解。社会自我，是对自己的社会角色、社会关系、人际关系中的角色、作用、地位以及社会义务、权利的认识与体验。

3. 提高心理调节能力

大学生的心理调节能力主要是指对大学生活和学习的尽快适应；对大学人际关系如师生关系、同学关系、宿舍人际关系变化的良好把握；对大学学习方式与课程内容的正确体验，对生活环境的改变报以认同的态度等。

4. 保持良好的人际关系

良好的人际关系是大学生在学校愉快生活，高效率学习的基础。职业技能和专业知识的学习离不开同学之间的讨论与分享，合作学习是大学生提高学习效率的有效途径，大学生正是在这种互相学习分享的环境中不断成长和完善自我的。

5. 寻求社会支持

大学生在学习和成长中必然会体验挑战与抉择、情绪的起伏、意志的考验、失去的痛苦等。此时此刻可与知心朋友、家人或老师诉说苦闷与焦虑，宣泄不愉快的情绪，就会减轻心理的痛苦。所以现代大学生要学会寻求社会支持。

（二）学校层次

学校对大学生健康心理的形成具有不可推卸的责任。心理健康教育应始终坚持不懈，贯穿在大学教育和教学的全过程中。

1. 开展新生心理健康普查

在大学生入学后的一定时间内，对全体学生进行一次心理普查，以了解新生的心理健康状况，建立个人心理健康档案，对心理问题较严重的大学生进行跟踪教育和咨询。测验分为常规测验和针对性测验，常规测验的内容主要有人格测验和情绪评定两个方面，人格测验可选用卡特尔十六因素人格测验（16PF）、明尼苏达多相人格测验（MMPI）、艾森克人格测验（EPQ）等；情绪评定可选用焦虑自评量表（SAS）、抑郁自评量表（SDS）、症状自评量表（SCL—90）等。针对性测验也称诊断性测验，是在常规测验的基础上根据被测的主要问题进行的专项测验。这种作法可迅速、准确地掌握大学新生的心理健康状况。对那些心理困扰较为严重的学生逐一访谈，根据学生个体的具体情况，给予积极的心理帮助。

2. 大力宣传心理健康的重要意义

高等教育大众化、经济全球化和信息网络时代的到来，在知识、能力与心理素质方面对大学生提出了更高的要求，使他们成长、发展的环境更具有挑战性。当前的大学生面临着成长的压力、时代的压力和环境的压力，这三重压力是对他们心理健康最严峻的考验。因此，应加大宣传，使更多的大学生了解心理咨询和心理健康的重要性，从而提高个人求助的积极性。加大宣传力度，一方面可以使学生了解一些基本的心理健康常识，尤其是自我调适方面的小常识，必要时进行自我调节；另一方面使他们懂得健康的重要性，自觉地维护心理健康。在需要的时候，能够想起心理咨询，想起寻求帮助。为此，宣传工作不仅要经常开展，而且要广泛深入到学生学习生活的方方面面。

3. 开设心理健康教育课程

学校可针对不同年级和不同专业的具体要求，分学期、分层次地开设一些心理健康教育课程，使更多的大学生了解心理健康，学习一些基本的解决自身心理问题的方法和技术。开设的课程可以是生理心理卫生、性心理与心理健康、心理健康指导、心理危机干预、人际交往心理等必修与选修课程。心理健康教育课程的开设，可为学生心理自助和互助奠定基础，使更多的学生在遇到心理问题时能及时找到解决的途径，维护他们的心理健康。

此外，还可开展一些选修课和讲座，扩展和深化心理健康和心理卫生知识，使大学生学会对常见的心理不适（如强迫症、妄想、人际关系敏感等）的应对方法，有效地控制自己的情绪，尤其在自我调节无效的时候，知道如何寻求帮助。通过心理健康教育课程的开设，使大学生学会科学的学习和生活，保持良好的心态，增强心理自我保健意识，提高心理防御和调适能力，对产生的不健康的心态、情绪、行为能够及时地自我疏导和宣泄，对心理刺激的各种因素能够有效地防卫和解除，提高心理健康水平。

4. 加强高校心理咨询工作

学校心理咨询工作是增进学生心理健康，防治心理疾病，优化心理素质的重要途径，也是心理素质教育的重要组成部分。高校心理咨询工作应该内容丰富，形式多样，以预防为主。首先，要重视这项工作，保证机构、编制、经费、场所。其次是提高心理咨询工作人员的素质。目前从事高校心理咨询工作的绝大多数人员都是兼职咨询员，要有针对性地加强培训，努力提高他们的素质，强调优势互补。对于思想政治工作的人员，要补充心理学、心理医学方面的知识和技能；对于从心理学、心理医学领域转过来做这项工作的人员要补充思想政治工作方面的知识和技能。另外，除进行障碍性咨询外，还应该进行适应性咨询，开辟一些心理咨询的宣传栏，使学生建立自我心理和精神保健的概念，有接受咨询的意识。大力开展咨询宣传活动，可设立心理咨询信箱、热线电话、组织心理测试，进行团体咨询，用多种形式来促使这一工作的顺利开展。

5. 重视校园文化建设

大学生的健康成长离不开健康的心理社会环境，大学生优良心理素质的培养离不开良好的校园文化氛围。校园文化是指发生在“校园”这一特定空间的文化形态，是学校在教育过程中所形成的各种文化形态的总和，具体包括物态文化、制度文化、活动文化、心理文化等文化形态。营造文明健康的校园文化氛围，是培养大学生健康心理的重要内容之一。物态文化和制度文化所共同形成的健康向上的氛围和宽松的校园环境，有助于学生深化自我认识，充分发展个性，改善适应能力。活动文化有助于培养学生乐观向上的生活态度和健康愉悦的情绪特征。心理文化会潜移默化地优化学生的心理品质。优良的校风、学风是建设文明校园的关键，它能帮助大学生陶冶道德情操，提高自身的道德境界，增强集体主义意识，使大学生心灵得到净化，同时，有利于学生协调发展，提高综合素质。

6. 心理健康教育与思想政治教育相结合

心理健康教育和思想政治教育都属于育人的工作，二者存在内在的必然的联系，但也存在着差异。心理健康教育侧重于增进个人的身心健康，而思想政治教育则侧重培养学生的世界观、人生观、价值观、道德观。因此，在实际工作中，必须把握各自的侧重点，将二者紧密地结合起来。遵循大学生思想认识发展的规律和心理健康发展的规律，对那些思想认识与心理问题交织在一起产生的矛盾，从心理的角度入手，运用心理康复的手段消除学生的心理障碍。加强思想引导，克服一些不健康心理和偏激观点，把心理疏导和思想教育结合起来共同发挥作用，增强教育的有效性，提高学生心理健康的水平。加强大学生心理健康教育，不仅应与政治思想教育相结合，而且应与专业课教育相结合，发动全体教师教书育人，利用他们在学生中的威信与影响，把心理健康教育寓于专业教育之中。

（三）社会层面

1. 转变传统的社会观念

从社会方面来说，重要的是要转变观念、更新认识。在过去由于历史文化传统原因，我们对人的个性心理品质问题关注、认识、研究不够。在世俗的眼里，往往把心理问题神秘化，甚至把有心理障碍的人看作不可理喻的邪恶之人，致使心理问题得不到科学的解决，有心理疾患的人也不敢张扬、不能就医。这种社会现象要得到转变，关键是要转变人们的观念和意识。为此，要加大宣传教育的力度，使人们认识到心理健康和身体健康都是一个人的“健康”不可或缺的因素，有了心理疾患就像有了身体不适一样，应该及时就医以求得咨询、疏导。对待有心理疾患的人，社会要给予更多的尊重、理解、关爱，不可歧视他们、嘲弄他们。

2. 为大学生提供贴近社会的机会

大学生应主动了解社会，了解社会的变迁给人们工作和生活带来的影响。大学生要了解国内外发生的事情，分析社会中发生的各种事情的利与弊，以此来提高自身抵抗各种压力的能力。此外，社会也应该为大学生提供更多的实践机会，让他们在实践中提高自身的素质，锻炼心理承受能力和心理问题调适能力。大学生可以通过暑期社会实践、企业生产实习、社会调查等形式进行贴近社会的活动；企业也要为大学生提供各种实践岗位，接受各类大学生进入企业实践。大学生通过参与社会实践活动认识社会的发展，了解企业和其他单位的运作模式，将自己的发展与社会的发展相结合，使自己未来的求职和生活与社会的发展密切联系起来，在遇到各种心理压力时能及时调适，保持自身的心理健康。

第四节 研究生心理健康

近几年来，随着社会竞争的日趋激烈，研究生在学业、择业、生活等方面面临的冲击越来越大，来自研究生自身和社会的压力越来越多，研究生的各种心理健康问题也日渐增多。随着研究生人数的迅速增加，研究生因心理问题引发的自杀事件以及违纪犯罪事件越来越凸显。

一、研究生心理健康水平现状

有关研究生心理健康和心理问题的研究目前并不多，但随着研究生的扩招和近年来研究生心理问题的不断显现。越来越多的学者们开始关注研究生群体的心理健康，其中大部分研究停留在对研究生群体的心理健康状况的调查，进而与常人或大学生进行比较，来探讨引起他们心理问题的原因和心理问题的表现模式等。如马喜亭和李卫华 2011 年调查了某高校 340 名研究生的心理健康状况和生活压力情况，发现研究生当中 44.16%存在心理问题。另一项研究根据天津市的 3 108 名研究生的调查结果显示，有 16%以上的研究生存在不同程度的心理障碍。另有调查表明，56.29%的研究生认为自己的心理健康状况“一般”，认为“很好”的占 31.92%；将近一成的研究生认为自己的心理健康状况“较差”。

李妍等 2011 年调查发现，医学研究生的心理健康水平严重低于全国成人常模，异常人数比例高于 30%。影响其心理健康的压力源主要是就业与前途压力，其次为生活改变与环境压力以及经济压力。2012 年，刘晓凤的研究也发现，没有工作经历的研究生心理问题多于有工作经历的研究生；没有婚恋的研究生心理问题多于已婚恋的研究生。近年来，女性研究生群体的心理健康问题已经引起了全社会的关注，其产生的原因是多方面的，不仅仅是个人原因，更包括来自学业与科研、婚姻与家庭、择业与就业等多方面的压力，而科研补助偏低导致的经济拮据更是造成女性研究生群体心理问题的物质基础原因（王利群、赵晓杰，2012）。①

从已有的研究可以发现，研究生的心理压力主要表现在就业和学业上。研究生的心理健康问题已不是个别现象，而已经成为研究生成长道路上令人忧虑的问题，并且直接影响到高校研究生的培养质量以及校园的安全与稳定。因此，有必要采取措施，从研究生的特殊性出发，对他们存在的心理问题进行干预，加强研究生的心理健康教育。黄文倩等 2012 年采用积极心理学理论，对研究生进行心理团体辅导。他们发现，团体辅导后，与对照组相比，实验组症状自评量表多个指标（总均分、人际敏感、焦虑、精神病性）以及感知压力水平显著降低，自我接纳水平显著提高。追踪评估结果显示，团体辅导结束后 4 周效果依然存在。因此，对研究生群体进行心理辅导能改善研究生心理健康状况，降低其负性症状和知觉压力水平，提高其自我接纳程度。

二、研究生常见的心理问题

近十年来，研究生因心理问题休学、退学的人数占总休学、退学人数的 30%左右。从总体上说，研究生的心理问题已从大学生的人际交往障碍、思想不成熟为主转变为对

① 参见王利群、赵晓杰：《关于女性研究生心理健康问题的思考》，载《东北师范大学报：哲学社会科学版》，2012（1）：197－200。

未来无把握而产生的不安全感和恐惧感，主要包括学业带来的压力、就业的心理落差、人际关系带来的压力，以及婚姻、爱情带来的压力等。

（一）学业压力

近年来，不少研究生培养单位为了保证研究生的培养质量，加大了对研究生的管理力度，对研究生的毕业提出了更为严格的条件限制。目前多数高校研究生的培养定位立足于研究型人才，对研究生的学习方式、科研能力以及读研期间应发论文数量和级别都有较高的要求，这使得他们不得不花大量时间在学习和科研工作上。虽然这些措施有助于提高研究生的培养质量，但也使研究生面临巨大的学业压力。研究生特别是博士研究生为了能够顺利毕业，不得不花费大量的精力来达到这些要求，造成较大的学业压力。研究生如果不能尽快适应这些要求，就会在苦闷与困惑中迷失自我，这种紧张情绪若长期得不到缓解，就会使人造成严重的抑郁等心理问题。

（二）择业心理问题

研究生招生规模近年来呈不断扩大的态势，2008 年，全国研究生招生人数为 44.64 万人，而 2009 年为 47.5 万人，较 2008 年增长 6.4%。研究生的就业已经从卖方市场转为买方市场，再加上研究生的就业意识普遍较差，就业方向观窄，就业形势越来越严峻，出现了硕士研究生与本科生，甚至专科生争抢工作岗位的现象。研究生的就业不容乐观，尤其是女性研究生面临生孩子等实际问题，就业更加艰难。女性研究生群体的年龄在 23～30 岁之间，这一年龄段正是女性的婚育黄金期，婚恋、生育等直接影响了女性的就业竞争力，以至于出现很多用人单位在招聘女性研究生的时候标出已婚已育者优先的歧视条款（王利群、赵晓杰，2012）。[①] 这种现实性的就业压力也易使部分研究生，尤其是女研究生出现焦虑、烦躁等心理问题。

此外，研究生还会产生就业失落感。一些研究生的就业单位没有满足其个人的意愿，与他们想象的相差甚远，有的甚至与原来的自我设计及兴趣爱好反差极大，尤其是当看到有些平时不如自己的同学反而找到了比自己理想的工作单位时，他们就会觉得不公平，导致心理不平衡而产生失落感。

（三）人际关系带来的不适应

对于学习生活相对分散自主的研究生来说，人际关系显得更为重要。从本科所熟悉的人际网络系统中进入相对复杂的研究生人脉系统，研究生个体、任课教师、导师和同学之间又形成新的人际关系网络。研究生在人际关系中所存在的问题表现为：（1）与同学的相处。现在研究生中独生子女的比例加大，他们自我意识较强，缺乏集体协作精神，

① 参见王利群、赵晓杰：《关于女性研究生心理健康问题的思考》，载《东北师范大学学报：哲学社会科学版》，2012（1）：197－200。

在合作中容易产生矛盾。（2）与导师的交往。研究生难以平等的身份与导师主动交流，与导师缺少沟通，在交往中易产生误解和矛盾。

也有部分研究生，由于全身心投入到学习和科研当中，很少顾及人际交往，造成交往障碍。研究生群体在遇到挫折、难题或其他情感问题时，由于找不到合适的倾诉对象，很容易形成抑郁和焦虑等情绪障碍。此外，研究生对导师期望值较高，希望得到导师更多的指导，一旦愿望不能实现，便会产生逆反心理，这些都严重影响师生之间的和谐相处，从而给研究生心理带来巨大的压力和阴影。由人际关系产生的消极情绪若不加以控制，很容易泛化，会使他们陷入更严重的心理危机中。

（四）婚姻和情感带来的心理压力

研究生沉重的学习负担和就业压力很容易使得他们在婚恋情感上出现缺失。研究生生活领域相对狭小，社交圈子狭窄，又长期钻研研究和学术，很难找到合适的男/女朋友。龚惠香 2011 年的研究表明，总体上未婚研究生的心理问题要大于已婚研究生。此外，在研究生中存在相当比例的已婚人群，对于这部分研究生，他们为了学业或事业不得不与丈夫或者妻子和孩子过着两地分居的生活，享受不了家庭的温暖，渴求爱的交流却未能如愿，因而常常感到孤独。

三、提高研究生心理健康水平的措施

研究生从入学的竞争，到学习的压力，再到毕业论文的焦虑及个人问题的难以解决，产生心理障碍的学生不在少数。研究生的心理健康问题正在逐步得到学校及社会的关注，可以从以下几个方面维护研究生的心理健康。

（一）积极开展心理健康知识普及和宣传工作

学校对研究生心理问题的关注往往不及大学生，对研究生群体进行心理健康教育的时间和精力也远远不如大学生。鉴于研究生群体的特殊性，学校要重视研究生心理健康教育工作，积极开展心理健康知识的普及、宣传工作，让同学有主动寻求帮助和解决问题的意识，以促进研究生心理健康成长。学校可以适时地请心理专家经常对研究生进行心理健康讲座，并要求讲座的内容要联系实例，避免教条空洞，讲座主题可以是如何改善人际关系、调解心理压力和情绪等方面。有条件的学校可为研究生开设心理健康教育课程，或者开设心理健康网络课程，加强研究生对心理健康知识的自主学习。

（二）开设心理健康课程与就业指导

1. 心理健康课程与讲座

在研究生阶段开设心理健康选修课程，包括性心理健康、人际交往心理、恋爱心理和婚恋问题处理指导、就业指导和职业生涯规划等课程；或在研究生课程中融入心理健康教育的内容，通过讲授或讨论、分享等方式让研究生接触心理健康常识，主动关注和了解自己的内心世界。在研究生群体中开设心理健康课程，可让他们学会处理一般心理问题的方法和技术，积极面对学习、生活和求职过程中遇到的问题，自觉维护心理健康。

根据研究生心理成长的需要和实际特征，定期开办有针对性、指导性和一定理论深度的心理健康教育讲座。通过讲座引导研究生掌握解决心理问题的方法和技能，正确对待和处理日常生活中遇到的心理问题，使研究生既掌握相关的心理健康知识，又开阔眼界，从而促进研究生心智、技能、社会性的同步发展。

2. 全方位提供就业指导服务

社会就业管理部门和学校为研究生构建“全程化、信息化、专业化”的就业指导与服务体系，加强信息服务，为用人单位和研究生搭建资源丰富的就业平台，为他们在信息平台上提供互相选择的机会。通过专家讲座、职业生涯规划大赛、优秀毕业生就业经验分享会等形式，在强化择业综合技能训练的同时，帮助研究生客观分析当前的就业形势，实事求是地认识自身的优势和存在的不利因素，合理调整就业期望值，缓解就业困难导致的焦虑情绪，避免心理健康问题的产生。

（三）健全完善心理辅导机制

学校可以提倡以学院为单位，各学院成立心理健康教育机构，在各校区设立咨询点的基础上，开设学院心理咨询室，加强对研究生的心理辅导。也可以开设心理咨询电话，或进行网上心理咨询，聘请专业心理咨询师做远程心理咨询，缓解研究生的心理问题。如北京师范大学积极进行心理健康教育网站的建设，并开通了“京师心晴网”（www. xinqing100. net），拓展了心理健康教育的时空范围。同时，开展常规性的心理健康检查，建立研究生心理健康档案，关心和了解研究生的心理健康状况。开展丰富多彩的课外团体活动，举办有利于研究生心理健康的各种活动；丰富实验室的文化建设；提供各种交流平台和机会，促进学生之间、导师和学生之间、各校区之间、学科之间、校友与在校学生之间的交流。此外，对于一些有共性问题或困扰的研究生，可以开展团体心理咨询，也可以利用研究生心理健康协会等社团开展心理健康知识竞赛等有助于提升研究生心理健康素质的活动。

研究生的导师、辅导员对研究生的情况比较了解，要及时发现研究生在学习、生活、工作、家庭中出现的问题，有针对性地进行引导教育，有助于缓解研究生的心理问题。如果问题没有明显改善，可以及时转介给有关心理咨询师。此外，对心理问题较为严重的研究生，可以进行重点性干预。

（四）注重研究生的自我教育

1. 不断完善自我

社会中每个个体都在各自所处的社会环境中不断发展自己，体现自我价值，以获得社会认可。如果在这一过程中遇到阻力而得不到满足，就易诱发心理问题。研究生是一个心理相对成熟的群体，要在不断完善自身的过程中实现自我价值。因此，研究生应努力完善自我，在完善自我的过程中克服各种心理问题。研究生应根据社会的需要和个人的特点来确立合适的目标，在求职中正确地认识自我，找到自己的方向；其次，研究生应积极投身实践，掌握实现自我的方法和手段。在不断完善中充实人生，找到自己的位置，实现自身的价值，增强对各种心理问题的处理能力，提高心理健康水平。

2. 学会自我调节

研究生比大学生的心理更成熟，解决问题的能力也更强，因此，要发掘研究生的自我教育能力，让其学会自助式的教育方式。遇到心理问题时可采用以下几种方式：（1）自助式心理暗示，通过自我对话、写日记等方式，对自己进行积极的心理暗示。（2）自助式心理激励。研究生要树立积极乐观的态度看待挫折，学会去接纳它，把挫折当作生活中的一个自然部分。同学之间可以通过接纳、肯定、鼓励等方式彼此施加积极的心理影响。（3）自助式心理辅导，让每一个学生在寻求辅导的同时都充当辅导者，以此来加强自我辅导和互相辅导的能力；研究生可以自己组织心理协会或朋辈小组，为研究生心理健康提供组织上的支持和成员间的相互支持。（4）自助式心理训练，通过角色扮演、集体演讲、心理拓展训练法等增加学生心理体验。研究生应积极关注自我，通过学习自我心理调适方法、建立心理健康的自我干预机制等手段，加强心理素质的自我训练。（5）自助式心理社团，心理社团在开展活动的过程中，学生自己提出问题并解决问题，有利于提高心理教育的针对性和实效性。积极建构自己的人际交往圈，通过沟通和交流来实现个体对社会现实的认识与理解，获得良好社会性支持，疏解来自外界的心理压力。

【基本概念】

中小学生心理健康的标准　学校适应不良　学习困难　人际交往　心理健康的维护

【复习思考题】

1. 试分析中学生心理健康教育的意义。

2. 结合实证研究的结果谈谈我国中学生心理健康的现状如何。

3. 作为一名中学教师，如何判断自己所教的学生的心理健康状况？所依据的标准有哪些？

4. 请整理和分析近年来有关学习困难的实证研究，并提出对学习困难学生进行辅导的途径与方法。

5. 把自己假设为一名大一新生和研一新生，你觉得你会分别遇到哪些问题？你将怎么来解决这些问题？

6. 我们应如何对待有心理障碍的同学并与他们友好相处？

【推荐阅读书目】

1. 郑莉君．中国家庭教育的关键——关注儿童心理健康．杭州：浙江大学出版社，2007.

2. 刘晓明．小学生常见心理问题解析与辅导．北京：世界图书出版公司，2008.

3. 郑希付．小学生心理健康教育：个案分析．广州：广东高等教育出版社，2004.

4. 陈传锋等．当代中学生的学习生活与课业负担．北京：北京师范大学出版社，2011.

5. 王旭飞，高岩．中学生心理辅导案例．沈阳：东北大学出版社，2006.

6. 刘凌波等．中小学心理健康教育的理论与实践．沈阳：东北大学出版社，2006.

7. 王利群等．倾听花开的声音：中学生心理自述．济南：山东教育出版社，2002.

8. 郑莉君．内蒙古大学生心理健康研究．呼和浩特：内蒙古文化出版社，1998.

9. 王希永，金庆昕．大学生心理保健．广州：中山大学出版社，2001.

第七章 成年心理健康

【学习目标】

1. 了解婚姻与家庭对个体心理健康的影响
2. 了解中年人的心理特点及其易出现的心理问题
3. 掌握更年期的生理和心理特点
4. 重点掌握维护老年人心理健康的准则

【章节导读】

婚姻是家庭的开端，是人生的另一个起点。婚姻和家庭对个体的心理健康产生重要的影响。从个体的毕生全程发展来看，中年期是个体的知识积累最丰富、经验最成熟、工作能力最强、精力最充沛的时期，它是个体的成熟期与收获期，也是个体从青年迈向老年的过渡期。而来自全国老龄委的专家预测：2001—2020年是我国人口快速老龄化阶段。这20年里，我国平均每年将增加596万老年人口，年均增长速度达到3.28%，其增长速度大大超过年均0.66%的总人口增长速度。由于人口老龄化进程明显加快，到2020年，我国老年人口将达到2.148亿。通过本章的学习，可以了解婚姻、家庭对人们心理健康的影响，掌握中年期和老年期个体的心理健康特点，并学会应对中年危机和老年失落出现的各种心理问题的方法。

第一节
婚姻家庭与心理健康

婚姻是一对男女生活在同一个居住空间里，双方的观念、情绪和个性都将对两人发生作用，并影响到家庭里的每个成员。婚姻和家庭，自古以来就是一种社会现象，并且随着社会的改变而改变。但是，无论处于哪一个社会时期，家庭都是以婚姻为基础的。所以，婚姻与家庭是两个紧密相连的概念，要了解家庭，就必须先了解婚姻。

一、婚姻与心理健康

婚姻对个体的心理健康有重要的影响。和谐幸福的婚姻不但使人一生快乐，成就事业，更能使人健康长寿。充满矛盾、猜忌、冲突的婚姻则使人经常生活在郁闷、焦虑、孤独无助、情绪低落的体验中，对健康是极大的威胁。

(一) 婚姻的基本含义

1. 婚姻的概念

据《礼记·婚义》中记载："婚礼者，将合二姓之好，上以事宗庙，而下以继后世也。"在中国古代，婚姻传统的定义一是通过联姻结合两个家族的优势，以求扩大亲属同盟；二是为了接续祭祀祖先的香火；三是继承家族的血统。国内人类学者童恩正则认为：婚姻是两个或两个以上的男女之间建立的为社会所公认的性和经济的联合，使其产生的后代合法化，同时在丈夫和妻子之间，肯定一种相互的权利和义务。社会学领域把"婚姻状况"分为几种情况，详见图 7—1。

2. 婚姻的功能

婚姻既有自然属性又有社会属性，其主要的功能具体体现在以下几个方面：

(1) 扶持功能。婚姻是男女两性长期共同生活的实体，亲密无间的身心交融，使双方在物质和精神生活上都不可分离，形成一个共同体。夫妻双方一起负担家庭生活的重担，为家庭积累财富，共同赡养老人、养育孩子，享受共同生活的快乐。

(2) 性爱功能。从自然属性上讲，性爱是基于人的本性的生理需求而产生的两性的结合。从社会属性上讲，性爱是男女两性生理心理两方面的相互交融，是性和爱的统一，是社会化的生物性，是婚姻关系的重要内容，在婚姻关系中占据重要的位置。

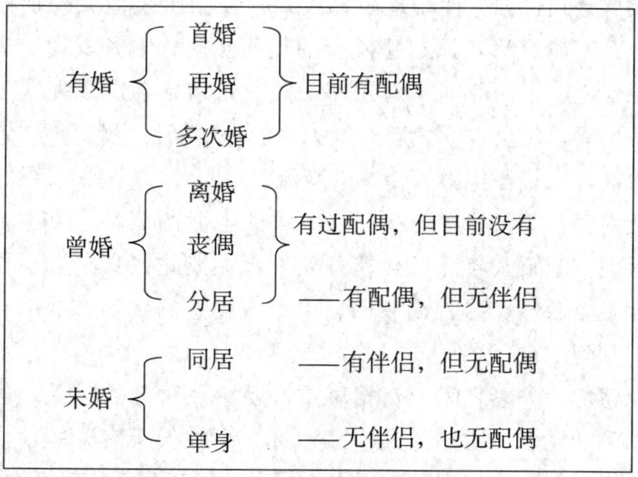

图 7—1　社会学的婚姻分类

（3）生育功能。婚姻是人类繁衍后代的最好途径和最佳方式，生育往往是性爱功能的结果。通过婚姻的生育功能，维持人口的自然平衡。欧美国家因为人口较少而采取很多措施鼓励生育，我国因为人口负担过重而采取计划生育措施来控制人口的无序增长。

由以上几点我们可以看出，婚姻是家庭的基础，夫妻关系是家庭中的主要人际关系。婚姻功能的正常体现，能使夫妻关系保持得更牢固。健康的婚姻是拥有健康家庭的前提，婚姻和家庭的稳定也是社会稳定的重要保障。

（二）婚姻的质量与心理健康

婚姻质量是指夫妻的感情生活、物质生活、业余生活、性生活以及双方的凝聚力在某个时期的综合状态。婚姻质量的高低直接影响夫妻关系的稳定和家庭结构的完善，决定着婚姻关系的发展前景。

上海社会科学院徐安琪主持的中国婚姻质量调查的课题（2001 年）采用入户访问的形式，对上海、甘肃、广州和哈尔滨四地的 800 对夫妻进行调查，从婚姻质量的六个侧面（夫妻关系满意度、物质生活满意度、性生活质量、双方凝聚力、婚姻生活情趣、夫妻调适结果）进行打分排序，得出的结论是：22%的婚姻属于低质量，75%的婚姻达到中等水平，只有 3%的夫妻关系称为高质量和完美型的。研究表明，影响婚姻幸福的因素主要源于三个方面：（1）个体因素，包括依恋类型、文化背景、价值观、对婚姻的期望、在婚姻中承担的义务等；（2）婚际因素，包括夫妻间权利与角色的分配、夫妻间投入收益比、夫妻间的交流状况、夫妻间解决冲突的方式和能力、性生活等；（3）外界因素，包括经济情况，与子女、父母、亲友的关系。[①]

有研究指出，丈夫的"情绪稳定与否"是影响其自身婚姻质量的关键因素；成长在温馨的家庭氛围中的男性婚后对婚姻的满意度更高；观念传统的妻子的婚姻质量通常较高。为了提高婚姻质量，在夫妻生活中要注意以下几个问题：

① 参见徐安琪、叶文振：《中国婚姻研究报告》，北京，中国社会科学出版社，2002。

(1) 不要使配偶感到孤独。性心理学家发现，孤独感是促成外遇的主要原因。如果夫妻缺乏亲切友好的感情交流，孤独感便会油然而生。有学者发现，夫妻间如有一方把精力全部投入到工作之中，而忽略了对配偶的关心，结果会造成配偶对夫妻性关系的冷淡，在有可能的情况下，便会去寻找新的性关系。夫妻间性生活是维持夫妻爱情的纽带，它不仅是肉体的交媾，而且还伴随着情感的交流。

(2) 充实生活内容。桑德福博士在其《中年性生活调节》一书中曾指出，单调的厌倦是引发情变的祸因。结婚几年后，热情开始冷却，彼此在身心方面再也没有神秘的诱惑，如果夫妻双方不能探索、寻找出新的、更令人满意的生活方式的话，一些不甘寂寞者便会寻找外来的片刻之欢。

(3) 尊重配偶感情。夫妻之间应互相尊重，要顾及对方的感受，遇到事情尽量避免争吵。如果夫妻间争吵过多，所谓“大吵三六九，小吵天天有”的话，就会使感情受到伤害而产生隔阂。当一方饱受伤害之苦而忍无可忍时，就会使之对婚姻丧失信心。

(4) 婚姻中保持独立性。婚姻生活中夫妻双方一定要注意保持自己的独立性，这是保持婚姻新鲜的重要方式，夫妻双方只有保持自己的特点，才能用这种特点稳固自己的婚姻。但是，一定要在保持独立性的同时，关注另一方。

此外，保持良好婚姻关系的另一条秘诀就是：适时地向对方吐露心曲，互诉衷肠。这种方法不仅不会使对方感到不自由，反而会因爱的牵挂而使他产生无穷力量，以更多更深的爱来报答对方。

(三) 婚姻中夫妻关系出现的问题及心理调适

1. 婚姻磨合期的矛盾与冲突

新婚中的年轻夫妻各自从原先的家庭里分离出来组建了一个新的家庭，这使他们无论在生理还是心理上都需要一个相互适应的过程，这个过程一般被称为磨合期。如果夫妻双方能够相互理解和包容，很快在生活习惯、个人爱好、价值观念等方面达成一致，矛盾和冲突就会减少，磨合期也短。但是如果双方不能意识到婚后与婚前一个人生活时的差别，还是一味地我行我素，就会导致矛盾和冲突，磨合时间也会延长，甚至走不出磨合期而面临婚姻的危机。正如人们所说的“一年之痒”，即很多新婚夫妻因为不能很好地沟通和磨合，在结婚不久就出现婚姻问题。

面对磨合期的矛盾和冲突，夫妻双方首先应该多沟通交流各自的真实感受，取得对方的理解，问题可能会迎刃而解。相反，如果害怕闹得不愉快而对问题避而不谈，有可能使问题恶化。其次，夫妻双方应该经常换位思考，站在对方的立场来考虑问题，体谅对方的心态，寻求夫妻关系默契的切合点。最后，夫妻双方还可以多和年龄相仿的已婚朋友们交往，了解他们的婚姻体验，学习他们处理矛盾的方法。通过这样的交流，夫妻双方可以发现原来婚姻中有矛盾是正常的，别人也有同样的情况，问题的关键是怎样处理好这些矛盾，不要让其伤害到夫妻感情。对于价值观、个性的差异，要学会求同存异，不要处处强求一致。而对于生活习惯等小问题，则可以通过协商，在双方都能接受的前提下达成共识。

2. 性别差异产生的沟通困难

性别差异在婚后表现得尤为明显。一般来说，男性由于社会习俗、公众舆论及个性等因素的影响在婚后对感情的关注远远低于女性。他们有了婚后的安定感后往往更注重家庭的稳定与舒适，可能忽略了对妻子的关注与赞许。而女性在婚后则愿意以家庭为中心，希望能得到丈夫更多的关爱。无论是工作中还是家庭里的事情妻子都爱向丈夫述说，一旦丈夫没有表示关切，她们就容易生气，认为丈夫不如以前那么关心、在乎自己了。而在内心感受的表达方式上，女性愿意把一切情绪都慢慢释放出来，发泄完毕就一切照旧，好像“高压锅”。但是男性更像是“钻地洞”，喜欢越钻越深，宁愿自己独吞苦果，也不愿把内心的压抑和苦闷倾诉出来。

对于这种情况，夫妻双方就要有充分的认识，了解到两性情感宣泄的不同特点，主动与对方交流，把自己内心的需要明确地向对方表述，而不是“犹抱琵琶半遮面”，总要对方来揣测自己的心思。夫妻之间就是要互相关心、互相支持，在生活的一点一滴的小事中，表达自己对对方的关切。妻子温情的行为会打动丈夫的心，使丈夫能够主动向妻子敞开心扉。而丈夫对妻子的肯定和赞扬，对妻子的聆听，也一定会让妻子感到满足与快乐。

3. 性生活的不和谐

性生活的和谐对于良好夫妻关系的建立与维持起着重要的作用。一般来说，享受到较高性满足的夫妻，往往认为他们的婚姻是非常幸福的；而性满足程度较低的夫妻之间的矛盾也比前者多。在夫妻的性生活中，会受到各种因素的影响。表现为男女在性心理方面存在差异；不同年龄阶段男女的性需求也存在差异。2010 年，贾黎斋等的研究发现，30 岁以下组的被试性健康状况最好，其后依次为 30 多岁组、40 多岁组和 49 岁以上组。

如何克服由心理因素导致的性生活不和谐呢？首先，必须正确地认识性生活，树立正确的性观念，并对性生活的感受进行自然的沟通和交流。其次，夫妻双方要和睦相处，平等相待。在性生活过程中，要学会体贴，不强加于人，当一方未得到满足时，另一方要通过各种方式使其得到安慰。也可以适当地改变性生活的方式，避免千篇一律，失去新鲜感。最后，如果发现一方或双方有生理上的问题，要及时就医，以便找出原因，及时诊治，扫除性生活中的障碍，促进家庭的幸福美满。

4. 对婚姻的倦怠感

婚姻的倦怠感多出现在结婚多年的夫妻身上。比如，婚后七年是婚姻的一道坎，是离婚的高发期，常被称为“七年之痒”，正是因为婚后第七年往往为夫妻感情的倦怠期。在一起生活的时间久了，夫妻双方早已经失去新鲜感，再加上生活平淡，两人为了家庭和工作消耗了很多的精力，甚至夫妻之间的性生活也减少，变成一种简单的模式。这时如果双方再不采取必要的调节措施，就容易产生婚外情，导致婚姻危机或婚变。

要消除婚姻的倦怠感，首先要降低对对方的期待。在共同生活了相当一段时间后，显然不能再用恋爱和新婚时的期待标准来要求对方，否则一定会因内心期待的难以满足而感到生活黯然失色。其次，夫妻间要学会商量着办事，各行其是的效果往往不好。商量问题的时候，不能只站在自己的立场上，只考虑自己的想法，要主动为对方着想。最后，重新发现对方的长处或闪光点也很有必要。一方面要寻找和发现对方的变化，另一方面也应该要求自己不断充电，在文化知识的不断更新、生活观念的不断完善、审美情趣的不断提高中求得双方的互相适应、共同成长。

二、家庭与心理健康

(一) 家庭的本质

家庭是个体一生中与他人接触最早、关系维持最久，也是最错综复杂的社会生活单位。个体自出生后，便受到家庭的养育和教育。社会上没有任何一种机构或制度能够完全取代家庭的功能。家庭的生育功能使社会持续存在；家庭的社会化功能体现在教导儿童学习生存及生活的技能；家庭的经济功能提供个人生存的条件与多方面需求的满足；家庭的社会地位功能是塑造个人的社会阶层、生活方式以及建立亲密关系。家庭内部的高控制度、和睦、低焦虑、低问题行为可以预测青少年的主观幸福感和学习方式的积极改变，这种家庭培养出来的孩子主观幸福感较高，更能处理好学习问题和心理压力。

(二) 特殊家庭问题及心理调适

特殊的家庭结构形式包括单亲家庭、“空巢家庭”、“丁克家庭”、再婚家庭、单身家庭、隔代家庭等。2000 年我国人口普查结果显示，在我国的家庭总数中，核心家庭占 89.5%，三代人口家庭占 18.2%，“丁克家庭”占 12.7%。

1. 单亲家庭

所谓单亲家庭是指由父母中的一方单独抚养未成年孩子的家庭。产生单亲家庭的主要原因有：离婚、丧偶、未婚生子等。无论是哪一种情况，作为一种特殊的家庭形式，它的存在对家庭成员尤其是孩子有着巨大的影响。

单亲家庭存在的主要问题首先就是经济上的压力，特别是有些单亲家庭是由母亲来抚养子女的。通常母亲的收入偏低，维持家庭生活的难度比较大，有的甚至连子女的教育费用都难以支付。其次，家庭情感关系的缺失也是单亲家庭面临的另一个主要问题。这里的情感缺失主要有两种，一种是孩子失去父亲或母亲的感情联络；另一种是夫妻之间因缺少另一方，异性间的情感需要和性需要得不到应有的满足。这两种感情的缺失如果长时间得不到补偿，容易导致单亲家庭成员的情绪问题，甚至情感障碍。最后，家庭教育过程的失衡也是一个问题。父母亲教养态度的变化、家庭教育投入的减少以及家长因为自己的情绪问题导致孩子性格的改变等都会影响到孩子的教育，影响到孩子的健康成长。

解决单亲家庭中存在的问题，需要单亲家庭自身和社会的共同努力。一方面，单亲家庭的家长要及时调整心态，树立自强的意识，不要一味地怨天尤人，勇敢地承担起家庭责任，扩大家庭活动的范围，鼓励孩子多与外界交往。另一方面，社会也应加强对单亲家庭这个弱势群体的扶持和帮助，使单亲家庭的子女教育与生活社会化、正常化。

2. 丁克家庭

“丁克”即英文“DINK”的音译，全称为“double income，no kids”。通常“丁克家庭”又可以分为夫妻双方有生育能力却不愿生育的和夫妻双方由于身体机能的障碍而不能生育的两种类型。一般人们常说的“丁克家庭”是指前者，即夫妻双方达成不要孩子的共识而没有孩子。是否选择做“丁克”主要是夫妻选择的一种生活态度，不能强求。不同年龄阶段的“丁克家庭”所面临的问题也不相同，但是不管怎样，选择“丁克”不能是一个草率的决定，也不该是夫妻中某一方的决定。夫妻双方应在完全的交流和沟通下达成一致的意见。

“丁克家庭”会给夫妻双方带来很多问题：（1）不生育有可能损害女性的身体健康。有关的研究表明，女性在其一生中如果有一次完整的孕育过程，就能增加10年的免疫力，这种免疫力主要是针对妇科肿瘤的。未生育的妇女易发生激素依赖性疾病，如子宫肌瘤、子宫内膜异位症。（2）如果没有孩子，夫妻可能就难以理解家庭的真正意义。孩子固然会给夫妻带来很多的麻烦，但是，他们带给父母的快乐却是更多的。很多夫妻都是在有了孩子后才体会到生活的美好意义。（3）夫妻到了老年时面临的问题。青年及中年时期夫妻双方可能为了事业忙碌而不会感到孤独，但是一到中老年时期，他们的空巢期要比其他有子女的家庭来得早。一来无法享受天伦之乐，二来一旦夫妻双方中某个先行离去，另一个将受到很大的打击，无论从心理还是生理上都得不到子女的安慰和照顾，等待他们的将是无尽的孤独。

3. 再婚家庭

再婚家庭是指配偶的双方或一方曾有过婚姻的经历，而重新组成的家庭。传统上的再婚的家庭是原配偶中有一人死亡，另一方则“续弦”或“再嫁”。而现代社会再婚基本上是离婚后的再娶或再嫁。在西方国家，离婚率很高，有的再婚可能是三次、四次的再婚。

再婚家庭存在的问题主要有：（1）“过去”对再婚的影响。再婚家庭的特殊矛盾影响再婚生活，也影响再婚者对情感关系、亲子关系、财产关系和婚姻冲突的处理方式。（2）家庭关系的复杂化。上一次婚姻留下的最无法忽视的“馈赠物”就是孩子。不仅再婚的两个人要面对一个如何接受这个没有血缘关系的孩子并学会和他（她）相处的问题，更棘手的是，未成年孩子并非完全是被动的，即使他（她）保持沉默，也有接受、不接受继父母的问题。（3）家庭成员之间的敏感和脆弱。再婚家庭有两个敏感“雷区”，一个是对方的前配偶，一个是和前配偶生的孩子。很多人在再婚时已有自己和前配偶生的儿女，这些儿女常常成为引发家庭矛盾的敏感点。那些一进入新的家庭就要准备给别人的孩子当继父、继母的，心理自然不轻松。他们深知和继子女关系的好坏，不仅影响到再婚后的婚姻生活，也影响到自己的社会形象，因此，心理压力也是巨大的，容易导致心理的脆弱。

再婚者的心理调适是一个极为重要的环节，2000年，Dowling等提出，在重新组建家庭之前，再婚者必须先调整好自己的心态，避免过去离婚的经历在自己心理上留下阴影。此外，再婚的人需要精心准备，准备去改变已经建立的个人特点和习惯等，包括日常家庭活动。当然，最重要的还是再婚者要学会怎么与继子女相处，扮演好自己继父或继母的角色。如果夫妻双方是各自带自己的孩子组建新家庭的，就更应该对所有的子女一视同仁。在平常的家庭生活中，应该寻求一种良性的沟通方式，多听听继子女的心声，增进彼此间的了解。

4. 同居家庭

同居是指男女双方未经法定的结婚程序而长期居住在一起的情形，由同居关系组成的家庭称为同居家庭。和正式婚姻相比，同居中的男女双方没有正式的法律契约，所以，他们因同居引发的一系列关系，包括家庭关系都是非法的，是不受法律支持和保护的。

同居家庭面临的问题是多方面的。对结婚的预期不一致容易导致矛盾。虽然大部分的同居者没有具体的结婚预期，但这并不排除他们中也有相当一部分人有想结婚的愿望，这里有不确定性。如果双方的预期不一致，就会影响到彼此的两性关系，容易产生不可调和的矛盾。最后的问题可能是来自社会的压力。这些压力可能主要来自于双方的父母以及周围的同事朋友。此外，同居家庭面临的问题也比正常的婚姻家庭更多。同居关系的不稳定，家庭经济生活的安排，孩子的成长环境等，都是问题的来源。

对于同居家庭的调适需要注意以下几点：（1）如果还未同居，最好打消同居的念头；（2）不要让同居成为习惯；（3）就算一时冲动已经同居，也要尽可能缩短同居的时间；（4）育有子女的父母更不应卷入同居的关系中去，不然对孩子的影响将是灾难性的。

（三）塑造和谐家庭关系的策略

1. 营造健康的家庭氛围

首先，要保持家庭环境的清洁和雅致，使人在家里感到轻松和愉悦。家庭的装修是否豪华并不重要，关键是在家要能感受到家的温馨和舒适。其次，不要因为家庭的琐事磨灭了生活的情调。不管是年轻的夫妇，还是中老年人的家庭，都应该在不经意间创造轻松、浪漫的生活气氛。比如，适当在家里种些花草，养些金鱼或宠物，时常变换一下家具摆放的位置，周末到野外去郊游等，都不失为创造情调的好方法。但是，家庭氛围主要是与人相关的，环境仅仅起到一个烘托的作用，保持家庭成员间的相互平等和相互悦纳才是更加重要的环节。

2. 加强家庭成员的沟通与交流

倾听是人际交往中最基本的技巧，倾听时要全神贯注地聆听并适时给予反馈意见，而不是一边心不在焉地听一边在做自己的事。除了倾听以外，家庭成员还要学会向亲人倾诉自己内心的烦恼。向亲人倾诉能得到更多的理解和情感支持，还能增强爱与被爱的感受，加强情感交流，也是一种宣泄压抑情绪的有效方法。但是，家庭成员也要注意的是倾诉并不是唠叨不休，总是因为一些小事而对家里人唠叨不停，或是总在抱怨别人，就会让人感到厌倦，不仅得不到亲人的关怀和帮助，还会使人感到反感。所以，只有选择适当的时机，根据自己的确实需要真诚地向亲人倾诉，才能够得到他们的关怀和抚慰。

3. 丰富家庭活动

家庭活动是家庭成员间沟通的良好方式，家庭活动的内容有很多，包括以下几个方面：

（1）体育锻炼与运动。运动可以使人拥有一种积极活跃的身心状态，它不仅可以消除疲劳，增强体质，还能够起到调节情绪的作用。所以，家庭成员只要时间条件允许，都应该在一起锻炼身体。

（2）定期的朋友聚会。由于现代人工作繁忙，加之家庭结构的小型化，居住环境闭塞，邻居之间极少来往，致使人们的生活圈越来越小，人与人之间的隔阂越来越大。这不仅使人际关系越来越冷漠，也使儿童缺少正常交往的同伴，不利于他们的人际环境的适应和交往技巧的提高。所以，定期与朋友们相聚或出游，享受一下群体活动的乐趣也是很重要的。在这个过程中，成人间加深了相互了解，儿童学习到人际交往的技巧，一举两得。

（3）家庭劳动的分工与合作。如果家务劳动只集中由某些主要成员来做，不仅增加了他们的负担，也容易引起怨言和不满，影响家庭的团结、和睦。在日常生活中，除了成人之间要相互分担家庭劳动，也应该让孩子做些力所能及的事情，这样既增强了每个人的家庭责任感，又培养了孩子的劳动意识，劳动过程中的协商和配合对增进家庭的健康、和谐十分有利。

4. 构建学习型家庭

家庭生活的内容要随着社会的发展不断更新与变化，要保持与时代发展同步的生活，就要不断学习家庭生活的知识。首先，父母要不断学习与孩子沟通的知识，建立健康的教育理念。正确的教养信念包括理性关爱、启发指引、正确教导、要求适度、教育一致。其次，要养成良好的家庭学习氛围，提供安静的学习环境，培养家庭成员的求知意识，让每个家庭成员都有自己的学习目标。每个家庭成员都应当根据自己的情况安排不同的学习目标。孩子主要的学习目标自然是完成学业，取得较好的学习成绩。其他成年的家庭成员可以根据自己的兴趣爱好，学习相关的课程或技艺。而父母的学习往往是以工作为重心开展的。尽管各自的目标不一致，但由目标激发的积极向上的精神状态是一致的。此外，家庭成员还应该定期交流学习经验，总结成果，改正缺陷，互相鼓励和关心，也可以树立一个学习的榜样，这样才能诱发学习的动力。在这样的家庭氛围中，每个家庭成员都会进步和逐渐成长。

第二节
中年危机与心理健康

中年期，亦即成年中期，一般是指 35 岁至 60 岁这一阶段。在这个时期，由于个体面临事业的发展、家庭中各种人际关系的处理、养育孩子的责任等，个体常常表现出特定的矛盾而又复杂的身心特点。

一、中年人的心理健康

中年期是个体心理和生理状况变化的重要时期，从生理上来看是人一生中变化较大的时期，更年期的到来使很多中年人出现心情烦躁不安，易怒，精力、体力明显下降的状态。如不加以注意就会出现心理问题。

（一）中年人的心理特点

中年人的心理能力在不断增长。所谓心理能力，是指人的全部心理活动能力的综合。具体来说，是指一个人表现在智力、情绪、意志力以及个性等方面的心理品质。中年阶段，个体的心理能力仍处于不断增长过程中，具体表现在以下几个方面。

1. 智力继续发展

中年人虽然反应速度、机械记忆能力有所下降，认知机能出现老化，但总的来说，各种认知功能还在不断提高，知识经验的积累、对事物的分析判断以及独立解决问题的能力均达到了较高的水平，智力处于最佳状态。也就是说，中年以后，流体智力（即以神经生理为基础，随神经系统的成熟而提高，相对地不受教育与文化的影响的智力，如知觉速度、机械记忆、识别图形关系等方面的能力）趋于平稳，但是晶体智力（即通过掌握社会文化经验而获得的智力，如词汇、言语理解、常识等以记忆贮存的信息为基础的能力）随着中年人经验与知识的积累呈上升趋势。

2. 情绪相对平稳

年长者有较强的情绪控制能力，能在多数情况下较为理智地调控情绪，延迟对刺激的消极反应，不易冲动。一项以各年龄层美国公民的情绪表现为考察对象的研究发现，年长的成年人相比年轻的成年人，往往会报告更多的积极情绪和较少的消极情绪。在另一项研究中，研究者在对被试进行 MRI 脑部扫描的同时，让不同年龄层的成年人观看积极情景和消极情景的图片，结果发现，年轻人在观看消极情景的图片时，存在更多的脑部活动，而年长者则在观看积极情景时，存在更多的脑部活动，并且这种差异主要表现在杏仁核区域，而该区域主要掌管情绪。

3. 个性稳定鲜明

人到中年，自我意识的发展趋于成熟。世界观、人生观、价值观、生活目标、情感需求也逐步明确，情绪趋于稳定，社会行为日益完善，社会角色基本稳定，对自我的认识深刻、全面，并以自己独特的方式建立起稳定的社会关系。以上种种共同构建出中年人独特的行为模式和个性心理特征，形成中年人稳定鲜明的个性色彩。

4. 心理承受能力增强

心理承受能力也叫心理耐受力，具体是指个体能够承受的心理负荷程度。中年人绝大多数已经“成家立业”，在经历过生活历练以及工作的打磨后，心理行为更加成熟，并具有强烈的独立意识。因而，在面对各种刺激时都能够正确对待，并且能够在诸多刺激中，理智选择，抛弃那些无益的刺激，沉着灵活加以应对。由于心理承受能力的增强，中年人在现实中往往能够较好地应付不如意的生活和工作。

5. 自立意识增强

中年人已经不依赖父母的指点和外界的指示，更多的是依靠自己独立思考而决定自己的行为方向。无论在家庭中，还是在事业中，都有一种顶天立地、独当一面的思想。人到中年，尤其是中年后期，多数人都已掌握了一门专业知识或者熟悉了一门专业技术，并且能够运用自身的知识或技术进行独立工作或操作，有时还要带领年轻的后辈们共同执行某项任务或工作，这些无疑都会增加中年人的自豪感，而这种自豪感反过来又会强化中年人的独立意识。另外，在中年阶段，个体大都形成了自己比较稳固的交往圈，并且具备了妥善协调各种人际关系的能力。在社会交往中，中年人能够自如地运用理智和情感处理各种问题，而不像青年人那样经常感情用事或意气用事。

6. 社会责任感和家庭责任感增强

中年期是一个大跨度时期，需要经历“而立”、“不惑”和“知天命”几个阶段，因此，无论从社会角度还是从家庭角度来看，其责任感都是空前的。青年时期，社会责任感和家庭责任感往往单薄一些。到了中年期，情况就有所不同了。中年人成为一家之主，要对自己的妻子负责，要对自己的子女负责，要对自己的父母负责，所要承担的家庭权利和义务开始得到充分的实现。从社会角度看，中年人是社会建设的中坚力量，是物质财富和精神财富的主要创造者。中年人脚踏实地地干事业，能自觉地把自己的事业和整个国家、整个民族的前途命运联系在一起。他们要对自己的事业负责，对工作单位负责，对整个国家和民族负责，具有强烈的使命感。而这种使命感加强了中年人人格中的责任心，具体表现在行动上，则是勤勤恳恳、兢兢业业、拼搏进取。

（二）中年期易出现的心理问题

1. 超负荷的心理压力

大多数中年人由于社会责任和工作任务较重，加之对事业成功的追求，其心理压力较大。同时，家庭中他们还须赡养父母和教养子女，承受家庭的重担。社会的责任、事业的成败、社会地位的演变、角色的转换、家庭的稳定、子女的教育、自身的提高、人际关系的协调等活动，均会直接影响到其心理健康状态，使中年人长期持续地处于高强度的心理紧张和心理压力之中。

2. 心理冲突

（1）健康与成就的冲突。

中年人渴望自己有个好身体，也期望事业上有所成就。然而，高度的社会责任感和

图 7—2　大脑：我要休息

繁忙的工作压力使得他们无暇放松休息，无暇关注自身健康，无暇参与体育锻炼；另外，中年阶段，个体在身体方面开始发生一系列的变化，如体重增加、身体发胖、精力下降等，类似身体上的逐渐衰退就促使很多中年人在追求事业与成就的过程中，常常感到体力不支、精力不够、心有余而力不足（见图 7—2）。

（2）家庭与事业的冲突。

事业的成功有助于家庭的稳定，家庭的稳定又是事业成功的基础。然而，复杂的家庭人际关系，琐碎的家庭事务，加上高负荷的工作任务，常常把中年人推入多重社会角色冲突的境地，给中年人平衡家庭、工作和生活提出了更高的要求。

3. 错综复杂的人际关系

中年期的人际关系复杂，表现在工作中为与上下级的关系、与平级同事的关系、与客户的关系以及与合作单位（组织）人员的关系等；表现在社会环境中包括朋友关系、熟人关系与长幼间的关系；表现在家庭中为父（母）子（女）关系、婆（翁）媳（婿）关系、兄（姊）弟（妹）关系、亲属关系。以上种种人际关系就构成一张硕大的关系网，将中年人牢牢地网在其中。其中，任何一种关系若得不到妥善处理，都会给中年人的工作、生活带来极大不便。为此，中年人需要绞尽脑汁，辗转应酬，这样很容易把自己弄得心力交瘁、身心俱疲。

4. 亲子冲突

亲子关系对于任何家庭来说都是一种非常重要的人际关系。随着孩子的成长，中年人与子女间的关系也发生着相应的变化。特别是当子女进入青春期以后，其独立性和自主性不断发展，对父母也不再言听计从，此时，若中年父母不能及时地意识到子女的发展变化就很容易与子女在某些问题，尤其是学习成绩、着装打扮、恋爱交往、日常家务等方面发生亲子冲突。

在价值观念方面，年轻的成年子女喜欢幻想，敢想敢干，希望能创造性地工作；而中年父母则希望子女能够找一份稳定的工作，按部就班地生活。在生活态度方面，年轻的成年子女追求享受，试图通过各种方式丰富个人的物质生活；而中年父母则希望子女凡事注重实际，生活过得去就行，不要刻意追求享受。当然，亲子间一定程度的矛盾或冲突有助于父母和子女双方增进对彼此的了解，推动交流方式和行为模式的某种改变。而频繁的、高强度且缺乏建设性的亲子冲突则会严重破坏家庭的良好氛围，给亲子双方的情感造成一定的伤害，进而极大地影响亲子双方的社会适应与身心健康。

5. 中年婚姻危机

人到中年，父母、孩子、事业、自身健康都会对婚姻的质量产生影响。随着年龄的增长，生理上已经走向成熟，心理上也日趋完善，人的个性、情趣完全暴露出来并逐渐形成某种程度上的定型。而那褪去绚烂后显得平淡和消沉的生活，在与琐碎的家庭事务、日益上升的经济压力、频繁的矛盾摩擦、不和谐的性生活以及少之甚少的沟通交流，甚至第三者、婚外恋的直接碰撞下，给中年婚姻生活蒙上一层灰色。正因为这样的年龄和现状，中年夫妻之间若产生了裂痕，一般很难弥补，甚至往往还会埋下婚姻危机，导致婚姻解体。

6. 中年空巢

据调查，我国城市中空巢家庭占整个中老年人家庭的40%，其中中年空巢的比例越来越大。有关专家分析，以城镇平均初婚年龄女性25岁、男性27岁为参照，假设婚后两年生孩子，当他们的独生子女18岁离家求学时，那么他们进入“中年空巢”期的平均年龄通常为45岁至47岁。如此一来，这类夫妻将提前近15年进入“空巢期”，在“空巢”中生活15年后才会进入老年阶段。南京市人口专家预测，在独生子女婚育期的到来、城市化进程的加快、住房条件的改善以及人们观念改变等背景下，“中年空巢”现象将普遍化。

从某种角度来看，“中年空巢”家庭的形成大部分源于家长的主动选择。随着生存压力的不断加大，家长为了孩子未来更好的发展，多数会鼓励孩子“离巢”，当“三口之家”一下变为“二人世界”，许多中年家长为人父为人母的心理状态尚且不能很快地随之适应，这就导致他们容易产生焦虑、失落等不良情绪，危害自身身心健康。

中年女性多面临退休或赋闲在家，身体多步入更年期阶段，面对身心发生的巨大变化，同时加上作为情感调节纽带的子女不在身边，往往难以适应长期的母子（女）分离，从而容易产生焦虑、抑郁等消极情绪，进而危及家庭气氛，严重者甚至给婚姻、家庭生活埋下隐患。需要指出的是，我们不建议中年空巢父母每天给因上学、就业而离巢的子女打电话，这样一方面容易引起子女的抵触情绪和内疚心理，危害子女的身心健康，另一方面也不利于中年父母适应母（父）子（女）分离的事实，尽快调整生活的重心，走出焦虑、失落的情绪。

7. 工作倦怠

世界大企业联合会于2005年进行的一次调查显示，在过去10年中工作满意度下降幅度最大的就是35～44岁的员工，其次是45～54岁的员工。中年人是最焦虑、最疲惫、最倦怠、迫切需要被关注和关心的群体之一。中年人工作倦怠可分为三种类型：个人倦怠、内容倦怠和结构倦怠。个人倦怠是指由于中年人的生理和认知能力下降，对其所承担的社会角色没有精力面对所形成的倦怠；内容倦怠是指个体在掌握工作相关的知识和技能后，由于工作缺乏挑战性，对工作感到枯燥、乏味而产生的工作倦怠，它与工作的变化性密切相关；结构倦怠是指由于组织结构的限制，个体在组织中进一步晋升的可能性很小，职业生涯发展处于一个职业变动相对缺乏情况下出现的工作倦怠，它与个体的工作晋升和变动密切相关。

相关研究显示，工作倦怠会影响中年人的工作动机、工作效率和工作满意度，也会影响他们的身心健康，甚至还会对中年人与家人和朋友的关系造成不良影响。因此，中年人一旦发现自身存在工作倦怠，要调整自身心态，积极地面对工作。组织也要充分重视中年人的工作倦怠现象，根据劳动强度适当提高员工的待遇，对工作表现好的员工给予适当奖励；也可以在员工中开展多种有益身心的活动，或合理调整人员结构等，以此调动中年员工的工作积极性。

8. 中年肥胖

中年期肥胖问题已是世界性的问题，美国、德国、俄罗斯和一些北欧国家肥胖者几乎占到了中老年人群的1/3，而且女性比男性更易肥胖。1982年，McReynolds报道说，连续的肥胖和心理紊乱之间存在一定关系。2005年，Whitmer等发表了一项基于人口学的27年的纵向研究报告。研究发现，体重过重者［身高体重指数（BMI）≥25～29.9］，有35％的风险可能患上痴呆。随着生活水平的提高，高热量、高蛋白质、高糖分的大量摄入，使我国的肥胖者日益增多。中年肥胖增加了未来患上痴呆的风险，肥胖还与心血管疾病、糖尿病、关节损伤、癌症、高血压等疾病相关。

（三）中年人心理健康的维护

1. 中年期心理卫生

中年期是人一生中负担最重的时期。作为社会的中坚力量，中年人首先要学会自我调整，使身心健康保持在一定水平。其次社会也应该给中年人以更多的关注和爱护，为他们提供便利的条件来维护身心健康。

（1）加强自我心理保健。中年期是一个转折期，从该时期开始，个体的身体机能逐渐衰老。为此，中年人首先需要意识到自身身体方面发生的一系列变化，例如体重不断增加、身体发胖、精力下降等。其次，正确地估计和把握自身的体力和精力，重新对自身的能力进行一次客观全面的评定。最后，在理性认识自身体力、精力和能力的基础上，调整不适合中年阶段身心发展的成就目标和动机，凡事学会量力而行，不要过分苛责自己，不要在生活和工作中强出头，不要长期超负荷工作。同时，要重视保持心理平衡，主动及时地调整自身心理状态。

（2）注重人际关系的融洽。在现代社会里，广泛的人际资源、良好的人际关系，不仅可以为个体提供强大的心理社会支持，同时也能够帮助个体更好地维持自身良好的情绪，进而实现高效的生活、工作和学习。中年人的人际交往范围广泛，人际关系复杂，建立良好的人际关系，妥善处理好各种人际矛盾，对于中年人的心理健康发挥着非常重要的作用。中年人要想妥善处理好各种不同的人际关系，首先需要培养自身良好的个性，保持谦卑平和的心态，克服虚荣、嫉妒、怨恨、固执、冲动、软弱和孤僻的性格特征，养成踏实、稳健、宽容、豁达、勇敢、坚强、合群的行为品质。其次，中年人还要学会理性认识自我，不能因为他人的“糖衣炮弹”而迷失自我，要努力做到在任何人、任何事与任何环境面前都能保持自知之明，客观评价自我，严格要求自我。最后，中年人还应正确了解他人，并重视增进与他人之间的联系，与之融洽相处。要积极参加社会活动，开阔眼界，扩大交往范围。

（3）保持家庭的稳定与和谐。家庭成员之间应相互关爱，彼此沟通，对出现的各种矛盾和问题，应正确对待，及时解决，从而共同营造出平等、民主、和谐的家庭环境，进而使家庭成为缓解身心压力、调整自我、重新出发的重要平台。

（4）加强自身修养。社会的各种竞争是造成人们心态浮躁的直接诱因。人的成就欲以及对名利的追求常常引导人不由自主地与别人进行处处比较，这种不断进行的社会比较虽然在某些方面会成为个体前进的动力，但很多时候也在无形当中悄然增加了人们内心的紧张与压力。为此，从保持身心健康的角度出发，中年人应效法我国古人提出的“淡泊名利”和“修身养性”的养生思想，注重加强自身修养，积极淡化物欲，努力完善人格。

（5）掌握身心放松技巧。现代心理卫生理论认为，长期的精神紧张与心理压力是导致各种心理障碍和心身疾病的主要原因。因此，中年人进行身心保健，需要学会自我减压，建立一套自我放松、自我减压策略。可以选择瑜伽、气功、跑步、游泳、倾诉等，以此放松身心，维护身心平衡。也可以选择出游、逛街等方式，舒缓心理压力。

（6）做自己喜欢的事。中年期是一个收获的时期，也是生活、工作负担繁重，心理压力极大的多事之秋。中年人终日忙于追求家庭的安稳和事业的成功，于是，过度的紧张和疲劳逐渐成为中年人的代名词，各种身心适应问题也频繁成为中年人的“座上客”。对此，中年人要想保持身心健康，就要学会不要吝啬于己，学会多给自己一些独处与思考的时间，这样不仅不会浪费时间，反而能够帮助中年人更好地认识自我，明确自我的方向，并以更为饱满的精神和更为健康的心态迎接生活和工作，享受健康的人生。

2. 建立可行的社会保健体系

中年期正是各种心理障碍和心身疾病的高发期。由于事业繁忙、家庭负担过重，中年人常常忽略了自身健康。一旦发现问题，往往已经错过了最佳治疗期。因此，提高中年人的身心健康水平非常重要，政府相关部门也应重视制定切实可行的制度与措施，联合社会保健部门、保险机构、社会医疗机构以及心理咨询机构等多个部门通力合作，全面建立新型有效的监控管理体系，真正做好中年人的身心保健工作。

二、更年期的生理和心理特点

更年期是人一生中必须经过的时期，一般指个体从性成熟期向老年期过渡的一段时期，女性为45～55岁，男性为65～75岁。女性更年期的开始年龄和持续时间没有一个固定的值，通常情况下，会通过女性的绝经年龄进行判断。女性绝经年龄存在个体差异，会受到生活地区的海拔高度、气候、遗传、社会及家庭经济状况、营养等因素影响。

（一）更年期的生理变化

1. 女性更年期的生理变化

更年期对女性而言是从生育期向非生育期过渡的时期。更年期是机体各系统、器官逐步向衰老过渡、内分泌功能尤其是性腺功能走向衰退的时期。这一时期机体会出现一系列重大变化，表现为卵巢功能逐渐衰退，性激素分泌水平下降；月经从不规则到自然停止；生殖器萎缩，性功能下降；自主神经功能紊乱，导致血管舒缩不稳定，容易出现心悸、头痛、耳鸣、失眠、四肢麻木，以及阵发性出汗、眩晕等症状。

在进入更年期后，由于卵巢的萎缩，女性身体内部雌激素对垂体的抑制作用减弱，继发性下丘脑及垂体功能亢进及自主神经紊乱，致使糖代谢失常，食欲亢进，进食增多而导致肥胖。更年期肥胖包括绝经前持续而来的肥胖和更年期后新发肥胖两种，后者占女性肥胖的3%左右。通常而言，在更年期，女性的体重会都有2.5kg左右的增长，常以腰腹脂肪的堆积为主，并促使许多中年女性形成“苹果型身材”或“救生圈身材”。肥胖不仅导致更年期女性对自身的外形更加不满意，同时也是引发许多慢性疾病的重要原因。2003年，王哲蔚、高晓玲等在研究中对2 768名更年期妇女进行调查发现，其中肥胖或超重者占24.1%，进一步调查还显示，更年期妇女体重指数与某些疾病相关密切，即体重指数越高，更年期妇女出现糖尿病、心血管疾病和胆囊炎的患病率也越高。戴琼、杜玉开在研究中还发现，更年期肥胖是女性罹患乳腺癌的危险因素，即相比体重正常组，绝经后肥胖者发生乳腺癌的危险性更高，但绝经以前，体重与乳腺癌的发病率之间则无明显关联。

2. 男性更年期的生理变化

自从男性更年期的概念问世以来，对于这个名词及其含义的争论就从来没有停止过。争论的关键问题是：男性是否如同女性那样存在更年期，随着年龄老化所引发的雄激素缺乏是否对男性有不良影响。引起争论的原因是：男性的生殖功能不像女性那样有一个明确的终止界限；雄激素水平是随着年龄的增长而逐渐下降的，但有较大的个体差异，而且并不是所有的老年男性都会具有临床意义上的睾丸功能减退。争论了半个多世纪以后，学者们普遍接受了这个现实，并于1998年2月召开的第一届国际老年男科学的会议上进一步确认了男性更年期的客观存在。

男性更年期具体表现为：(1) 体力下降。心理机能减退，体力渐衰，常感到力不从心，需要更多的休息，甚至怀疑自己的工作能力。(2) 特征性的临床症状。部分中老年男性随着年龄的增加可以出现一系列相应的临床症状和体征，对多器官系统造成不良影响，并降低其生活质量。其中，特征性的临床症状主要包括瘦体量（lean body mass，LBM）和肌张力降低、对胰岛素敏感性降低、骨密度降低导致骨质疏松、记忆力和认知功能降低、抑郁、易怒、睡眠障碍、疲乏和血管舒缩异常（潮热）等。(3) 性能力下降。性欲低下，并可能出现勃起功能障碍。

（二）更年期的心理问题

研究发现，更年期的中年人一方面容易出现焦虑、惶惑、紧张等消极情绪，另一方面也非常渴望能够保持平和的心境。在这样一种矛盾的状态中，中年人往往还会产生各种不同程度的心理问题，包括疑病与恐病倾向、抑郁症、神经衰弱、偏执、贪婪等。

由于机体内分泌的改变对生理稳态的扰乱，处于更年期的中年人的心理状态往往也发生着较大的变化，集中表现为心情烦躁、焦虑、抑郁等更年期综合征。相关调查表明，中年人更年期综合征还突出地表现在躯体化、强迫、焦虑、抑郁、人际关系敏感等方面。不过，更年期综合征具有明显的个体差异，通常来说，女性强于男性，脑力劳动者强于体力劳动者。分析认为，这些心理问题的产生主要源自以下几方面因素的影响。

1. 生活事件发生频繁

更年期处于中年后期，正是人生的“金秋时节”，是出成果的时期，不论收获的丰与歉，都会成为重大生活事件而扰乱中年人的心理稳态。亲子关系的冲突对中年人情绪的影响是很大的。郑莉君等在“人际交往的理论与实践研究”项目中调查发现。中学生在亲子关系、师生关系、同伴关系中存在冲突问题的比例依次为27.2%、18.1%、12.1%。亲子冲突问题在很多家庭较为普遍。父母的望子成龙心态与青少年的无所谓心态形成严重的反差，致使中年期的父母亲经常会感到在与子女交流时力不从心，无法应对。

2. 家庭角色变换过渡

处于更年期的中年人往往面临着“上有老，下有小”的双重重担，既要赡养年迈的父母，又要抚育刚过“青春期”的子女，既要尽到为人子女的职责，又要担当好身为人父人母的重任，如此多重且变化的家庭角色就给中年人带来了极大的身心压力，威胁着其身心健康。

3. 空巢效应

由子女长大成人、出外求学、工作或生活而出现的空巢现象，常常令中年人倍感孤独和空虚，这种消极的心境不仅直接影响着中年人日常的生活质量，而且还会进一步引发中年人的一系列心理问题，甚至派生出各种身心疾病，如抑郁、焦虑、失眠等，危害中年人的身心适应。

4. 社会角色转换适应

中年期所面临的社会角色转换主要包括工作职务的升迁、家庭角色的变化等。有些中年人由于工作业绩突出得到了升迁的机会，职务的晋升及权力的扩大，相应的工作责任感、压力也会增加。这些都要求自己进行社会角色转换，方能胜任工作。看到他人得到升迁而自己原地不动，一些人难以适应这种人际关系的变化，也会出现角色定位的错位。由于不能适应这种社会角色的转换也易导致心理问题的出现。家庭角色的转换主要包括有些中年人子女成家，自己变成了公婆或丈人，很快又成为爷爷、奶奶、姥姥、姥爷等。此时中年人如不能尽快调整角色变化，也会出现家庭的矛盾或冲突。

（三）更年期的心理卫生

更年期是个体由成熟走向衰老的过渡时期，是人生重要的转折点。由于生理和心理的急剧变化，更年期内人们的精神情绪发生着很大的改变，这种改变会直接影响到中年人的健康和寿命。因此，重视更年期的心理卫生，维护更年期的心理健康就显得尤为重要。

1. 更年期女性的心理卫生工作

更年期女性在生理方面会产生各种变化，在经济状况、社会地位、工作环境、家庭、人际关系和性生活方面也会面临着种种改变。这些改变或变化都在不同程度地影响着更年期女性的心理活动和心理状况，使其心理健康的平衡被打破，导致各种心理问题的产生。常见的不良心理行为反应包括：焦虑心理反应，即担心不好的事情发生的恐惧心理；悲观心理反应，如自卑和缺乏信心；个性行为改变，如性格和情绪变化，以及性功能失调引起的心理变化等。

针对更年期女性的这些身心变化和反应，从保护更年期女性健康的外部环境角度出发，要做好更年期女性的心理卫生工作，其重点主要在于以下几个方面。

（1）使更年期女性了解更年期的正常生理过程，掌握必要的保健知识，以乐观和积极的态度对待更年期。

（2）使其家人了解更年期女性可能出现的现象和症状，在一旦发生某些神经功能失调症状时给予同情、安慰和鼓励。

（3）设立更年期门诊、咨询门诊等，医务人员耐心解答更年期女性提出的问题。

（4）社区或单位定期组织更年期女性进行防癌检查，主要针对女性常见的生殖系统疾病和乳腺肿瘤等。

（5）社区心理卫生工作人员要引导更年期女性正确认识家庭生活中的性心理问题，适当满足丈夫的性需求，为更年期夫妻间的和睦相处，维系良好的婚姻基础。

2. 男性更年期的心理卫生

针对男性更年期的心理卫生，De Kretser 提出了“生命全程干预战略”，他认为：第一，要把普遍采用的“Men’s Health”改为“Male Health”，因为“Men”一般指成年男性，实际上成年男性的健康与其胎儿期、儿童期及青春期的发育密切相关，应树立生命全程健康的理念；第二，必须重视影响男性健康的生物学与社会及经济的因素，这样才能正确分析与判断男性的健康状况，并提出有针对性的干预措施及卫生政策。

需要指出的是，所谓“生命全程干预战略”，第一，要求把男性更年期健康教育及综合干预贯穿生命全程；第二，要求重视男童及青春期男性的健康教育与健康促进；第三，要把男性更年期健康的重点从单纯的诊断与治疗，前移到早期的预防、预测及健康促进；第四，要把重心从医院移向社区、家庭；第五，应特别强调公众的认知、理解及主动参与，把有关男性更年期健康的科学知识传播给公众，帮助与动员公众主动改变生活方式，维护并促进自己的健康，不断提高生活质量，真正实现建设和谐社会的宏伟目标。

（四）中年人进行更年期身心保健的具体方法

1. 正确认识更年期的心身变化，保持精神愉快

每一个更年期将近的人首先应该及时掌握有关更年期的生理心理知识，充分认识到

更年期是个体生命发展中必然经历的一个阶段，它的到来是自然的生理现象。这个时期个体身上所表现出来的各种综合征，是生理变化作用下的自然反应，经过半年到两年左右的时间，身体内部就会重建新的平衡，恢复正常的生理状况。在此基础上，消除不必要的顾虑，减轻思想负担，缓解紧张、焦虑、恐惧等消极情绪。避免或尽量减少不必要的刺激，保持精神愉快、心情舒畅。最后，即便出现了一些更年期综合征，也不要过分惊慌，要努力维持乐观向上的良好心态，积极寻求专业人员的帮助，配合专业人员进行治疗。

2. 提高自身情绪调控能力

良好的情绪会使大脑活动的效率提高，增加认知操作的速度和质量，不良的情绪则会干扰或抑制大脑的认知活动，阻碍思维的流畅性，影响工作的效率，甚至危及个体的身心健康。由此，进行更年期的身心保健非常必要，中年人尤其要重视提高自身的情绪调控能力，注重学习一些常见的情绪调节策略和方法，如转移注意力、读书、运动、倾诉、听音乐等帮助自己更好地管理自身情绪，维护平和的心境，增进身心健康。

3. 调整日常饮食

更年期的个体基础性代谢逐渐下降，能量的消耗逐渐减少，因此更年期还要注意合理调整饮食。更年期女性不宜摄入过多热量，以免造成肥胖和高血脂而诱发冠心病，碳水化合物应占每天总热量的55%～60%，以谷类为主，限制甜食；脂肪摄入应控制在30%以下，并以植物油为主。多食用含钙量多的食物，如大豆和牛奶；保证一定蛋白质的摄入，如肉类、禽蛋等；多食富含维生素及微量元素的食物，如胡萝卜、木耳、芹菜等。

4. 规律生活

在更年期，要注重保持良好的生活习惯，不论起居饮食，还是娱乐爱好均有节制。饮食宜清淡，八分饱有利于保护肠胃功能，也可防止肥胖、高血压、冠心病。此外，还应注意尽量按时吃饭，按时休息和起床，重视劳逸结合，适当进行一些体育锻炼，多多参加一些有意义的活动，使生活充实而富有意义。

5. 保持正常的性活动

虽然进入更年期后，个体的性欲减退，但这并不是说更年期的到来就意味着性生活的终结。有规律的、和谐的、适度的性生活可以刺激女性卵巢和肾上腺分泌雌激素，减轻精神恐惧、神经衰弱、失眠及心理障碍等更年期的不适症状。更年期夫妻适度的性生活不仅不会伤害双方的身体，而且有利于增进彼此的情感，提高双方的婚姻满意度和主观幸福感。

第三节
老年期的身心变化与心理健康

何谓老年期？这是一个随着时代发展和科学进步而不能定论的问题。古语云："人生七十古来稀。"现在又有说法："七十多来兮，八十不稀奇。"最近还有说法称："百岁乐熙熙，九十不稀奇，八十多来兮。"可见，现代人的寿命在不断延长。目前，联合国规定的老年标准是65岁。一般来说，年龄超过60岁即为老年期。

截至2012年年底，我国60岁及以上老年人口已达1.94亿，占总人口的14.3%，已经进入了老年型国家的行列，据估计到2025年老年人将达到2.9亿。据2006年上海心理健康中心的数据显示，上海60岁以上人口中70%有心理问题，27%有明显心理问题，患有精神分裂的占0.34%，患有老年痴呆症的占0.75%。另外，根据北京城区老年痴呆问题流行病学调查结果，中度和重度痴呆患病率60岁以上人口为1.28%，65岁以上人口为1.82%，80岁以上人口患病率高达10%。

人生进入老年，可以说是已经完成了个人及家庭的责任，卸下了人生旅程沉甸甸的行囊，该是悠闲地享用社会发展带来的丰厚果实的时候。但是，真正的享受首先应该是健康，没有健康，就无从谈起老年人的晚年幸福，因此，研究如何增进老年人的身心健康，提高其生命质量与主观幸福感就成为全社会需要密切关注的课题。

一、老年期的心理特点

老年人由于退休导致社会地位的丧失和经济收入的改变；年龄的增长导致了身体功能的下降；由于医疗保障、丧偶、再婚、儿女离家等因素导致性格改变，如变得易冲动、自私、不关心别人、多疑等，兴趣变得狭隘、生活单调刻板等，使老人渐渐地与外界不协调起来，并增添了孤独与不安全感。

（一）老年人心理特点

1. 生理功能的改变引发的心理变化

步入老年，由于组织器官的退行性变化，引起了生理功能，尤其是大脑功能的衰退，导致整个机体调节功能减退，由此，引发老年人心理状态的特殊性改变。主要表现在：

（1）记忆能力明显下降。短时记忆保持效果差、长时记忆保持效果好；机械记忆能力下降，但有意记忆方面并不逊色。

（2）智力改变。老年人的晶体智力易保持，但流体智力却不断下降。

（3）情绪波动频繁。情绪趋向不稳定，常表现为易兴奋、易激动、爱唠叨、常与人争论等。

（4）性格改变。由于思维活动缓慢、抽象概括能力差、说话容易偏离中心、学习新事物的机会少等原因，老年人待人处事表现出一定的刻板性和固执。有些老年人由于以自我为中心，常常影响自身的人际关系。此外，老年人性别同化趋势明显，男性变得爱唠叨，女性则更爱唠叨。

2. 老年人心理状态的改变

衰老是一个心理社会过程。老年人在衰老的过程中承受着巨大的心理压力，主要来自角色的改变和各种重要的“丧失”。所谓重要的“丧失”，是指老年人可能会失去工作、收入减少、失去平日荣耀、健康出现问题，甚至失去伴侣等。角色的改变和“丧失”对老年人的心理状态产生巨大的影响，对于离退休老人的影响更为明显。2008年，陈传锋等提出离退休老年人存在的无力感、无用感、无助感和无望感等心理障碍的观点，我们提出老年人的心理状态模式，包括失落感、无用与绝望感、无助感、孤独感等。

（1）失落感。许多老人不愿离开工作岗位，认为自己还有工作能力，但社会要新陈代谢，机会必须让位给年轻一代，离退休对于老年人实际上是一种牺牲。面对社会地位的转变、经济收入的减少，老年人常常感到无奈和无力。退休后的老年人会产生较大的心理落差，短时间内难以接受这个现实，故产生极强的失落感，表现为苦闷、抑郁、情绪低落。

（2）无用与绝望感。退休前有些老年人事业有成，受人尊敬，喝彩和赞扬不断。一旦退休了，一切化为乌有，他们因此会产生无用感，认为自己的责任已经到头了，认为自己已经没有用处了。有些老年人认为人生已经接近终点了，对于未来感到失望甚至绝望。加上身体的逐渐老化，疾病的不断增多，有的老年人简直觉得已经走到生命的尽头，对生活产生恐惧。

（3）无助感。离退休后，老年人离开了原有的社会圈子，社交范围狭窄了，朋友变少了，孤独感油然而生。长期形成的生活规律发生了改变，老年人因此常会感到生活单调、乏味，常有焦虑、不安等情绪表现。他们要适应新的生活模式，这种转变往往使老年人感到不安、无助和无所适从。

（4）孤独感。随着子女长大成人，离家独立，“空巢”现象逐渐产生。现代老年人的子女一般在外工作，不与老年人住在一起，这也会给老年人带来一定的心理问题，使他们感到自己在家庭中的地位减弱，由此产生寂寞、孤独等心理。

当然，并非所有离退休的老年人都会出现以上情形。离退休综合征形成的因素是比较复杂的，它与个人的个性特点、生活态度和人生观有着密切的联系。

（二）老年人存在的心理问题

由于生理、心理特点以及社会方面的原因，大部分老年人存在失落感、无用与绝望感、无助感、孤独感等，导致较多心理问题的产生。老年人群体的心理问题与心理健康状况值得重视。

1. 常见的心理问题

（1）孤独心理。孤独是老年人认为自己被世人所拒绝或遗忘，而在心理上与世人隔绝开来的主观心理感受，它不同于孤独生活本身。据资料反映，约有 1/3 的老年人有时或经常有孤独感，其中独住者多于与子女合住者，女性多于男性，高龄多于低龄。老年人产生孤独感的原因极其复杂，一方面，与其身处陌生、封闭、孤单与不和谐的环境有关；另一方面，孤独感的产生也与老年人自身的个性有关。例如，有些空巢老人与子女的交往甚少，加上性格内向，不合群，与他人的交往更少，到最后闭门不出，离群索居，将自己封闭在自我的小圈子里长吁短叹，自感被世人所拒绝或抛弃，从而形成孤独的心理感受。

（2）恐惧、抑郁情绪。老年人由于年老多病，常受到死亡威胁，易产生恐惧、抑郁心理。抑郁是老年人常见的情绪状态，多数老年人都有过抑郁体验。抑郁的产生一方面可能与老年人大脑功能性退化、机体代谢障碍及内分泌紊乱等生物原因有关。另一方面与老年人的心理特点也有一定关系，有些老年人由于阅历丰富、善思虑，反而易被烦恼困扰；也有些老年人在无所事事时，忆往昔抚今日感慨良多，心难宁静，从而陷入抑郁状态之中。

（3）自卑心理。由退休带来的社会角色的改变加上一些不良的认知观念（如自己在世时间不长，对许多事俨然已是心有余而力不足了）促使部分老年人内心世界趋于悲观、消极。在这种不良心境的影响下，这些老年人对自己未来的生活缺乏信心，平时总是表现出失望沮丧的情绪，认为自己的晚年一定是不幸的，眼睛中所表露出来的也是听天由命的内心独白，习惯于表现出自暴自弃，甚至经常用愤怒和不满来掩饰自己的失意。

（4）多疑心理。老年人由于认识能力的下降，以及外部环境的改变，容易多疑。此外，有些老年人还有疑病症。例如，有的老年人面对衰老十分恐惧，总是担心自己的身体状况，怀疑身体某个部位有病，描述的病情常十分夸张。即使去医院检查之后未发现症状也不能消除其疑虑，其依然会时常抱怨身体不舒服。

（5）功勋心理。个人的经历和功绩，易使老年人，尤其是男性产生权威思想，凡事要求小辈听他们的话，否则就生气、发牢骚，甚至因此与小辈和周围他人之间产生矛盾和冲突。需要指出的是，在现实生活中，存在一些老年人，特别是行将退休的老年人，在功勋心理的作用下，利用手中的权力为自己牟私利。

2. 老年期抑郁症

神经症是老年人精神障碍中常见的一类，相关调查显示，老年人中神经症的患病率为4%～9%，其中女性多于男性。老年期神经症一般表现为焦虑、抑郁、多疑，伴有失眠、食欲缺乏等症状。其中以抑郁、焦虑型神经症患者最多。需要指出的是，易患老年期神经症的老年人多生活空间狭窄、封闭，性情多疑、内向甚至孤僻。此外，许多老年人罹患神经症，往往还与其青少年时期，甚至幼儿时期的生活事件、创伤体验以及家庭关系冲突有关。

老年期是人生的一个特殊时期，由于生理、心理的变化，老年人对生活的适应能力减弱，任何应激状态都容易引起抑郁症。抑郁症是老年期最常见的心理障碍之一，我国香港的研究表明，60 岁以上的老年人抑郁症患病率为 5.7%，英国的一项研究为 12%。随着人均寿命的延长和老年性疾病发病率的逐渐增高，老年人抑郁症的患病率也相应增高，严重危害了老年人的身心健康。国外一项研究发现，进入养老院的 454 名老人中，有 12.6%的人患上了抑郁症，那些遭受抑郁症困扰的老年人在进入养老院第二年的死亡率增加了 59%。抑郁症的特点包括时常感到痛苦和悲伤，缺乏对生活的兴趣，不爱活动，态度悲观，表现为自尊心低下且消极评价目前的处境，作每一个决定都很困难，经常感到孤独和害怕，有社会隔离感和情感孤立。

3. 离退休综合征

离退休的老年人适应退休这一重大的人生转变却很困难，往往会出现情绪消沉和偏离常态的行为，甚至引发离退休综合征。据统计，约有 25%的离退休人员会出现不同程度的离退休综合征。离退休综合征主要表现为坐卧不宁，行为重复，做事情犹豫不决；有时出现强迫症倾向的行为；做事情注意力不集中，常出现差错；情绪变化明显，脾气暴躁易怒，对任何事情都不满意，时常怀旧；待人多疑，易产生偏见；常出现类似更年期的生理症状，如失眠、心悸、全身燥热等。

有研究表明，退休人员的应对方式受其文化程度影响，高文化程度的退休人员比中、低文化程度的退休人员更多采用面对与探索的应对方式，更少采用幻想和退避的应对方式；退休人员原有社会角色丧失后，社会联系的减少对退休人员的心理健康有直接的影响；而社会联系减少、职务地位丧失、经济收入降低还可共同通过退避、幻想与淡化三种应付方式间接影响老年人的心理健康。此外，心理社会因素包括职业、受教育水平、居住面积、社区活动参与程度、性格、情绪等，也会影响退休后老年人的心理健康水平。

4. 老年性痴呆症

老年性痴呆症是一种慢性精神衰退的疾病，是脑的老化直接发展成为脑萎缩性心理障碍的一种疾病，多发生在 65 岁以上，患病率、发病率随年龄增长显著上升。全世界 65 岁及以上的老年人口有 2/3 生活在发展中国家，几乎同样比例的老年痴呆患者也在发展中国家，并仍在快速增长。我国是世界上老年人口基数最大的国家，也是老年痴呆患者基数最多的国家。据估计，我国已有 600 万～700 万老年痴呆症患者，且在 65 岁及以上老龄人口中每年以 5%～7%的速度在增长。

老年性痴呆症的临床表现多为：判断、知觉和定向能力障碍；记忆障碍；情感障碍；思维障碍；行为障碍；人格障碍；睡眠障碍。现代临床研究认为，老年性痴呆的产生，与老年期生物、生理因素的退行性变化密切相关，同时也受社会心理因素如老年人患病前性格孤僻、兴趣狭窄、社会交往少等的影响。可以说，老年性痴呆症是对老年人心理活动及行为影响最大的疾病，它不仅会使病人的身心长期遭受折磨，而且也会由于繁重的护理给病人家属、家庭及相关护理人员带来沉重的身心负担，因此，关注老年人身心保健，预防老年性痴呆症意义重大。

5. 老年人自杀问题

老年自杀是老年人蓄意地或自愿采用各种手段结束自己生命的行为。老年自杀也成为严重危害老年人群心理的社会问题，同时，也是全社会关注的突出的公共精神问题。有关数据显示，每年有超过10万以上年龄大于55岁的老年人自杀，占所有自杀者比例的36%，其中农村老年人的自杀率是世界平均水平的4～5倍。

在影响老年人自杀的危险因素中，老年神经和精神疾患是自杀的主要高风险因素。其中，老年抑郁症患者在自杀者中约占10%，老年痴呆患者占1%。除此之外，经济、社会、文化（包括宗教）和心理等因素在自杀中也起着重要的作用。在我国，疾病带来的经济压力以及精神、肉体痛苦，与家庭成员和邻里的人际关系冲突，生活中不幸事件，如家庭成员患病或死亡，以及法制观念不强、缺乏自我保护意识等因素，是老年人自杀的主要原因。一项调查表明，目前我国老年疾病患者中50%～80%是源自老年人的心理疾病，其中约70%的心理疾病是由于老年人缺少精神关怀引起的。

二、老年期心理健康的维护

（一）老年心理健康的标准

老年心理健康有其独有的特点，要关注老年人的认知功能和适应能力。吴振云等2002年从心理学角度出发，根据以往研究结果，认为老年心理健康的含义包括五个主要方面：性格健全，开朗乐观；情绪稳定，善于调适；社会适应良好，能应对应激事件；有一定的交往能力，人际关系和谐；认知功能基本正常。

世界卫生组织（WHO）对老人健康的标准也提出了多维评价。这种多维评价包括以下五个方面。

（1）精神健康。老年人一定要有良好的心理，心态要平和、宽容，切忌焦虑、疑心。

（2）躯体健康。老人常患的疾病有高血压、冠心病等，而且易出现中风。所以，老年人一定要经常锻炼，保证有一个健康的身体。

（3）具有日常生活的能力。即生活上的自理能力，包括自己能照顾自己，自己做日常家务等能力。

（4）人际关系健康。包括与周围人的关系、社区参与程度、与子女的关系等较顺畅。

（5）经济状况良好。当今的老人一部分靠退休金或养老金生活，也有一部分是由子女赡养。老年人若能在经济上独立，自己生活得会更有信心。

（二）维护老年人心理健康的准则

1. 参与适当的活动，延缓机体的衰老

大脑的活动与机体的运动是相互影响的。老年人应该通过参与适当的活动而延缓大脑的衰老。比如适当的社会活动、家务劳动，适当的体育锻炼，看报纸、看电视，多与他人交流等。

2. 保持稳定的情绪

老年人应心胸豁达，宽容大度，性情温和，善于控制自己的情绪，尽量减少不必要的刺激，避免消极情绪的产生和蔓延，及时地进行心理调适，注意保持乐观、愉快的心情。

3. 重建新的人际关系

老年人退休后，人际交往的对象发生了新的变化，应注意尽可能地扩大自身的社会活动范围，在新的生活圈中结交新的朋友，切不可身居斗室，闭门不出。与此同时，妥善地处理好家庭成员之间的关系，保持独立的经济收入支配权，维持正常、良好的生活状态。良好的人际关系能够为老年人提供强大的社会支持，帮助老年人更好地维护身心健康。

4. 发挥子女的关爱作用

郑莉君等 2007 年以杭州市区生活的 65～75 岁的退休职工（平均年龄 68.6 岁）为被试，采用纽芬兰纪念大学幸福感量表（MUNSH）老年人亲子支持问卷，对退休职工进行调查并分析。研究发现：老年人给予子女的服务支持与主观幸福感呈负相关；子女给予老年人的支持对老年人主观幸福感的影响依次为情感支持、服务支持、信息支持和物质支持；子女给予老年人的总支持与主观幸福感呈正相关；老年人给予子女的物质支持对主观幸福感有负性的预测作用。

由此可见，子女要多与老年人进行情感沟通，使老年人在愉快的情感中生活；子女孝顺老年人应从多方面予以关注，子女要与老年人多讨论些老年人喜欢的话题，如年轻时的成功体验和快乐的时光；当他们心情不好时安慰他们，做一个合格的倾听者；老年人主观幸福的维护，很大程度上有赖于家庭人际关系网络的支持。现代社会中很多家庭的孩子常不在老人身边，此时就要利用便利的现代化方式，如电话、网络等给老年人以关怀与社会支持；应形成良好的社会环境和家庭关系，真正维护和提高老年人的主观幸福感。

5. 社会支持与老年人身心健康

要想全面发挥社会支持系统的功能，政府、家庭乃至整个社会都要关心、关注老年人群体的身心健康。全社会要形成一股尊老、敬老、爱老的良好社会风气，充分重视老年人群体的社会权益。政府相关部门应不断完善老年人相关法律法规、老年人社会保障体系、医疗服务体系，全面保障老年人的基本生活和权利，使老年人“老有所养”、“老有所医”。鼓励发展老年人福利事业，如创办敬老院、老年大学、老年俱乐部等，同时，积极开展有益于老年人身心健康的各种社会活动，使老年人“老有所学”、“老有所乐”。

（三）养成健康的生活方式

健康的生活方式是养生的第一要义，因此，老年人维护心理健康，首先要崇尚并追求健康的生活方式，具体来说，主要包括以下几个方面。

1. 合理营养

老年人的各器官功能逐渐衰弱，牙齿开始脱落，消化及吸收能力也慢慢减退，胃口不如以前。有研究发现，老年人每日唾液的分泌量是年轻人的1/3，胃液的分泌量为1/5。所以，老人每一餐的进食量应要减少10%左右，同时要保证少食多餐。

营养是老年人健康生活方式的重要组成部分，老年人尤其要注意合理安排膳食，讲求营养搭配。老年人应尽可能地吃一些柔软的食物，以补充牙齿不好或完全丧失时饮食兴趣的减退，避免身体必需营养成分的失衡。老人每天要适当摄入鱼、禽、蛋、牛奶、大豆等富含蛋白质的食物，每天都应吃不少于250克的蔬菜。同时，鉴于老年人容易脱水，应注意摄入充足的水分，以此防止各种脂溶性维生素的吸收障碍。

2. 适当锻炼、劳逸结合

适当的健身运动可以改善一部分生理功能，如促进心脏功能，降低收缩压，改善呼吸功能，减少骨钙的流失等。适当的脑力劳动还能帮助老年人更长时间地保持认知功能。因此，老年人应学会选择适合自己的运动方式，坚持适当的锻炼，力求身体健康。老年人应学会接受身体机能退行性变化的事实，凡事量力而行，不要给予自己太大的身心负担和压力。同时，注意养成良好的生活规律，保证足够的睡眠，增强自身免疫力，从而尽量减少疾病的发生。

3. 坚持用脑

老年人如能遵循"用进废退"的用脑原则，坚持学习，坚持用脑，不但不会有损身体健康，反而有利于减慢心理衰老进程。我国著名的人口学家马寅初先生活了90多岁。他有两个爱好：其一，不断学习、不断用脑，保持大脑的活跃状态；其二，通过外在的物理刺激，如按摩，保持大脑的正常生理状态、促进血液循环。老年人可以参加各种丰富的活动，如下棋、画画、练习书法、阅读、上网等，保持大脑的活跃度，既可以陶冶情操，又可以延缓衰老。

4. 克服刻板的认知模式，适应社会发展规律

进入老年期的人，在认知上出现成熟性与衰老性并存的特点。认知的成熟是老年人重要的心理特征之一。感官的弱化和大脑机能的衰退则导致老年人认知上的衰退。由此，老年人对新事物的接受能力及记忆力较差，在认识上表现出灵活性差、呆板、固执的特点。这些认知特点严重时就会在某种程度上给老年人的家庭和睦、人际交往、性格特征等带来负面影响。为此，老年人首先应了解并正视老年期这一固有的认知特征。其次，试着克服刻板的认知模式，尝试着接受一些新的观念和事物，从而进一步修正自己不合时宜的认知模式，进而更好地适应社会，保持身心健康。

(四) 关心老年人的再婚问题

空巢家庭中，有很大一部分老年人属于丧偶或单身，然而，由于老年人的生活经历、社会角色、家庭状况等的复杂原因和社会传统文化的影响，老年人再婚问题长期以来都是一个颇具争议的话题，那些因老年人再婚导致老年人身心问题的也不占少数，由此也造成很多丧偶或离异老年人“谈再婚色变”。有学者认为原因主要在于：第一，经由离异、丧偶或者一些创伤性情感经历，老年人容易在婚姻方面进行自我贬低，进而产生不同程度的心理压力，妨碍对幸福婚姻的再追求。第二，老年人再婚往往因为涉及财产、金钱、赡养义务等问题而遭到子女的反对或抗拒。第三，社会为中年人再婚提供了充分的服务，而为老年人再婚提供的社会服务却是寥若晨星。实际上，在爱情面前是不分年龄的，即便是老年人也有爱与被爱的权利。尽管丧偶或离异老年人再婚可能会面临诸多问题，但相关研究表明，不管再婚好于还是劣于前婚，再婚者的状况，总体上来说，要比处于离婚或鳏寡状态的老年人要强。因此，尽管我们强调老年人在黄昏恋或再婚面前要谨慎，但子女和社会也要理解老年人、关心老年人，当老年人丧偶或离异后，若能与情投意合者组建幸福家庭时，应给予支持。

（五）正确看待死亡

1. 老年人的死亡焦虑

死亡是生命全程发展过程中的一个必经阶段，对于老年人来说，最感到不安的是在人生的轨道上接近了终点。为此，许多老年人面对死亡这一必然的现实采取回避或否认的态度，焦虑不安，甚至感到强烈的恐慌，老年人在死亡这一问题上的情绪表现统称为死亡焦虑。

关于死亡焦虑，心理学观点认为，个体对死亡的焦虑和恐惧主要源自于以下几个层面：第一，害怕躯体上的痛苦。对于老年人来说，最主要的生命杀手莫过于类似心脏病、癌症这样的慢性疾病，因此，对大多数人来说，但凡想到罹患这些疾病后可能要承受的各种痛苦，就会感到恐慌和害怕。同样的害怕还在于，因为患病，可能丧失自己的独立性以及对环境的控制力。第二，害怕孤独与寂寞。当老年人罹患某种疾病，即将不久于人世之时，家人、朋友等都会给予其最细致入微的照顾，但对于其病情和死亡却会当成禁忌只字不提，这对于那些身患绝症的老年人来说就意味着孤独，因为没有人会与他们讨论对于他们而言最重要的问题。第三，害怕不存在。想到死亡后，自己将不复存在，永远消失的事实，很多老年人会感到强烈的恐惧。第四，害怕怯懦与羞辱。许多时候，老年人的死亡焦虑还来自对自己对抗疾病或死亡的能力缺乏信心，担心自己因为不能正视死亡而感到害怕，是一种对害怕本身的恐惧。第五，害怕他人的死亡。事实上，一些死亡的焦虑不仅源自对自身死亡的恐惧，也源自对他人，特别是周围亲近他人，如配偶、至亲死亡的恐惧。值得指出的是，当死亡焦虑成为一种长期持久的心境时，往往就会进一步造成老年人的精神负担而加速其死亡的进程。

2. 引导老年人正确地看待死亡

老年人对待死亡的态度决定着其老年生活的质量。老年人要正确地认识和理解死亡，才能维持健康的身心状况。相关研究发现，那些能够正确认识自我人生价值的老年人，即使在生命的最后几个星期里也很少会感到绝望或无助。相反，那些全盘否定自我人生价值的老年人面对死亡时则会感到极度的沮丧，甚至恨不得马上死去。引导老年人积极看待死亡的具体内容包括：首先，要引导老年人认识到死亡是每个人都毫无例外要经历的阶段。其次，对于至亲人的离世，老年人要调适自身情绪，努力从悲伤痛苦中解脱出来，并尝试从亲人的死亡中寻找意义，同时也努力地寻找生活中的新意义。再次，家人要多多关注老年人，多和老年人进行沟通和交流。最后，政府和社会相关部门要通过影视、文学、音乐、座谈会等形式加强死亡教育，同时，要积极发展临终关怀事业，鼓励学校、学者开展临终课题研究，以此帮助人们，特别是老年人树立正确的死亡观念，既珍惜生命，热爱生活，又正视死亡现实，同时也促进相关专业工作人员关心热爱临终关怀事业，履行好临终工作者的社会道德责任，更好地服务于临终人员。

(六) 临终关怀，使老年人坦然对待死亡

最新研究把对死亡的应对界定为一种毕生的发展任务。临终者必须面对三种挑战：第一，在物质方面能满足身体需要并减轻痛苦和紧张；第二，满足安全感、控制感等基本心理需求；第三，在社会性方面力图保持自己与他人、群体（伴侣、子女、朋友等）之间有价值的联系。既然死亡是每个人都必须面对的，就应采取措施对老年人进行临终的关怀与疏导，使老年人安详地走完人生的最后里程。

1. 医院的救治

相对于临终的老人来说，许多医院为了保住患者生命，而采用大量的药物，这可能与患者及其家人的意愿相悖。对于医院来说，他们能为临终老人提供的最好的服务是一种临终住院的方式，有适当延长生命的技术；有专业的医疗环境，包括医生、护士等；有足够的空间让老人的家人、朋友能来照顾；能维护临终老人的个人尊严。医院能对临终老人提供心理上的安慰，让他们产生安全感，满足其基本心理需求，让老人坦然地面对死亡。

2. 子女的关怀

家庭是一个具有相互依赖关系的体系。无论以前从事的是什么工作，老年人在临终前感到最欣慰的是子孙满堂，他们最希望看到的是自己的子女有所作为、生活幸福。2007 年，郑莉君研究发现，子女给予老年人的情感支持对老人的主观幸福感有正性的预测作用。因此，子女对他们的照顾和关心，是最能使他们感到幸福和快乐的事情。子女要多抽出时间来陪伴和关心临终老人，要多与他们在一起，照顾他们的生活，为他们提供足够的物质支持，满足其身体需要；要满足他们的心理需求，帮助他们减轻痛苦和对临终的紧张、焦虑等。

【基本概念】

婚姻　家庭　中年危机　更年期　老年人

【复习思考题】

1. 家庭的功能有哪些?

2. 应如何维持中年人的心理健康?

3. 维持更年期心理健康要注意哪些问题?

4. 老年人的心理有哪些特点?

5. 如何维持老年人的心理健康?

6. 请选定一个社区，观察社区为当地老年人的心理健康做了哪些工作。

【推荐阅读书目】

1. 许淑莲，申继亮．成人发展心理学．北京：人民教育出版社，2006.

2. 陈传锋等．老年抑郁干预与心理健康服务．北京：中国社会科学出版社，2008.

3. K. W. 夏埃，S. L. 威里斯．成人发展与老龄化（第5版）．乐国安，等，译．上海：华东师范大学出版社，2003.

4. 曾文星．夫妻的关系与婚姻治疗．北京：北京大学医学出版社，2004.

5. 牛荣华，蔡晓红．家庭中的心理健康研究．北京：中国社会科学出版社，2011.

6. 李涛．心理学视野中的婚姻承诺．北京：科学出版社，2007.

第八章 职场心理健康

【学习目标】

1. 认识职场环境和职业压力的特点
2. 识别职场中常见的心理问题
3. 掌握减轻工作压力的策略
4. 学会对不同种职业倦怠的具体干预

【章节导读】

富士康科技集团创立于1974年，至今拥有60余万员工及全球顶尖的IT客户群，为全球最大的电子产业专业制造商，《财富》2009年全球企业500强的第109位。从2010年1月至5月，短短5个月的时间连续发生了13起员工跳楼事件。自杀是复杂的社会现象，经常会有多种原因导致。对于富士康员工的多起跳楼事件，究竟在多大程度上是由该企业的内在因素所致呢？职场环境是每个工作者必须面对的现实。有的人在职场中如鱼得水，工作轻松愉快，进职、升迁顺利；而有的人却苦不堪言，郁闷、焦虑，虽努力工作、恪尽职守，但仍得不到领导的认可。由于职业发展的不顺利，一些人感到了巨大的职业压力和职业倦怠；而有的人则一生酷爱自己所从事的职业，在工作中感到了自我价值和成功。为什么会出现如此的天壤之别呢？本章将探讨职场环境对个体心理的影响、职场中常见的心理问题及职场心理健康的维护。

第一节
职场环境对心理的影响

职场环境是指我们工作其中的文化氛围、工作场所和环境、工作环境中的管理模式、工作环境中的人际关系、工作环境中的沟通方式等。所有工作单位，无论是企业还是事业单位都存在着职场的特点，工作于其中的人会深刻地体会到。当个体选择职业或要从事某岗位的工作时要尽可能地了解你要前往的职场，你能否在该职场环境中充分发挥你的能力和潜能，能否在愉快的环境中实现你的理想与目标。职场环境是每个工作者每天要面对的环境，对个体心理健康有直接的影响。

一、职业与职场环境

职业与职场环境是相互依存、相互影响的关系。良好的职场环境为个体的职业发展提供了有利的基础。

（一）职业

职业是人们维持生计、承担社会角色、发挥个性才能的一种连续进行的社会活动。职业是一份工作，是个体参与社会分工，利用专门的知识和技能，创造物质财富和精神财富，获得合理报酬，满足物质生活、精神生活的活动。职业具有社会功能和经济功能，职业的社会功能指职业活动对社会和个体的作用及影响，概括起来主要有社会协作功能、社会分层功能、社会变迁功能、社会控制功能、再社会化功能。

（二）职业选择

职业选择（occupational selection）是根据社会的就业状况和个人的心理特征，从社会现有职业中选择其一的过程（郑希付，2003）。职业选择已成为每个想要进入社会工作的人必须面对的问题。职业选择是一个双向的过程，包括职业岗位所在单位对求职者的选择，也包括求职者对职业岗位的选择。在这个过程中，个体会受到来自环境和自身等多方面因素的影响，也会受到各种心理问题的困扰。

职业选择是人们真正进入社会生活领域的重要行为，是人生的关键环节，是个人对于自己生活方式、角色选择的一个动态过程，是人全面显示自己能力、爱好、心理因素等人的社会属性的一个重要媒介。1999 年，凌文辁等研究发现，包括发展、声望和保健三个因子的职业价值观是影响大学生职业选择的重要因素。2007 年，王艳丽在大学生择业心理调查研究中发现，大学生职业选择体现个人价值的实现，重视个人发展机会的选择和行业的发展前景，但追求舒适安逸的工作环境，不愿意吃苦，主动竞争意识差；大学生在职业选择中希望与所学的专业相近，认为在职业选择中知识能力和交往技能更重要。2009 年，陈书崇分析了影响大学生职业选择的因素，包括个人因素、教育文化因素、对职业与择业者特点的匹配关系的认识、环境因素、薪酬因素等方面。

职业选择具有以下两个基本心理功能。

1. 促成心理成长

职业选择对个体提出了更高的要求，主要是心理素质方面的要求。在求职过程中，个体不仅要了解社会、掌握动态信息，还要正确了解自我；不仅要有扎实的专业基本功，还要有良好的择业心态和心理调适能力。因此，职业选择为个体提供了认识自我的机会，能够促进其心理的成长，丰富其心理体验，使个体更加成熟。

2. 满足心理需要

职业选择还会满足个体的心理需要，维护个体的心理健康。个体选择了自己喜欢和合适的工作岗位，为满足个体的心理需要提供了条件。择业能满足人的生存需要、关系需要和成长需要。职业能使人获得报酬，维持自身和家庭的生活需要；使人归属一个特定的组织，能与人交往，扮演一定的社会角色，赋予个体社会地位，满足了关系需要；个体在岗位上还能充分发挥个体的能力、创造力和潜力，实现个人的价值，使个体获得归属感和成就感，不仅事业有所发展，自身的能力得到提升，而且能促进心理的健康发展。

（三）职场环境

职场环境从宏观的层面看，就是职场所处社会的环境，这个环境对人才的影响很大。在当今激烈竞争的社会中，任何政治经济政策的变化和社会价值观的改变，都将决定各类职场的兴衰，进而决定职场中的人及其最终的职业取向。从微观的层面看，职场是指具体的工作环境、工作单位的管理方式、组织氛围、领导风格等。它又可分为硬件与软件两个部分。组织为员工提供的工作条件，如工作地的硬件条件、温度、湿度、噪声、烟雾等成为个体职场环境的硬件部分；组织的经营方针、管理模式、组织文化、人际关系等是个体职场环境的软件部分。

无论是职场环境的硬件条件和软件条件都会直接影响员工的行为和心理，都对个体的心理产生重要的影响（见图 8—1）。昏暗、刺眼、闪烁的光线、极端温度、噪声环境、不协调的颜色配置等不良的职业环境都会影响个体的心理健康。Borg 等 2000 年的研究发现不断变换工作、工作安全感低、高工作需求、低工作支持与自评心理健康症状有关。Donald 等 2001 年研究发现，工作场所条件与员工生理与心理健康有关。

图 8—1　紧张的工作氛围

Melamed研究发现，对噪声感到烦躁的女性在噪声工作场所中工作会感到焦虑、烦躁。另有研究发现，工作情景中的身体适应压力和人际适应压力能够影响员工的情绪健康状况。动态任务完成及创新压力、前景不确定压力、身体适应压力对员工心理健康有显著影响。持续的工作紧迫感、高要求、对工作前途的担忧及工作条件不适宜会使员工产生较高的心理紧张状态。

二、职场环境对个体心理的影响

职场环境对个体心理的影响主要反映在，职场环境会影响工作者的情绪，不良的管理方式会使员工有抵触情绪，不良的工作环境会导致工作人员的情绪焦虑，不良的工作环境还会使员工出现身心问题。

（一）职场人际冲突对心理的影响

职场人际关系冲突指在职场环境中领导与下属或同事与同事间在价值观念、领导方式、管理方式等方面出现了明显的分歧与对立的状态，表现为两个或两个以上的相互关联的主体之间的紧张、不和谐、敌视，甚至争斗关系。

1. 职场人际冲突

现代人都很重视人际关系，人际关系处理的好不好，在很大程度上决定着一个人的生活质量。职场人际关系，是指在职工作人员之间各类关系的总和。在职场中应该重视人际关系，职场人际关系处理的好不好，直接关系到企事业单位的工作效率和生产效益。职场人际冲突是人际关系的一个重要方面，人际冲突是人际交往中普遍存在的一种社会互动行为，在人类全部的社会活动中随处可见。在职场中，人际冲突是不可避免的。Robbins认为，冲突是一个过程，在这个过程中，A借由某些阻挠性的行为，致力抵制B之企图，结果迫使B在获取其目标或增进其利益方面遭受挫折。黄培伦认为，冲突是行为主体之间，由于目的、手段分歧而导致的行为对立状态。按照樊富珉和张翔的观点，可以从三个方面去理解冲突：第一，冲突是特殊的关系行为；第二，冲突的行为主体可以是个体、群体或组织；第三，冲突是分歧的表面化，即分歧外化为行为。

研究者认为，职场人际冲突主要有以下五个方面。

（1）权利与责任归属的冲突。职场是一个团队，但工作难免有模糊地带，每个人都希望自己有更大的权利，同时，又希望自己所需要承担的责任越少越好。在这种心态的指引下容易产生人际冲突。

（2）层级所产生的冲突。每个层级的人在面对工作任务时思考的方式存在差异。不同层级之间的人进行沟通，既要清楚地表达自己的意见，又要让对方接受自己的意见是不容易的。

（3）利益的冲突。绩效的考核、职位升迁、收入的增长是衡量工作表现的重要指标。

每个人都希望能够表现出最好的绩效，但很可能会不小心或无意识地侵害他人的利益而导致人际冲突的产生。

(4) 沟通技巧不佳。在职场中有些人只在意表达自己要表达的意思，不管别人要不要听和是否接受。有时在沟通的时候缺乏聆听和同理心，缺乏清晰的表达，在误解信息时又将责任归咎于对方，人际冲突由此而生。

(5) 个人原因。职场中有些人情绪管理能力差，遇到由家庭因素或个人原因引发的压力时不能及时调整自己的情绪，导致情绪失控，给他人带来不必要的心理伤害。此外，有些人工作能力不佳，不尊重别人权益，不懂得换位思考，这些都是产生职场人际冲突的重要原因。

2. 职场人际冲突对员工心理的影响

职场人际冲突对员工心理主要会产生情绪与行为两方面的影响。

(1) 情绪方面。在职场中，员工之间或员工与上级之间产生的人际冲突，会使员工产生许多外显的或内隐的消极情绪，如不信任感、敌意、恐惧、愤怒、焦虑、紧张、怀疑等，也会给员工带来很大的心理压力。当组织中员工之间的人际关系被破坏时，出于自我意识本能，他们会刻意避开彼此，但是，双方产生冲突的情景却一直在他们的脑海中挥之不去。长此以往，会给双方带来互相不信任，且这种不信任感一直保持着。当双方再一次遇到时，会产生焦虑、紧张，甚至恐惧的情绪，这些都不利于员工的心理健康。此外，相比高强度的工作，人际冲突会给员工带来更大的心理压力。人际冲突会破坏员工良好的情绪状态和积极的态度，导致他们在工作中处处不顺心、事事不如意。相关数据表明，有50%以上的辞职都是由人际冲突造成的。

(2) 行为方面。员工间的冲突会使员工之间产生认知上的曲解或偏见。认知偏见会使冲突行为外显化，进而产生各种外显的冲突行为，包括侵犯性的身体攻击、威胁、言语攻击、公开挑战对方等。樊富珉等认为，关于冲突行为的研究并不是一个独立的研究领域，而是与攻击、侵犯、暴力等相关概念的研究联系在一起的。当职场中员工之间的人际冲突演变为行为冲突后，不仅会给员工带来情绪方面的压力，还会给他们带来身体的伤害。

职场中的人际冲突可能会给员工带来心理的，甚至是身体的伤害，因此要对人际冲突进行及时处理。Johnson 等（2000）认为，冲突如果得到建设性处理，有助于个体与他人的交往变得更为深入而有意义，从而促进个体发展；反之，如果处理不当，冲突可能产生很多负面结果，如影响自尊或自信，形成社交孤立，影响个体在同伴中的地位而导致心理功能失调。因此，要采用适度的冲突处理策略，有效地处理职场中的人际冲突，使员工之间的关系朝着有利于他们的身心及组织进步的方向发展。

(二) 职业压力对心理的影响

1. 职业压力概述

压力（stress）一词来源于工程领域，1978年，Cannon 最早使用“压力”一词来解释有机体对环境刺激的反应。通常压力有三种解释：其一，指环境中客观存在的某种具有威胁性的刺激；其二，指具有威胁性的刺激引起的一种反应类型；其三，指刺激与反应的关系，个体对环境中具有威胁性的刺激，经认知其性质后所表现的反应。心理学中常用第三种解释，即把压力看作个体在受到外界刺激后产生的一种紧张状态，这种紧张状态的持续会引发个体的情绪变化和生理反应。

职业压力（occupational stress）是指当职业要求迫使人们作出偏离常态机能的改变时所引起的压力。职业压力是在工作中产生或形成的各种压力，包括因工作任务过重、人际沟通困难、工作环境变化的影响等种种因素带来的压力。职业压力通常是由需求引起的，如果个人没有体力、精神或情感方面的资源去满足这种需求，需求就被认为是潜在的压力因素。个人对压力的感受还受到其他因素的影响，主要包括个人人格特质、工作的质与量、工作环境等。有研究发现，相对于男性来讲，女性会在工作中感受到更多的压力，她们感受到更多工作带来的困扰。许多研究表明，职业压力对人们的身心健康产生严重的影响，这已成为当今常见的社会心理现象，因而，越来越受到社会的关注。

2. 职业压力源

职业压力源是指导致压力的刺激、事件或环境。它可以是外界的物质环境，也可以是内在的心理环境。职业压力源主要包括三个方面：一是单位（包括企业、学校、医院等）和工作岗位因素；二是员工自身因素；三是社会家庭因素。周厚余和马剑虹 2005 年研究发现，职业适应压力源的不同维度对员工职业健康的不同维度的影响不一样，身体适应压力和人际适应压力对员工情绪健康有显著影响。

2001 年，方俐洛等从组织行为的角度分析了职业压力源的构成，归纳出六种类型的压力源。

（1）组织任务。与组织任务相联系的压力源就是工作负荷。繁重的本职工作、长时间的加班、需要不间断学习的新知识，这些沉重的工作负荷让人们感到不堪忍受，即使回到家里也难以放下，工作负荷已经成为人们的主要压力来源之一。

（2）组织角色。与角色相联系的压力源包括角色冲突、角色模糊、角色责任、职业发展等。角色是社会对某一特定个人所期望的一种行为模式，它反映了个体在社会系统中的地位及相应的权利、义务和职责。个体往往扮演多种角色，因此，对不同的人就有不同的期望和要求，这就容易使个体面临角色冲突。当个体对自己充当的角色不够明确或缺乏真正理解时，就会出现角色模糊，进而使其在工作中感到困惑和迷茫。个体在工作中要承担一定的风险和责任，这种情况就成为角色责任带来的压力。此外，如果一个人晋升的机会渺茫，晋升的途径单一，缺乏个人发展的机会，就会使他看不清自己职业发展的前景，感到心理上的压力。

（3）行为环境。与行为环境相联系的压力源包括组织结构不合理、人员配备不足、人员过剩、人员分配不均衡等。

（4）物理环境。与物理环境相联系的压力源包括工作环境的适宜程度、温度过高或过低、不良的照明条件、噪声污染等。

（5）人际环境。与人际环境相联系的压力源包括对领导管理的不满、同上下级及同事的关系不和谐、不被群体接纳、与同事或其他有工作来往的人发生冲突等。

（6）个体因素。个体的身体状况、能力水平、性格倾向、气质类型、情绪、认知等都会影响压力的产生。

此外，家庭因素也是重要的压力来源。繁忙的工作一再侵占个体的私人空间，让人难以划清家庭与事业的界限，缩短了个人与家人共处的时间，造成了各种家庭矛盾的产生。因此，工作与家庭的冲突已成为重要的压力来源。长久处在职业压力源之下，若疏导不当，会造成个体的工作热情降低，甚至产生职业倦怠，引发心理问题的产生。

对于不同行业的人来说，职业压力源有不同的内容。2007年，汪泳和魏玉璞的研究发现，工作负荷重、自我发展的需要没有满足、经济收入低及学校不适当的人事制度改革成为高校教师重要的压力源。李琼等2011年研究发现，中小学教师职业压力源有五个因素，即工作负荷、学生学业、社会及学校评价、专业发展及学生问题所带来的压力。随着教龄的增加，教师面临的各种压力表现出增加的趋势，11～15年教龄段的教师感知到最大的压力，之后逐渐减少；小学教师感受到的各项压力明显高于中学教师。宋宙红和邓远平2011年调查发现，工作负荷、考试压力、职业期待是目前中小学教师的主要压力源。2011年，王敏研究发现，超负荷的工作量、害怕出现差错、发生护患纠纷、社会地位低等因素都是护士的职业压力源。2010年，林莉等研究发现，企业员工职业压力源包括：超负荷的工作量、工作时间长和过高的质量要求；员工承担责任过重；工作内容变化及工作过程不安全、不稳定；缺乏信任、交流过少、敌意和竞争及公开的冲突；非人性化的企业结构，企业内部的政治斗争，对员工的监督或训练不足，以及员工参与企业决策的自由度受限等。

第二节 职场中常见的心理问题

职场中常见的心理问题主要指刚入职的职场工作人员对选择职业的困惑，择业中出现的各种心理问题，职业压力产生的各种心理问题等。

一、职业选择带来的心理问题

对于毕业生或面临更换工作的人来说，职业选择是必须去面对的。在职业选择的过程中，个体会经历内心的冲突和矛盾，在受到失败和挫折后，便会产生心理问题。职业选择过程中产生的心理问题包括择业焦虑、择业自卑感和择业心理冲突等。

（一）择业焦虑

择业焦虑是个体在面临职业选择时产生的一种紧张不安的、强烈且持久的情绪体验，并引起相应的生理和行为改变。择业焦虑主要发生在毕业生群体中。随着大学生就业制度改革的推进和高校“扩招”带来的毕业生人数的大幅度增加，高校毕业生就业市场竞争日趋激烈，择业期间毕业生承受着较大的心理压力，焦虑情绪严重，危害着毕业生的心理健康。张玉柱、陈中永 2006 年编制了《高校毕业生择业焦虑问卷》，并考察了毕业生择业焦虑的影响因素，发现大学生的择业焦虑主要有就业竞争压力、缺乏就业支持、自信心不足、对就业前景担忧等方面。

在择业期间，一定程度的焦虑可以激发择业者的动机，增强其主动参与就业竞争的积极性，有利于择业者顺利就业，但过度的焦虑则会破坏毕业生的心理平衡，危害择业者的心理健康，导致择业时的退缩、逃避、畏惧，甚至引发失眠、抑郁等行为和心理病症，进而影响成功就业。

（二）择业自卑感

自卑是个体由于某种生理或心理上的缺陷或者其他原因引起的轻视自我的一种态度体验，具体表现为对自己的能力和品质评价过低，轻视自己或是看不起自己的心理状态。

择业自卑心理是指在择业过程中，对自己的潜能优势缺乏了解、缺乏自信心、缺少勇气、惧怕失败、不敢竞争、主动示弱，它往往使得一些择业者悲观失望、忧郁孤僻、不思进取，选择单位时降格以求，阻碍了自身聪明才智的发挥。择业者择业自卑感主要由以下几个原因引起。

1. 自我评价低

有些择业者在择业过程中，缺乏自信，常会过于在意自己的不足，如外貌、身高、经济条件、家庭出身、学习成绩等。他们习惯于用自己的短处与别人的长处相比较，认为自己在某个方面或多个方面都不如别人，因而产生择业自卑感。此外，他们因为不能正视自己的不足，对此进行错误归因，因而感到泄气、失望，久而久之会因得不到认可导致自我的消极认识，自卑心理由此产生。

2. 消极的自我暗示

有些择业者在求职中过于怯懦、畏首畏尾、谨小慎微，羞于表现自我，对自己能胜任的工作也不敢说“行”，经常进行“我可能做不到”、“我不可能成功”等消极的自我评价。这种消极的自我暗示使求职者不相信自己的实力，不敢向用人单位展示自己，从而坐失良机，结果造成求职失败。倘若多次求职失败，他们会越来越没信心，面对招聘单位，不愿去正视现实，甚至丧失了竞争的胆量，逐渐陷入自卑的境遇。

3. 错误的归因

有些求职者习惯于将自己求职的成功归于偶然的机会和外因，而忽视了内因。当求职失败时，他们不会认真分析客观原因，或分析社会环境等对求职的影响；而把失败的原因归咎于自身能力不强，认为自己不能胜任这份工作，无法适应现实社会，开始产生自卑心理。

（三）择业心理冲突

择业心理冲突是指个体在择业选择上出现了明显的价值观念冲突、心理矛盾，难以做出选择的现象。择业过程中的心理冲突，对心理健康具有重要的影响。如果心理冲突长期得不到解决，个体不仅会出现紧张、焦虑等心理问题，严重时还会导致神经症。郑希付（2003）认为，大部分的神经症，尤其是神经衰弱的产生，往往是由于长期的内心冲突造成的。择业过程中的心理冲突主要包括以下几种。

1. 择业意向独立性与依赖性的冲突

独立性是个体在未被强制的情况下自觉自愿地采取行动的心理倾向。有独立性的人善于行动、善于思考，以事物的合理性为行为的依据；而依赖性强的人，做事往往不切实际地期待他人的帮助。大多数择业者的独立意识已经发展到了一定程度，在择业中表现出对择业态度的积极主动，择业行为的自主独立。但是，自主择业在给择业者带来机会和平等的同时，也带来了巨大的竞争压力。部分具有择业独立性的择业者，经历择业挫折后，发现社会上的某些“人际关系”对找到好的工作起着巨大的作用，虽然对此深感不满，但出于无奈以及对自身利益的考虑，也会“身不由己”地积极寻求这种帮助，因而内心冲突激烈。

2. 职业自我意识较强与耐挫力较弱的冲突

自我意识不仅会影响个体现实的行为方式和个体对过去经验的解释，还会影响个体对未来的期待。个体的职业自我意识是自我意识的重要组成部分，是指在择业中对职业的理解和对自我职业能力的全方位评估，是自我意识在职业选择与职业发展中的反映。程玮认为，职业自我意识包括个人对自己如何认识，怎样根据自我的特点进行选择，根据个人的需要与可能对各种职业的特性进行评价，最终做出有利于个人与职业较好配合的选择。因此，自我意识的成熟直接影响个人对职业的选择。

耐挫力就是遭受挫折打击后的心理承受能力，即指个体遭受挫折后，能够承受和排解挫折的总体水平。在竞争激烈的就业市场中，择业者在择业过程中肯定要经历失败，但许多人害怕失败，不敢面对就业挫折。一些人经历一两次失败，就出现各种负性的情绪体验，整天忧心忡忡；或在择业时显得过于急躁；在受到挫折后会产生无助感、无价值感，从而失去信心，情绪抑郁，他们常常会放弃一切积极的求职努力，听天由命，在行为上产生退缩和封闭倾向。

3. 职业理想与现实的冲突

有些求职者在求职择业中既希望最大限度地实现自身的价值，又对职业的各方面附加条件考虑甚多，如工资高、福利好、人际关系简单、工作稳定等。在职业追求上既注重精神上的满足感和事业上的成就感，又希望在物质上有相当丰富的保障。这种趋同职业物质效益和社会地位的择业心理，与当前社会的就业压力大、人才竞争激烈的客观现实形成较大反差。另有些毕业生在未步入社会之前，对未来充满了不切实际的憧憬，一旦踏入社会就会发现美好的理想和残酷的现实存在强烈的反差。当理想与现实相距甚远时，失落感油然而生，进而开始否认自己，逃避现实，一直存在的自信心和优越感将荡然无存，悲观失望和无助感随之而来。

二、职业压力产生的心理问题

1. 职业压力心理问题模型

图 8—2 的压力—职业心理问题模型显示出过度的压力会造成员工的认知障碍，具体表现在对许多事物缺乏兴趣，注意力难以集中。久而久之形成不同程度的情绪困扰（如缺乏自信、焦虑抑郁、性格暴躁等）和不良习惯（如失眠、厌食、嗜烟和酗酒等），严重的导致暴力倾向或产生自杀念头。不良情绪和习惯进一步导致人际关系困难，环境适应困难，而且获得的社会支持少。缺乏社会支持的人对同样程度的工作压力的耐受力进一步降低。

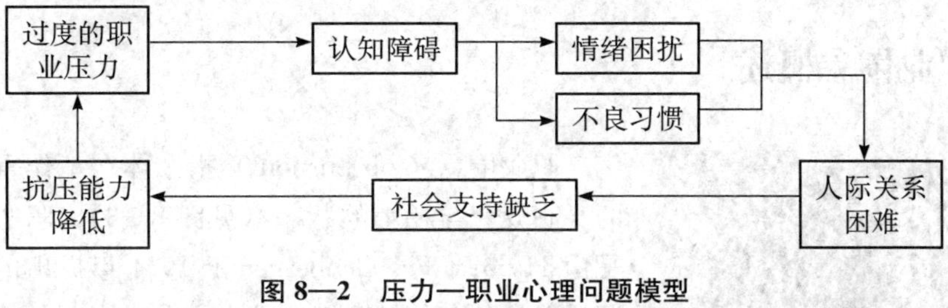

图 8—2　压力—职业心理问题模型

2. 职业压力的心理症状

职业压力导致的心理症状主要表现为焦虑、紧张、迷惑和急躁、孤独感和疏远感、疲劳感、生气、憎恶、厌烦和工作不满情绪、情绪过敏和反应过敏、精神疲劳和低效率工作、感情压抑、注意力分散、交流的效果降低、缺乏自发性和创造性、退缩和抑郁、自信心不足等。在行为表现上，过度的职业压力使得个体对工作的承诺降低，容易出现拖延、逃避、旷工和离职行为。

3. 职业压力与工作绩效的关系

职业压力与工作绩效呈倒 U 型关系，当员工承担适度压力时，比没有压力或压力过轻时做得更好、更快，具有高度的工作热情。但当来自工作的压力过大，超过了员工的适度点，特别是当这种压力持续作用时，员工的精力即被逐渐耗尽，出现紧张和过度疲劳，工作效率下降。

大量有关教师职业压力与健康的研究结果表明，教师是最具压力的职业之一，与此相应的是教师群体心理健康水平的普遍偏低，显著低于普通人群。据河北省 2004 年的一项关于高校人力资源现状的调查，高校教师中有 68%的人感到工作压力大，有 22%的人甚至认为压力“巨大”。2005 年，广东省教育工会对全省 19 所高校的近万名教师的健康状况进行了抽样调查，结果表明，该省高校教师的健康状况堪忧。具体来说，在教师群体中仅 10%的人心理基本健康，约 70%的人处于亚健康状态。2011 年，邓远平和罗晓采用教师职业压力问卷、社会支持问卷和症状自评量表对 625 名中小学教师进行调查。结果表明，中小学教师的职业压力主要来自工作负荷、职业期望和考试压力。在心理健康水平方面，高职业压力的教师要显著低于低职业压力的教师，高社会支持的教师要显著高于低社会支持的教师。宋宙红和邓远平 2011 年通过对 545 名中小学教师进行职业压力、心理健康和社会支持的问卷调查，发现有 9.07%的教师存在不同程度的心理问题；教师职业压力与心理健康存在着紧密联系，工作负荷对心理健康起消极作用；社会支持对心理健康起积极作用。

三、职业倦怠

职业倦怠对工作效率会产生直接的影响，探讨职业倦怠的原因，从不同角度预防职业倦怠，对任何组织和个人都是有益的。

（一）职业倦怠概述

图 8—3　职业倦怠

职业倦怠（job burnout）指个体在工作重压下产生的身心疲劳与耗竭的状态（见图 8—3）。职业倦怠最早是由 Herbert Freudenberger 于 1974 年提出的，他认为职业倦怠是一种最容易在助人行业中出现的情绪性耗竭的症状。Maslach 和 Jackson 于 1981 年和 1986 年提出职业倦怠的三维理论，认为职业倦怠有三个基本形态：情感衰竭（emotional exhaustion）、去人性化关系（depersonalization）和个人成就感丧失（diminished personal accomplishment）。

1. 情感衰竭

一个职业倦怠的人会感到情感的衰竭，也就是没有活力，没有工作热情，感到自己的情绪处于极度疲劳的状态。不管是原先抱有多大的热忱和理想，职业倦怠的人通常都会逃避工作，害怕面对上班的时间。情感衰竭是职业倦怠的核心维度，并具有最明显的症状表现。

2. 去人性化关系

一个职业倦怠的人，会尝试以“去人性化关系”来处理自己情绪上的低落。所谓“去人性化关系”指刻意在自身和工作对象间保持距离，对工作对象和环境采取冷漠、忽视的态度，对工作敷衍了事，个人发展停滞，行为怪僻。而组织中的其他人在互动中，也受到职业倦怠者的感染，性格上产生去人性化的变化，使得整个组织受到职业倦怠的危害。

3. 个人成就感丧失

个人成就感丧失指倾向于消极地评价自己，并伴有工作能力体验和成就体验的下降，认为在工作中不但不能发挥自身才能，而且每天做的都是枯燥无味的琐事。职业倦怠的人，不仅认可自己保持较低的工作量，不再抱持理想与热忱，并且会向周围的人传播低个人完成的概念，而使组织绩效降低。

Maslach 认为，个体因长期面对工作对象过度的情感需求，其有效资源逐渐被耗尽而产生情感衰竭，而后，个体以防御性应对方式尽力使自己远离别人（即人格解体），以减少情感的投入，最后个体发现其实际工作状态与期望水平之间存在很大差距，导致个人成就感明显降低。

(二) 职业倦怠对个体的影响

1. 职业倦怠现状

一份由中国人力资源开发网主持完成的题为《中国“工作倦怠指数”调查结果》的调查报告表明，在接受调查的公务员群体中，70%的人出现了不同程度的工作倦怠。2008 年，成锡峰以山西省政府部门 260 名公务员为调查对象，发现 96.3%的受测者均有不同程度的职业倦怠。邹群和田铁杰 2012 年采用高校辅导员职业倦怠程度调查问卷对 80 名辅导员进行问卷调查。结果发现，约有 50%的辅导员有着不同程度的倦怠表现，已婚辅导员比未婚辅导员更容易产生职业倦怠，随着工作时间的增加，职业倦怠的人数比例有上升趋势，不同学历的辅导员，其职业倦怠情况没有显著差异。2012 年，王雪燕、胡荣分析了制造业新生代农民工的职业倦怠水平和影响因素，结果表明，新生代农民工表现出较为严重的职业倦怠，但是，职业倦怠三个维度的程度有所差异，情感衰竭最严重，去人性化次之，低个人成就感相对较轻。另外，三个维度的影响因素有所不同，性别、务农经历、自尊水平、自我效能感、社会网络、机械化的工作特征和上级支持是几个主要的影响因素。兰惠敏于 2012 年调查发现，高校教师产生职业倦怠的影响因素主要来自职业本身、学校、教师个人和学生四个方面。

2. 职业倦怠对个体的影响

职业倦怠是个体不能顺利应对工作压力时的一种极端反应，是个体于长期压力体验下产生的情感、态度和行为的衰竭状态。职业倦怠的人通常表现为：(1) 生理方面，经常产生疲劳感、失眠、食欲缺乏、精力难以集中、思维的逻辑性降低。(2) 心理方面，在认知上，感到工作没有意义、没有价值，将其看作枯燥、机械重复的琐碎事务，缺乏职业自豪感，觉得前途黯淡，没有希望，低人一等；在情感上，对工作失去兴趣，情绪波动大，经常感到抑郁、焦虑和烦恼等，很难在工作中获得成就感和满足感；在意志上，工作中碰到困难不愿钻研。（3）行为方面，对工作敷衍了事，主要是应付组织的安排，不能结合工作的实际情况创造性地开展工作，有离职想法。

第三节 职场心理健康的维护

职场心理健康的维护主要包括：从不同角度进行择业焦虑的调适与疏导、职业压力的反弹、职业倦怠的干预、职场良好人际关系建立的技巧学习等。在国内外专家研究的基础上，目前已形成了职业健康心理学分支学科。

一、职业健康心理学

Raymond早在1990年就提出了职业健康心理学（occupational health psychology，OHP）的概念。职业健康心理学致力于为人们的工作和成长营造健康的场所，人们在这样的场所中能充分运用自己的才智和潜能，以获得较高的工作绩效、工作满意感和幸福感等。李永鑫等认为，职业健康心理学是运用心理学的理论原则和研究方法，结合心理学相关分支领域，与公共卫生、职业医学、社会学、管理学、经济学、法律学、人类工效学等学科密切联系，为创造一个安全健康的职业环境和提升从业者的工作品质而服务的学科。

职业健康心理学的终极目标是提升工作场所中工作者身体（如安全、健康）、心理（如满意、幸福）、精神（如成长、归属）的平衡，去除工作场所中可能威胁到工作者身心的危险因素（如不安全的工作环境、不当的工作流程、不适的管理方式、模糊的角色设计等），达到工作者与企业双赢的目标。对于工作者而言，职业健康心理学给他们带来的是在健康的工作场所发挥潜能，创造卓越绩效，对工作满足进而享受幸福人生。职业健康心理学的研究主要承担两个任务：一是确定研究变量对工作者心理健康的影响，从认知—情感角度探求压力等心理因素的发生机制；二是从工作者的实际工作出发，确定职业健康心理问题的预防策略。

20世纪90年代，美国心理学会以及美国职业健康研究所合作进行了一系列研究，提出了职业健康心理学的研究领域，主要包括以下几个方面。（1）职业安全和健康的调查。

（2）工作应激的理论及机制。（3）职业应激、职业安全和职业病的组织因素研究。（4）应激工作环境的后果，包括身体和心理健康问题，以及社会及经济后果。（5）为减少职业应激、疾病和伤害而进行的组织干预和系列计划研究。（6）公共/职业健康和流行病学研究方法和实践。

二、职场心理健康的维护

在职场环境中存在多种影响心理健康的因素，而几乎所有的员工都需要健康的心理来维持良好的工作和生活状态，因此，需要掌握缓解职场心理问题的措施和方法，来维护员工的心理健康。从职业健康心理学的研究内容出发，对职业健康心理的维护主要包括对择业焦虑的调适、对职业压力的干预和对职业倦怠的干预等。

（一）择业焦虑的调适

择业焦虑要坚持预防为主，防治结合的方针，其关键在于提高自身的心理承受能力。只要自身心理素质好，就可以经受住任何风浪、波折的冲击和考验。总的来说，要想提高心理承受力有三项要点：一是加强心理素质锻炼，尤其要注意培养坚强的毅力和意志；二是乐对人生，培养健康、开朗的人格，放下心理包袱；三是正确评价自我，合理调整就业期望值。具体措施如下。

1. 外界调适

高校就业指导部门应切实加强和高度重视毕业生就业指导和服务工作，不断拓宽和延伸就业指导内容，针对学生心理问题的具体表现进行心理健康教育和心理咨询。有择业焦虑心理的毕业生，要帮助其正确认识自己的问题的原因，解除他们不必要的疑虑和恐惧；通过鼓励，帮助他们树立克服问题的勇气和决心；通过保证，使他们有安全感和自信心；通过指导，帮助他们明确努力的方向和目标，并努力通过自己的行动来改善自我和适应环境，进而达到心理的平衡。

2. 自我调适

有就业焦虑心理的毕业生，应设法减轻心理负担，学会自我调适，可尝试以下两种自我疗法。

（1）暗示疗法。自信是治疗焦虑的必要前提。暗示自己树立自信，正确认识自己，相信自己有处理突发事件和完成各种工作的能力。通过暗示，自己每多一点自信，焦虑程度就会降低一些，同时又反过来使自己变得更自信，如此的良性循环将帮助个体摆脱心理焦虑的困扰。

（2）放松疗法。在胡思乱想、坐立不安、痛苦不堪时，找一本有趣的能吸引人的书阅读，或从事自己喜爱的娱乐活动，或进行紧张的体力劳动和体育运动，以忘却痛苦。

身心放松可以使人心境安宁、平静，排除各种不良情绪的困扰，有助于减轻和消除焦虑。身心放松有多种方式，毕业生可以采用动静结合、一张一弛的办法，从而达到解除焦虑、有益心理健康的目的。

（二）职场人际冲突的应对

职场人际冲突会给员工带来消极的心理影响，使员工产生焦虑、紧张等心理问题，加重他们的心理压力，还会影响组织日常工作的顺利开展。因此，要及时解决人际冲突，不让人际冲突的消极后果影响到个人和组织。职场人际冲突应对策略是人际冲突结果的直接影响因素。根据职场人际冲突的特点，结合已有的有关人际冲突解决策略的研究结论，我们认为职场人际冲突的处理策略包括以下几个方面。

（1）以合作代替冲突。加强员工之间和团队之间的互相合作，使员工在工作中共同行使权利，共同担当责任，避免双方陷入输赢的竞争情景，达到共赢的目的。

（2）察觉同事的非语言行为，清晰地表达自己要表达的意思，与同事直接沟通，充分了解他人的感受、动机和方法，加强同事间的沟通与交流；遇到问题能与他人协商解决，不主观臆断地独自解决问题。

（3）在与上司或同事的交流中，适当运用幽默能降低冲突。

（4）当因为家庭原因或个人的其他事情引起情绪不佳时，应进行及时的情绪调节，不要把不良情绪带到工作中，积极乐观地与同事交流。

（5）当遇到原来与自己平级的同事出现如职位升迁、收入增长等比自己发展更好的情况时，应及时调整自己的心态，寻找自己与他人的差距，并为自己的发展继续付出努力。

（6）当遇到的冲突无法处理时，可寻求仲裁者协助，能使僵化的冲突得到解决。

（三）职业压力的干预

组织要为员工创造良好的条件，如采用团队工作模式、加大社会支持力度、改善工作条件与环境等来降低员工的职业压力感。而员工也要从自身层面出发来调适自己的职业压力问题，促进心理健康。此外，组织要对员工进行培训，侧重于压力管理方法和策略的培训，通过培训改变员工的心态，学习合理的认知方式，学习压力释放的技术，培养自信心和责任心，提高自我效能感。

1. 帮助员工提高自身的适应性

职业压力是一种主观感受，个体的期望过高往往是造成压力的主要原因，因此，要降低个体对工作的期望值。组织中的员工特别是新员工，往往对组织抱有不切实际的期望，当期望与现实之间产生较大落差时，压力就产生了。组织要帮助员工认识工作的真实性，尽快地了解组织，熟悉组织的运作方式和组织环境，迅速融入组织文化，获得人际支持，进而降低职业压力。

2. 营造和谐的人际关系

在职场中，客观的利益分配和主观的自我个性，导致难以相处的上下级关系或同事关系成为心理问题的首要原因，而且很难化解。所以，某员工和少数同事难以相处的问题不能解决，只要不影响到个人和企业的利益，可以求同存异，自己按自己的方式行事；反之，如果某员工和大多数同事都难以相处，建议他反思自我、调整自己。

3. 提升员工的职业空间

知难而进，敢于把压力作为职业挑战极限的员工，就能克服困难，战胜压力，扩展职业空间；而害怕困难逃避压力的员工，就会在职业发展中丧失优势，甚至被压力压垮、失去生活的希望和信心。当压力变成一种动力时，压力就会向着它的反方向发生逆转，意味着一个新的起点就在你的脚下。组织应创造条件，为员工开辟提升职业空间的道路，帮助员工主动出击，在压力之下努力寻找走出压力的机会。

4. 倡导健康工作的理念

健康的工作方式有助于预防员工因过度的工作压力而导致的生理和心理问题。健康工作的理念应关注怎样预防压力的发生，而不是解决已经发生的事。推行这些理念的组织通常都鼓励员工争取健康，拥有健康工作的氛围。此外，还要适度进行健康的运动。身体有极强的恢复能力，即使看起来是很大的伤害也不是没有复原的可能，如因为酗酒而造成的肝损伤就完全可以通过戒酒并加强锻炼而康复。所以，合理的运动、充足的睡眠、科学的饮食、坚强的韧性等都是直面压力源，战胜职业压力的重要方法。

5. 建立职业心理压力应对方案

员工若有职业压力，有的可通过自我调节得到缓解，有的却由于自身认识能力的局限难以解决。组织要指导员工掌握心理压力的应对方案，根据员工的实际心理状况，及时进行心理压力的缓解，减少焦虑的发生。组织还可通过建立职业心理咨询室、心理热线、心理信箱等方式，加强对员工的心理干预。

管理心理学家雪恩（E. H. Schein）提出一种缓解职业心理压力的方案，包括四个步骤：

（1）判断环境并正确识别问题的真正原因。这个步骤要求员工明白压力是否来自工作、家庭或个人的顾虑，或是这些来源的某种组合所造成的。

（2）进行自我评价。需要耗费一定的时间，对自己的感觉和动机进行反省，要熟悉自己的“盲点”或其他使人不能深刻认识自己的障碍。

（3）选择应对措施。通过与同事、家人、朋友、邻居等讨论这些问题和压力，以及与他人建立支持性的关系，人们就可以选择合适的应对措施了。这一步骤的重点在于确定依靠的是外部应对资源，还是内部应对资源，以便选择合适的应对措施。可选择的应对措施包括：改变压力环境的某个方面，改变自己的优先方向和自己所处职场环境的含义，或者对压力症状的本身进行调整。

（4）接受这些应对措施的效果，并进行及时的调整。

(四) 职业倦怠的干预

职业倦怠带来许多负面后果，因此，对职业倦怠进行干预显得尤为重要。对职业倦怠的干预可分为直接个体干预（person-directed interventions）和直接组织干预（organization-directed interventions）。直接个体干预能使职业倦怠在 6 个月内得到缓和，两种方式相结合的干预方式将会有一年以上的积极作用。

1. 直接个体干预

直接个体干预是对可能产生职业倦怠的个体因素加以控制，强调对倦怠感的自我调节。具体方法有放松训练、社交训练、归因训练、压力预测训练、时间管理、理性疗法、认知重构等。

（1）归因训练。归因训练是指通过一定的训练程序，使个体掌握某种归因技能，形成比较积极的归因风格。归因训练的基本思想是，个体在对自己行为的因果知觉中，存在各种归因偏差，通过归因训练可获得各种形式的归因反馈信息，从而消除归因偏差，形成积极的情感和期望。

第一，错误归因训练。错误归因训练的理论基础是沙赫特和辛格的情绪二因素论。他们认为，个体在生理唤醒和认知过程相互作用下，经历着特定的情绪体验。生理唤醒处于积极状态时能够增强愉快的情感，生理唤醒处于消极状态时能够增强愤怒的情感。这一设想应用于对职业倦怠的干预，通过干预不同生理唤醒状态下的对倦怠感的认知解释，引起期望的归因，从而改变消极情绪，达到治疗的目的。

第二，再归因训练。再归因训练以韦纳、塞里格曼和班杜拉的理论观点为指导。具体的训练方法很多，有三种常用的模式。

第一种，团体发展模式。这一模式以韦纳的成就归因模型为代表，归因训练是以团体讨论的方式进行的，即在心理学专家或受过一定训练的教师指导下，小组成员一起讨论，分析行为的原因，最终做出正确的归因。

第二种，强化矫正模式。强化矫正模式主要是基于塞里格曼有关习得性无助的研究，运用学习和强化原理，在归因训练时，对于个体作出的积极归因及时给予强化，促使他们形成积极的归因风格。

第三种，观察学习法。社会学习理论创始人班杜拉认为，自我效能是个体根据以往成败的经验，确认自己完成某项工作或任务的能力。如果将成功归因于自己的能力，更能强化自我效能；反之，如果把成功归因于外在的因素，则不会强化自我效能。训练中可以选择与受训者个体具有相似个体特征（如年龄、性别等）的榜样，让受训者观察榜样在完成某一具体的工作任务时如何将成功归因于自己的能力，从而提高受训者的自我效能水平。

（2）渐进式放松法。渐进式放松法是由美国学者 Edmund Jacobson 发明的疗法，主要通过逐步调动全身肌肉群来达到消除紧张，缓解焦虑的效果。具体步骤为：

选择一处不受干扰的地方，保持坐或躺的姿势；

持续做深呼吸；

抬起眉毛，向上挤压前额肌肉，或用力皱眉，然后慢慢松开（重复几次）；

紧闭双眼，再慢慢睁开；

大笑，然后慢慢停下；

咬紧下颚，然后放松；

舌头抵住上颚，然后慢慢放下；

紧闭双唇，再慢慢放松；

用头顶住椅背，继而放松；

耸肩膀，让肩膀尽量接近耳朵，然后放下（重复几次）。

渐进式放松的顺序是：头、双眼、脸部、脖子、肩膀、上臂、前臂、双手、背、胸、躯干、后腰、臀、大腿、膝盖、小腿、脚踝、双脚。刚刚开始练习可能并不容易使肌肉达到深度放松，需要持之以恒，才会见到成效。一般可以每天练习1～2次，每次大约15分钟。

2. 直接组织干预

职场中有许多因素不是个体能控制的，而这些因素正是引起职业倦怠的根本原因，所以必须进行组织干预。组织干预强调对个体所在工作情境的改善，从影响职业倦怠的情境因素出发，采取一些有利于减轻个体工作倦怠的措施，提高工作自主性和积极性。

（1）创建自我管理型团队。组织要帮助员工创建自我管理型团队，让团队成员进行自我管理、自我负责、自我领导、自我学习，缓解已产生的职业倦怠。自我管理型团队（self managed work teams），也称自我指导团队，通常由10～16人组成，他们承担着以前自己的上司所承担的一些责任。Wellinetal 1990年提出，自我管理型团队由一组具有以下职责的员工构成：自我管理（计划、组织、控制、监控）；给成员分配工作（决定成员在什么时候、什么地点做什么工作）；计划和安排工作日程（开始和完成时、工作速度、目标设定）；制定生产相关的决策（存货、质量控制、工作控制）；问题的解决（质量问题、客户服务、纪律）。

一般来说，自我管理型团队的责任范围包括控制工作节奏、决定工作任务的分配、安排工间休息、决定基本工作战略等。成员有着明确的工作目标，怀着共同的愿景，成员为了团队的目标而努力工作，并能与其他团队通力合作，在这种情况下能有效地缓解职业倦怠。Elloy，Terpening和Kohls 2001年采用自我管理团队来对职业倦怠进行干预，发现自我管理团队可以避免很多职业倦怠的发生，如角色模糊、角色冲突、缺少参与、缺少上司和同事的信任与支持、缺少工作能力等。

（2）实施员工援助计划。员工援助计划（employee assistant programs，EAP）最早是用于帮助企业员工摆脱酗酒以及滥用药物等行为，经过长时间的发展，如今已演变成对组织的全方位的辅助计划。员工援助计划是由组织的管理者或工会团体、员工协会与咨询顾问公司、社会团体、心理健康服务机构或个人组织的，为员工提供援助服务的总称。1987年，Munchus提出，有四个服务项目是EAP必须要包含的：政策和程序，即对相关政策和程序进行研究，为组织和员工提供咨询服务；对员工的教育，即通过一定的方式强化对员工的教育，提高员工的压力承受能力和工作积极性；对管理者的培训，通过培训使管理者掌握EAP实施的内涵，以便取得较好的实施效果；咨询和临床治疗，通过提供咨询和治疗方案，帮助组织及其成员解决问题。

国内的一些企业，如中国建设银行、联想、中国移动、太平洋保险公司等都实施了EAP，虽然初衷不一样，但都取得了很好的效果。EAP在这些企业的成功将使更多的企业意识到员工心理健康的重要性，认识到EAP的价值，从而采取相应的措施关注员工的心理健康。1986年，Lewis提出，员工援助计划可以为员工提供个体咨询服务、团体咨询服务、教育培训、职业生涯规划咨询等内容。因此，在员工产生职业倦怠时，首先可以对他们实施心理援助，针对职业倦怠提供个别咨询服务，也可以对产生职业倦怠的员工进行团体咨询，帮助其减轻职业倦怠。其次，可以对职业倦怠的员工进行心理健康知识的培训，指导他们对倦怠进行自我调适，还可以对他们进行新技术等的业务扩展类培训，让其掌握他们所从事工作的最近进展，开阔视野，重新提起对工作的兴趣。最后，还可以为员工提供职业生涯规划方面的咨询服务，让他们确定其最佳的职业奋斗目标，并为实现这一目标做出行之有效的安排。

【基本概念】

职业压力　职场环境　职业健康心理学　职业压力的干预　职业倦怠　择业焦虑

【复习思考题】

1. 什么是职业压力，职业压力表现在哪几个方面？

2. 对于大学毕业生来说，职业选择过程中会产生怎样的心理问题？应该如何进行自我调适？

3. 职场人际关系对员工的心理会产生怎样的影响？

4. 如何对职业压力进行有效的干预？

5. 如何解决职业倦怠？

【推荐阅读书目】

1. 张进辅．青年职业心理发展与测评．重庆：重庆大学出版社，2009.

2. 刘远我．职业心理健康：自测与调节．北京：经济管理出版社，2004.

3. Andrew J. Dubrin. 职业心理学：平衡你的工作与生活．姚翔，陆昌勤，等，译．北京：中国轻工业出版社，2008.

4. 俞文钊，吕建国，孟慧．职业心理学．大连：东北财经大学出版社，2007.

5. James Campbell Quick，Lois E. Tetrick. 职业健康心理学手册．蒋奖，许燕，译．北京：高等教育出版社，2010.

6. Sharon Lund O'Neil，Elwood N. Chapman. 职场人际关系心理学（第12版）．石向实，郑莉君，等，译．北京：中国人民大学出版社，2012.

第九章 农民工的心理健康

【学习目标】

1. 了解农民工的心理健康及城市认同
2. 理解农民工的主要心理问题及其原因
3. 掌握维护农民工心理健康的具体策略与方法

【章节导读】

有一个群体，在中国广袤的土地上奔走、徘徊；有一类人，在他们生长的农村被视为“异类”，在他们为之奉献的城市被视为“过客”。他们怀抱着梦想，对未来充满憧憬，这就是农民工群体。然而，当前农民工的生活工作状况和心理健康水平不容乐观。他们生活在城市，却不属于城市；他们与城里人一样靠劳动生活，但却得不到同城待遇；他们为了和城市人生活地一样有尊严，而忘我地工作，但仍进入不了城市的主流社会。人生而不平等的观念印刻在他们的脑海中——因为我是农民。农民工问题正在逐步成为我国严重的社会问题，同时，也是心理健康研究的重要问题之一。本章探讨农民工的城市认同、农民工的心理健康问题及农民工心理健康的维护。

第一节 城市化对农民工的心理冲击

在中国城市化发展的进程中，出现了一个特殊的群体——农民工。他们生活在城市，但在医疗、住房、孩子受教育等方面却得不到同城市人一样的待遇，因而他们缺乏城市认同感与居住的安全感。同在一片蓝天下生活，但他们却存在着别样的心态。走进农民工的心里，帮助他们维护心理健康，是维护社会和谐的重要内容。

1984 年，国内学者张雨林教授首次提出了“农民工”（migrant workers）这一具有中国特色的称谓。农民工是我国产业工人的重要组成部分，他们的心理健康状况直接关系到社会的繁荣与稳定。农民工对改变城市面貌，推动我国经济发展作出了重要贡献，但农民工群体在当前的中国是一个“特殊群体”，同时，也是一个“弱势群体”，这导致农民工身上存在诸多问题，这些问题已经引起了学术界的广泛关注，政府和社会也一直把如何改变他们在经济上的弱势地位作为工作的焦点。除了关注农民工的生存、生活、工作现状外，研究者也越来越关注农民工的心理健康。关注农民工的心理健康是构建和谐社会的必然要求。

一、新生代农民工

理解农民工与新生代农民工的差异是做好农民工心理健康的基础。

（一）农民工

自 20 世纪 90 年代至今，农民工作为中国社会发展中出现的一个特殊群体一直备受社会各界关注。在经历了 30 多年的发展之后，农民工本身也发生了很大变化，已成为一股数以亿计、影响广泛的社会力量。2006 年，国务院政策研究室发布的《中国农民工调研报告》的数据显示，我国外出农民工数量为 1.2 亿人左右，如果加上在本地乡镇企业就业的农村劳动力，农民工总数大约为 2 亿人。新近的统计数据也表明，目前我国农民工总数为 2.25 亿人，其中外出农民工 1.45 亿人。在年龄层次分布上，《中国农民工调研报告》也显示，全国农民工中 16～30 岁的占 61%，31～40 岁的占 23%，41 岁以上的占 16%，农民工的平均年龄为 28.6 岁。由此可见，青年农民工在农民工中所占比例较大。简新华和黄锟 2007 年的研究显示，当前农民工的状况得到有效的改善，特别是工资收入有了明显的提高，拖欠工资问题有所缓解，政府给农民工提供的服务有所增强，但是，农民工收入低、处境困难等基本问题还没有得到根本改变，尤其是农民工比较强烈的市民化愿望还远远没有实现。

郑莉君于2011年在杭州做了一个关于农民工的调研。调查的对象为杭州市下沙经济开发区的青年农民工，采取随机抽样的方式选取被试，总共发放了500份调查问卷，回收的有效问卷为408份，有效问卷回收率为74.8%。

在有效的调查对象中，男性占50.6%，女性占49.6%，男女性别比例基本平衡。这些农民工的年龄跨度是18岁到32岁（年龄选择范围为80后和90后，需达到成年年龄，即1994年之前出生，且包括1994年出生的农民工），为方便与同龄大学生的对比研究，笔者将不同年龄的农民工按照5年一个间隔划分为三个年龄段，分别是高年龄段（1980—1984年），中年龄段（1985—1989年），低年龄段（1990—1994年），其中28～32岁者占8.8%，23～27岁者占30%，18～22岁者占61.2%。属于农业户口者的比重占到67.1%。高中学历及以下者的比例占到80%。如图9—1所示。

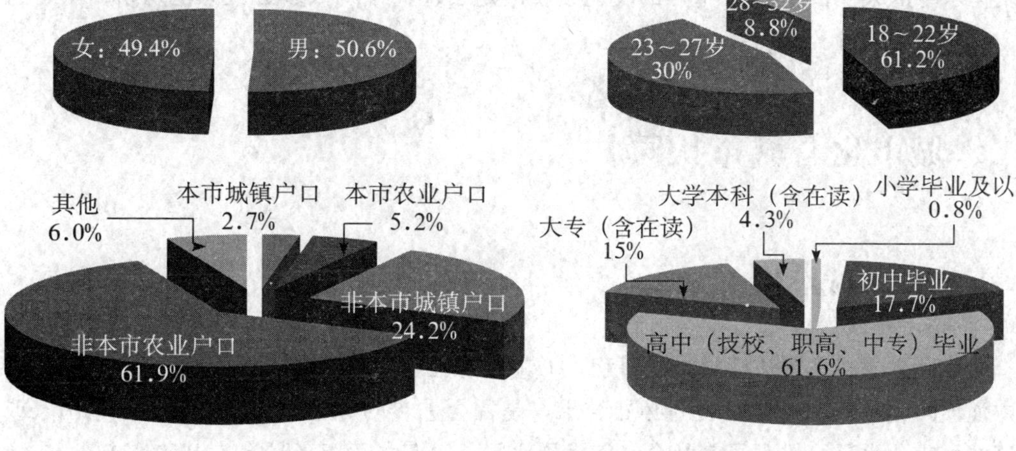

图9—1　被调查农民工的人口学变量统计图

（二）新生代农民工

学者们将20世纪80年代外出的农村流动人口称为第一代农民工，将20世纪八九十年代出生的农民工称为新生代农民工。2011年10月9日，国家人口和计划生育委员会发布的《中国流动人口发展报告2011》指出，中国新生代农民工规模不断增加，已占农民工整体的47%。图9—2显示了大量农民工涌入城市的情景。有关新生代农民工，一般认为存在以下几个特点：（1）出生在20世纪80年代；（2）其文化程度相对于第一代农民工来说较高；（3）对农业、农村、土地、农民等不是那么熟悉，没有务农常识与经验；（4）职业期望、物质和精神要求、市民化意愿更高，渴望进入、融入城市社会（见图9—3）。第一代农民工与新生代农民工在就业分布上呈现出明显的差异。第一代农民工在传统的二元经济结构中，更偏向就业于城市非正规部门，在批发和零售贸易、餐饮业中担任雇员的第

图9—2　大量农民工涌入城市

一代农民工较多。而新生代农民工更具有新时期城市产业工人的特征，正在逐渐成为中国产业工人的主体。

第一代农民工是“候鸟型”的，在城市与农村之间如候鸟一样不断地迁徙。他们只是把进城务工作为获取经济收入的主要途径，与农民身份联系紧密，且大部分最终仍然是回到农村。而在现代生活观念熏陶下成长起来的新生代农民工，相对于第一代农民工大多没有从事农业生产的经历，受到农村传统生活方式的影响较少，接受新事物的能力强，追求实现自我价值的意识强。

此外，新生代农民工的文化程度不高，这就阻碍了他们的进一步发展。有调查发现，广州流动人口的文化结构为：3%为小学文化，51%为初中文化，28%为高中文化，4.5%为中专文化，3.6% 为大专文化，1.7%为本科文化，0.1%为研究生文化，包括农民工在内的流动人口文化水平普遍偏低。初中文化水平的占流动人口半数以上，高中以下文化水平的人口占 90%。这样的文化素质决定了他们中的大多数人只能从事简单、粗重、低收入的工种。

二、城市化与城市认同

(一) 农民工城市化

城市化是农村人口流入城市的过程。城市化与社会经济之间有着必然的紧密的联系：一方面城市化是社会经济发展的必然结果，是社会进步的标志；另一方面，一个国家或地区的城市化水平，体现了其社会经济发展水平；它们之间相互影响，相互促进。

图 9—3　农民工想在城市落地生根

城市化的标志主要表现在三个方面：城市人口增加；城市人口在总人口中的比重上升；城市用地规模扩大。其中，最重要的标志是城市人口在总人口中的比重。2011 年 12 月，中国《社会蓝皮书》中发布，我国城镇人口占总人口的比重将首次超过 50%，这标志着我国城市化率首次突破 50%。城市化是由农业为主的传统乡村社会向以工业和服务业为主的现代城市社会转变的历史过程，具体包括人口职业的转变、产业结构的转变、土地及地域空间的变化。

（二）农民工的城市认同

1. 什么是城市认同

城市认同是指农民工对城市地域、市民群体的接纳和归属，以及对市民态度观念的内化。地域认同是农民工对所在打工城市地域的接纳和归属；群体认同是农民工对市民群体的接纳和归属；态度认同是农民工对市民态度观念的认同和内化。李超海和唐斌2006年的研究发现，农民工无论在心理渴望还是行为选择上，都对城市充满了认同和向往。

在城市认同的研究中，主要有“同化论”和“多元论”两大主要流派。主张“同化论”的学者倾向于强调外来移民对当地主流文化的认同，对原有的社会文化传统和习惯的抛弃。“多元论”则强调不同种族或社会集团之间享有保持差别的权利。无论是“同化论”还是“多元论”都试图将错综复杂的社会融合问题化约为“文化融合问题”。2003年，江立华也提出，农民工作为城市中的一个特殊群体，在以“城里人”为参照群体，不断调整自己的行为方式的社会过程中，或者选择改变自我，融入城市社会，或者在城市重建乡村的生活环境和文化。蔡禾和曹志刚（2009）认为，无论农民工在城市中如何看待自身的状况，都面对着一个寻找自身认同的过程，通过这一过程，农民工将自己划入某一群体，而与其他群体相区分。

2. 城市认同的研究取向

农民工在城市中的认同状况的相关研究主要围绕三个取向展开：一是农民工的个体因素；二是制度因素；三是社会网络因素。农民工的城市认同是个体因素、制度因素和社会网络因素综合作用的产物。

在个体因素取向上，有学者认为，人力资本，特别是教育程度对移民社会融合有影响。有学者从年龄、受教育程度来探究新生代和老一代农民工在认同上的差异（王春光，2001）；也有学者以客观经济地位为指标来研究认同问题；而李培林和张翼则从职业、收入和教育程度来研究阶层认同。2012年，刘玉侠、尚晓霞则从社会认同的基本理论出发来研究城市认同。

在制度因素取向上，学者们主要关注伴随户籍制度产生的社会排斥。户籍制度将社会上一部分人排斥在分享城市的社会资源之外，从而增加了农民工在身份、职业等方面与移入地城市实现融合的困难。外来人口的认同还会受到城市居民在文化上的排斥，这导致外来人口在心理上有意识地保持与城市居民的距离。也有学者从制度歧视和心理歧视的角度出发，进一步分析农民工子女教育的制度歧视对农民工城市认同的影响。

在社会网络因素取向上，学者们主要关注社会网络对个体身份认同的建构和维护作用。而有学者则发现，以初级群体为基础的社会网络会带来交往的限制，从而强化劳动力移民生存的亚社会生态环境，阻碍其对城市的认同与归属。而赵延东和王奋宇在2002年提出，相对于劳动力移民进城前的原始社会资本，新型社会资本在农民工的社会地位提高和城市融入中作用更大。

三、农民工的身份认同

身份是社会成员在社会中的位置，是现代社会的产物，更是社会体制现代转型过程的产物。Ankara 和 Turkey 认为，身份认同不单纯是自我在环境中自然获得的，它还是与社会中他人互动获得的感觉、思想和行为的方式。身份是一个人在社会关系中地位高低的标志，分为先赋身份和自致身份。前者先天自足，后者指通过努力而改变的身份。从心理层面来看，身份认同就是要实现心理上的完整统一，强调人格与心理品质的统一、稳定。与身份相对应的是社会角色，它具体包括适宜身份的规范与行为模式。身处社会生活中的个体有着诸多的社会角色，其中职业是最为重要的角色。某种职业角色的获得，也就标志着获得了相应的社会身份。

2006 年，张向东调查发现，农民工的角色与身份是分离错位的，他们离开了乡村，告别了土地，实现了职业角色的重组，但他们的身份依然是农民。农民工处于农民向工人的过渡形态，兼有工人和农民的双重身份，是我国二元社会结构的产物。从地域角度看，他们是来自乡村的农民。从职业角度看，他们是从事体力劳动的工人；从户籍制度的角度看，他们仍摆脱不了农民的现实身份。一组对进城农民工的自我身份定位的调查显示，有 40%的农民工将自己定位成“农村人”，有 37%的农民工说不上自己的身份定位，有 20%的农民工把自己划归为“半个城里人”，只有 3%的农民工把自己定位为“城里人”。农民工期望得到城市的认可和接纳，对自己的身份重新认定，但面对强制性制度认定和习惯性的市民认定、理想中的认同目标与现实的矛盾，大量城市中的农民工处于“双重边缘人”的尴尬状态，从而导致其身份认同的混乱。农民工身份认同模糊化倾向非常突出，他们无法明确定位自己的身份，呈现出不确定性、模糊性和内在的自我矛盾性，导致自我身份认同危机以及身份焦虑。

小测验

以下是“新生代农民工自我身份认同问卷”，通过问卷，可以了解新生代农民工的基本状况。

新生代农民工自我身份认同问卷

1. 您的性别是：

A. 男　　　　B. 女

2. 您出生于：

A. 60 后　　B. 70 后　　C. 80 后　　D. 90 后

3. 您的家乡位于：____________________

4. 您最后接受的正规教育是：____________________

5. 您现在的户口性质是：

A. 农业　　　　B. 非农业

6. 您的婚姻状况是：

A. 未婚　　　　B. 已婚

7. 您认为自己的身份是什么？

A. 普通打工者　　B. 拥有部分收入的农民

C. 农民工　　D. 既不是城市人也不是农村人

8. 您来城市的目的是什么？

A. 挣钱　　B. 年轻人应该闯一闯

C. 学习知识与技能　　D. 体验城市生活

E. 争取永久在城市就业与生活

9. 您是通过什么途径找到现在的工作的？

A. 媒体广告或街头广告　　B. 劳务市场或中介所

C. 自己上门求职　　D. 城里亲友熟人介绍的

E. 先进城打工的老乡介绍的　　F. 其他途径

10. 您所从事的工作属于哪个行业？

A. 制造业　　B. 建筑业　　C. 零售业　　D. 服务业

E. 其他

11. 您目前工作的岗位是什么？

A. 管理岗位　　B. 技术岗位　　C. 生产岗位　　D. 后勤岗位

E. 其他

12. 您有没有接受过企业的培训？

A. 有　　B. 没有

13. 您有过多少次培训？

A. 1 次　　B. 2 次　　C. 3 次及以上

14. 您对现在的工作环境感觉如何？

A. 非常满意　　B. 满意　　C. 比较满意　　D. 不满意

15. 您认为工作单位的发展与自己有关系吗？

A. 有　　B. 没有

16. 您是否在乎城市工人对您的印象？

A. 很在乎　　B. 比较在乎　　C. 有点在乎　　D. 不在乎

17. 您认为城市居民：

A. 友善　　B. 冷漠　　C. 排外　　D. 心肠坏

18. 您认为自己与城市居民是否有差别？

A. 有　　B. 没有　　C. 只是户籍不同　　D. 收入不同

19. 如果让您放弃农村的土地而获得目前所在城市的非农户口，您是否愿意？

A. 愿意　　B. 不愿意　　C. 没想好　　D. 无所谓

20. 您经常与谁交往？

A. 工友　　B. 同乡　　C. 当地人　　D. 其他人

21. 您是否自我感知在城市中受到歧视？

A. 有　　B. 没有　　C. 说不清楚

22. 您所在的城市发展好坏与自己有关系吗？

A. 有　　B. 没有　　C. 说不清楚

23. 您是否愿意留在城市发展？

A. 愿意　　B. 不愿意　　C. 还不确定

24. 您在回到家乡后与同龄人交流的感觉如何？

A. 看法不一致　　B. 共同语言较少　　C. 没有共同语言

25. 您对当前所在城市的生活状况感到满意吗？

A. 非常满意　　B. 满意　　C. 比较满意　　D. 不满意

26. 每年春节您都回家过年吗？

A. 每年都回去　　B. 不想回去　　C. 偶尔回去　　D. 看情况再定

27. 您会介绍同乡来您工作的地方吗？

A. 会　　B. 不会

四、农民工的心理弹性

1950年，美国的心理学者Block首次提出自我心理弹性（ego-resiliency）的概念。Rutter（1990）将心理弹性（resilience）描述为，处于高危环境中个体积极的、发展性的适应结果。Luther等人认为，心理弹性是指一种动态的过程，它是个体对于重大生活逆境的积极应对。滕秀杰认为，心理弹性是个体的一种能力、潜能或者特质，通过个体与环境的交互作用的过程产出良好的适应结果。梁宝勇和程诚（2012）将心理弹性定义为：个体在经历重大应激事件后，能够帮助个体从这些应激事件所造成的心理创伤中恢复到应激前功能状态的人格特质。

在国内有关新生代农民工心理弹性的研究较少。主要研究包括对这一群体中的某一类人群进行的心理弹性工具的探索性研究，如2009年，刘雨涛研究了餐饮员工的心理弹性，但此研究是探索性的，没有编制实际的问卷。2010年，苗元江的研究提出，我国经济快速发展了30年，目前企业员工担负了非常大的工作压力，也形成了一些本土化的工作认知。如何将这种本土化的工作认知与心理韧性的测量开发相结合，是未来研究的重大挑战。苏琦在其关于新生代农民工心理弹性与心理健康的关系与对策研究中，编制了适合新生代农民工的心理弹性问卷，探讨新生代农民工心理弹性和心理健康之间的关系。2012年，胡娟霞采用Connor-Davidson弹性量表（CD-RISC）对421名农民工进行调查。结果发现，农民工的心理弹性在整体上属于中等水平；农民工的心理弹性在性别方面差异不显著，在行业之间的差异显著，在年龄方面的差异显著，在月收入方面的差异显著。农民工所从事的职业、年龄、月收入是影响农民工心理弹性的主要因素。2012年，栾文敬等的研究发现，新生代农民工受教育水平越高，其心理弹性等级越高，城市融入状况越好。这主要是由于受教育年限的提高可以增加人们的自我效能感，进而使其心理弹性得到改善。分析已有的研究可以发现，在农民工群体中有关心理弹性的研究缺少足够的调查和实验数据支持。今后的研究应开展有关农民工心理弹性的实证研究，编制相关的研究工具，为农民工的心理健康教育和心理咨询提供有效的实证支持。

第二节
农民工常见的心理问题

在城市化进程中，广大农民工涌入城市。他们是城市里的特殊群体，工作环境差，收入低，生活贫困，在就业竞争、法律维权、子女教育、安全维护等方面常常遇到困难和压力，产生强烈的心理矛盾与冲突，出现不同程度的心理偏差和心理障碍。此外，由于农民工兼有市民和农民的双重身份，他们在城市化过程中也会遇到一系列的问题，进而影响他们的心理健康。因此，要对新生代农民工进行一定程度的心理健康知识普及与心理健康教育。

一、农民工心理健康状况

（一）农民工心理健康现状

由于受到工作环境、生活压力、社会地位等因素的影响，从总体来说，新生代农民工的心理健康水平不高。不同学者从不同角度对新生代农民工的心理健康进行了研究，主要有从社会学角度、管理学角度和心理学角度的研究。从研究的方式来说，大部分是对新生代农民工心理健康的关注与加强心理健康的对策和建议，另有一部分实证研究采用心理健康问卷或量表的形式，对各地新生代农民工心理健康状况进行测查以及对其人口学变量进行差异分析，然后与全国的成人或青年心理健康的常模做横向比较，得出所选新生代农民工心理健康具体状况。

李昌庆等于 2011 年的研究收集筛选出近 10 年关于我国农民工 SCL—90 的研究成果共 21 项，将其 9 个因子得分与常模进行合并检验、综合评估效应值、齐性检验、敏感性分析等统计处理，并对其中六项有关性别差异的研究结果进行效应值分析。结果发现，农民工的心理健康总体不乐观，我国农民工的总体心理健康水平明显低于全国常模。女性农民工的心理健康水平总体低于男性农民工，在“焦虑”和“精神病性”因子上尤为突出，且女性农民工更容易受到伤害。2010 年，李辉和王倩搜集整理了近 30 年来有关农民心理健康问题的 SCL—90 量表测评的报告，采用元分析的方法对有效的 26 项研究进行再分析。结果表明，农民工的心理健康状况显著低于全国成人常模，因此，农民的心理健康状况值得重视和研究，特别是女性农民工需要更多的心理关注。2007 年，蒋善等以 343 名农民工为研究对象，采用修订过的 SCL—90 来探讨分析重庆市农民工心理健康状况。结果发现，重庆市农民工中等程度以上的心理问题检出率为 21.87%。重庆市农民工心理健康水平显著低于全国正常人平均水平。2011 年，家晓余等调查了海口市建筑行业农民工心理健康状况，发现海口市建筑行业农民工的心理健康状况显著差于全国常模，心理健康状况较差。

（二）农民工心理健康的影响因素

有关新生代农民工心理健康水平影响因素的研究并不多。例如，2008年，贾凤芹关于苏州市青年农民工心理健康状况与影响因素的研究中表明，影响其心理卫生状况的因素为：文化冲突、认知、支持系统等。2009年，苏莉关于建筑工地农工社会支持与心理健康相关分析表明，社会支持是心理健康的保护因素。2010年，廖传景关于青年农民工心理健康及其社会性影响与保护因素的研究表明，社交回避及苦恼对心理健康的预测作用达到了显著水平，并且成为重要的影响因素，社会支持对青年农民工的心理健康发挥了显著的调节效应。2010年，蒋丽平关于青年农民工心理健康与社会支持及生存质量的关系研究表明，社会支持、生活质量是影响青年农民工身心健康的重要因素，且二者共同作用于心理健康。2012年，刘连龙等研究了西安市农民工的心理问题，结果发现他们心理问题的发生率为22.86%。影响西安市农民工心理健康的主要因素有：社会地位感知、家庭经济条件、每天工作时间、家庭生活条件、工作保障、年龄、工作类型、是否单独外出打工等。由此可见，新生代农民工的心理健康状况和压力、自身特点、社会支持、生活质量、认知偏差、个人健康意识、调控方式等因素相关。

二、农民工的心理问题

社会心理是对社会存在的反映。农民工生活工作的巨大压力，精神生活的严重缺失，夫妻的长期分居，恶劣的生活条件，再加上在城市低下的社会地位，导致他们在社会交往、人际关系、生活方式等方面不能融入现代文明之中，极易产生不良心理倾向，种种心理问题和心理疾病随之而来。

包晓（2008）认为，新生代农民工主要存在自卑与压抑、封闭与孤独、不满与怨恨、仇视与报复等一系列的心理问题。2008年，徐丹在分析新生代农民工自身特点的基础上指出，新生代农民工较为普遍地存在排异心理、自卑心理与越轨心理。魏晓娟等（2009）认为，新生代农民工的心理问题具体表现在：不想回农村与遭遇城市排斥之间的矛盾；尊重需要与被歧视之间的矛盾；渴望发展与门路缺乏之间的矛盾；人际交往需求与相对封闭之间的矛盾；城乡之间巨大差距引发的矛盾。由此可见，当前新生代农民工存在的主要心理问题包括：自卑心理、对现实的不满情绪、孤独心理、挫折感和挫败感、缺乏归属感和自我调节能力不佳等。

（一）农民工常见的心理困惑

1. 自卑

农民工普遍存在自卑的心理。对于“农民工”这个称呼，新生代农民工比他们的父辈有着更多的反感，使他们感到自卑与苦闷。新生代农民工离开土地较早，不会干农活，无法在农村稳定地工作和生活，只有到城市来打工，在城市化的大潮下融入城市。但由于城乡二元制度因素，新生代农民工无法办理城市户口，在生活、就业、医疗、教育等方面与城市居民隔着一条难以逾越的鸿沟，这种经济上接纳、社会上排斥的态度又使他们在边缘徘徊，被排斥在主流社会以外，这无疑会加深他们的自卑心理。

2. 不满情绪

新生代农民工从事的是城市里最繁重、最危险的工作，但城乡二元结构所造成的用工和户籍制度，使他们在劳动报酬和社会福利方面都得不到有效保障。而目前我国制定的保护农民工利益的政策不能得到有效的落实，使得他们很多的合法权利都受到侵害，而新生代农民工的维权意识较老一辈已有大幅度的提高，这会加深他们的不满情绪。同时，新生代农民工因为年轻，对城市的生活充满好奇，对城市生活环境、文化享受有着一种深层的探索欲望，但他们的收入条件限制了他们的对城市文化的探究和享有。现实与理想的差距让他们对生活和工作产生了不满。

3. 孤独

农民工群体的孤独除了难以融入城市主流社会这一原因以外，还有另外两方面的原因：一是离开了自己的家庭和配偶或女友；二是生活单调，几乎无精神生活。长此以往，心智、情感、经验尚未长成的年轻人，会有孤苦、无助的感觉。从收入水平看，新生代农民工的工资水平总体不高。同时，大部分新生代农民工现在都到了谈婚论嫁的年龄，由于收入过低，不仅没有能力买房，甚至连稳定的生活都难以保证。他们无法扛起家庭的重担，无论在生理上还是精神上都饱受折磨，感到孤独与无助。他们难以融入城市主流社会，不善于与社区、市民们打交道，而城市居民也不乐于与他们交往。加上他们工作企业的程式化管理、密集型工作、高强度劳动、工作环境缺乏人情味等，使他们脱离了他们的社会属性，成为一个个只会工作的机器。

4. 被剥夺心理和挫折感

随着城市化和市场化进程的加快，人们逐渐感受到了压力，而且这种感受越来越真实、深切、强烈。农民工在进城之前生活在农村，彼此的经济状况差不多；进城之后，城市的繁荣与乡村的贫困形成了鲜明的对比。与生活上的贫困相比，更难以忍受的是农民工不被城市接受，不能与城里人正常交往与合作，不能像城里人一样感受到平等与尊严。在日常生活中，农民工经常受到个别城市居民的不公正对待。在和城里人的比较中，农民工不断地体验着、积累着身处底层的失望、挫折和相对被剥夺的感觉。

新生代农民工在工作和生活中常会遇到一些困难和问题，如受到老板或领导批评、不受工友和同事尊重、被人误会和错怪、失恋、家境贫寒、生活负担重、工伤、车祸等。尽管每个人遇到的挫折或问题不尽相同，但人的成长是多方面的，都可能遇到困难，需要花费大量的时间和精力去解决。新生代农民工经常会产生挫折感和挫败感，因此，抗挫折能力的培养是提高新生代农民工心理健康水平的重要内容与手段。

5. 缺乏归属感

马斯洛的“需要层次理论”提出，归属的需要是人的重要心理需要，只有满足这一需要，人们才可能“自我实现”。缺乏归属感的人会对自己从事的工作缺乏激情，责任感不强，社交圈子狭窄，业余生活单调，缺乏兴趣爱好等。而新生代的农民工普遍存在“轻农、厌农、弃农”意识，他们认为父母兄长所从事的农作没有前途，脱离农村、放弃农业生产劳动成了他们的目标。新生代农民工的父辈多有打工的经历，其自身要么做过留守儿童，要么就是农民工子弟，生活在城市的边缘。但当他们来到城市时，却感到彷徨、迷茫、愤慨，形成了他们复杂的心理状态，而这种感受使他们对城市产生了一种复杂的过客心态，严重地缺失归属感。城市居民的歧视，城市社会保障与社会保险的排斥加深了他们对自我身份的迷惑。他们成为夹心层，在城市和农村都找不到身份的认同感，在心理上没有安全感。此外，由于各种现实原因，新生代农民工与同龄的城市青年相比，人际关系一般较紧张。人际关系的紧张加深了他们对归属感和安全感的需要。

6. 自我调节能力不佳

新生代农民工的父母很多是上一代的农民工，也许他们中的很多是以留守儿童的身份成长起来的，从小就缺失父母的关爱，而这些都不利于他们成熟人格的形成，会使他们步入社会时表现得过于敏感。当他们踏入社会时，生活压力、工作不顺、情感困扰又让他们不知所措。他们缺乏良好的社会支持系统，亲人不在身边，人际关系淡薄，缺乏知心朋友。他们也根本没有去寻求专业的心理咨询服务的意识，当他们因为不公正待遇而产生不满情绪时，不善于调整自己的心态，缺乏自我调节能力。

7. 公共参与度不高

新生代农民工除了在城市打工之外，他们还期待着与城市人享受同样的社会生活。在渴望融入城市的过程中，他们与社会外界互动程度必将对其心理健康水平产生影响。一项研究结果显示，只有 7.2％的新生代农民工经常参加社区组织的群众公共活动，可见，新生代农民工的公共参与度并不高，这至少可以说明他们将大部分的时间投入工作，而剩余的时间除了生活起居之外，几乎所剩无几。这也可以解释新生代农民工群体心理健康总分偏低的部分原因，他们与社会沟通得并不充分或顺畅，各种心理需求远未得到满足，因此心理健康水平也随之偏低。

8. 不公平感强烈

新生代农民工群体在融入城市的过程中遇到很大的阻力，他们的社会互动并不顺利，经常遭遇不公平的对待，这必然对他们的心理健康产生不利的影响。一项研究显示了新生代农民工遭遇不公平待遇的频率和他们相应的解决方式，以及对社会公平程度的主观判断这几个因素对心理健康的影响作用。

图 9—4 反映了新生代农民工受到不公平待遇的分布状况，在八项不公平待遇中，遭遇“工作种类不平等”待遇的新生代农民工比例占到 32.62％，遭遇“同工不同酬”待遇的占到 32.09％、“工作机会不平等”的占到 30.75％、“无法得到相应的社会福利”的人

占到 29.41%，以上四项是新生代们遭遇最多的不公平待遇，而选择其他选项的比例中除了“拖欠工资”达到 10%外，其余选项均未超过 10%。可见，在外出打工期间，大量的新生代农民工更加关心物质报酬与工作种类方面的不公平待遇，而对于非物质类的问题关注不多。随着国家和地方政府法律法规的健全，以及农民工群体自身视野的开阔和维权意识的提高，他们在精神上遭受的不公平待遇比例较低。除此之外，农民工在城市里生活的主要内容就是工作，他们生活在城市的边缘，真正的休闲时间很少，所以，选择物质类的不公平待遇选项比例较高。

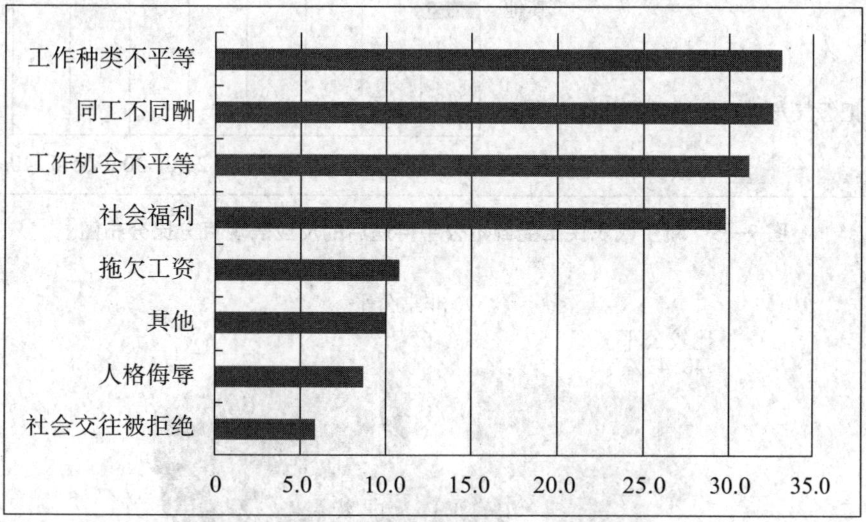

图 9—4　新生代农民工受到不公平待遇种类比例分布图

图 9—5 反映了新生代农民工在对待不公平待遇时采取的解决方式，“离职”或者“忍气吞声”的比例加起来占到 57.5%。可见，有一半以上的新生代农民工对自己的不公平遭遇的态度是无奈的，认为遭受不公平待遇的状况是很难改变的，只能无奈忍受或者选择离开。其中需要引起注意的是选择“离职”的比例，此项比例超过 35%，原因可能是多样的，他们感受到的不公平未必是过去人们所理解的绝对的不公平，可能是相对的不公平，比如，虽然是同样的收入，但不同的消费水平决定了他们的相对感受，这也是最近几年一些大城市用工荒的原因。还有一种情况可能是选择离职的新生代农民工已经在生活方式上发生了很大变化，他们不会局限于一个固定的城市或岗位，而且，他们从事的更多的是同质性非常强的工作，很容易在其他城市或单位找到相似的工作，因而也会选择离职。

图 9—6 反映了新生代农民工群体对社会公平程度的主观评价状况，可以从图中看出，57.4%的新生代农民工群体认为社会不公平。

结合图 9—4、9—5、9—6 可以说明，大多数的新生代农民工在工作上曾受到不公平待遇，但是，自身对这些遭遇又无可奈何，多数农民工认为社会有失公平，所有这些状况必将对他们的心理造成一定伤害，对心理健康造成不良影响。

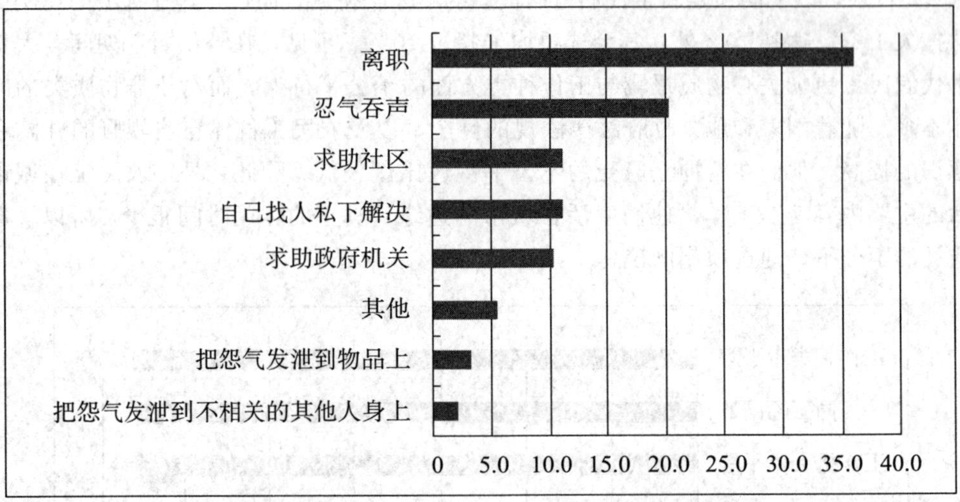

图 9—5　新生代农民工受到不公平待遇后的反应表现百分比分布图

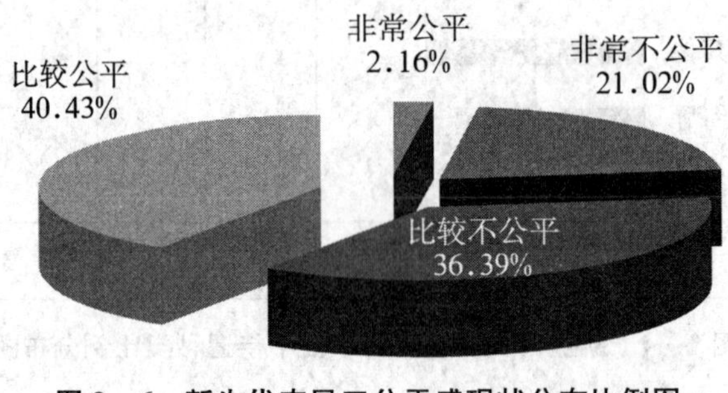

图 9—6　新生代农民工公平感现状分布比例图

（二）神经症

当一个人因其所遇到的工作生活上的问题得不到解决而长期处于压抑、焦虑状态，造成身心不愉快时，就容易患心理疾病，如神经官能症。神经官能症（neurosis）是由于各种精神因素引起的高级神经活动的过度紧张，致使大脑机能活动暂时失调而造成的一组疾病的总称，一般没有任何可以查明的器质性病变。

不少农民工因长期在卫生与安全保护设施不达标的条件下作业，患上职业病，甚至慢性中毒，对其人身健康造成了巨大损害，进而带来一系列的心理问题。新生代农民工常见的心理疾病还有神经衰弱、焦虑症、强迫症、恐怖症等，这些疾病常常给当事人造成极大的精神影响，影响其正常的工作与生活。因此，要对他们进行专业的心理咨询和治疗，并通过一些行为调适改善其心理状态。

（三）由心理引发的身体疾病

由于新生代农民工工作强度大、工作时间长、经济压力大、生活负担重，加上饮食条件差、住宿环境差、城市融入慢等因素的影响，他们往往容易产生一些心身疾病。所谓心身疾病是指那些主要或完全由社会心理因素引起，与情绪有关而主要呈现为身体症状的疾病。其通常都有形态上的基础，即在生理机能或组织结构上有具体而明确的损害，因此，心身疾病又称为心理生理障碍，主要包括冠心病、胃溃疡、偏头痛、紧张性头痛、溃疡性结肠炎、习惯性便秘、神经性皮炎、斑秃等。对心身疾病的治疗，在根据病情的需要采用必要的药物乃至手术等传统疗法的同时，心身医学更重视以切断和消除致病性社会心理因素为目的的心理治疗。

(四) 精神病

精神病（psychosis）是严重的心理障碍，患者的认识、情感、意志、动作行为等心理活动均可出现持久的明显的异常，不能正常地工作、生活、学习，动作行为难以被一般人理解。在病态心理的支配下，有自杀或攻击、伤害他人的动作行为，如精神分裂症，其主要症状为自我彻底崩溃，没有自我意识，意志力丧失，喜怒无常，常伴有幻觉、幻听、幻视等，对患者危害极大，使其不能正常地工作和生活。尽管精神病的发病率很低，但会对当事人的身心造成极大伤害，使其失去劳动能力，甚至不能自理。尽管此类疾病在农民工中占少数，其人群发病率为1.2‰，但由于其危害性大，故在心理健康教育管理中，应做到及时发现、及时转介，使患者得到及时的治疗。

综上所述，新生代农民工的心理问题是一个多层次、多方面的复杂体系。常见的心理困惑是新生代农民工经常遇到的，是心理健康管理者应当着重解决的问题。神经症、心身疾病和精神病的危害较大，会严重影响新生代农民工的健康成长，在心理健康教育管理中应当以预防为主，对个别心理问题严重的新生代农民工，应使他们得到及时有效的帮助，避免恶性事件的发生。

三、农民工心理问题产生的原因

新生代农民工心理问题产生的原因有很多方面，研究者们试图通过个案访谈、实证调查等方式来发现导致新生代农民工一系列心理健康问题背后的原因、影响因素与深层机制。徐丹（2008）认为，农民工社会经济地位低下、政治权利缺乏、身份与职业的断裂、权利分配不公以及社会中广泛存在的针对他们的歧视，是新生代农民工心理问题存在的根本的也是共同的原因。2007年，许传新通过实证研究发现，新生代农民工心理健康问题的产生，主要是由制度的枷锁、农民工与参照群体的巨大反差及其自身的需要无法得到满足等引起的。李立文和余冲等2006年的研究表明，新生代农民工所具有的不同于第一代农民工的特点决定了其社会适应性问题的凸显。生活环境的变迁和工作方式的转变需要新生代农民工调整其心理状态和行为方式。而长期的制度性歧视和部分农民工行为示范的晕轮效应，固化了市民对新生代农民工的刻板印象。此外，城市社区基层组织的行政化也是农民工对城市社会认同较低的重要原因。上述这些原因最终导致了“新生代”农民工心理问题的产生。

（一）文化程度对心理的影响

文化程度越高的新生代农民工，心理健康水平越高。其中，焦虑情绪表现得更为明显，文化水平越高的新生代农民工，他们的焦虑情绪倾向越低，尤其是本科学历的新生代农民工，他们的焦虑倾向要明显低于高中及以下文化水平的新生代农民工。这主要是因为：（1）文化程度越高，他们的视野越开阔，更关心自己内心的健康需求。（2）文化程度越高，越容易获得他人的尊重和较高的社会地位。（3）文化程度越高，他们对未来越有期待，可以把目前的工作作为积累和过渡，对自己有个良好的未来充满期待。

进一步分析发现，受教育程度为小学、初中以及高中的新生代农民工与受教育程度为本科的新生代农民工在焦虑因子得分上呈现显著差异。但是大专学历的新生代农民工在焦虑因子上的得分与其他群体没有显著差异。通过筛选数据发现，高中及以下学历所占全体新生代农民工总数的比例高达80.11%。可见，在新生代农民工群体中，对于绝大部分个体来说，高中学历是他们的最后学历，在他们的知识储备还不充足、价值观尚未健全的前提下，便离开家乡来到竞争激烈的大城市独立面对现实生活，造成的心理问题也会比较多，压力比较大，势必会引发较多的焦虑情绪。但是学历为大专或本科以上的农民工，心理问题尤其是焦虑情绪会显著减少。

（二）社区居住年限对新生代农民工心理的影响

新生代农民工不同的社区居住年限显著影响他们自身的忧郁情绪倾向或忧郁心境的程度。研究发现，新生代农民工在社区的居住年限越长，忧郁情绪反而积压得越多，或者忧郁心境持续得越久。随着居住年限的增加，忧郁因子得分越来越低，说明可能在工作环境中遇到的烦恼或现实困难没能得到解决，由此产生的负面情绪也未得到合理的释放，随着时间的积累，抑郁等负面情绪越来越多，导致在调查研究中，抑郁得分越来越低。

（三）不公平感对新生代农民工心理的影响

新生代农民工在城市打工过程中遭遇的更多的是工作中的薪酬或福利上的相对不公平。并且，这种相对不公平待遇遭受得越多，他们对社会的公平感知与判断就会越低，因而产生的焦虑情绪也会增多，进而严重影响他们的心理健康水平。

（四）负面标签对新生代农民工心理的冲击

新生代农民工除了在客观上遭受着不公平待遇外，还在心理上承受着外界对他们的不公平的看法，他们被城市人贴上了许多负面的“标签”，这在一定程度上对他们的心理健康有负面的作用。作者曾从“懒惰”、“衣服脏破”、“语言不文明”、“观念落后”、“教育水平低”、“笨手笨脚”、“不适应城市生活”这七个污名进行考察，结果发现，新生代农民工的自我污名对心理健康有一定的影响，并且其中的“不适应城市生活”污名对心理健康影响作用最大。

第三节 农民工心理健康的维护

鉴于农民工的生活经济状况、社会认同的特点以及他们与城市人接受教育的差异等因素，农民工的身心健康状况应引起社会的高度重视。维护农民工的心理健康具体可以做到以下几点。

一、农民工的心理健康服务需要

前面我们分析了农民工的主要身心健康问题，意识到农民工群体是一个亟须心理健康服务的群体。

（一）概述

所谓心理健康服务需要（mental health service need，MHSN）是指由个体当前的心理健康水平和想要达到的心理健康水平之间的不平衡而引起的缺乏状态。心理健康服务需要这个概念比较宽泛，只要有需要提供心理服务的地方，就存在心理健康服务需要。对于新生代农民工来说，他们比第一代农民工更易接受新事物，也更希望自己能在城市中好好发展，自我意识更强。此外，新生代农民工遇到了种种心理问题，他们的心理健康状况也不容乐观。因此，新生代农民工存在一定程度的心理健康服务需要。农民工的心理健康服务需要是指农民工主观上是否意识到自己存在心理问题，他们有没有主动寻求心理健康服务的意愿，他们愿意接受什么形式的心理服务，以及他们最关心的心理问题是什么等内容。

李琼等 2011 年对农民工心理健康服务需要现状的调查表明，整体而言，农民工缺乏心理健康服务需要意识，倾向于选择医院为自己提供心理健康服务；生活压力和生活质量对农民工心理健康服务需要的影响较大，经济状况和文化程度对其心理健康服务需要的影响较小。研究还发现，两代农民工心理健康服务需要有所差异，新生代农民工心理健康服务需要的意识略强于第一代农民工，且对由互联网提供心理健康服务的需要明显强于第一代农民工；两代农民工最关心的心理健康问题存在差异。农民工的心理健康问题属于可通过预防解决的一般心理问题，如及时发现并加以预防，则可以妥善解决。相关机构应致力于提高农民工心理健康服务需要意识，加强他们对心理健康服务机构的理解，并依据两代农民工的特征，通过多种渠道为其提供心理健康服务。

（二）解决农民工心理健康服务存在问题的对策

1. 强化农民工心理健康服务需要意识

大量研究表明，当前新生代农民工的心理健康问题较为突出，但李琼等 2011 年的调查结果发现，农民工普遍没有主动寻求心理健康服务的意识。农民工对自己身上可能存在的心理问题不太敏感，对自己的心理健康状况也不是很关心，这样会导致心理问题得不到及时的排解，有可能导致较为严重的后果。因此，加强农民工心理健康服务需要意识是解决农民工心理健康服务存在的问题和困难的关键。可以通过以下途径加强农民工心理健康服务需要的意识：首先，做好宣传和普及工作。政府及相关社会机构、企业和社区应加强对心理健康服务的宣传，宣讲心理健康的重要性和必要性，定期免费为农民工提供心理健康服务。其次，尽可能提高农民工的生活质量，在满足他们基本需要的基础上才有可能使他们关注自己的心理健康。

2. 强化农民工对心理健康服务机构的认识

新生代农民工对心理健康服务机构的认识较浅薄，对心理健康服务机构的理解有些偏颇。当前医院、政府和防疫保健部门并非专业提供心理健康服务的机构，大量的心理健康服务和咨询机构是独立于这些机构而存在的，像精神卫生机构、企业内部的心理健康服务中心、社区心理健康服务中心、私立心理健康服务机构等才可以提供专业的心理健康服务。但农民工却很少选择这些机构为自己提供服务。因此，加强农民工对心理健康服务机构的理解是很重要的，应采取多渠道的服务途径和多种服务方式为他们提供心理健康服务。

二、农民工心理健康的维护策略

新生代农民工的心理健康问题关系到他们的生存状态，关系到企业的发展乃至社会的稳定，因此，社会各界都应关注他们的心理健康问题。在城市化的进程中，新生代农民工由于种种原因产生的心理健康问题，应受到社会、社区、企业的高度重视，应采取一定的措施来维护农民工的心理健康。

（一）加强心理健康知识的普及，完善心理咨询机构

在农民工群体中加强心理健康知识的传播与普及，让广大农民工学习一些心理健康的基本知识和简单的心理调适方法，让他们在遇到心理问题时能进行自我调适或互相干预。可从以下几个方面做起。

1. 印制心理健康宣传资料

社区或企业可以印制心理健康知识手册和宣传单，向农民工免费发放。这种宣传心理健康知识的方式已在大学生中普遍运用，对于新生代农民工而言，同样不失为一种快捷、有效的提高心理健康保健意识的方法。

2. 建设心理健康网站

新生代的农民工大多会使用网络，而且手机在农民工中的普及率也很高，可以利用这些现代化的途径为新生代农民工发送心理保健知识，丰富他们的文化生活。

3. 开展公益性心理健康讲座

可以定期对农民工开展一系列的心理健康讲座，包括心理健康的基础知识、心理问题的调适方法等。2010 年，北京市海淀区举办了首届职工心理辅导员培训班，目的是为了对职工，特别是刚步入城市的新生代农民工提供有针对性的心理健康疏导。此外，还可以利用电台、电视台开展心理健康专题讲座或互动栏目。

4. 建立农民工心理健康教育学校

各企业可建立农民工心理健康教育学校，聘请专家来讲课和开展心理咨询，有条件的可开展一对一的心理辅导，把心理健康服务送进建筑工地、家政公司等场所，以提高广大农民工的心理健康水平。

对于农民工来说，心理咨询服务机构只是城里的“富贵人”才有条件光顾的。高福海等 2012 年的调查显示，有 39.9%的工人表示自己的企业没有专门的员工心理咨询办公室，有 41.1%的员工不清楚本企业是否设有专门的员工心理咨询办公室，这是企业与个人在心理知识上的严重缺失。针对这种情况，政府应支持心理咨询机构介入农民工生活，社区的、学校的和私营的心理咨询机构也有义务面向农民工开放。有些农民工已经意识到自己心理问题的存在，确实存在心理健康服务的需要，他们觉得应该到有关机构去咨询，但由于经济条件的限制，这种想法根本无法实现。因此，心理咨询机构应为新生代农民工提供免费或费用较低的心理咨询服务，心理咨询工作者有必要教育新生代农民工在平时如何调节自己的心情，向他们介绍常见的心理疾病和简易的自我心理调适的方法。

（二）帮助农民工进行自我调适和自我完善

1. 引导农民工进行自我调适

农民工在城市里从事的是最危险、最累、报酬最低的工作，他们是弱势群体，他们无法充分体验到工作的意义和自身的价值。因此，应该通过宣传让他们充分体验到自己的重要性，从而提高他们的自尊，让他们悦纳自己。新生代农民工应该学会形成自己稳定的交际圈，可以以地缘或亲情为中心，群居交友在一起，使自己生活在一个良好的社会支持系统中，如有心理困扰，可以通过与同乡和同事聊天来排解压力，严重时要有意识去找专业的心理医生进行疏导。农民工可以通过媒体、网络、书本等途径学习一些心理健康的基本知识和心理问题调适的方法，当他们遇到心理问题时，可以进行自我调适。

同时，面对生活压力和繁忙的工作，广大农民工在空闲时间应该培养多方面的兴趣爱好，丰富业余生活，加强身体锻炼，积极参加团体活动，培养对生活的热情和对人生的热爱。面对现实中不公平的待遇时，应学会自我克制，学会用社会认可的方式疏导自己的负面情绪，并通过正当的手段，如法律、工会等积极维护自己的合法权益。

2. 帮助农民工完善自我

郑莉君1998年提出，心理健康教育的高级功能是帮助个体不断完善自己。新生代农民工在城市化过程中，受到来自社会、企业和其他各方面的压力。因此，要帮助农民工不断完善自己，帮助他们分析在生活和工作中的优势和劣势，挖掘自己的潜能，保持良好的心境，养成健康科学的生活方式，调节工作中遇到的困难，全面而充分地发展自己。让农民工的认知能力、情感、意志等得到充分发展，从而发展自我，成就自我，使他们的人生体现新的价值和意义。

（三）发挥社会和企业在农民工心理健康维护中的作用

1. 完善农民工劳动安全与社会保障体系

大部分农民工从事一些较为危险的行业，如建筑业、烟花爆竹制造业等，常因劳动安全保障不足，或因操作违规而发生人身伤亡事故，事前的预防和保护不到位是农民工人身安全的一大威胁。然而，社会保障的缺位更令农民工承受了巨大的经济与心理压力。农民工与用人单位之间的劳动关系往往不以法定的方式确立，因而也无工伤保险、失业保险、医疗保险、养老保险、生育保险等城市职工普遍享有的社会保障。城市农民工一般不是企业的正式职工，企业在考虑员工福利时往往不把他们列入考虑范围内，同正式职工相比，农民工在工资、奖金、节假日、医疗和抚恤等方面总体上处于一种待遇低下甚至无保障的地位。所以，要提高农民工的心理健康水平，就要从根本上解决他们的后顾之忧，建立城乡一体化的社会保障体系，这是解决农民工心理问题的关键所在。

2. 营造良好的企业氛围

农民工工作时间长、工作强度大、假期短暂，尤其是从事机械重复工种的员工更易烦躁，他面对机器、流水线日复一日重复着程序化的工作，长期如此就会将工作看成索然无味的事情，导致员工丧失积极性、主动性和创造性，产生工作倦怠。根据马斯洛的需求层次理论，假如能合理地满足员工不同层次的需求，将会使员工更具有工作热情，降低对工作的不满情绪，抱怨、消极怠工、离职等情况也会显著改善，员工的工作满意度、幸福感和归属感也会极大极高。因此，要在企业中营造良好的工作环境，企业也有责任为员工创造一种积极良好、充满幸福感的工作氛围。对农民工进行人性化管理，杜绝打骂侮辱工人和拖欠工资的行为，改善生产条件和环境，减少职业健康危害，建立良好的劳资关系，健全完善的用工制度，帮助农民工缓解心身不安全感和自卑感，积极面对人生和未来，维护员工生命尊严。

（四）建立农民工心理档案

心理档案可以在一定程度上反映个体的心理健康状况。建立农民工心理档案是对农民工进行心理健康教育的基本依据和基本手段之一，有助于对农民工实施观察、评价、预防、咨询、教育、矫治等一体化的心理健康服务，有助于提高心理咨询和心理健康教育的质量，改善农民工的心理健康状况。建立心理档案可以使企业或社会的心理咨询和教育机构及时了解每一个农民工的心理健康水平，分层次、有重点地开展心理咨询与心理健康教育工作。对有心理问题的农民工进行矫治。对心理健康的农民工进行发展性指导，帮助他们完善自我。对有严重心理障碍的农民工及时安排到医院进行治疗。

心理档案的内容包括以下几个方面。

（1）农民工基本情况档案。建立基本情况档案的对象包括一个企业的全体农民工，这是开展心理健康教育的基础。基本情况的内容包括：职工姓名、性别、年龄、民族、籍贯、家庭所在地、现在住址、婚姻状况、从事的行业（工种）、父母的职业、家庭成员情况、经济状况、兴趣爱好和特长、既往病史等。

（2）心理健康状况档案。心理健康状况档案的内容包括每一个农民工的心理测试量表，量表的结果分析，存在的心理问题分析等。此外，还包括这个企业所有农民工的心理健康状况和统计分析结果，男职工和女职工群体的心理健康状况和统计分析结果等。心理健康状况的测试可每年进行一次，采用普测的方式，对所有农民工的心理健康状况进行测量。

（3）心理咨询档案。心理咨询档案应详细记录农民工每次进行个别心理咨询和团体心理咨询的相关内容。个别心理咨询的内容包括其主要心理问题、咨询过程、改进措施和心理发展情况。团体心理咨询的内容包括团体咨询的目标及其活动名称、团体咨询的活动方案和程序、组成团体的成员情况、团体咨询计划、团体咨询的过程及其结果评估等。

建立农民工心理健康档案的步骤包括：

第一步，对所要建立的各种心理档案编写分类号，在分类号后面写上标题。

第二步，统一每一个农民工的基本情况档案、心理健康状况档案、心理咨询档案的编号，即每个人设定一个编号，可以为工号，也可以根据企业的具体需要进行编号。

（五）建立心理危机干预预案

由危机事件引起的心理问题对社会危害较大，不仅占用社会资源，还会对他人造成不良的影响和危害，尤其是以杀人后再自杀为目的的攻击性犯罪对社会造成的危害更大。农民工心理危机指发生在企业（工厂、工地等）内外的事件给农民工造成严重伤害，使其不能正常工作，并对全部或部分农民工产生影响，造成生理或心理伤害。通常这些事件无法按照一般或惯常做法来处理，惯常做法会使遭受的伤害持续存在或扩大，紧张与焦虑不断升级，从而陷于束手无策的无力感状态。因此，在对新生代农民工进行心理健康教育，加强心理健康管理的同时，应构建心理事件应急和突发事件处理预案，以从容应对各种危机事件的发生，培养心理谈判专家、危机干预专家和应急队伍，防患于未然。

1. 引起农民工心理危机的事件类型

（1）意外事件：车祸、溺水、中毒、爆炸、动物咬伤、疾病身亡、自伤自杀、工厂建筑及设施伤害等。

（2）安全维护事件：火警、地震、台风、水患、人为破坏、工厂侵扰、失窃等。

（3）暴力与偏差行为事件：斗殴、暴力犯罪、人为破坏、赌博、犯罪、性犯罪（侵害）、枪炮弹药、刀械违规、麻醉药品与烟毒滥用。

（4）管教冲突事件：非工作时间的冲突事件、与上级和工友的冲突事件、与社会人员的冲突事件、个人事务申诉事件。

（5）重大灾害：重大火灾、风灾、水灾、震灾、爆炸及其他重大灾害。

（6）其他事务：工资待遇问题、人事问题、行政问题。

2. 农民工心理危机干预模式

2007 年，Hobfoll 和 Waston 提出危机事件的心理干预应该包括下列五个具体的方面：安全感受、平静、自我意识和团体效能、交流、希望。2009 年，James 和 Gilliland 提出了危机干预的六个步骤：确定问题、保证求助者安全、给予支持、提出并验证可变通的应对方式、制订计划、得到承诺。美国《心理急救现场操作指南》中也明确规定紧急心理援助的基本任务有八项：接触与交流、安全与安慰、控制和稳定、收集有关信息、对需求提供支持帮助、与社会支持力量建立联系、提供应对心理危机方法的信息、与其他援助服务建立联系。这些原则和方法已经在我国的心理危机干预实践中广泛应用，在我国的干预工作中发挥了有效的指导作用。

参照心理干预的一般做法，结合农民工群体的实际特点，我们认为在危机事件后，按照干预对象的规模，可将农民工的心理危机干预模式分为两类：团体心理干预和个体心理干预。根据干预对象的特点，每一种类型的心理干预模式在进行具体操作时，干预的重点和关注面存在一定的区别。

（1）团体心理干预。团体心理危机干预涉及面广，人数众多，一般以讲座的形式进行，可同时对数百人进行心理干预。对于大部分农民工来说，团体干预就可以达到帮助他们应对危机的目的。2006 年，Gard 和 Ruzek 提出，团体心理危机干预应包括下列环节：接触、评估、教育、支持、群体干预。

在进行团体干预之前要制定完善的计划，进行充分的准备。在危机事件发生的当天就应该尽快地召开由企业负责人、管理人员、企业内部心理咨询中心人员或外请的心理咨询人员参加的会议，通报危机事件的有关情况，做好心理危机干预的准备和分工。必须要确定一部分管理人员和心理咨询师担任团体心理干预的助理，按每 20～40 个农民工配备一个助理的比例安排助理的工作和数量。助理们的职责是在咨询讲座期间，在现场仔细观察农民工，如果有人情绪失控或打算过早离开要了解这些人的具体情况，及时提供安慰和帮助。在讲座之后助理们要深入描述和判断农民工的风险状态，讨论干预的效果以及建议是否需要再次进行团体干预。团体心理干预的时间控制在一个半小时左右。

（2）个体心理干预。个体心理危机干预是一对一进行的，对咨询师的危机干预技巧和心理咨询技能要求较高。首先，咨询师要确认遇到危机事件时农民工当前的需要和关注的事情，从求助者的角度，确定和理解危机事件。其次，对农民工进行适度的心理测量。在心理危机干预过程中进行正式的心理测量是不合适的，但是，咨询师仍然可以询问一些与心理测量相关的问题来获取信息，以便准确地对农民工的心理状况进行确认。最后，收集必要的信息。信息收集和整理工作贯穿整个干预过程的始终，要收集各个方面的信息，概括来说，有以下几个方面：危机事件中的农民工所经历的事件性质和严重程度；亲人和朋友的去世；对危机后目前的处境和可能持续存在的威胁的担忧；与所爱的人的分离或担心爱人的安危；生理疾病和药物需求；丧失（财产、工作等）；过度的罪恶感和羞耻感；伤害自己或他人的念头；失去有效的支持性社会网络；酗酒或药物滥用史；曾遭遇过危机事件或重大损失；曾有过严重的心理问题；对继续发展机遇的关注。

咨询师要帮助农民工认识到有许多可变通的应对方式，应该从不同途径思考如何面对目前的处境：首先是环境支持，这是提供帮助的最佳资源，农民工可以去寻求那些现在或过去能关心自己的人的帮助。企业里的工友、老家的朋友、管理服务机构等都可以为他们提供支持和帮助。其次是应对机制，农民工可以用来战胜目前心理危机的行为和环境资源。最后是积极的、建设性的思维方式，可以用来改变自己对问题的看法并减轻应激与焦虑水平的想法和思维模式。咨询师应该帮助农民工选择那些能有效处理其目前境遇的方法，来释放他们的心理压力。

在农民工选择了有关应对危机的方法之后，必须有一个切实可行的计划来确保该应对方法的实施。计划的制订是咨询师和农民工合作的结果，要让农民工感觉到这是他自己的计划，尤其是要让他们感到别人没有剥夺他们的权利、独立性和自尊。计划应着重帮助农民工解决实际问题。计划包括：确定有另外的个人、组织团体和有关机构能够提供即时的支持；提供应对机制，及农民工能够采用的、有效的、积极的应对机制，确定农民工能够理解和把握行动的步骤。

【基本概念】

农民工　城市化　新生代农民工　城市认同　身份认同　心理健康服务需要

【复习思考题】

1. 城市化对新生代农民工带来什么影响？
2. 新生代农民工存在哪些心理健康问题？
3. 以某个企业或建筑工地的农民工为调查对象，分析他们的城市认同情况。
4. 如何解决新生代农民工存在的心理问题？
5. 在建立新生代农民工心理极端事件应急机制时要注意些什么？

【推荐阅读书目】

1. 刘传江，程建林，董廷芳．中国第二代农民工研究．济南：山东人民出版社，2009.

2. 甄月桥．农民工就业心理透视．北京：科学出版社，2009.

3. 韩福明．企业农民工管理中的心理契约．北京：经济管理出版社，2011.

4. 张静．身份认同研究：观念、态度、理据．上海：上海人民出版社，2006.

5. 刘俊彦．新生代当代中国青年农民工研究报告．北京：中国青年出版社，2007.

第十章 女性心理健康

【学习目标】

1. 认识女性心理健康对现代社会发展的意义
2. 理解现代社会中女性的主要心理问题
3. 掌握女性心理健康的主要内容
4. 掌握维护女性心理健康的主要策略和方法

【章节导读】

随着现代社会的高速发展，人们的生活节奏也日益加快。快节奏的生活步调加上女性独特的身心特点和多重社会角色的困扰，使得许多女性在工作、学习和日常生活中承受着来自各方面的压力。由此，女性的心理健康也越来越受到心理学家、社会学家、医学界人士和政府的广泛关注。女性的社会地位、身心健康水平、生活的状况、受教育程度直接反映了一个国家的发达程度。所以，我们要从女性对社会进步的促进作用、女性对社会和谐的影响及女性自身发展的视角关注女性心理健康。女性心理健康的考察，首先在于从更为广阔的背景来定义女性心理健康，应着眼于对女性独特的心理特点和典型的社会角色及如何促进女性健康的角度进行分析和探索。预防心身疾病、关注女性健康是现代社会发展的重要课题。本章主要探讨女性心理健康的内涵及标准、女性群体中常见的心理问题和影响女性心理健康的因素、现代社会中女性心理健康的维护。

第一节
现代社会女性心理健康概述

近年来，女性的社会地位大大提升，高校、职场等家庭之外的社会活动区域出现了越来越多的女性的身影。然而，女性传统的家庭角色与新时代背景下的职业角色和社会身份间的多重冲突给广大女性带来更多的心理压力和身心困扰。鉴于此，探讨现代女性的心理健康特点、现状及存在的主要心理问题，帮助广大女性疏导心理压力、释放不良情绪、维护身心健康是健康心理学的任务之一。本章讨论的女性心理健康主要指 14 岁以上女性的心理健康问题。

一、女性心理健康的含义

男女平等、尊重女性是社会发展与进步的重要标志。早在 20 世纪初女性心理学（feminist psychology）已是西方心理学的一个分支。它以女性的经验和行为为研究对象，反对心理学研究中的“大男子主义”观点，为女性的解放和男女平等服务。女性心理学的发展经历了女性经验主义、女性立场论和后现代女性心理学三个阶段。女性经验主义强调男性和女性之间除了生理上的差异之外，在其他方面，如智力和能力等，并不存在本质上的差异。社会生活中两性之间存在心理和行为方面的差异不是由于生物原因，而是由于不同的社会化过程而形成的。女性立场论则认为传统的科学是男性的科学，在父权制社会的框架之下，男性的经验被当做人类普遍的经验，女性的声音受到压抑。认为女性有自己独特的价值观和认识论，不同于男性的价值观与认识论，并且女性的价值观和认识论不低于男性的经验。后现代女性心理学是在社会建构论的影响下形成的，并不把性别单纯地定位于个体的内部，而是认为性别存在于社会所认可的交互作用中，即强调女性的特点是社会文化建构的结果。同样，我们认为女性心理健康也可以通过社会尊重女性，男女机会均等，在职场中彻底抛弃几千年来的男尊女卑的陋习，家庭中男女平等共同分担教育孩子和家庭劳动来实现。随着越来越多的女性进入自然科学和社会科学及政治经济领域，女性心理健康问题也引起了高度关注。

有人形象地说：“哪个社会缺少女性，哪个社会就缺少和谐的色彩”，这概括出了女性为社会带来丰富多彩文化的内涵，以及女性对社会和谐发展的重要作用。女性在职场中发挥着重要作用，无论是一般工作，还是神秘的太空之旅都无一例外。中国科学院新疆理化所退休干部陈子才的诗作《赞刘洋》中写到：“谁说女子不如男，河南刘洋敢巡天，嫦娥奔月空寂寞，刘洋飞天万众欢，浩浩太宇留丽影，滔滔云海展玉颜，侠女潇洒如期至，亿万父老奏凯旋。”神舟 9 号飞上太空的 13 天中，我们看到刘洋把太空舱创造为温馨、舒适、平安的家的感觉。现实生活中家庭缺少了女性就没有了生机和活力，家庭气氛就会沉闷，女性在创造和谐生活中发挥着重要作用，具有不可或缺的地位。“妇女能顶半边天”，重视女性身心健康是社会发展水平的体现，女性心理健康是社会和谐的音符，女性心理健康对人类社会的发展，人类社会的进步，人口素质的提高有重要的作用。

女性健康不仅指女性没有身体疾病，而且指其整个身心和社会适应性处于完好状态。从生命周期上看，女性健康的维护包括从女性生命开始到生命终止的整个过程；从健康内容上看，女性健康不只是妇科健康，如生殖、生育以及与生育相关的性健康，而且还应包括反映女性地位及生存状态的营养问题、环境对健康的危害问题、职业心理健康问题、维护女性心理健康的各种措施、心理危机干预问题、残疾女性心理问题、暴力对女性心理影响的问题，等等。

女性心理健康是指女性能以健康的心态对待社会、自己和他人，以积极的心态对待工作等。女性还要有与其性别特征相一致的一些特点，如善于理解他人、注重关系和人际交往、感情丰富、较为敏感细腻、善于表达情感与爱意、有不断追求美与表达美和创造美的能力、富于同情心与理解力、善于形象思维、注重直觉等特点。女性心理健康观认为，女性享有能够达到最高身心健康标准的权利。女性的心理健康涉及其身心和社会生活各个层面，即女性健康状况不仅受其生理因素的影响，同时还受女性生活的社会、政治和经济环境所影响。

二、女性心理健康的标准

关于女性心理健康的标准国内外学者有很多阐述，如刘道时从行为表现概括出以下十个方面：(1) 感情细腻，心理活动较丰富；(2) 情绪基本稳定，对心理失衡的行为可以控制、调节；(3) 追求女性之美，但又不放任自流；(4) 在逆境中，虽然有心理状态起伏，但能够解脱、升华；(5) 有较强的女性之爱，对亲人、家庭生活充满了爱的情感；(6) 人际交往中，能和与自己观点相同或不相同的人相处；(7) 办事有条理、计划性强；(8) 善于从别人的批评和反对意见中发现自己的不足；(9) 对生活有一种知足常乐感，又有不断向上的进取心；(10) 随着年龄的变更，各种心理活动的变化基本与年龄相符。

经过多方面的资料整理与分析，我们认为女性心理健康应符合以下标准。

(一) 智力正常

智力正常是女性心理健康的前提和基础，也是女性顺利进行各种社会活动的生理和心理条件。女性智力水平与其所接受的教育和参与的社会活动直接相关。

(二) 正确认识自我，悦纳自我

心理健康的女性能够客观地认识自我，对自己的性别角色持积极的态度；了解自己的能力、性格和需要；能够恰当地进行自我评价，既不过分夸耀自己，也不过分苛责自己。既看到自己的长处，又能接纳自身的不足，并努力寻求方法改进自己的不足；能够听取周围人的意见和建议，同时，具有适度的反思精神和自我批评能力，善于一分为二地看问题，遇事能够正确归因；勇于不断扩展自己的生活范围，从中不断充实自己，完善自己；具有抵制不良行为和态度的决心，能够为既定目标而努力奋斗。

（三）能够保持良好的人际关系

女性承担着多重家庭角色，她们可能同时是妻子、女儿、儿媳或孩子的妈妈；同时，还承担着不同的社会角色，有些还是职场中的精英。心理健康的女性需要正确认识自身的角色，清楚自己所扮演的女性角色的行为规范，客观地看待男女双方在能力、社会分工方面的差异，辩证地对待女性个体所特有的优势和劣势。既不因为自己身为女性而自卑、自弃，也不因为自己身为女性而过分自恋和自负。心理健康的女性能协调好自己在家庭、工作、生活中的角色分工，做到自尊、自爱和自信。同时，具有发展良好人际关系的能力，乐于和他人交往，能够与周围人保持融洽、和谐的人际关系，在与他人相处时，正向态度（如尊敬、信任、喜悦等）常多于负面态度（如仇恨、嫉妒、怀疑、畏惧、憎恶等）[①]。

（四）能保持稳定的情绪和乐观的心态

情绪是个体对客观事物的态度体验和行为反应，因此，客观事物是否能够满足个体的主观需求对于情绪具有重要的影响。于此，妇女保持心理健康的一条重要标准便是保持情绪稳定，善于调节自身情绪。具体来说，表现为三个方面：第一，情绪反应适度，即对于外界事物的刺激做出相应的情绪反应，不过分压抑或否认自身的情绪，也不采取对一切事与物无动于衷的态度。第二，在自身需求尚未得到满足或遭遇挫折、困难时，能够主动地控制自身的不良情绪，并试着重新审视自身的期望或欲求，积极乐观地加以应对。第三，时常保持平静而稳定的情绪状态，极少大喜或大悲。

（五）人格完整统一

心理健康的女性应具有完整统一的人格，具体表现在以下两个方面：（1）人格的各个部分，包括气质、性格、认知风格、自我调控系统等方面不存在明显的缺陷或不足；（2）自立、自强，不过分依赖他人。人格独立，自立、自强、自信、自尊是女性心理健康的重要体现。只有女性人格独立，才能使自己自信进取，才能在工作和生活中充分发挥想象力和创造精神。

---

① 参见王敬群、邵秀巧：《心理卫生学》，5页，天津，南开大学出版社，2005。

（六）能够感受美、体验美、创造美

美可以给人带来愉快的情绪和情感体验，感受美、体验美不仅是一种能力，也是心理健康的表现。即使是一个出生才 6 个月的婴儿，他的目光或注意力停留在一个外形比较抢眼的人身上的时间也要长于一个长相一般的人。[①] 由此可知，爱美是人类的自然属性，因此，心理健康的女性要勇于追求美，并适度表现女性之美。需要注意的是，女性爱美要适时适度，不要一味追求外表的漂亮与奢华，甚至对不如自己漂亮的人采取鄙夷的态度，经常提出超出自己选择范畴的不正当的要求，这只会使女性停留在肤浅的形式美上面，而无法深刻认识和体会内在美及其美的不同表现形式，最后导致病态求美，从而给生理和心理健康带来极大伤害。

（七）心理行为表现与年龄相符合

个体从出生到死亡要经历很多阶段，各个时期个体的心理发展既具有连续性，又带有阶段性的特点，即不同时期个体的身心发展还有着各自不同的年龄特征。当然，女性在不同的年龄阶段由于面临不同的身心发展课题，需要表现出与年龄阶段相适应的心理与行为，如果女性在每个年龄阶段不能表现出与之相应的心理和行为，就是心理不健康的表现。

（八）有健康的性别观念

健康的性别观念是指要具有和自己性别角色相一致的想法和看法，例如，我是个女子，我喜欢以女性的行为方式和别人交往，喜欢女性的各种特征，喜欢女性的物品等。相反，对自己性别角色不喜欢，烦恼自己是一个女性，为了自己没有成为男性而苦恼等，则是性别观念不健康的体现。

三、维护女性心理健康的意义

女性在人类社会延续种族及社会的进步中发挥着不可忽视的作用。随着社会的进步、开放，男女平等的观念越来越被发达社会所认可。女性心理健康不仅是女性自身发展所要求的，而且对国家发展、社会政治经济的进步均有重要的意义。我们认为维护女性心理健康的意义主要体现在以下几点。

---

① 参见郑莉君主编：《中国家庭教育的关键是什么？——关注孩子的身心健康》，302 页，杭州，浙江大学出版社，2007。

（一）女性心理健康对社会发展的意义

人类社会的发展离不开女性，一个国家政治经济的发展和人口素质的提高更与女性身心健康水平有直接的关系。另外，一些特殊的职业，如幼儿园教师、护士、航空服务员等，都更适合女性来做，这都说明妇女对社会发展的促进作用是不可低估的。心理健康对女性而言有着重大的意义，它关系到一个人的许多方面，健康的状态可以促进女性在现代社会中的适应和发展。由于女性在现代社会发展中占据着不可或缺的地位，女性为现代社会进步做出了很大贡献，女性的身心健康自然也关系到全社会、全民族的整体素质的提高，关系到现代文明的进步和发展。

虽说随着近30年中国社会政治经济的发展，女性受教育程度有所提高，但目前中国人口中近一半的女性有相当部分生活在农村，她们的文化知识水平较低，身心健康状况较差，甚至有的经常遭受到家庭暴力，形成了自卑和自暴自弃的人格特点，她们很难设定自己的人生目标，更无教育孩子的知识。由于人格上的自卑和社会地位的低下，她们经常被卷入家庭的人际纠纷当中，不能自拔。女性问题处理不当给社会带来的影响不可忽视，讲究女性心理健康，调动女性工作积极性和生活中的自信可以促进社会的进步与发展。

（二）女性心理健康对社会和谐和幸福生活的意义

“妇女能顶半边天”，“军功章上有你的一半，也有我的一半”，这些话都道出了女性对国家进步、对家庭发展的贡献。我国古代心理健康思想中就很注重“天人和谐”的观念。强调人与自然的和谐，人与社会的和谐，人与自身的和谐。人自身的和谐，其一是指人身心的和谐，如中国古代文化中的“形神合一”思想强调，既要保养身体，以促进心理健康，也要保养精神，以促进身体健康。人自身的和谐，其二强调认知、情感、个性的和谐统一。由于自我是个体最核心的部分，因而，自我和谐是其他两种和谐状态的基础。自我是否和谐直接影响到个体的各种情感体验，还会影响到心理和谐的其他方面，例如，一个自我不和谐的人很难正确认识自我，亦难以和他人和睦相处。因此，我们应以古代的和谐思想为指导，维护女性身心健康。

身心健康的女性在家庭生活和社会工作中创造着和谐的音符。和谐社会、幸福生活，使人们生活得更美好，是当今社会发展的理想目标和主旋律。女性心理健康就是要使女性自身在知、情、意和个性等方面的和谐发展；使女性承担的各种角色和谐统一，减小压力与冲突；使女性与家庭及社会和谐，使工作岗位中女性和男性享有平等的权利和机会，在职场环境中真正实现男性与女性的平等与和谐发展；使女性生活和工作得更开心、更快乐；使女性在工作中发挥主动性和创造性。

（三）女性心理健康有助于提高工作水平和效率

讲究女性心理健康就是要在工作与生活中最大限度地调动广大女性的积极性，使他们的潜力得到发挥。和谐幸福社会的建立就是要实现社会主体间形成良性互动、良性运行和协调发展的社会。构建这样的社会，性别关系应该是在相互尊重、平等相待的基础上实现男女两性互利共赢、动态平衡、协调发展。[①] 女性心理健康、个性健全有利于女性在社会工作中发挥主动意识和维权意识，自觉抵制社会不良风气，更有利于及时发现和抑制腐败现象。女性心理健康要求女性自尊、自信、自爱、自强，不依附于他人，而要通过自身的努力奋斗实现人生价值。研究表明，那些心理健康的女性通常更容易保持良好的人际关系，拥有和谐的恋爱关系、婚姻和家庭，并且在工作和学习上更容易获得成功。此外，她们在面临挫折和困难时，往往能够采取更为有效的方式加以应对，从而成功地避免自身陷入严重的心理失衡状态和身心适应问题当中。

（四）女性心理健康有助于女性保持健康的情绪情感，增进身体健康

身心健康的女性能在工作中自觉贯彻心理卫生原则，处理好各种关系，以愉快开朗的态度对待生活中的得与失。身体健康和心理健康是相辅相成的，两者互为前提和条件。心理健康有利于身体健康，相反，长期的焦虑、忧郁、紧张、恐惧等负性情绪，不但会影响机体机能，还会使免疫系统机能降低而导致疾病。女性的心理健康对其身体健康具有直接影响，长期的情绪低落或焦虑会对女性的内分泌系统和生殖系统造成危害，并进一步诱发各种妇科疾病，乃至流产和不孕症等。女性疾病与心理健康的关系的研究显示，骨质疏松症患者中80%是女性，女性抑郁症的患病几率比男高2～4倍，患更年期综合征的女性明显高于男性。

人们常说："笑一笑十年少，愁一愁白了头"，"笑口常开，青春常在"。这里道出了一个深刻的道理：人的情绪和健康有着十分密切的关系。早在我国2 000年前《黄帝内经》中就有"怒伤肝、喜伤心、忧伤肺、思伤脾、恐伤肾"的记载，从生理学和心理学的角度讲，每一种情绪反应都会刺激人们的生命器官，甚至导致功能严重受损。讲究女性心理健康，让她们掌握心理调节的能力，能使女性用积极的生活态度激励自己，永葆青春与美丽，不断提高生活质量。

知识拓展

"生气水"实验

近年来的医学研究发现，人生气时会分泌毒素。美国生理学家爱尔马为了研究心理状态对健康的影响，设计了这样一个实验：把一支玻璃管插在正好是零摄氏度的冰水混合容器里，然后收集人们在不同情绪状态下的"气水"。爱尔马发现，当一个人心平气和时，他呼出的气冷凝成水后，水是澄清透明的；悲痛时水中有白色沉淀；生气时有紫色沉淀。爱尔马把人生气时呼出的"生气水"注射到大白鼠身上，几分钟后大白鼠就死了。爱尔马认为，人生气10分钟，耗费掉的精力不亚于参加一次3 000米赛跑。生气时的生理反应十分剧烈，分泌物比在任何情绪时都复杂，且具毒性，因此，爱生气的人很难健康，更难长寿。

① 参见唐娅辉：《和谐性别关系应具特征及其培育》，载《妇女研究论丛》，2012（4）。

第二节 现代社会中女性主要的心理健康问题及影响因素

了解女性心理健康状况，理解现代社会中女性所面临的主要心理问题，认识影响女性心理健康的因素是做好女性心理健康工作的基础。

一、现代女性的心理健康状况

世界卫生组织的调查表明，女性异常心理发生率高于男性。全球女性患有抑郁症、焦虑症等心理问题的几率明显高于男性。并且在全球4亿的焦虑症患者中，有3.4亿人存在情绪紊乱，其中女性占大多数。例如，在英国，约有65%的精神病患者是妇女；而在所有的女性当中，约有高达1/3的人经常表现出不同程度的抑郁和焦虑症状。

在我国，据相关部门统计，每年至少有25万人自杀死亡，200万人自杀未遂。其中，女性的自杀率高于男性2.5倍，是世界上唯一的女性自杀率高于男性的国家。① 2005年，北京市社会心理研究所对该市女性的心理健康状况进行抽样调查的结果显示，不同年龄阶段女性的心理健康状况不尽一致，不同文化程度的女性的心理健康状况也有所不同。2002年，李亚明、吴品玉等对上海市浦东新区上钢社区791名已婚女性进行症状自评测定，结果发现，近52%的已婚女性存在不同程度的心理健康问题，主要症状为恐怖、躯体化、精神病性、强迫、焦虑、抑郁、敌对、偏执、人际敏感。研究还表明，46岁以上已婚女性的心理健康水平明显低于45岁以下的已婚女性。2006年，高成阁、耿庆茹选择陕西省西安市608名农村女性作为研究对象，采用焦虑自评量表、抑郁自评量表及生活事件评定量表对其生殖健康状态及心理健康状况进行了调查。结果显示，农村已婚女性中存在焦虑情绪的占25.3%，存在抑郁情绪的占35.0%。2010年，刘越、林朝政等对729例江苏流动女性心理健康状况的调查也发现，流动女性在症状自评量表总分、躯体化、焦虑、敌对、恐怖、精神病性因子上的均分普遍高于中国普通人群常模，在躯体化、恐怖、精神病性因子上与中国常模差异具有统计学意义。董振银等采用元分析方法，选取1994—2009年37篇采用90项症状自评量表（SCL—90）的研究报告，分析7 863名妇女在该量表9个因子上得分随年代的变化情况。结果表明：（1）SCL—90量表的9个因子

① 参见伊敏芳、徐燕萍、谭再琼：《宁波市妇女心理问题探析——以100个心理咨询热线电话为例》，载《宁波经济（三江论坛）》，2006（5）：30-33。

均值与年代呈显著正相关关系（0.17～0.35），7个因子均值的增加量为0.09～0.22，说明1994—2009年女性心理健康水平缓慢下降。（2）SCL—90量表的9个因子标准差与年代正相关关系显著（0.19～0.38），说明女性的心理健康水平逐年分化。

从以上学者的大量分析调查中不难看出，现代社会中女性的心理健康状况不容乐观。那么，现代女性常见的或普遍的心理问题主要包括哪些呢？

二、现代女性面临的主要心理问题

女性解放运动给女性走向更广阔的发展天地提供了机会，与此同时，女性无论是身体还是心理上都较以前承受着更大的压力。她们要面临如何平衡各种角色的问题、职业和家庭的抉择问题、职场中的压力问题及女性生理变化所出现的独特问题等等。因此，深入了解现代社会女性面临的主要心理问题，及时提供解决的对策，对于加强和维护女性心理健康，提高女性的社会适应能力有重要的意义。

（一）女性多种角色的平衡问题

现代女性如何在家庭和职场之间实现平衡，实现鱼和熊掌兼得的理想状态，是女性心理健康中的重要问题。角色失衡现象在现代女性身上较为普遍，这种失衡的背后集中体现了理论上的男女平等和现实中的男女不平等及中国传统的“男主外，女主内”的男女角色定位。所谓角色冲突（role conflict）是指个人不能同时满足对其有意义的多种角色期望而履行不同角色时出现的矛盾心态。在现实生活中一个女性可能既是职场的工作人员，又是妻子、妈妈、媳妇或女儿，这些不同的角色对女性提出了不同的要求。如不能同时承担起这些角色，就会出现角色冲突，甚至自我否定。女性角色冲突的大小既决定于角色之间的共同性，也决定于角色的限定性程度，更决定于社会是否真正地实现了男女平等。当然女性的心理是否健康、个性是否完善、是否能做角色之间的良性互动和转换与女性所体验到的角色冲突的强度直接相关。

如何正确处理好家庭角色与社会角色之间的矛盾，以及职场中的不同角色的转换，是摆在每一位女性面前的、必须妥善解决的大事。它不仅关系到女性社会地位的提高、家庭的幸福，也关系到社会的安定团结和女性事业的发展。一个真正成熟、成功的女性，不仅是社会角色的成功扮演者，也是家庭角色的出色扮演者，能使多重角色和谐并存。

（二）女性的职业压力问题

2006年，CHR可锐公司针对中国2 250名职业女性做的联合调查，揭示女性的职业压力主要来源于以下几点：（1）对发展与环境的关注是造成女性职场受困的重要原因。在调查中，77%以上的女性表示工作压力大，其中21%的压力来自物质方面，发展压力则占了41%，环境压力占到38%。由此可见，伴随着竞争的加速以及女性职场竞争能力的提升和自我要求的觉醒，女性对发展的需求，对自身的发展关注更高。与传统女性相比，现代女性整体职业意识提高的原因除去社会发展外还存在其他因素。(2) 无目的规划导致女性发展受挫。调查显示，仅一成女性对自身发展表示满意。在对发展不满意的因素中，职业经验、职业经历、职业规划占 64%，与上司的关系占 15%，自身的因素占 21%；近五成女性因不懂情绪管理而受挫，不能有效控制情绪的原因主要是与自身情商等相关。(3) 职业发展能力与婚姻成反比。76%的女性反映曾失婚失恋，造成失婚失恋的原因有：工作压力占 12%；心理因素占 38%；自身过高的要求，或对方达不到要求占 50%。(4) 六成女性成“笼中鸟”。有 63%的女性反映目前没有个人空间，其中由于公司加班的占 28%；家庭生活占 27%。“完美主义”致使女性身陷“围城”，63%的女性反映经常遭遇挫折感，而得不到客户认同、得不到同事认可、得不到家人的理解、总是无法达到自己的目标等构成了导致挫折感的主要因素。(5) 七成女性对安全感的需求来自职业，远超过家庭。四成女性不敢生育的原因是因为担心影响职业的发展，而经济压力也是影响女性考虑生育问题的关键。

从大样本数据调查可以看出，女性的职业压力来自社会中男女不平等待遇现象和女性自身对职业期待过高及个性特征等方面。由于对事业成功的期待过高，工作中过分追求自我的完美而加大了自身的压力。相当一部分女性的压力来自于对自身角色的自卑心理补偿过度和职场或家庭成员的不理解。由于女性压力过大又会影响家庭的生活和人际关系，这样就造成了恶性循环而不能自拔。

案例分析

女生应聘时的遭遇

广州某高校大四女生小玲最近到一家 IT 企业面试后，为遭遇到性别歧视而愤愤不平。该企业有关部门负责人明确告诉她，“你的条件完全符合应聘要求，但是，单位领导要求只招男生”。而据了解，小玲成绩优秀，还曾经花费近万元参加 Java 高级软件工程师培训班，并获得资格证，她班上不少成绩不如她的男生早已找上满意的工作，她却在就业上不断碰壁。

一位在高校就业指导中心工作多年的老师说，像小玲这样在应聘中遭遇性别歧视的女大学生为数不少，种种明里暗里的限制性要求，成为挡在女大学生就业路上的一道难以逾越的门槛。有一些单位只招男生，女生免谈；有的单位即便没有公开这么要求，也暗地里明确男生优先；有的甚至让女生签订“在几年内不能生孩子”这些隐性性别歧视的协议。

(三) 职场女性所面临的性骚扰问题

据《英汉妇女与法律词汇释义》解释，当一个男性对女性提出不受欢迎的性需要，或想获取性方面的好处，或对其做出不受欢迎的涉及“性”的行径，并预期对方会感到冒犯、侮辱或惊吓的话，他就已经构成了对女性的性骚扰。一项随机就 2 400 名美国政府雇员的调查结果表明，42%的女性在过去 24 个月内曾遭遇过性骚扰，其中 62%属于严重的性骚扰。我国学者刘协和指出：“性骚扰是指对异性有不符合社会规范或法律的与性有关的行为或言语，并为异性所厌恶或反抗”[①]。性骚扰是性歧视的一种形式，包括语言、身体接触以及暴露性器官等。性骚扰也是性伤害的一种形式，是性暴力延续的一部分。

1. 性骚扰行为的特点[②]

性骚扰行为是多种类型行为的集合，构成性骚扰的行为具有如下特点：

（1）性骚扰行为都是违背他人意愿的行为。性骚扰之所以被定位为骚扰，是因为此类行为违背了他人意愿。他人表示厌恶、反感、明确拒绝、警告或以反抗行为表示拒绝，都可以认定为违背他人意愿。

（2）性骚扰行为与两性内容有关。性骚扰是与性有关的骚扰，因此，性骚扰行为均与两性内容有关。

（3）性骚扰行为的受害人多为女性，但是，男性也会成为性骚扰的受害人。中国台湾的一项调查显示，在923位受访男性及女性员工中，有36.1%的女性和13%的男性承认遇到过某种形式的性骚扰。已有男性因不堪女性的性骚扰发生诉讼且胜诉的案件。此外，行为人和受害人一般是异性，但同性之间也可能发生性骚扰。

（4）性骚扰行为可以发生在很多场合并以多种形式出现。如商场、电影院及公共汽车、地铁等公共交通工具上。有些性骚扰行为不限于具体场所，如通过短信、电子邮件或其他媒介传达性骚扰的信息。

（5）性骚扰行为可以是间接的或直接的。直接性骚扰行为也可以表现为接触，如强迫拥抱、接吻或故意触摸碰撞对方敏感部位。间接的表现为通过各种方式暗示或威胁对方。

性骚扰行为会对被性骚扰者造成严重影响。如严重影响被性骚扰者内心安宁、身体健康，进而产生影响他人家庭、生活和工作的严重后果。所以，无论从社会和谐的角度，还是女性心理健康的角度，都应对性骚扰予以制止。

案例分析

受到性骚扰怎么办？

李玉（化名）是重庆市某小学教师，年轻漂亮，性格开朗。从她到学校起，就受到校长吴某的言语和动作侵犯，吴校长还经常给她发一些内容十分露骨的短信。因为害怕得罪领导，李玉不仅没有声张，还对吴某的短信作了应付式的回复。后来，李玉实在忍无可忍，便将吴某告上法庭，要求他赔礼道歉并赔偿精神损失1万元。在法庭上，李玉提交了吴某发给她的19条有明显挑逗意味的短信。但在案件审理过程中，吴校长却宣称自己和李玉当时通短信是两厢情愿，不是性骚扰，并请求法院从移动公司调取了李玉回复给他的短信。最后，法院根据这些来往短信，认为短信证据不充分，不能证明性骚扰事实存在，对起诉予以驳回。

胡某是武汉市某学校的教师，其上司教研室主任邓某趁学校组织外出春游之机，对

① 巴莺乔、洪炜主编：《女性心理学》，129页，北京，中国医药科技出版社，2006。

② 参见王成：《性骚扰行为的司法及私法规制论纲》，载《政治与法律》，2007（4）：81-90。

胡某隐私部位进行抚摸并强行亲吻，胡某表示强烈不满，并要求邓某写下今后不再冒犯的保证书。后来，邓某再犯，胡某便以该保证书为证据向法院起诉，法院判决郑某向胡某赔礼道歉，并赔偿精神损失费2 000元。

从以上案例可以看出，不管在任何的工作环境下女性都可能遭遇到性骚扰，它的发生和工作中的上下级关系及被雇佣关系等有关。特别是当职场环境中有“色狼”时，略有姿色的女性要格外注意，切莫被“色狼”盯上。国外有研究者认为，性骚扰在男性主宰的蓝领职业（如公共安全、消防、保管、技术修理、建筑和运输）中更容易出现，而在女性主宰的职业或性别分配均衡的职业中则较少发生。除了职业类型，职员所处的工作环境对性骚扰行为的容忍和接受程度也是引发性骚扰发生的一个因素。

2. 性骚扰心理类型

（1）心理变态型性骚扰。心理变态型性骚扰是某些存在性心理问题的男性所特有的行为。例如，暴露癖、窥阴癖、恋物癖等，这种行为通常在比较隐蔽的环境中进行，处于青春期的少年男性是这种性骚扰的高发人群。此种性骚扰和个人的早期经验、自控能力、社会的关注有很大关系。

（2）心理障碍型性骚扰。这类性骚扰者存在一定程度的心理障碍，如早期形成的欺负女孩的心理、强烈的大男子主义思想，使他们看不起女性，轻视女性，不但在工作中如此，而且在生活上也是如此。这种心理障碍者表面上对女性漠不关心、冷漠无情，其实专以玩弄女性为乐，他们常以对女性的性骚扰来满足自己的虚荣心与享乐欲望。

（3）依权仗势型性骚扰。这种性骚扰类型一般是利用自己的权力、金钱等优势对女性进行挑逗。他们对受害者进行升迁职位、增加薪水、给予某种物质奖励等等允诺，以求“顺理成章”地进行性骚扰。由于他们缺少道德的约束力量，一旦这类人获得了地位和权势，就会利用权势拉拢哄骗有一定姿色的女性。

（4）乘弱欺凌型性骚扰。有的男人，对女性进行挑逗或性骚扰时，是研究和掌握了女性的心理特征后才动手的。如他们觉得女性软弱，珍惜自己的名声，吃了亏不敢出声，于是得寸进尺，利用女性的这些弱点，进一步发展为大胆的性骚扰。有些女性在男人对其进行性意识明显的挑逗时，却娇滴滴地东躲西闪。这样做的结果，正好给对方造成了一种错觉，反而强化了性骚扰者的某种欲望，使其更加放纵。

性骚扰对于妇女，特别是年轻女性来说，可能会带来一系列的心理和生理方面的问题。例如，受害者会出现“自我”损害感，即自我怀疑、自尊心降低、强烈的丧失感或认为自己有缺陷；对于异性她们会产生不信任感，甚至延伸出对社会的不信任和对人性的质疑；对那些遭到骚扰的已婚女性来说，她们可能还会因为要面对丈夫的不理解、谩骂、指责和怀疑，而经受长期的心理痛苦和折磨；严重者可能会出现创伤后应激障碍、焦虑症、抑郁、强迫性恐惧、人格障碍、性功能障碍和适应性障碍，甚至自杀。

（四）神经衰弱

神经衰弱是因长期过度紧张，思想负担重等负性情绪以及极度疲劳引起的大脑高级神经系统失调的一种神经症。相关统计显示，我国神经衰弱的总患病率为1.303%，

2001年，国内学者吴小南、陈月桃对1 846名女护士的调查显示，该群体神经衰弱的患病率为6.12%，高于全国平均水平。调查还发现，女护士患病率随年龄增高而增高，但至46岁后又出现下降。从总体上看，神经衰弱患病率在女护士各年龄段里呈现中间高、两边低的趋势。另外，女性教师、中年女性的神经衰弱患病率也明显高于男性。

许多学者认为，女性神经衰弱的异常心理主要表现为以下三个方面：(1) 精神易兴奋且易疲劳，表现为联想和回忆增多，且杂乱，例如，在工作学习或看书读报时，常常会产生许多杂乱的联想和回忆；感觉过敏，一些女性表现出畏光，喜欢待在比较阴暗的地方，或者白天在家里也不愿拉开窗帘；怕吵闹，喜安静，讨厌人群聚集的地方；时常感到疲劳，即使休息后也无法消除，且这种疲劳感带有明显的情绪性，如一些职业女性诉说她与同事进行工作交谈不能超过5分钟，否则就感到“累极了”、“脑子转不动了”。(2) 情绪方面易激惹，常感到烦恼和紧张。患者常常因为经济压力、子女不听话、夫妻不和而烦恼，却不能积极主动地采取一些方式来消除这些烦恼；她们可能因为一点小事就大发脾气，紧接着就为自己发脾气而后悔，并在之后极力压抑自己的愤怒、悔恨和不满等。(3) 常常感到心情紧张，并伴有头痛、全身酸痛、疲劳感、失眠、脑力活动效率下降等痛苦的生理症状。

(五) 焦虑障碍

近年来，焦虑障碍患者呈逐年上升趋势，我国学者胜利等2005年的研究发现，妇科门诊患者中精神障碍的总体检出率达45%，其中焦虑障碍达到近20%。焦虑性神经症不仅成为危害女性及现代人心理健康的原因之一，同时，还严重威胁着人们的身体健康，导致许多人出现高血压、冠心病、胃肠疾病，甚至癌症等各类生理疾病。

国外学者Frank 2000年的研究还显示，女性的焦虑障碍，包括其特有的恐惧症和恐慌症的发生率都是男性的两倍。其中，特异病态恐惧（specific phobia）指对特定对象或物体（如蜘蛛、蛇，甚至苍蝇）或特定环境或情境（如黑夜和坐飞机）的极度的、强烈的恐惧。而恐慌症（panic disorder）则表现为反复的、毫无预示情况下的恐慌发作，并且，这种恐慌往往还伴有濒死感或失控感，以及自主神经系统的功能障碍。这种情况一般持续几分钟或数小时，发作突然开始，并迅速达到高峰。

(六) 抑郁

2006年，Whiffen等曾指出，大多数人在面临突如其来的负性生活事件，如亲人离世、重大损失、天灾人祸等情况时，都有极度压抑和悲伤的表现，但这种表现通常不会持续很多年。而患有严重抑郁的女性则会表现出持续的压抑症状和沮丧情绪，甚至还会表现出药物滥用、酗酒等问题，进一步加剧自身的抑郁情况（Crick & Zahn-Waxler, 2003）[①]。Schwartz，Glad Stone，Kslow和Wichstrom的研究指出，相比男性，女性当中

① 参见N. R. Crick, C. Zahn-Waxher, The development of psychopathology in females and males: Current progress and future challenges. *Development and Psychopathology*, 2003, 15 (3): 719-724。

更为普遍的心理问题是调节问题，如焦虑、抑郁和社会退缩等，并且由于女性的多重社会角色和特有的压力模式，她们往往比男性表现出更多的抑郁症状。Cullbertson 1997 年的研究还发现，在美国等一些发达国家，女性抑郁患者是男性的 2 倍到 4 倍。国内临床研究也发现，女性的抑郁发生率明显高于男性。

针对女性中的抑郁表现和高抑郁发生率，1997 年，Sprock 和 Yoder 从压力的角度进行了解释。他们认为，相对于男性，女性的社会地位较低，更易于暴露在经济困难、工作歧视、家庭暴力、性虐待和性骚扰等危险因素中，因而在日常学习、工作和生活中承受了更多的身心压力，并倾向于采取指向自我内部的压力应对方式，如关注内心感觉、沉思默想等，由此，更容易在一些生活事件的刺激下出现抑郁。

（七）癔症

癔症（hysteria）是由明显的精神因素，如生活事件、内心冲突或情绪激动、暗示或自我暗示等引起的一组疾病，表现为突发的、短暂的精神障碍、身体障碍（包括感觉、运动和自主神经功能紊乱），这些障碍没有器质性基础。

关于癔症的患病率，国内相关统计资料显示，普通人群患病率为 3.55‰，女性患病率（3.62‰）显著高于男性（0.24‰）。国外相关资料则显示，女性患病率为 3‰～6‰，男性罕见。癔症一般易发病于年轻女性身上，因年轻女性普遍存在着好幻想、易动情、意志较脆弱、暗示性较高的心理特点，如果在其成长过程中，父母过于宠溺或受到其他不良环境因素的影响，使其形成任性、孤僻或自我炫耀、好出风头、以感情代替理智、以幻想代替现实的性格缺陷，那么，一旦其人生过高的要求不能如愿，或在生活中发生重大变故（如亲人亡故、夫妻离异等），或受到恐吓、误解、侮辱、委屈等，就会使其心理承受能力崩溃，导致癔症的产生。通常，患有癔症的妇女常常表现出意识模糊、阵发性哭笑、胡言乱语。反应强烈时，还会抓自己的头发、撕咬衣物、说唱谩骂、打滚、撞墙，无所顾忌。此外，患者还会出现不同程度的运动障碍、感觉障碍，如突然四肢抽动或全身挺直、失明、失聪、失语等。

三、影响现代女性心理健康的因素

影响女性心理健康的因素是多方面的，生活事件，如家庭生活的幸福与否、工作压力的大小、人际关系的和谐与否等，均对女性心理健康产生一定的影响。研究表明，女性心理健康与其个性特点有着直接的关系。

（一）人格特征与女性心理健康

研究者对育龄期女性自我评价的状态进行了调查研究，结果发现，那些感觉工作、生活压力“很大”、“较大”的育龄女性，其罹患心理疾病的危险度分别是“无压力”组育龄女性的16.6倍和7.9倍。还有些研究者采用艾森克人格问卷对更年期女性的个性特征与心理健康的关系进行了考察，结果表明，那些在N量表上的得分明显高于正常组的更年期女性在日常生活中对各种刺激反应都过于强烈，并容易产生焦虑、紧张、易怒情绪，通常还容易抑郁，情绪一旦被激发就很难再平复下来，因而，这类女性更易于产生各种心理问题。相关研究还显示，归因风格与女性的心理健康状况也存在密切联系，例如，2008年，喻晓芬、王峥对60名退休女护士的心理健康状况水平与其归因风格的关系做了调查，结果发现，归因与心理健康水平高度相关。由此可见，克服性格弱点，形成乐观、开朗、积极向上的个性，对于提高女性心理健康乃至整个生活质量都具有重要意义。

（二）生活事件与女性心理健康

女性在其一生中要面临诸多的人生课题，其中婚姻问题包括恋爱、结婚、离婚、丧偶等问题就是她们无法逃避的发展课题。大量研究表明，女性在婚姻问题上是否顺利，或者是否拥有和谐融洽的两性关系和幸福美满的婚姻生活，对于其身心健康具有深远影响。

1. 婚姻问题与女性心理健康

（1）恋爱。爱情是人类的一个永恒的话题，进入青年期后，女性对爱和归属的需要更加强烈，她们渴望拥有异性的爱，渴望与异性建立亲密的关系，即恋爱。恋爱对于个体了解异性、学会与异性交往乃至发展良好的两性关系以及组建幸福的家庭具有重要意义。然而，不正确的恋爱观、恋爱不顺或者失恋，往往对女性（尤其是年轻女性）的心理健康造成消极影响。如2011年王希华、张瑞在研究中曾指出，无恋爱组与正在初恋的大学生在SCL—90的9个因子上均不存在显著差异，但有过失恋经历的大学生在“强迫、抑郁、精神病性”3个因子上的得分显著高于无恋爱大学生，其中，失恋后无恋爱大学生的“敌对”因子和失恋后又重新恋爱的大学生的“恐怖”因子与无恋爱大学生也有显著差异。

（2）结婚。随着恋爱的发展，交往的双方开始想要拥有彼此，希望建立更为稳定持久的关系，于是结婚成为恋爱双方的选择。新婚的生活是热烈而美好的，也会给男女双方带来极大的幸福体验。随着时间的流逝，男女双方对婚姻的满意度也会发生变化。一般来说，这种满意度随着第一个孩子的出生而有所下降，直至子女长大成人，离开家庭，即到晚年时，又会上升。相关调查显示，婚姻满意度与已婚群体，特别是女性的心理健康状况紧密相关。如2010年，陈汉英、田秀菊对455名已婚新农村女性的婚姻质量进行了调查，结果证实，对婚姻满意，业余活动和谐、灵活，夫妻有共感，夫妻情感表达满意者的心理健康水平普遍较高。

（3）离婚。受我国传统思想的影响，离婚对于一个成年女性来说可能是一次重要的生活挫折。许多女性由于对离婚持有不合理信念或者过分在意周围人的眼光，往往更容易在离婚后出现各种身心适应不良问题。如2009年郑文贵、李向云在研究中就发现，离婚女性心理健康状况低于其他女性，相比其他女性，她们常常表现出自我评价低、对人生感到消极、感觉生活乏味、睡眠质量差等症状。但也有一些研究指出，婚姻解体之初，离婚的女性和没有离婚的女性相比会体验到较高水平的抑郁和痛苦，但是，这些负面效应仅在最初的几年最为强烈，随着时间的推移则慢慢消退，换句话说，相当一部分离婚女性面对逝去的婚姻具有自我心理调节能力①。

（4）丧偶。由于疾病、衰老、自然灾害或意外事故等原因，任何婚姻中的夫妻双方都可能面临丧偶的风险。对于那些婚姻质量较高的夫妻来说，丧偶对于任何一方来说都是重大的损失，尤其当丧偶的一方为女性时，这种丧偶的悲痛和负面影响可能会更为持久和严重。例如，一些对配偶较为依赖和信任的女性，可能会因为不能承受丧偶的打击而一味否认事实，甚至长期沉浸在对伴侣的思念当中，深受抑郁、空虚、愤怒和内疚等的折磨，甚至因为无法独立支撑家庭或生活的重担而长期感到焦虑和不安。

2. 生育问题与女性心理健康

伴随婚姻而来的生育问题，包括怀孕、不孕、流产、产后抑郁等，对于女性的身心适应也会产生重要影响。

（1）怀孕。怀孕对于绝大多数夫妻来说都是一件非常幸福的事情，因为这意味着他们即将拥有自己爱情的结晶。然而，计划外怀孕可能会给女性带来很多困扰，甚至心理不适。例如，当一些已婚女性对于生养孩子尚没有充分的心理准备时，突然的怀孕可能会给其带来较大的心理压力。加之怀孕早期呕吐、孕期体形改变、社会交往减少、对胎儿发育是否正常的担忧、体内神经内分泌系统的明显变化和随着胎儿的长大给孕妇带来的行动不便，均会使孕妇变得易烦躁、爱发脾气，甚至经常迁怒于家人。一些孕妇甚至表现出怀疑和恐惧心理，或者因为生男生女以及家庭的过分重视而产生极大的身心压力。

（2）不孕。生育子女是诸多已婚夫妇的向往，也是人类延续种族的必然。在抚养孩子的过程中体验着关怀和责任的实现，否则家庭就会有缺失感，夫妻双方会不同程度地体验停滞感。受我国“不孝有三，无后为大”思想的影响，不孕对于夫妻，特别是女性（尤其是不孕的原因源自女方时）产生较大的心理压力，也有的夫妻因此而分道扬镳。

Hidehiko等在研究中就发现，日本不孕女性感到抑郁、焦虑的主要原因是缺乏丈夫的支持和呵护，这表明家庭成员的支持功能对维持不孕女性的心理平衡发挥着重要作用。相关研究还显示，家庭功能不良的不孕女性的SCL—90总分和阳性项目数显著高于功能良好组，除恐怖、偏执因子外，其他因子得分均高于功能良好组。可见，加强不孕女性的心理健康水平，首先需要家人竭力完善家庭功能，给予不孕女性足够的情感关怀和心理支持。当然，关注不孕女性的心理健康问题，除了重视改善家庭功能外，还应加强家庭成员的健康宣教工作，让丈夫或公婆了解病情，减少猜疑，理解和支持不孕女性，从而减少不必要的消极情绪以减轻不孕女性的负担。对于女性自身来说，在不孕的压力难以排解时，要注意调整自己的心理，把注意力从痛苦或压抑中转移出来，充分利用空闲时间，通过阅读、听音乐、做家务、锻炼及朋友间的聚会等，放松紧张的情绪，保持平和的心态，使心理压力得以有效转移。

（3）流产。无论是自然流产或人工流产对于女性心理健康都有一定的影响。大部分

① 参见A. E. Claire，S. B. Judith：《女性心理学》，243～244页，北京，北京大学出版社，2003。

人工流产者，在怀孕后和决定人工流产术中止妊娠前及手术中和手术后，均存在不同程度的心理和精神障碍。2010年，张淑华等使用症状自评量表（SCL—90）对未婚首次采取人工流产的女性进行心理健康评定，结果表明，这类女性在强迫症状、人际关系敏感、抑郁、焦虑、恐怖以及附加因子的6个因子上的得分明显高出常模。2008年，鲍海燕等在保持年龄、身高、民族、受教育程度等基线一致的基础上对采取人工流产的已婚女性和未婚女性的心理状况进行了测评，结果证实未婚人工流产女性在躯体化、抑郁、焦虑、敌对和恐怖因子上的分值显著高于已婚组。对流产女性进行一定程度的心理疏导和行为干预，能有效地缓解术前和术中焦虑，消除术后不良情绪和紧张恐惧心理。

（4）产后抑郁。1968年英国学者Pett首次提出产后抑郁的概念，之后，产后抑郁便开始受到广大心理工作者和临床专家的广泛关注。产后抑郁症也叫产后忧郁症，是指女性在生完孩子之后，由于生理和心理因素造成的抑郁状态。有些女性因为对分娩的恐惧、产后的伤口或刀口愈合情况、产妇并发症等问题的过分关注，或者产后身体恢复欠佳、哺乳劳累，住房拥挤、婆媳关系紧张、丈夫不关心产妇、无母亲或姐妹支持，加之内分泌激素水平突然下降等因素，产后心理状态更趋不稳定，容易出现短暂的或长期的产后抑郁症。

2001年，G. E. Robinson等的研究显示，在美国约有50%的产妇随着孩子的出生会经历一段“Babyblues”，并且在许多不同的文化中，这个比例还可能表现得更高。关于产后抑郁症的表现，2002年，Muthener等指出，多数产妇征兆不明显或转瞬即逝，会出现一段不稳定情绪，比如，莫名的哭泣、心绪欠佳、失眠、易怒。但也有一些产妇长期如此，严重者还经常表现出极度的悲伤、乏力、绝望、对孩子不感兴趣、内疚感等，并且，这种情况可能持续几个月的时间（Kendall-Tackett，2005）。[①] 2010年，田淑娟采用心理健康测评问卷、抑郁自评量表（CES-D）、焦虑自评量表（SAS）对1 351例产褥期女性的心理健康水平进行测查显示，产褥期女性心理评分低于一般育龄期女性，其中，产后抑郁发生率为23.98%，产褥期焦虑发生率为25.09%。

根据产后抑郁症的不同表现形式，可以将其划分为三类。

（1）第三日抑郁。

产妇通常是第一次分娩，发病于分娩的三天内，症状较轻，主要表现为情绪沮丧、焦虑、失眠、食欲下降、易激惹、注意力不集中。但这些症状持续数日后便可自行缓解。

（2）内因性抑郁。

这类产妇通常在分娩后的两周内发病，表现为易于激动、情绪低落、焦虑、充满无助感和无望感，甚至感到内疚和罪恶，经常担心自己养不活孩子，严重时还会因为担心孩子在今后的生活中受苦而选择杀害孩子，然后自杀。

（3）神经性抑郁。

这类产妇通常具有精神疾病史，因此在分娩后，原有的不良情绪体验加重，身体不适感增强，并表现出情绪不稳定、易怒、入睡困难等。

产后抑郁症对女性的身心健康存在很大的危害：（1）导致产妇躯体症状的产生或扩

---

① 参见K. A. Kelldall-TacKett，*Depression is new mothers*：*Causes*，*consequences and treatment alternatives*. New York，Haworth，2005。

大化。(2) 致使产妇产生社会功能缺陷。(3) 影响产妇的家庭关系和婚姻质量。(4) 导致产妇不能很好地胜任母亲角色，泌乳不足。Kendall-Tackett 等 (2005) 在研究中还指出，情绪状态不佳的新妈妈不愿与自己的孩子互动，他们不理会孩子，有的患者认为孩子的到来导致了自己的不幸，甚至有的严重产后抑郁症会对新生儿造成致命伤害。(5) 使产妇对产后新生活的生理与心理调节功能显著下降。需要指出的是，上述这些对产妇的伤害可能是暂时的，也可能是终生的。产后抑郁症不仅对于产妇的身心健康具有严重危害，也会对孩子的身心健康造成极大影响。因此，对于产后抑郁症，社会、家庭，特别是产妇的丈夫要予以充分的重视。日本学者小此木启吾认为，在心理上妊娠和分娩已成为夫妻的共同任务，分娩时丈夫在场会减少妻子的恐惧与不安，大力推广康乐待产有助于消除孕产妇的恐惧心理，降低产后抑郁症的发生。[①]

3. 子女问题与女性心理健康

伴随子女的出生，女性开始承担一种新的社会角色——母亲。对于绝大多数女性来说，母亲的角色对她们而言是一项重要的满足感的来源，她们所能体验到的最亲密的关系之一便是与子女的关系，为此，许多女性将生养孩子作为自己生活中最有意义、最为重要的经历。然而，这些并不意味着生育儿女只会给女性带来积极的感受，一些问题处理不好也会影响女性的心理与行为。

(1) 对青春期子女的教育。随着子女年龄的不断增长，特别是当子女进入青春期后，面对孩子身心方面的迅速发展，怎样抚养和教育子女便开始成为许多女性颇为头疼的事情。一些母亲由于不了解青春期的身心特点，仍旧像对待儿童一样对待处于青春期的孩子，结果造成孩子的逆反情绪，并疏远了亲子间的情感，扩大了心理距离，形成亲子冲突或母子 (母女) 矛盾。相关调查显示，孩子与母亲发生冲突的强度高于父亲，并且，由学业问题引起的母子 (女) 冲突在全部亲子冲突类型中位列第一。对于亲子冲突，许多女性感到很委屈，因为她们无法理解为什么孩子不能体谅她们，不能感受她们无私的爱。这样一来，这类女性就会对自我的价值产生疑惑，感到奋斗没有意义，进而产生不同程度的心理问题。

(2) 对母子分离的心理负担。母爱是无私的，母子 (女) 间的感情是深厚的。然而，这种感情越是深厚，当子女逐渐长大，离开家庭到外地学习或工作时，由母子分离所带来的刺激也就越大。面对与子女的分离，中年女性除了表现出感情上的难以割舍外，还对子女在异地的生活、工作和学习充满了担心和忧虑。当然，这些都是人之常情，问题在于当中年女性对母子分离的情绪过于强烈或持续过久时，就很有可能促发一些身心问题。例如，某位中年女性因为女儿要去外地上大学，抱头痛哭，连续数日寝食难安，如此强烈的情绪反应，显然对其心理健康是不利的。

4. 家庭不和睦与女性心理健康

(1) 夫妻不和。婚姻中的夫妻关系也是一种人际关系，是一个男人和一个女人决定终身结合的特殊人际关系，是两个人相互认同过亲密生活的关系，包括两人间的感情、

① 参见小此木启吾：《围产期临床与父亲的作用》，载《围产期医学》，1988，18 (1)：115－119。

沟通、角色扮演、结合、联盟、对外界限等。[①] 夫妻关系融洽，双方感情甚笃，相互尊敬、互让互谅、互信互爱、互勉互慰，不仅有利于提高彼此的婚姻满意度，而且有利于促进双方的身心健康，使双方的生理需要、心理需要和社会需要都能得到最大限度的满足，从而心情愉悦地生活、工作和学习，并满怀希望地创造家庭的未来，真正获得一种幸福感。相反，不良的夫妻关系，夫妻间长期争吵不休，甚至动用家庭暴力等，则会严重破坏双方的身心健康，削弱生活情趣，使人产生厌世情绪，无法体验生活和人生的乐趣。

（2）婆媳不和。对于已婚女性来说，婚姻中除了夫妻关系，另一种颇为重要的人际关系便是婆媳关系。现实生活中，由于饮食生活习惯、脾气性格及教养孩子等方面的分歧，婆媳关系着实不好处理。在婆媳关系不和的家庭中，婆婆对于媳妇的评价使用最多的词汇便是"挑剔计较"、"爱慕虚荣"、"脾气急躁"等；而媳妇对于婆婆性格特征评价则多为"脾气急躁"、"气量狭小"、"厚此薄彼"等。

婆媳关系是家庭中不容忽视的重要的家庭人际关系。婆婆对媳妇经常吹毛求疵、责训刁难，媳妇对婆婆经常顶撞，以冷眼对待婆婆；或者婆媳双方经常因无足轻重的小事而发生冲突。这不仅使婆媳双方在生活中充满敌对攻击的情绪，行动上相互干扰，心理上充满烦躁和苦恼，更容易造成老夫妻和小夫妻间的紧张关系，使整个家庭长期充斥着不安与压抑的氛围。甚至导致夫妻冲突或母子冲突，从而极大地危害家庭各个成员的身心健康。

（三）性与女性心理健康

中国古语云："食色，性也"，即认为性欲、性行为和日常饮食一样，属于人类的基本需求之一。奥地利精神分析学家弗洛伊德还指出，性（力比多，libido）是个体全部心理与行为活动的源泉，即便是襁褓中的婴儿也存在，只不过他们以吮吸的本能来获得性快感。虽然弗洛伊德的心理性欲发展阶段理论带有明星的"泛性论"色彩，但弗洛伊德关于性的论述，也足以证明性这一基本需要的重要性。随着青春期的到来和第二性征的成熟，个体的性意识开始觉醒。到了青年期，个体开始全面走向性成熟。可以说，每一个人都是性行为的产物。同时，性意识伴随个体的整个生命全程。

1. 性生活与女性心理健康

夫妻性生活是婚姻生活中的重要内容之一，那种把夫妻性生活看成夫妻生活中唯一内容的观点和做法显然是错误的，但把夫妻性生活看作生活中可有可无的内容的观点和做法也是不对的。前者可能引起纵欲，影响夫妻身心健康；后者则可能损害夫妻感情，同样影响双方的身心健康。应该说，夫妻间正常的、适度的性生活不仅不影响双方的身心健康，而且还有利于夫妻获得舒适感与满足感，从而在一定程度上增进身心健康。此外，夫妻间性生活是否和谐，例如，欲求方面是否匹配，夫妻一方是否存在性功能障碍、性冷淡以及性虐待等，均会影响婚姻质量和生活满意度，进而威胁夫妻双方的身心健康。

---

① 参见巴莺乔、洪炜主编：《女性心理学》，179页，北京，中国医药科技出版社，2006。

有研究者认为，夫妻性生活不和谐是离婚和婚外情的重要原因。长期的婚外情会导致当事者的内心矛盾、冲突、焦虑及对另一方的不满情绪，甚至导致家庭破裂。由于女性生活及工作压力导致的“性冷淡”往往对女性身心健康影响较大。

2. 性侵犯

狭义的性侵犯指强奸，广义的性侵犯是一种违背受害人意志的强迫性、威逼性、引诱性或暴力性的性接触行为。① 一般来说，性侵犯包括肢体上的接触和非肢体上的接触。前者如触摸受害人身体的私密部位、强迫受害人触摸其性器官、强奸等；后者如通过淫亵的语言进行性骚扰活动。需要指出的是，性侵犯的对象通常在异性之间，且绝大多数受害者为女性和儿童。

强奸是一种最为严重的性侵犯行为，Koss 等将其定义为：在受害者不愿意的情况下，采用暴力威逼的方式，或者由于受害者有精神疾病、智力衰退、酒醉未醒时，对其身体进行性侵犯，强迫与之发生性关系。从发生率来看，强奸犯罪几乎是大多数国家仅次于财产犯罪的一类犯罪行为。对于那些曾经遭受强奸的女性来说，其生理和心理都受到了严重的摧残。社会学家林达·霍姆斯特龙等在研究中就曾发现，强奸对于一个妇女来说是一次危机时刻，对其心理适应造成的影响可能持续半年之久，甚至更长。一项研究对 92 名强奸受害者进行调查，女性在遭受强奸后会表现出一系列“强奸综合征”，即她们在遭受强奸或强奸未遂时会发生一系列的情绪变化。如在急性期，即受害后初期，受害妇女往往表现出恐惧、愤怒、焦虑、紧张等广泛的情绪变化和冷漠、呆滞、行为迟滞等控制反应，这种情况通常会持续数周左右。又如在重组期，即急性期过后的时期，多数受害妇女仍然无法恢复工作，她们可能会不断搬家，变换电话号码等。有些在室内受害的妇女可能还会因为恐惧和害怕不敢独自待在室内，在室外受害的妇女不敢走出室外。此外，已婚妇女在相当长的时期内可能无法进行正常性生活，甚至出现性心理障碍。

（四）职业与女性心理健康

相关数据显示，1970 年，全世界 16 岁以上的女性中有 48.1%的人在工作，到 2004 年，这个比例已经增长到了 60%。对此，英国《经济学人》称：“尽管这个增长很引人注目，不过与中国职业女性的比例相比仍然显得‘开工不足’”。因为在今天的中国，有将近 70%的女性参与就业，职业女性的比例全球最高。

职业女性，又称有酬劳动妇女，通常这类女性在企业工作或独自经营企业，不同于在家中操持家务或者为志愿组织义务服务而不收取任何酬劳的无业女性。作为一个新的群体，职业女性的心理健康问题或者说职业与女性心理健康间的关系也开始引起相关学者的广泛关注。

心理咨询人员在咨询过程中发现，在激烈的社会竞争下，一些事业型女性往往感觉

① 参见巴莺乔、洪炜主编：《女性心理学》，129 页，北京，中国医药科技出版社，2006。

到工作压力很大，事业没有前途；一些女性还由于工作任务重而情绪紧张，觉得不堪重负；另外一些女性因为在经济结构调整中失业，无法适应家庭主妇的生活，情绪十分低落，整天疑神疑鬼，缺乏自信，感觉在家中没有地位；一些白领阶层女性虽收入较高，但对自己的工作不满意，缺乏工作动力和热情，但又不敢尝试换个新的工作岗位或工作环境，长期以来内心压抑、苦闷。在职场中一些职业女性感到同事关系很难处理，常常感觉单位里缺少朋友和可以谈心的人，认为单位里人际关系复杂，人言可畏，面对高负荷的工作，她们常常心情抑郁，工作满意度低，生活幸福感普遍不高。相关研究还显示，女性所从事的职业、工作环境、工作时长、薪资水平、工作中是否受到尊重及性骚扰等对其心理健康也具有重要影响。

（五）应对方式与女性心理健康

现代女性在家庭、工作、生活中承担着多重角色，面对着来自各方面的压力。压力是影响女性心理健康的重要因素。然而，在压力与个体心理、生理反应之间，个体采取的应对方式，则在很大程度上决定了其心理、生理反应的程度和身心健康。

关于女性的应对方式，有学者指出，不同年龄女性有不同的消除压力的方法，年轻女性以倾诉心事来缓解压力，但中老年女性则多以毁灭性方法来消除压力，如饮酒和服用药物等。1999 年，贺漪在研究中对存在更年期综合征的女性和正常更年期女性的应对方式进行了对照研究，结果发现，两组均以倾诉为第一有效应对方式，其中对照组常用的前三种应对方式为倾诉、消遣、升华；而实验组则为倾诉、压抑、升华。分析认为，倾诉属于疏泄性质，是一种较为温和的方式；升华、消遣娱乐也是一种积极的、良性的应对方式，但压抑或否认则属于消极应对方式，是不利于心身健康的。1996 年，陆亚文、杨玲玲等在研究中也发现，当不孕女性的积极应对能力不足，对“不育”羞于启齿，不愿找他人甚至亲朋好友交谈时，就得不到足够的支持和帮助，难以解除心理负担，进而承受较大的心理压力，并易于产生抑郁情绪。

第三节
现代社会女性心理健康的维护

女性心理健康是事业成功的基本条件，也是家庭生活幸福的重要保障。在现代社会中，女性要学会维护自己的心理健康，以科学的方法进行自我心理调节，只有这样，才能扮演好家庭、工作、生活中的多重角色，平衡好生活中的方方面面，从而超越自我，享受美好生活。当然，鉴于女性特殊的身心发展特点和任务，许多时候女性与男性相比仍为弱势群体，因此，家庭、社会也应广泛关注女性心理健康的维护。

一、自尊自爱，树立健康的女性观

（一）树立健康的女性观

树立健康的女性观是女性维护自身心理健康的第一步。拥有一个积极向上的健康观，可以帮助女性在工作和生活中更加乐观地看待困难和逆境。健康的女性观是女性用以评价自身、立足社会的基础，在健康女性观的基础上，女性方能合理地看待现实社会中与女性有关的一些现象背后的问题，诸如女大学生就业难、职场女性被骚扰、现代知识女性压力大等问题，也才能更加清晰地规划自己的人生和事业。健康的女性观也会影响女性正确的人生观、世界观。因此说，通过学习建立健康的女性观对维护女性心理健康有着重要的意义。

（二）发扬“四自”精神，维护女性心理健康

现代社会中，恋爱中男性经常对女性提出过分要求，由此带来的未婚先孕率也骤然攀升。职场女性所遭受的性侵犯行为、家庭生活中的男性暴力行为、婚姻生活中的“小三”问题都使我们感到女性必须有“自尊、自爱、自信、自强”的精神，当然“四自精神”也是现代女性心理健康的重要标志。女性要正确认识自身的价值、注意自我形象和与异性相处之道，做到行事不冲动、不任性、三思而后行。同时，要严格要求自己，不要盲从，努力做个有理想、有文化、有道德、有修养的，自信的现代女性。

二、不同时期女性心理健康的维护

女性在不同的年龄阶段有着不同的生理和心理特征，不同的年龄阶段也要面临不同的心理危机和发展课题，如围产期女性容易出现抑郁、焦虑、沮丧等情绪，更年期容易产生自卑、疑病、孤独等心理。对此，女性要懂得根据不同时期身心发展的主要特征和主要矛盾进行心理健康的维护。

（一）青春晚期与青年期女性心理健康的维护

与青春期少女相比，处于18～25岁的青春晚期与青年期女性表现出一些新的特征。

第一，第二性征的发育已趋于平缓，多数青年期女性生理周期趋于规律化，但也有不少人存在痛经、经期不规律的现象。对此，女性首先要正确看待生理周期，在经期保

持心情稳定舒畅，不宜过分紧张或情绪大起大落。

第二，青年期女性越来越关注自我。也有一些青年期女性对自身的体重、身材和外表过分担心，常常因为自身“不够美”而否定自己，并感到自卑和抑郁，进而产生体像烦恼（body-image troubles）。因此，青年女性应认识到美具有多种表现形式，心灵美才是真正的美。要学会正确认识自我，悦纳自我，通过内在学识、修养的提高来完善自身外在的缺憾。

第三，青年女性应树立正确的异性交往观，掌握与异性交往的技巧，学会在交往中克制自己的不良情绪，努力构建和谐的恋爱关系，减小因摩擦和频繁的争吵而导致失恋，进而诱发种种心理适应问题。正确看待失恋，通过倾诉、学习等转移失恋后的注意力，而不是以自卑、自闭、自危的方式来应对失恋。注意恋爱中的“以身相许”并不是维持恋爱关系的良好方法。一些恋爱中的青年女性在错误观念（如“恋爱了就要发生性关系”）的指导下，容易出现婚前性行为，甚至未婚怀孕或人工流产。而面对“贞操”、“处女”等传统观念和社会舆论时，“失身”后的她们往往更容易出现一系列身心适应不良。

（二）围产期女性心理健康的维护

1. 一般围产期心理健康的维护

该时期心理健康的维护可以从以下几个方面来落实：（1）从公共政策出发，加强健康教育的宣传，认真落实计划生育政策，积极提倡科学坐月子，同时，提高医护人员的综合业务素质。加强社区卫生服务建设，提高女性干部综合素质。（2）从女性自身角度来讲，需要尽量保持安静、稳定的情绪状态，努力学习和掌握一些养育新生儿的技巧及知识，尽早适应“新妈妈”的角色和新的家庭环境。一旦出现心理或生活上的问题，及早寻求专业人员的帮助。

2. 产后抑郁的心理治疗[①]

（1）认知行为治疗预防产后抑郁。认知行为治疗能有效地预防产后抑郁。Chabrol 等发现，258 例有抑郁危险的妇女用认知行为治疗后，产后 4～6 周的抑郁发生率比对照组明显降低。他们的实验方法是，将产后抑郁分为干预组($n=18$)或对照组（$n=30$），干预组家访进行认知行为治疗 5～8 次（6.6±1.6 次），结果发现，干预组的缓解率为 67%，而对照组仅为 7%。另有研究发现，认知疗法与西酞普兰治疗产后抑郁具有显著的临床疗效[②]，明显优于单纯药物治疗，能够明显改善患者的抑郁症状，缩短治疗的疗程，对改善患者的生活质量具有重要的临床意义。

（2）人际交流心理治疗。女性在产后的社交缺陷包括：未能与具有相同经历的人交流；没有一个密友或朋友交谈；自己不提出要求就没人主动关心；感到社交孤立。这些

---

① 参见喻东山：《产前产后抑郁症的机制和治疗》，载《中国行为医学科学》，2006，15（12）：1149－1150。

② 参见仇剑崟、王祖承、谢斌：《产后抑郁的有关心理、社会和生物学因素研究》，载《中国神经精神疾病杂志》，2001，27（1）：26－28。

社交缺陷明显增加了产后抑郁的危险性。因此，女性在产后需要得到家人和朋友的关心与帮助，在所有社会支持中，伴侣和家人的支持对产后抑郁症的缓解最为关键。和谐的人际关系、家人的关心与照顾、朋友的帮助与关爱，能帮助女性克服产后抑郁。人际心理治疗的主要目的是帮助产妇解决角色转换问题。O’ Hara 等将 120 例产后抑郁病人随机分配到人际心理治疗组（$n=60$）或对照组（$n=60$），治疗 12 周后发现，人际心理治疗组的抑郁缓解率明显高于对照组（38%：14%）。另有研究发现，将产后抑郁患者随机分配到有伴侣支持组（$n=16$）和无伴侣支持组（$n=13$），4 周后发现，有伴侣支持组比无伴侣支持组明显降低了抑郁及其他精神症状。

（三）更年期女性心理健康的维护

在现实生活中，由于许多妇女缺乏必要的更年期知识，使得她们在面对自己的更年期生理反应时手足无措，导致了更年期综合征的加剧，进而使身体机能严重受损。为此，加强和维护该时期女性心理健康非常必要，具体应做到以下几点：

首先，掌握正确的更年期知识，认识更年期是人类生命全程中必经的一个阶段，在该阶段部分女性出现的生理、心理现象都属于自然反应，经过半年到两年的时间，身体会重建新的平衡。因此，不必过分焦虑和心慌。

其次，加强锻炼，注意用脑卫生，排解紧张状态，注重培养良好的生活习惯。

再次，家人、同事等要多多体谅更年期女性，给予她们更多的关怀和理解。

最后，注重中年生理保健，注意平时的饮食、生活和体育锻炼。中年心理保健概括起来就是四个字：加、减、乘、除。“加”即扩大业余爱好以陶冶情操，增加生活的乐趣；“减”即果断、坚决地减掉心理压力，终止一切有损心身健康的活动；“乘”即扩大社会活动范围，与一些朋友建立真诚的友谊；“除”即化干戈为玉帛，化烦恼为动力。

（四）老年期女性心理健康的维护

老年期女性会遇到生活方式、社会地位、经济收入等方面的重大改变。她们的活动范围缩小，社会事务减少，此时的她们容易产生一系列的心理危机，如控制感和成就感丧失，容易产生孤独感、恐惧、多疑等。从积极的角度来看，老年期女性应适当调整其生活状态，把更多的时间用于个人娱乐和增多与朋友、邻居的交往，以此来提高她们的自尊，并减少抑郁。此外，当老年女性能够继续参与社会生产活动，不管是义工、社区服务还是有偿劳动时，他们都会对退休生活更加满意。

老年期女性要度过心理危机，应做到以下几点。首先，老年女性要转变自我认知，重建自己对人、对事、对退休的一些旧看法，例如，暗示自己人生的一个阶段已经结束了，现在开始步入一个新的阶段，并且在这个新的阶段，自己同样还有可供开放的空间，可以创造另一种“辉煌”。其次，要重视发展新的人际关系，培养各种业余爱好或寻求新的职业（如义工、社区志愿者等）。当然，作为子女也要充分地关心老年女性，尊重她们并尽可能地与她们多进行沟通。

三、合理控制情绪，处理好家庭和事业的关系

（一）调节情绪、学会适当宣泄

人生在世，“不如意事常八九”。面对种种困惑和不幸，女性更应该懂得如何控制和调节自己的情绪。如果对不良情绪不能正确对待，不加以及时调节，就会影响工作、学习和正常的生活，继而引发心理疾病，危及身体健康。常见的情绪调节方法有以下几种。

1. 自我鼓励法

用积极的话语和格言安慰自己，鼓励自己同痛苦、逆境作斗争。

2. 语言调节法

语言是影响情绪的强有力的工具。例如，你悲伤时，朗诵滑稽、幽默的诗句，可以消除悲伤。而用“制怒”、“忍”、“冷静”等语言进行自我提醒和自我暗示，也能达到调节情绪的目的。

3. 环境制约法

环境对情绪具有重要的调节和制约作用。情绪压抑的时候，到外边走一走，可起到转换心境的作用。

4. 注意力转移法

面对一些生活事件，当你能够有意识地将自己的注意力从消极方面转到积极、有意义的方面时，心情就会豁然开朗。例如，当你遇到苦恼时，可以先将它抛到脑后或找到光明的一面，这将在某种程度上缓解或降低你的苦恼程度。

5. 能量发泄法

消极情绪不能适当地发泄，容易影响心身健康。因此，对不良情绪可以通过适当的途径进行排遣和发泄。例如，伤心时可以大哭一场；心烦时可以找知心朋友倾诉一下；不满时发发牢骚，愤怒时适当地出出气；情绪低落时唱唱欢快的歌曲等。

（二）处理好家庭和事业之间的关系

现代职业女性所面临的角色冲突问题，几乎是每位女性都不可避免的。如何平衡好家庭、事业和子女教育等问题是对每位职业女性的挑战。女性可以从许多成功女性身上汲取有益的经验，效仿她们的做法，同时，也要结合自己的实际情况，具体问题具体分

析，充分调动自己的有利因素来处理好这些方面的问题，让自己的生活井井有条、积极向上。当然，也许一开始女性对于这方面的经验还不够成熟，处理起来总是很棘手，但也不能自暴自弃，“鱼”和“熊掌”的问题在生活中时有出现，在面临多重趋避的冲突时，最好的办法是听取别人的意见，再综合自己的条件，做出一个合理的抉择。

四、适应环境、寻求社会支持

（一）改变个性特点以适应环境

女性心理问题与自身的个性特点有一定的关系。人的个性特征是先天与后天相互作用的产物，如个性特征中的气质在很大程度上是与生俱来的，主要是先天因素的作用，是由个体的神经系统的特征决定的。但个性特征中的能力和性格却具有很大的可塑性，是在后天环境和教育下逐渐形成的，具有一定的可塑性。鉴于此，女性在生活中要学会全面认识自己的个性特征，辩证看待个性中的闪光点和不足之处，同时，注重观察周围个性较好的人，发现她们的性格特点与优势，从而有意识地向这些人学习，进而更好地适应周围环境和社会，更好地实现自我完善和发展。

（二）发展友谊寻求社会支持

社会支持是个体在遭遇困难和挫折时所能得到的来自他人的关心与帮助。心理学研究表明，社会支持可以降低生活事件造成的个体紧张感，促进个体适应社会环境。朋友、家庭、群众团体、党团组织、行政机构作为个体重要的社会支持来源，所能提供的社会支持不仅是指物质上、经济上的有形支持，更重要的是心理支持。现在很多女性退休后仍和过去的同事们保持良好的交往，有的女性在所居住的社区成立了妇女联谊会，还有的通过网络和更多的群体交流，这些无疑都可能成为社会支持的网络。心理学的研究认为，心理支持有比物质支持、经济支持更强大的作用，它是人体保持心理健康的主要支持系统。如从经济上资助一些生活困难者能够帮助这类群体缓解生活困难，但是难以消除其自卑心理。而社会心理支持则可以帮助他们树立自强向上的精神，消除自卑感。因此，女性要维护身心健康就应该积极扩展生活圈，培养广泛兴趣，掌握人际交往的技巧和策略，真诚对人，宽以待人，从而发展出深厚的友谊和支持网络，以便为自己提供强大的社会支持。

【基本概念】

女性心理健康　女性的多角色　癔症　性骚扰　产后抑郁　健康的女性观

【复习思考题】

1. 女性心理健康标准有哪些？

2. 简单谈谈你对产后抑郁症的认识。

3. 查阅相关学术文献和资料，思考还有哪些因素会对女性的心理健康造成影响。

4. 职场性骚扰通常存在哪些表现形式？对于女性的身心健康具有哪些影响？

5. 思考如何维护女性心理健康。

【推荐阅读书目】

1. 赵玉芳．妇女心理健康与防治．重庆：西南师范大学出版社，2009.

2. 卡罗尔·吉利根．不同的声音——心理学理论与妇女发展．肖巍，译．北京：中央编译出版社，1999.

3. 克莱尔·A·埃奥，朱迪斯·S·布里奇斯．心理学：关于女性（第2版）．施铁，等，译．上海：上海人民出版社，2012.

4. Margaret W. Martlin. 女性心理学（第6版）．赵蕾，吴文安，译．北京：中国人民大学出版社，2010.

5. 玛丽·克劳福德，罗达·昂格尔．妇女与性别：一本女性主义心理学著作．许敏敏，宋婧，李岩，译．北京：中华书局，2009.

6. 郭爱妹．女性主义心理学．上海：上海教育出版社，2006.

第十一章 社区心理健康

【学习目标】

1. 了解社区心理健康服务的内容与方式
2. 能够识别常见的社区心理问题
3. 掌握社区心理健康教育的具体方法

【章节导读】

"社区是社会的后花园"，随着我国社会结构体系的不断发展与健全，社区建设问题也越来越受到重视。每个人都会休憩居宿于社区，心理疾病自然也会或多或少地蔓延其间。社区的心理矛盾分为两大类：一类是家庭纠纷和邻里争执，另一类是个人需要与社会需要的冲突。如何建设和谐的社区环境，如何通过社区多方位的服务使居民生活得更幸福，如何构建社区心理健康服务体系等问题日益受到心理学工作者、社区工作者的关注。本章内容主要探讨社区心理健康服务的主要内容，社区中常见心理问题的识别及社区三级心理健康服务体系的构建。

第一节
社区服务与心理健康

随着我国人民社会生活水平的不断提高，社区心理健康工作的需要日益突出。人们希望在社区就能够得到良好的心理健康服务，如儿童、青少年、老年人心理健康咨询等。

一、社区的概念

社区（community）是人类社会活动的产物。在社会学史上首先使用“社区”这一术语的是德国社会学家滕尼斯（Ferdinand Tonnies，1855—1936）。他在1887年出版的《社区与社会》一书中将“社区”与“社会”区分开来，并使用了社区（gemeinschaft）一词。在滕尼斯的著作中，社区的基本含义是：由具有共同价值观念的同质人口组成的关系密切、守望相助、富于人情味的社会团体。1933年，我国学者费孝通等在翻译美国著名社会学家帕克的社会学论文时，第一次将“community”这个英文单词翻译成“社区”，后来成了中国社会学的通用术语。

我国学者大多赞同社区的这一定义：社区指由居住在某一地方的人们，结成多种社会关系和社会群体，从事多种社会活动所构成的社会区域生活共同体。其主要特征是：(1) 一定地域的社会人群；(2) 地域的范围可以是区、县、街道、乡镇、居民住宅区等行政划区，也可以是医院机构以外的工厂、机关、商店、学校等社会团体和阶层；(3) 在社区人群中，多以一定的社会生产关系和行为规范为共存基础；(4) 具有文化传统、生活习惯、乡土观念等方面的感情和心理上的共同趋向。

二、社区的功能

社区一般包括五大主要功能，即生活服务功能、整合功能、保障功能、稳定功能和价值引导功能。

1. 生活服务功能

生活服务功能是社区的首要功能，也是最主要的功能之一。社区为群众提供日常的生活服务，为群众的出行和日常生活提供方便，关爱群众，扩大群众的知识面，丰富群众生活。常见的社区生活服务包括社区教育、各类讲座、居家养老、助餐服务、文体活动等各类服务。

2. 整合功能

社区通过对社会利益的整体协调，促进个人和社会群体相结合，既满足个人利益，又促进社会发展。这种功能的正常发挥，将有利于社区人群情绪的稳定，人际关系的融洽，可促进整体心理健康水平的提高。

3. 保障功能

承担社会保障的具体事务，如养老、失业、医疗等保险的具体落实；利用社区教育进行再就业培训及职业介绍，为社区弱势群体提供间接帮助。这种功能的正常发挥，将会使社区中那些需要帮助的人群，感受到国家的关怀和社会的温暖，从而，减轻自身的生活压力。

4. 稳定功能

解决社会问题，消除导致不稳定的因素，很好地协调各类人群之间的关系。这种功能的正常发挥，将会及时解决社区人们亟待解决的问题，可避免由于矛盾激化而引起的各种各样的心理问题。

5. 价值引导功能

有两个层次表现，一是通过宣传教育，引导积极向上的价值观，二是通过丰富多彩的活动，树立起人们的社会主义价值观。这种功能的正常发挥，将会提高社区群体的思想道德水平，树立起人们正确的人生观和价值观，有利于心理的全面健康发展。

三、社区心理意识

社区心理意识的研究最早起源于德国社会学家滕尼斯，他在《社区与社会》一书中关于人际亲密关系、社会凝聚等心理因素的表述是对社区心理意识最早的探讨。到了20世纪30年代，随着城市社区研究的兴起，对“社区心理意识”的研究得以推广。至20世纪60年代，国外心理学家逐渐认识到以往的心理学研究偏重个体行为而忽视社会背景，从而主张从社区的角度重新研究心理学。

社区心理意识（psychological sense of community）由美国心理学家萨拉森（Seymour B. Sarason）率先提出，他将社区心理意识界定为同他人类似的知觉；一种公认的与他人的相互依赖；一种维持这种相互依赖的意愿，这种维持通过给予他人或为他人做人们期待的事情来实现。

McMillan 和 Chavis 深化了这一概念，他们提出社区心理意识的四要素模型，认为社区心理意识包含以下四个要素：（1）情绪，即一种愿意成为社区成员的内心感受，主要的是指情绪安全和归属；（2）人际信任影响，指基于一定法则而形成的社区团体规范和团体决策能力对成员的影响以及个体成员对社区团体的影响；（3）公平交换，即社区团体对社区成员资源和需求的整合，它建立在人际信任的基础上；（4）文化沉淀或精神联结，主要是指以社区成员共同生活和互动所形成的集体经历为基础而进一步形成的代表社区价值和传统的文化。

我国学者王亮认为社区意识是一种特殊的社会认同，是人们共同的精神生活和在此基础上形成的共同的精神纽带，它使成员感受到彼此之间的亲密关系和休戚与共的依赖关系。罗英豪认为在共同生活中所形成的具有归属感、认同感、情感联系和安定感的社区意识是一种心理建构，是团体和组织行为的一般特征，体现了每个人对他人的需要和人们之间的互动联系。

四、社区心理健康服务

社区心理健康服务，也称社区心理（精神）卫生服务，是指在社区服务工作中，运用科学的理论和原则来保持与促进人们的心理健康，即通过讲求心理卫生，培养人们的健康心理，从而达到预防心身两方面疾病的目的。具体来说，社区心理健康工作的宗旨是促进儿童和青少年的正常发展，培养其健康的人格；保持成年人的正常工作和生活；维持老年人的心理稳定；预防各种心理问题，包括精神病、神经症、心身疾病、人格障碍、精神发育迟滞；消除引起心理压力和各种不良情绪的心理因素（车文博，2001）。[①]

社区心理健康服务体系在西方相对成熟，特别是英国和澳大利亚社区心理健康服务的模式非常值得借鉴。澳大利亚社区心理卫生服务的做法是：患者（家人或其他人患病）→社区心理卫生服务中心→医生和案例负责人→门诊或入院治疗诊治、随访。患者一旦接受服务中心的服务，就一直会得到一位案例负责人的细致照顾和随访，直至痊愈。澳大利亚绝大部分接受服务者对这种心理卫生服务持肯定的态度。

（一）社区心理健康服务的基本观点

社区心理健康服务是直接深入社区家庭，距离患者最近的服务方式。在西方发达国家，社区心理健康服务（包括危机期的心理干预）普遍受到重视。由于社区全科医生平时与患者及家庭交往最多，关系也较为密切，对开展心理卫生服务提供了良好的条件。社区心理健康服务人员在进行心理卫生干预过程中，要注意以下几个基本观点。

1. 整体性观点

社区心理健康服务强调患者是一个完整的人，是一个不可分割的整体，除了需要注意机体内各器官系统的联系外，还要注意患者与外部环境、与家庭之间的关系，以及患者发生疾病的种种心理社会因素。一个全科医生必须从众多有矛盾的关系中，探寻出患

① 参见车文博主编：《心理咨询大百科全书》，杭州，浙江科学技术出版社，2001。

者的心理行为变化原因，积极帮助和支持患者提高对问题的认识和理解。社区心理健康服务人员要站在社会“大健康”观念上，来考察患者的有关疾病因素，从整体上研究分析解决的对策。

2. 协调性观点

社区是医疗预防保健网的基层部分，负责解决社区居民常见的疾病防治和心理卫生保健工作，承担着重要的卫生预防治疗任务。社区全科医生在卫生服务中要时刻注意，在解决病人疾病和健康教育活动中，要注意调动社区内患者家庭中一切可利用资源，积极为患者提供必要的、及时的家庭卫生服务。同时，社区医生要认识到，对患者的心理支持要靠患者自己、家庭成员、社区及社会的全面支持和帮助才能实现。

3. 连续性观点

社区心理健康服务是体现在对家庭成员、对不同年龄、性别、职业的患者的人生发展各个阶段的连续性服务。这种社区健康服务表现为为居民提供的从生到死，从疾病发生、发展到治愈或康复，从家庭的建立到解体的一系列心理保健服务。全科医生要为此做出自己负责任的、全面的、连续性的心理支持与帮助，缺少其中的任何环节，都是社区心理健康支持与关怀的不足。

4. 综合性观点

社区的综合性心理健康服务是就服务对象而言的，包括不同年龄、性别，不同病因种类，从预防、诊断、治疗到康复的综合全面的服务。特别是针对个体患者的疾病、患者与家庭的关系、经济社会状况、职业工作情况及患者心理活动和心理需求等，需要社区心理健康服务人员的全方位的、综合性的支持和帮助。社区全科医生要充分认识到，仅运用医疗技术来治疗患者，而缺乏对患者的心理关怀是有所欠缺的。

5. 可及性观点

全科医生工作在社区，生活在居民周围，社区居民的任何医疗需要，全科医生都会及时了解。这种社区全科医生的服务，是一种新的医疗服务形式，包括能提供可靠的医疗设施，有固定的家庭、个人与全科医生的服务关系，社区中有完善的预防保健系统，距离不太远的社区卫生服务中心站。同时，也包括全科医生对病人的人文关怀，心理上的亲密接触及支持程度，以及经济上的患者可接受性等。这样，患者就会体验到医生就在我身边，心理上就有了承受疾病的心理支持，而全科医生的及时、友善的服务关怀，为患者的康复与保健又提供了重要的支持。

（二）社区心理健康服务的对象与内容

Davis 调查了一家社区儿童心理健康服务中心。该中心的服务对象主要是具有情绪和行为问题的学龄前儿童（3 个月至 5 岁半）的家庭，存在社会心理问题的家庭做父母有障碍的家庭，患者中母亲的年龄一般介于 20 岁至 44 岁之间。研究者通过对该中心的 87 个家庭案例的分析发现，其干预方式主要是由受过父母咨询训练和父母问题与儿童行为管理训练的健康访问者和小儿科的社区医务人员上门服务；干预方法则是以咨询理论为基础，根据儿童的信任感及其对父母亲的尊重关系而定；干预的目的是促进和支持父母亲自己探索所存在的问题，并帮助他们确定明确的目标和有效地解决问题的策略，临床心理学家则提供现场咨询与服务。事实证明，在社区工作中提供心理健康服务是切实可行的，有关的训练课程不仅为非专业性的心理健康工作者所接受，而且，对他们准备从事有关社会心理问题的服务工作是非常有效的。

对于社区心理健康服务而言，预防大于治疗，整体大于个体。个体问题是在社区背景中出现的，社区的健康问题解决后，才可能帮助个体解决个人困扰。因此，在应激事件发生以前对整个社区做预防工作，可防止创伤，阻止个体产生心理问题。社区心理健康服务的内容主要关注以下几项：（1）生活中常见的心理问题，如抑郁症的防治和干预、夫妻矛盾的心理咨询与干预；（2）特殊人群的心理健康服务，如孕妇孕期和产前的心理辅导、新手妈妈辅导、老年心理咨询、外来务工者心理健康教育、残疾人心理咨询、农民工心理咨询等；（3）开展对儿童与青少年的教育，如儿童自闭症的干预，学龄前儿童情绪和行为问题干预，青少年的心理辅导和性教育；（4）对吸毒人员的教育与心理辅导等。

2000年，Duffy与Wong提出，社区心理健康服务还应包括以下三项特殊的内容：

（1）压力应对。研究者普遍意识到不论是积极事件还是消极事件，不论是应激事件还是慢性生活事件，都会引发个体压力，个体必须应对压力，才能预防可能产生的心理疾病。

（2）危机干预。危机有两种类型：偶然性的（accidental），如家庭成员死亡、生病、交通事故、地震、失业等；发展性的（developmental），如成长、入学、上大学等。危机干预理论立足于有限的社区心理健康服务人员在最大限度上对社区产生影响。其中，对于自杀干预的研究尤其引人关注。

（3）严重精神疾病的愈后心理健康服务。患有严重心理疾病的患者出院治疗是一种普遍接受的治疗方法，国外对愈后精神疾病患者采取的方法是：首先，回到社区环境中，为患者提供和谐、宽松、愉快的家庭和社区环境，促进他们更快治愈；其次，对心理障碍深入了解，心理健康服务的质量取决于心理健康服务者对心理障碍了解的多少；再次，集中于定时治疗、反馈、寻求社会支持及生存技能的训练；最后，与其他健康服务（如医疗服务）相配合。

（三）提供社区心理健康服务的方式

1. 心理健康宣传和教育

心理健康宣传和教育指的是心理健康工作者为了增加个体、家庭和社区健康，从事的合理的心理与社会范围内的活动。其主要目的是帮助居民获得知识、态度和行为模式，培养和维持心理健康状态，从而促进居民的心理健康。

心理健康教育的项目包括：（1）心理健康定位的方案，如抑郁的预防、心理治疗的正确定位、端正心理障碍的态度等。(2) 家庭生活教育方案，如减少儿童虐待、问题儿童的父母教育等。(3) 社会能力或技能方案，如儿童、青少年及成人的社会技能形成和培养。

2. 社区心理咨询

(1) 社区心理咨询的目标。社区心理咨询的目标，是通过提高心理健康工作人员的工作技能和社区居民的生活技能，直接或间接地提高当事人的心理健康水平。研究发现，相比很少或没有接受心理健康咨询的社区，接受心理健康咨询或教育的社区居民心理健康水平有显著改善。此外，社区还可以聘请社区外的心理咨询专家，或社区与社区卫生院联合，由卫生院派遣心理咨询人员来对社区群众进行心理咨询，并进行及时的记录。一旦存在无法进一步咨询的情况，需要及时转介至正规的心理咨询中心或医院。

(2) 开放式社区心理服务系统。在社区中，要构建开放式的社区心理服务系统。社区为人们提供电话、信件、网络等多种预约服务的形式，让社区按照患者的心理问题或心理疾病的轻重缓急来安排心理治疗人员和时间。这种开放式提交系统能够更好地满足人们对服务的需求，比封闭式提交系统具有更多的优越性。1993 年，Marriott 等通过对 590 名患者的调查，考察了“开放式提交系统”在社区心理健康服务中的应用。所谓开放式提交系统，就是允许任何人（包括代理人和患者本人）通过电话或信件联系（预约）服务，且让具有严重心理疾病的患者享有优先权。结果显示，预约的数量比较适合服务的进程，轻度心理疾病患者的案例往往是医生提交来的，而不是其他中介介绍来的。1996 年，Puri 等调查了 42 名从业人员对社区心理健康服务中“早期干预服务”的看法及其服务的利用情况，并在同一地区内进一步比较了从业人员对采用开放式提交系统和封闭式提交系统开展早期干预服务的满意度。结果表明，从业人员对开放式提交系统所有方面的满意度都大于封闭式提交系统，尤其对开放式提交系统的提交速度更加满意。

3. 心理问题的干预

对心理问题进行干预也是社区心理健康服务的一项重要的内容。心理问题干预主要针对家庭或工作的突发事件对心理的影响和需要介入的公共危机事件对心理的影响。在社区中，先由工作人员对危机事件进行评估后，再决定是否需要进行心理干预。若确实需要进行干预的，再由专家小组讨论具体方案并实施干预。社区要为居民提供 24 小时免费心理援助电话，或在网络平台请求进行紧急心理干预。必要时，社区工作人员可配合居民、警方及其他政府机构提供相应的危机干预服务，避免伤害进一步升级，减轻或避免不必要的身心伤害或财产损失，降低负面的社会影响。

（四）社区心理健康服务的效果

一般而言，社区心理健康服务的效果，主要表现在以下几个方面。

1. 在缓解社区人群心理问题中的效果

社区心理健康服务的开展，有效地增加了人们心理自助与互助的能力。在社区中，应该对不同的人群进行各种不同形式的心理卫生知识的宣传、教育和咨询活动。各种心理知识普及与心理咨询活动的开展，增加了人们对基本心理原理和心理卫生知识的掌握，增强了人们解决简单心理问题的能力。通过社区心理知识的普及，人们遇到简单的心理问题时可以进行自我调节；若遇到自己无法解决的问题时，则可求助于社区专业的心理咨询师，开展有效的心理咨询活动。

1997年，Davis和Spurr在一项研究中让健康工作人员和临床医务人员在接受父母咨询训练后，面向具有多种心理社会问题的学前儿童的父母亲提供咨询服务。被试被分成两组，干预组55人，对照组38人。采用访谈法和自我报告式的问卷调查，在最初的检测后，研究者对干预组跟踪调查了2～15周，对照组则跟踪了16周。结果显示，服务很受重视，并产生了显著的效果，即各类问题的严重性明显下降；父母亲的自尊显著增强；父母亲的紧张感和情绪困难明显减少；儿童表现出更积极的创造性；家庭环境明显改善；儿童行为问题明显减少。2000年，Chiappelli和Berardi运用问卷调查法和档案分析法考察了患者对社区心理健康服务的满意度以及与这种满意度相关的因素。结果表明，患者对于心理健康服务人员的服务技巧和人际交往技能、所提供的信息和药物、帮助患者获得经济利益以及提供家庭照料等都非常满意。

2001年，Modiba等也利用访谈法和自我报告法调查了南非心理健康服务接受者及其家庭对社区心理健康服务的需求。研究发现，在社区心理健康服务接受者中，感到孤独和寂寞是普遍现象（只有7%的人报告说与朋友有接触）。研究结果显示，被试对社区心理健康服务的需求主要表现在以下几个方面：第一，提高门诊心理健康服务的质量；第二，更好地协调各类服务（门诊、医院、社会工作和传统医治等）、消除接受心理健康服务的障碍；第三，心理健康服务人员与社区有关部门和个体合作，帮助患者克服社会孤独感。① Ralston等运用问卷法调查了苏格兰地区149位存在严重心理异常的社区心理健康服务接受者的需求状况及其对现有服务的满意度，结果发现：（1）59%的被试表示愿意接受社区心理健康服务，而其他被试则宁愿在家中或在附近的健康中心接受心理健康服务。（2）被试感到在以下几方面需要得到帮助：焦虑、抑郁、社会技能、孤独、独立性、疾病知识以及有关社会服务利益方面的咨询。（3）总的来说，心理健康服务接受者对现有的社区心理健康服务感到非常满意。②

2. 人们对于心理健康服务的感受存在差异

另有研究发现，社区心理健康服务的从业人员及其服务接受者对于心理健康服务的感受存在一定差异。Roth和Lauber调查了美国385位长期患有严重心理疾病的社区心理

① 参见P. Modiba，H. Schneider，Profile of community mental health service needs in the Moretele district (North-West Province) in South Africa. *Journal of Mental Health Policy and Economics*，2001，4（4）：189－196。

② 参见G. Ralston，S. Beesley，J. Bogue，Users' needs and satisfaction with a community based mental health service. *Psychiatric Bulletin*，1998，22（8）：473－476。

健康服务接受者及其病例管理人员，就他们所需要的心理健康服务和社会支持方面的帮助的数量，以及他们已经接受的心理健康服务和社会支持方面的帮助的数量进行了比较，考察了服务接受者同其病例管理人员对服务需求的认知差异，以及服务接受者每类需求所得到的帮助的主要来源。结果发现，对于社区支持服务的需求、人际需求和危机心理需求，在心理健康服务接受者的自我报告中，显示出对心理健康系统之外的支持源（如家庭和朋友）的强烈依赖性。在评定所需要的帮助和已得到的帮助时，心理健康服务接受者同其病例管理人员之间的相关性比较低。心理健康服务接受者认为他们的大多数需求都没有得到满足，而病例管理人员则认为接受者的大多数需求都已经很好地满足了。因此，在社区心理健康服务工作中，接受者同其病例管理人员在治疗方案和提供有关服务的信息方面，需要进一步达成一致意见。

五、我国社区心理健康服务的产生与发展

了解我国社区心理健康服务的历史和发展，以及当前的现实状况，对于做好社区心理健康服务工作具有重要意义。

（一）我国社区心理健康服务的产生

我国的社区心理健康工作始于1958年，当时在南京召开了全国第一次精神病防治会议，制定了“积极防治、就地管理、重点收容、开放治疗”的工作方针，提出了药疗、工疗、娱疗及教育疗法相结合的工作方法。20世纪60年代以后，各地以精神病院专科队伍为基础开展了不少工作：通过培训基层医院临床医师精神病知识，增加基层精神病防治力量，使其能就地治疗精神病；在城市建立市、区、街道三级防治网络，在农村建立精神病县、乡、镇三级防治网络；指导乡镇基层医院在农村建立精神患者家庭病床。20世纪70年代末以来，进一步建立了由卫生、民政、公安部门为骨干组成的精神病防治工作小组。20世纪80年代中期到90年代，借鉴西方发达国家的经验，许多地方的街道或乡镇医院设立精神科，开设精神科门诊、家庭病床，为患者制订具体的治疗和康复计划，进行精神病知识的宣传教育。一些地方组织成立了精神病患者的福利工厂及以街道办事处为核心的看护小组。

（二）我国社区心理健康服务的发展

我国社区心理健康服务的发展始于20世纪90年代。1991年，卫生、民政、公安三部及中国残联根据国务院《中国残疾人事业“八五”计划纲要（1991年—1995年）》制订了全国精神病防治康复的“八五”实施方案。依靠初级卫生保健组织，在城乡建立了精神病三级防治网。根据不同条件建立了不同类型的社区心理卫生服务模式，其中，城

市三级心理卫生防治网采用上海模式；在农村精神病防治康复也涌现了烟台、沈阳及四川等地的模式。1996 年“九五规划”提出，对 120 万重性精神病人进行社会化、开放式、综合性的康复工作。社区心理卫生服务工作在广度和深度上有了进展，如进行心理保健知识教育，开设心理咨询服务，对社区康复精神病人及慢性精神病人进行治疗、管理、预防复发及康复的全方位服务。

近年来，我国心理卫生服务迅速渗透于社区卫生服务工作中，经过十余年的努力，已取得初步成效。2005 年全国 30 个省、市、自治区共建重性精神疾病监管治疗示范区 60 个，覆盖人口 4 300 多万人，全国举办培训班 419 个，分级培训精神科医师、社区医师、个案管理人员、街道及派出所人员、患者家属 3 0574 人次，并建立了示范区精神疾病信息管理系统。2007 年国家精神卫生项目经费增加至 1 500 万元，继续在 60 个示范区深入开展精神卫生防治工作。国家精神卫生项目预计逐步增加预算，深化服务模式改革，同时规范工作程序，细化治疗方案，扩大培训范围，并强化康复和治疗同步进行的观念，更加关注患者的社会功能状态提高。2008 年，卫生部等 17 个部门印发了《全国精神卫生工作体系发展指导纲要(2008 年—2015 年)》,提出开展精神疾病社区康复的县（市、区）到 2015 年达到 85%。

知识拓展

深圳市的心理卫生服务体系

深圳市于 2004 年将心理卫生服务纳入公共卫生体系，并在 2005 年初在全国率先启动“心理卫生进社区”项目。市政府、市卫生和人口计划生育委员会（以下简称“市人卫委”）高度重视“心理卫生进社区”项目工作，将其经费纳入年度精神卫生工作预算，近 5 年来全市共投入 2 000 余万元。2008 年深圳全市共有 300 个社康中心推广心理卫生，实施心理卫生服务的社区健康服务中心（以下简称“社康中心”）覆盖率达 50% 以上；到 2010 年，深圳全市社康中心心理卫生项目已达到 100% 的覆盖率。

深圳市福田区自 2007 年启动市首个“广东省精神疾病医院和社区一体化防治康复示范区”，全面开展“心理卫生进社区”项目。福田区卫生局按照“院办院管、保证质量、稳步发展”的指导思想，社区健康中心采用统一标识、统一评估标准、统一电脑系统进行管理。在市精神卫生中心的技术支持下，以区慢性病院为主体，区属综合性医院为辅助，以社康中心为平台，以社区居民为服务对象，为居民提供多种心理卫生服务，内容主要涉及心理卫生教育和健康促进、重点人群心理干预和精神疾病三级预防等。

(三) 我国社区心理健康服务需求状况

随着生活水平的不断提高，生活压力的不断加大，人们对于精神上的需求也越来越高，希望在生活中保持平和的心态，拥有良好的人际关系，掌握调控情绪的技巧，等等。在一项针对社区居民的心理咨询服务需求的调查中发现，认为不需要心理服务的占 14%；

认为偶尔需要的占43%；经常需要的占13%；需要定期得到服务的占28%。进一步对认为不需要心理服务的人群进行深入调查发现，他们不愿主动寻求心理服务的原因主要有：对社区心理咨询服务还不太了解；因为住家附近缺乏服务机构；认为去看心理医生多半是精神有问题，怕别人发现后误解；不相信社区心理服务人员能够帮自己解决心理问题；认为自己确实不存在心理问题等。由这项研究可以看出，社区居民对心理服务有比较强烈的需求，他们需要专业的服务进行心理引导，开展社区心理咨询服务拥有较多的服务对象。但是，由于目前社区心理咨询服务的机制还不够健全，服务人员的水平还有待提高，宣传的力度还不够深入，导致居民对社区心理咨询服务还缺乏认识和理解，这妨碍了他们及时地解决自己的心理问题。

（四）我国社区心理卫生机构的设置状况

目前，我国社区心理卫生工作的开展采用四级服务模式，就是从社区、街道到区、市都设有心理卫生服务平台，分别依托于社区卫生服务站、街道卫生服务中心、区心理卫生中心和市心理卫生中心。其中，社区级（一级）服务网络由社区卫生服务站的责任医师团队组成，他们负责搜集心理服务信息，为居民建立心理健康档案以及开展心理健康方面的宣教工作；街道级（二级）服务网络则以公共卫生管理员为主要力量，并在社区心理卫生中心设立心理咨询室；区级（三级）服务网络以区心理咨询师团队为主，开展常规的心理咨询与治疗，并为辖区内的学校、企业的心理健康服务提供技术支持；市级（四级）服务网络是以市心理卫生中心为主，规划全市社区心理卫生服务模式的开展、指导与考核，提供各类心理疾病的治疗和咨询，组织心理卫生服务人员培训，制定心理危机干预预案等。

（五）我国社区心理卫生工作的主要内容

我国的社区心理健康服务已发展成五位一体的服务体系框架，主要涉及以下几个方面的内容。

（1）面向个别来访者，给予相应的心理评估与治疗。

（2）面向学校，主要是与周边的学校进行沟通与合作，一方面为学校的老师提供压力支持系统，为他们做一些相关的培训，另一方面是与学校签订协议，当学校出现自身解决不了的问题时，服务机构提供相应的心理服务。

（3）面向社区，一方面为社区工作人员提供心理保健，减轻他们的压力，另一方面为社区居民提供服务，目前主要的工作还停留在宣传普及上，包括分发一些心理卫生的宣传资料、开展面向大众的心理知识的科普讲座等。

（4）面向医院，主要是心理医生与内、外科医生一起到病房查房，如果病人在患病的同时还伴有心理疾病，可以给予及时的心理咨询服务。

（5）面向周边的企业，为企业的员工提供心理方面的支持，对企业员工进行个体或群体的心理咨询服务。

第二节
社区常见的心理问题

社区是人们居住和生活的聚居区，社区中常见的心理问题具有普遍性，了解这些问题，对于做好社区居民的心理健康工作是十分必要的。

一、躯体疾病引起的心理问题

躯体疾病引发心理问题的原因主要有两种：第一种是人们对疾病的错误认知，以为某种疾病并没有在自己身上发生，如原发性高血压或者糖尿病的患者可能没有主观症状，也可能因此掉以轻心，没有主观症状的病人就可能认为自己没有问题，这是导致不坚持治疗的一个最常见的原因。有些患者则把病情看得过重，进而对病情恐惧，引发焦虑、恐惧等心理问题。有研究发现，20%以上的癌症患者会产生重度抑郁、悲伤、缺乏自我控制、人格改变、愤怒以及焦虑。1993年，Pinder等调查了患有良性乳腺癌的妇女的情绪，结果显示，这些妇女的情绪反应差异大，从小的心境破坏到达到诊断水平的抑郁和焦虑反应。

第二种是由躯体疾病本身带来的心理问题。某些疾病可能引起身体的疼痛，或者有些疾病自身带来的严重后果，会给患者带来心理上的不适感，如冠心病是一种可能直接导致死亡的疾病，冠心病的患者就会产生恐惧心理。2002年，Lane等的研究发现，在住院期间，30.9%的患者报告抑郁情绪增加，26.1%的患者则报告焦虑情绪增加。有些疾病的治疗时间较长，需要长时间诊疗和服药等，或疗效反复波动，引起患者心理上的恐惧感和厌恶感，甚至对治疗丧失信心。

案例分析

两则由身体疾病引起心理问题的案例

案例1：李老师年轻时身体很好，50岁时检查发现有高血压，由于没有任何症状，李老师自认为没有什么问题，没有服药，也没有改变以前不良的生活习惯。3年以后，由于同事的突然去世，李老师感到紧张，再到医院检查，发现已是高血压Ⅱ期。以后出现夜间入睡困难，焦虑不安，若检查血压稍有升高就会紧张。

案例2：46岁的老张是公司老总，平时工作繁忙。一次例行的身体检查，发现有病灶很小的陈旧性心肌梗死。由于没有出现过症状，老张没有遵守医生的嘱咐，没有进行连续的治疗，也基本没有改变生活习惯。两年后，老张因严重的心绞痛住院，在医院看到数名病友因冠心病死亡，感到十分恐惧，从此以后什么事都不敢做，时时担心冠心病发作。

二、其他常见的社区心理问题

（一）家庭矛盾引起的心理问题

家庭是社会的细胞，家庭成员之间往往会产生一系列的矛盾和问题，如夫妻矛盾、婆媳矛盾、财产纠纷、子女抚养等问题，都会给家庭成员带来心理情绪问题。长期处于家庭各种矛盾困扰下的家庭成员，往往会有焦虑和抑郁等消极情绪，进而产生失眠、食欲差等症状，甚至影响工作和学习。

（二）邻里纠纷导致的心理问题

社区里的住户要与各个年龄阶段、各种工作内容、各种学历层次、各种经济地位的邻居交流和接触。由于观念上的分歧，或者生活中小细节的不一致，邻里间就会产生这样那样的矛盾。有些矛盾通过交流和沟通就可以解决，有些矛盾涉及范围大，情况复杂，一时难以解决。如果长期处于邻里矛盾中，而无法缓解与疏通，个体就会产生不愉快的心境，甚至对与自己有矛盾的邻居产生恐怖感，害怕见到邻居，害怕与邻居进行交流。

（三）对小区安全过分担忧产生的心理问题

有些住户对他们所居住小区的安全性持有怀疑态度，他们往往害怕自己不在家时小偷会闯进家里，担心家里的财物失窃，或者担心家里的老人和小孩会受到突如其来的伤害。长此以往，这些住户会产生严重的焦虑感和强迫心理，并伴随着各种异常的行为，如家里如果没有人在就门窗紧闭，出门前多次检查家门是否锁好，经常担心家里会进小偷等。在平时，大脑中反复在想家里是否安全，或者煤气、水龙头、家门等是否已关好，自己越想控制住这些想法，就越难以控制，从而陷入痛苦而无法自拔。

（四）老年人心理问题

2010—2020年，我国人口处于快速老龄化的阶段。原本由企业或其他单位承担的各项职工福利在老年人退休后逐渐“推向”社会，如一部分老年人的医疗、养老及各种补贴等都要由社区来承担，由此衍生出很多老年人的心理问题。此外，由于活动范围小、交流机会少，加上缺少子女对他们的关心和关爱，老年人往往会产生抑郁、孤独、失落、无助等心理问题。另有老年人由于刚退休的不适应，产生离退休综合征；或有老年人患上老年性痴呆，这些老年人常见的心理问题需要社区心理服务来缓解和解决。

三、社区常见的神经症

神经症是一种非器质性的、大脑神经机能轻度失调的心理疾病。各种神经症是社区中较为常见的心理疾病，通常可通过药物治疗与社区心理辅导相结合的方法进行调适。

（一）焦虑症

焦虑症是以广泛和持续性焦虑或反复发作的惊恐不安为主要特征的神经症性障碍。常伴有头晕、胸闷、心悸、呼吸急促、口干、尿频、出汗等自主神经症状和运动性紧张。患者的焦虑情绪并非由实际威胁或危险所引起，与其紧张不安的恐慌程度和现实处境很不相称。患有焦虑症的人，常感到无明显原因、无明确对象、游移不定、范围广泛的紧张不安；经常提心吊胆，却又说不出具体原因。患者过分关心周围事物，注意力难以集中，从而使工作和学习效率明显下降。2011 年，汤希林研究了焦虑症社区心理辅导疗法的效果，发现焦虑症除药物治疗外，最好在社区进行心理辅导，能大大提高疗效。

对焦虑症的调适方法包括：调整自己的认识，分析自己产生焦虑的原因；进行心理训练，如各种自我松弛训练——冥想、瑜伽、气功等，通过心理训练，达到控制、调节心理和生理功能的目的。

（二）恐怖症

恐怖症是指对某些特殊物体、处境、活动产生的持续的、异乎寻常的、强烈的恐惧或紧张不安的内心体验，并因此出现回避反应。

社区中的恐怖症的主要类型有：（1）社交恐怖，表现为在社交或表演场合出现恐惧。如有些患者在大庭广众之下感到极度不适，出现面红耳赤、心慌、眩晕等症状。（2）场所恐怖，表现为对某些难以逃离或得不到帮助的场所或情境的恐惧。如在高处、空旷处、黑暗处等，这些情境会令患者极度焦虑不安，严重者可出现休克。（3）物体恐怖，表现为对一些特定的物体产生恐惧，如动物或昆虫等。

在社区心理健康体系中，可对恐怖症进行调适，包括改变患者错误的认识，一旦了解自己认识的不合理性，恐怖心理会减轻；找出与生活事件相联系的心理冲突，一旦相信他的恐怖源于心理冲突的转移或象征化时，恐惧便会减轻或消失；采用行为疗法，常用的有系统脱敏疗法，鼓励患者去接触引起恐惧的人群、事物或情境，即使暂时会产生恐惧，也要忍受和适应，直至恐怖情绪全部消失。

（三）强迫症

强迫症是以反复出现强迫观念和强迫动作为基本特征的一类神经症性障碍。强迫观念是以刻板形式反复出现的、没有现实意义而又不能摆脱的思想、表象或意向。强迫动作指患者为了减轻因强迫观念所引起的焦虑，不由自主地反复采取的各种刻板的行为或动作。强迫症患者在主观上感到某种不可抗拒和被迫无奈的观念、情绪、意向或行为存在。患有强迫症的人，明知某种行为或观念不合理，但却无法摆脱，因而非常痛苦。

对强迫症的调适方法包括：（1）行为疗法，它对强迫动作有一定效果，其中有厌恶疗法，在患者强迫动作出现时给予厌恶刺激，一旦两者建立了条件联结后，患者会放弃或中止原有强迫行为。（2）分析潜意识的欲望与动机，认识对挫折、冲突或应激的反应方式，体会病理与症状的心理意义，对问题有了领悟后，从而减少强迫行为。（3）森田疗法，对自己的观念持不抵抗态度，不把它当异物，也不排斥。这样那些违反自己意愿的观念、思想就失去了对立面，缓和了冲突，强迫症也就逐渐自然消失了。

（四）神经衰弱

神经衰弱是指精神容易兴奋，脑力容易疲乏，并常伴有情绪烦恼和一些心理、生理症状的神经症性障碍。这些症状不能归于已存在的躯体疾病、脑器质病变或其他精神疾病，但病前可存在持久的情绪紧张和精神压力。神经衰弱的特点是容易兴奋，迅速疲倦，并常常伴有各种躯体不适感和睡眠障碍。引起神经衰弱的原因，是长期存在的某些精神因素引起大脑机能活动的过度紧张，使精神活动的能力减弱。有易感素质和不良性格特征的人，更易患神经衰弱。

在社区中，居住环境中不良因素的影响会导致神经衰弱，对于年长的人来说更会如此。小区周边的噪声是最主要的影响因素，如沿路住户受马路汽车嘈杂声的影响，居住在菜场边上的住户受菜场噪声的影响，社区周围有新建楼房施工带来的噪声，住户附近的歌舞厅发出的噪声等因素，都会导致神经衰弱。对神经衰弱的调适方法为：合理安排学习和生活作息，适当参加娱乐活动和体育锻炼，并进行必要的心理治疗，了解神经衰弱产生的机理，消除对该病的各种顾虑和焦虑情绪，树立战胜疾病的自信心，找出自己具体的病因和影响因素，了解自己的不良性格倾向，并加以纠正，一般可以收到较好的效果。

（五）抑郁症

抑郁症是一种以持久的心境低落状态，即抑郁情感为特征的神经性障碍，常伴有焦虑、躯体不适感和睡眠障碍。社区中常见的抑郁症包括以下几类：（1）反应性抑郁症：由各种精神刺激、挫折打击所诱发。（2）隐匿性抑郁症：抑郁症状常常以各种躯体不适表现出来，如心悸、胸闷、腹部不适、气短、出汗、消瘦、失眠等。（3）继发性抑郁症：可继发于躯体疾病，如肝炎、流行性上呼吸道感染等；也可能继发于药物的副作用，如有的高血压患者服用降压药后，可能导致情绪持续消沉。（4）产后抑郁症：指妇女在分娩之后由于生理和心理因素造成的抑郁症，极少数严重者会有伤害孩子或自杀的想法和行动。(5) 更年期抑郁症：常见于更年期女性，以某些精神因素或躯体因素为诱因，伴有明显的焦虑、自责自罪、疑病观念，有自主神经失调和性功能减退的症状，但智能良好。(6) 老年抑郁症：指发生于老年这一特定人群的抑郁症，包括原发性和各种继发性抑郁。

抑郁症的调适，可以采用以下几种方法：一是学会将自己的忧伤、痛苦以恰当的方式宣泄出来，以减轻心理上的压力。例如，倾诉、写日记、哭泣等，都可以减少心理负荷。二是多与邻居和社区工作人员交往，尝试从另一个角度看待自己所面临的问题，开阔视野。三是有意识地参加一些实实在在的社区活动，如体育锻炼、社区文化娱乐活动等，将自己从苦恼中解脱出来。

四、解决社区常见心理问题的途径

解决社区常见的心理问题就是要发现问题、分析问题，确定正确的解决方法并加以实施。

(一) 对心理问题的诊断和鉴别

由疾病引起的心理问题，可以在社区心理健康服务中缓解。患者可接受社区内受过正规训练的心理工作者的帮助。社区心理工作者可使用各种量表来确定患者各种心理问题的程度，包括焦虑自评量表和抑郁自评量表等。社区心理工作者根据患者的心理状态评定结果，对患者的心理状态进行分类，为下一步的心理干预做好准备。下面介绍两种基本的心理量表。

焦虑自评量表（self-rating anxiety scale，SAS）含有 20 个项目，采用 4 级评分方式，其中注 * 号的 5 个项目，按 4～1 的顺序反向计分。焦虑自评量表是一种分析患者主观症状的相当简便的临床工具，适用于具有焦虑症状的成年人，在社区心理健康服务中具有广泛的应用性。如表 11—1 所示。

表 11—1　　焦虑自评量表

编号	题目	选项			
		没有或很少时间有	有时有	大部分时间有	绝大部分或全部时间都有
1	我觉得比平常容易紧张和着急				
2	我无缘无故地感到害怕				
3	我容易心里烦乱或觉得惊恐				
4	我觉得我可能将要发疯				
*5	我觉得一切都很好，也不会发生什么不幸				
6	我手脚发抖打战				
7	我因为头痛、颈痛和背痛而苦恼				
8	我感觉容易衰弱和疲乏				
*9	我觉得心平气和，并且容易安静坐着				
10	我觉得心跳很快				

续前表

编号	题目	选项			
		没有或很少时间有	有时有	大部分时间有	绝大部分或全部时间都有
11	我因为一阵阵头晕而苦恼				
12	我要晕倒发作或觉得要晕倒似的				
*13	我呼气、吸气都感到很容易				
14	我手脚麻木和刺痛				
15	我因为胃痛和消化不良而苦恼				
16	我常常要小便				
*17	我的手常常是干燥温暖的				
18	我脸红发热				
*19	我容易入睡并且一夜睡得很好				
20	我做噩梦				

抑郁自评量表（self-rating depression scale，SDS）含有 20 个项目，是一种 4 级评分方式的自评量表，其中注有 * 标志的为反向记分题。主要适用于具有抑郁症状的成年人，包括门诊及住院患者，常常在社区心理健康服务中被使用。见表 11—2。

表 11—2　　抑郁自评量表

编号	题目	选项			
		偶尔有或很少有	有时有	经常有	持续有
1	我感到情绪沮丧、郁闷				
*2	我感到早晨心情最好				
3	我要哭或想哭				
4	我夜间睡眠不好				
*5	我吃饭像平时一样多				
*6	我的性功能正常				
7	我感到体重减轻				
8	我为便秘烦恼				
9	我的心跳比平时快				
10	我无故感到疲劳				
*11	我的头脑像往常一样清楚				
*12	我做事情像平时一样不感到困难				
13	我坐卧不安，难以保持平静				
*14	我对未来感到有希望				
15	我比平时更容易激怒				
*16	我觉得决定什么事很容易				
*17	我感到自己是有用的和不可缺少的人				
*18	我的生活很有意义				
19	假若我死了别人会过得更好				
*20	平时感兴趣的事，我仍然照样感兴趣				

（二）社区心理干预

随着“心理健康”概念的日益普及，心理干预作为现代社会人类健康事业的重要组成部分，越来越受到广泛的社会关注。心理干预是在心理学理论的指导下，有计划、有步骤地对一定对象的心理活动、个性特征或心理问题施加影响，使之发生指向预期目标变化的过程。在社区心理健康服务中运用心理干预，因势利导，能起到事半功倍的效果。例如，在社区高血压患者的心理干预中运用合理情绪疗法中的 ABC 理论，采用“灾变祛除”、“重新归因”、“认知重建”等技术能达到良好的效果。另如，可使用认知行为疗法（cognitive behavior therapy，CBT）来治疗慢性疼痛带来的心理问题。CBT 使用大量的心理策略使个体不去学习无效的活动，而去学习新的思考方法和行为方式。1999 年，Morley 等对一系列 CBT 和成人慢性非头痛性疼痛的行为治疗进行分析，表明在疼痛体验、积极应对和疼痛的行为表达上，CBT 比放松、锻炼和教育等替代性积极治疗方法都有效。

此外，由于社区中存在文化层次、职业、性别、年龄、社会地位等不同的各种居民，他们对心理干预的接受能力存在很大差异，因此，要针对不同的人员采用不同的心理干预方式。对文化层次高、求知欲强、善于接受新事物的患者，要进行全面、专业化的心理干预；对文化程度低的患者，要采用深入浅出、通俗易懂、重点突出的心理干预；对老年人应反复宣教以加深记忆。

（三）加强社区心理学工作者的培训

培育社区心理咨询师的心理咨询与教育服务新观念，提高他们对在社区进行心理咨询与教育服务工作重要性和迫切性的认识，帮助他们掌握基本的心理学知识和心理服务原则，了解社区心理健康服务的内容、途径和方法。只有这样，他们才能自觉地在日常社区管理中实践心理咨询与心理健康服务的思想，运用心理辅导原理和方法帮助社区居民解决生活中和遇到躯体疾病时产生的实际心理问题。

社区心理咨询师一要掌握扎实的心理学理论和技术以及广博的社会文化科学知识；二要重视在心理咨询实践中的不断积累、不断总结、不断反思、不断觉察、不断再学习，使自己不断提高、不断成长；三要及时收集来访者的反馈信息，及时总结在心理咨询中的成败得失，及时对来访者感觉的咨询效果进行剖析，特别是对效果不好或失败的个案进行剖析，以利于提高心理咨询的水平和效果。

（四）组织社区居民参加心理健康教育讲座

定期或不定期地面向社区居民组织心理咨询与教育服务的专题讲座，通俗、易懂地介绍心理自我调节的方法和心理保健的措施，解答人们在日常生活和躯体疾病治疗过程中共同关心和存在的一些心理及行为问题，使心理咨询和教育服务工作真正落到实处。尤其是在心理咨询与教育服务工作的起步阶段，举办专题讲座和培训，普及心理咨询知识，宣传教育服务内容，是开展社区心理健康服务的重要步骤之一，具有重要的现实意义。

第三节
社区心理健康的维护

社区心理健康的维护，是一项系统工程，要重视预防工作，做好日常工作。社区和家庭联动，才能做好这项工作。

一、社区心理健康服务的三级预防理论

社区心理健康服务的三级预防理论是实施社区心理健康工作的根本依据。社区心理健康工作者应当认真研究社区中不同人群的文化背景、社会活动特点、行为和生活方式，分析居民心理健康水平的差异，有针对性地提出工作原则和指导方法，制定相应的心理卫生措施，从而促进居民的心理健康水平，优化其心理素质，使其更好地适应现代社会。最终，为他们创造愉快而安定的生活环境，提高他们的生活质量。

(一) 第一级预防（健康危害发生前）

一级预防是社区人群心理保健的基础，旨在通过咨询、指导和普及教育等形式对全体社区人群推行各种提高心理卫生水平的措施，建立有利于心理健康的生活模式，指导有效应对精神压力的方式方法，从而维护和促进心理健康，预防心理疾病的发生。一级预防要在问题可能出现的最早时间或者刚刚萌芽时就采取措施，预防问题的产生。

一级预防的工作重点是以预防性心理教育和心理咨询为主，如生命周期中不同年龄阶段的心理保健、自我心理健康保健、创造有利于心身健康的社区环境和人际关系、保护高危人群等。参与工作的人员不仅是专业心理卫生工作者和社区医护人员，还需要更多的心理工作者、社会工作者和教育工作者的积极参与。在一级预防中，产前产后的妇女、退休前后的中老年人、面临联考的考生、刚丧偶的老人等，都是应该注意的对象。其工作形式有心理咨询和心理健康教育等。主要的工作机构有社区心理卫生中心、家庭访谈中心等。

一级预防的主要工作项目包括以下几种。

（1）提供不同年龄阶段人群的心理健康指导，例如，青少年心理卫生、老人的心理卫生等。

（2）提供有关正常发展与成长阶段的知识（如儿童入学适应问题、青少年性心理健康的知识、更年期心理健康的维护等）。

（3）良好生活方式的培养。

（4）教导有关为人父母及儿童发展的知识与技巧。

(5) 积极宣传滥用有关药物及酒精等对身心、社会的负面影响。

(6) 改善生活环境。

(7) 提供应对压力的技巧。

(8) 提供社区高危人群的支持与咨询，例如，离婚者、无职业者等。

(二) 第二级预防（健康危害发生期）

心理卫生服务二级预防的工作对象主要是社区中心理不健康的个体和群体，他们缺乏对变化的环境积极主动的心理适应、调节和平衡能力，其心理和行为明显偏离心理健康范围，但尚未达到心理疾病的程度。二级预防的工作重点应是早期发现危害心理健康的因素，识别心理缺陷和心理疾病的早期状态。如定期进行心理健康调查和评估、居民的心理危机干预等。心理卫生的对策和指导方针是在心理卫生教育的基础上，给予有针对性的心理训练，以提高心理卫生水平，纠正不健康的心理行为，增强心理素质，促使心理状态向健康的方向发展。例如，设立社区心理健康中心，由专业人员进行心理咨询、行为训练和心理治疗。

二级预防的主要工作项目包括以下几种。

(1) 定期对社区居民进行心理健康评估，持续评估高危人群个案。

(2) 及时预防自杀、自伤、伤人等意外事件的发生。

(3) 提供心理治疗服务。

(4) 合理用药管理。

(5) 提供心理咨询服务。

(6) 将病情严重患者转介到精神病专科医院。

(三) 第三级预防（健康危害发生后期）

心理卫生服务三级预防的工作重点是积极帮助恢复期患者进行心理功能和社会功能的康复性训练，防止复发，防止病残。对于久治难愈的慢性患者，在专科医生的指导下，想方设法防止病情恶化和精神功能的衰退，最大限度地恢复社会功能，如制订一个计划，帮助精神失常的住院患者尽可能回到他正常生活的社区。三级预防还包括大力宣传和普及心理卫生知识，为患者建立有利于康复的人际支持系统。例如，充分利用社区资源成立康复之家、病人公寓、寄养家庭等，为心理疾病患者提供融治疗、训练、康复于一体的人性化医疗服务机构。其工作形式有家庭访视、门诊随访及康复训练等。主要的工作机构有康复中心、日/夜间留院等。

三级预防的主要工作项目包括以下几种。

(1) 预防疾病的并发症并增进康复。

(2) 指导患者日常生活技巧并鼓励患者独立，促使患者恢复日常生活能力。

(3) 给予患者心理支持与治疗，帮助其增强人际交往，恢复正常的心理功能和社会功能。

(4) 对患者进行学习行为、就业行为的技能训练，如让其参与教育活动或简单劳动，恢复学习和工作能力。

(5) 提高患者的自我管理能力。

(6) 转介出院病患到后续性服务机构，如日间留院等。

(7) 监测后续性服务的有效性，如访视或门诊追踪。

一个理想的、完整的社区心理健康服务系统应具有完善的服务机构，如短期住院、日（夜）间留院、门诊、急诊、社区康复中心及心理咨询与辅导机构。其目的是给社区人群提供有关心理健康的指导与咨询、疾病的治疗及康复等整体性、连续性的照顾，使病人在社区仍可以获得适当的照顾。因此，社区心理卫生服务的工作范围也就包括：(1) 全日住院服务；(2) 门诊服务；(3) 部分时间住院服务，如日间或夜间留院服务；(4) 急诊服务；(5) 家庭护理服务；(6) 社区咨询及相关辅导、教育等服务。

二、社区心理健康服务的主要形式

随着社区心理学的发展，社区心理健康服务的形式有了较大的进展，逐渐呈现出多样化、人性化的发展趋势，目前主要的社区心理健康服务形式有以下几种。

(1) 心理健康工疗站或福利工厂。由街道、工厂主办。把闲散在社区中的心理疾病患者集中管理，进行工疗、药疗、娱疗、心理治疗四结合的康复医疗，促进患者的社区康复。

(2) 心理疾病患者康复站。由个人与集体或个人集体合办，收治慢性病人，进行康复医疗。

(3) 心理患者看护网。以居委会为单位，是群众性的自助组织。看护网关心和帮助病人及家属、预防和阻止患者肇事、肇祸，向群众宣传心理卫生知识。

(4) 日间住院。是一种作为回归社会过渡形式的部分时间住院，让经过住院治疗好转的患者，在不脱离家庭生活的情况下，白天来接受治疗和康复训练，晚上回家。

(5) 晚间住院。对于无家可归、家庭无条件或家人不愿照顾的稳定期的患者，让他们白天去单位工作，晚上回医院住院。

(6) 家庭病床。对于病情不稳定、有波动、新近出院或无条件住院的患者，为了满足家属的要求，由社区服务机构的专职医生、护士提供连续性服务，定期上门访视，指导家庭康复和维持治疗。

(7) 家属联谊会。这是由社区中患者家属组成的自助团体，他们邀请专业人员讲授精神病的防治与康复知识，以更好地帮助患者康复。另外，通过相互交流讨论，减轻家属的心理负担。

三、建立发展性的社区心理健康服务体系

美国发展心理学家费尔德曼（Robert Feldman）认为，人是从儿童成长为成年，再到

老年的整体发展过程，生命每一阶段都受到以前时期影响，也影响以后发展。因此，在社区中要开展发展性心理咨询，并把发展性心理咨询纳入社区心理健康服务体系。社区发展性咨询关心的是正常社区成员在不同发展阶段的任务和应对策略，尤其重视智力、潜能的开发和各种经验的运用，以及各种心理冲突和危机的早期预防和干预，以便帮助个体顺利完成不同发展阶段的任务。社区心理健康服务要为社区的儿童、成年人和老年群体服务，建立发展性的心理健康服务体系。

除少数需要进行系统的心理咨询和完整的心理疗程的人以外，社区心理咨询的主要方向和任务，是要立足于促进社区的整体性心理健康，立足于社区社会管理服务，将"发展"作为对人关注的一种原则。要在做好面对广大居民的心理健康知识和心理咨询常识的宣传、普及和教育的基础上，结合人民调解、社区矫正、安置帮教等社区工作，重点对社区相关人群的心理危机进行干预或对心理问题进行疏导，建立发展性的社区心理健康指导服务体系。

发展性的社区心理健康服务体系包括以下两部分。

（1）对存在心理障碍（如精神分裂症、强迫症）的社区成员提供心理训练和支持。在社区建立社区生活技能中心，改善心理疾病患者的生活和社会技能，提高他们的自尊和自信心，进而使他们适应社会，能进行工作和维持正常的生活。生活技能中心主要训练心理疾病患者的基本的生活技能、与劳动有关的行为能力、交流能力、个人发展、休闲或社会活动能力等。

（2）建立社区人员的心理发展档案。社区要为社区人员建立心理档案，对他们进入社区时的心理状况进行评估，并每年定期进行一次心理健康状况调查，将心理测查结果记入心理档案。对每个来进行心理咨询的社区人员的心理问题的基本情况，心理咨询的要求、途径、方法、效果等记入档案，便于今后核查。对存在心理问题的社区人员进行跟踪，及时纠正其在生活中出现的各种心理问题。

提倡发展性咨询并不意味着发展性咨询可以完全取代矫治性咨询，对于存生社区心理障碍，甚至精神障碍的个体，仅仅依靠发展性咨询可能无法达到理想的效果。然而，在心理障碍或精神障碍的个体恢复正常后，还应考虑他们在正常的基础上继续发展的可能，社区心理健康服务体系就要为他们的进一步发展提供条件，促进这些成员的发展。

【基本概念】

社区心理健康　三级预防　社区心理健康服务　社区危机干预

【复习思考题】

1. 简述社区心理健康服务的三级预防理论。
2. 请查阅相关资料，了解我国社区心理健康服务的现状。
3. 你认为完善与构建我国社区心理健康体系需要解决哪些问题？
4. 常见的社区心理问题有哪些？通常可以采用什么方法来解决？
5. 请选定一个社区，了解那里心理健康服务的开展状况。

【推荐阅读书目】

1. 詹姆士·H·道尔顿等．社区心理学——联结个体和社区（第2版）．王广新，等，译．北京：中国人民大学出版社，2010.

2. Duffy，K. G.，Wong，F. Y. 社区心理学（第3版）．北京：世界图书出版公司，2007.

3. 王文忠，王世卿．灾后社区心理援助手册．北京：科学出版社，2009.

4. 郭亨杰．社区心理教育入门．合肥：安徽人民出版社，2008.

5. 桑标主．社区青少年心理研究．上海：华东理工大学出版社，2006.

第十二章 网络与心理健康

【学习目标】

1. 了解网络对个体成长的影响
2. 理解网络障碍和网络成瘾及原因
3. 掌握个人应有的网络素质与道德
4. 重点掌握网络心理健康教育的主要内容

【章节阅读】

中国互联网络信息中心（CNNIC）于2012年7月发布的《第30次中国互联网络发展状况统计报告》指出，截至2012年6月，中国有网民共计5.38亿，可见，网络在大众中的认知程度高、普及范围广。在现代社会中，网络已经渗透到人们生活的各个角落，虚拟的网络世界在给人们带来无限生机和快乐的同时，也会使人们与现实生活产生隔膜。由此，了解网络中人们的心理需要，懂得如何在网络中保持心理健康状态，就成为我们需要关注的焦点。本章主要介绍网络的特性及对个体心理的影响、常见的网络使用行为及其影响、常见的网络心理障碍，特别是网络成瘾，以及如何健康使用网络。

第一节
网络对心理的影响

在当前社会，网络几乎渗透到人们生活的每一个角落，它的诞生、发展和应用给人类社会生活的方方面面都带来了前所未有的影响。它改变了人类千百年来传统的信息沟通方式，也改变了信息的产生及其存在方式，更重要的是它拓展了人类交流和交往的空间，使人们不得不重新审视和调整人与人之间、人与社会之间乃至人与自然之间的关系。然而，网络就像一把“双刃剑”，在给人们展示了一个异常丰富精彩的世界的同时，也给人们的日常工作、生活和学习带来了一些负面影响。

一、网络对心理的影响

近年来，通过大量的研究，人们发现，网络可以对人的心理活动产生多方面的影响。正确的网络使用有利于个体知识经验的获得和心理健康的维护，错误的网络使用则可能导致网络依赖及人的各种心理问题。

（一）网络对青少年成长的影响

青少年作为网络使用主体，网络使用频率最高、网络介入最深，其网络使用行为不仅影响自身的发展，也影响其家庭及整个社会。因此，青少年网络使用备受关注。青少年若能够自觉使用网络，合理安排网络使用时间和控制网络使用内容，充分发挥网络的优势与资源，则能促进自身的发展与成长。总的来看，青少年网民中有90%左右的人能正确使用网络。青少年网络使用也存在很多消极方面，具体涉及青少年网络成瘾、网络犯罪、畸形网恋、网络自杀、网络游戏、网络恶搞、网络推手、网络诈骗、网络抄袭等。2006年，李晓驷等研究了中学生的网络成瘾，研究发现，中学生网络成瘾的发生率为5.11%。青少年消极地使用网络，不仅危害他们的心理健康，还会延缓，甚至阻碍他们自身的发展，不利于他们的成长。虽然消极使用网络的青少年比例不高，但人数也不少，要引起心理健康工作者的充分重视，要引导青少年合理健康地使用网络。

（二）网络对人际关系的影响

网络人际关系是指以网络为媒介而建立起来的人际关系。同传统的人际关系相比，网络社交具有许多不同的特点。例如，网络人际交往的匿名性，使得人们对交往中的一言一行无须付出太多的代价。由于信息交流的不对称性，信息交流双方也无须对信息的真实与否付出任何代价，这就使得人们在网上沟通交流时无拘无束，人性中情感交流的本性也得以充分地张扬和释放。而现实中人们要对自己的一言一行负责，道德和法律的约束及复杂的人情世故使得人们不得不遮盖自己的本来面目。稍有不慎，可能就会为自己的言行付出惨重代价，搞得身败名裂。又如，网络交往的平等性、自由性、间接性、随意性和无限性丰富了网络人际交往的方式和途径，为人们宣泄不良情绪、舒缓压力提供了平台和场所，有利于人们身心健康的维护。需要指出的是，当个体过分依赖网络社交时，很容易会忽视现实中的人际关系，导致现实中的人际交往技能退化，现实中的人际关系受损。

(三) 网络对个体认知的影响

认知是指感觉输入后的信息整合、归纳、储存和使用过程。网络对个体认知的影响具体表现在三个方面。首先，网络拓宽了人们的信息来源渠道，提高了人们搜集信息的效率，大大方便了人们获取各种信息。其次，网络为人们提供了更多的学习途径和学习资源，为人们发展自我、提升自我创造了更多的平台和机会。再次，网络作为"第四媒体"，在网络立法尚不健全的现代社会，网络中包含或传递的各种信息对于那些缺乏信息筛选与辨别能力的个体或群体来说，可能会造成他们的信息"超载"，导致他们错误的认知与思维方式，甚至促使他们形成扭曲的认知观、人生观乃至价值观，从而危及自身的心理健康和社会适应性。此外，相关研究还显示，网络会使人产生物理时间知觉的错乱。那些过度沉迷于网络的个体，其时间知觉是混乱的，并且有相当一部分个体还可能丧失时间观念。

(四) 网络对人们情绪情感的影响

互联网不仅给人们创造了一个崭新的情感交流空间与场所，而且也为人们提供了一个发泄情绪、表达自我的平台，这些是现实中任何事物所不能比拟的。在现实生活中，人们受所扮演的社会角色与承担的社会责任的限制，需要努力克制自己的真实情绪与情感以适应周围环境与社会的要求。而网络虚拟性的特点则可以满足人们情感表达的多样化需求，为人们宣泄内心压抑的情绪和声音提供渠道。而这对于人们保持内心平衡，重建积极力量无疑是有益的。当然，如果人们过分依赖网络来宣泄释放不良情绪，或者通过网络的虚拟性来逃避现实，势必会对个体的身心健康造成不利影响。有研究就表明，长期上网会使人体大脑中多巴胺的含量升高，该化学物质在短时间内会促使个体高度兴奋，但其后则会令人更加沮丧和颓败。1998 年，Kraut 的研究进一步发现，过多使用网络还会导致孤独和抑郁的增加，并导致现实社会卷入水平降低和主观幸福感的下降。

(五) 网络对人格的影响

人格是人们在长期的社会实践活动中形成的稳定的行为方式，是个体全部心理与行为特质的总和，它既包括个体外在的行为及规律，也是个体心理与精神状态的真实反映。在提倡个性化的时代，网络强化了人的自我意识状态，充分张扬了个性，增强了人们处理事件时的独立性、自主性和支配性。同时，网络的虚拟性也使得人们在网络中的行为与现实行为出现较大的不一致。网络中频繁地角色转换，则容易导致人们的人格统一性受到影响和破坏，知、情、意的和谐统一出现动摇，易于出现人格分裂倾向及自我同一性的混乱，导致双重人格及多重人格等极端性表现，甚至引发心理疾病或精神障碍。

（六）网络对大众心态的影响

人们在网络中能实现文字阅读、图片查看、影音播放、下载传输、游戏聊天等功能，借助网络软件和工具，从文字、图片、声音、视频等方面给人们带来极其丰富和美好的享受。上网对于当代大众来说已成为日常生活中必不可缺的一部分，网络在给大众带来了便利与娱乐性的同时，也渐渐影响并改变着人们的心态。网络存在匿名性，人们可以在网络上自由地发表不同的见解、看法及态度。网络能迅速传播信息，使全球各种不同的文化意识形态汇聚交织。网络能为人们提供不同的游戏场景，使人们沉迷于游戏中；网络能使人足不出户便购买到大部分商品，导致人们购物观念的转变。复杂的网络心态反映了网络社会的一种常态，即多元价值理念的滋生，甚至使人产生对道德规则的漠视以及社会责任感的淡化。网络使人们在有了充足的机会去领略多样文化的同时，也陷入了选择的困境以及信任的迷茫。（于绪丽等，2009）

二、上网对个体心理和行为的影响

2012年，中国互联网络信息中心发布的《第29次中国互联网络发展状况统计报告》显示，网民在网上使用的应用模块或网络功能主要包括：网络音乐（75.2%）、网络新闻（71.5%）、搜索引擎（79.4%）、即时通信（80.9%）、网络游戏（63.2%）、网络视频（63.4%）、博客（62.1%）、社交网站（47.6%）、网络文学（39.5%）、网络购物（37.8%）等。另有一项国内的研究发现，拥有QQ的大学生占受访人数的100%，位居第一，其次分别为Blog（27.14%）、MSN（17.14%）、个人主页（15.11%）以及网易泡泡（6.19%）。不难看出，网民的网络使用行为类型大体可以概括为信息搜寻、工具利用、沟通学习、娱乐交友等类型。

（一）网络人际交往的利与弊

1. 网络对个体的积极影响

（1）促进角色重建与角色扮演。1968年，Sarbin和Allen曾指出，拥有大量自我身份的人往往能够较好地应对生活中的变化和压力，并且，角色的丰富性也增进了他们的生理健康和对生活的满意度。然而，现实生活中的角色扮演是有限的，个体不能够随心所欲地展示自我的各个方面。网络社交为人们扮演各种社会角色提供了机会。通过不同的网络社交形式或平台，个体可以在其中学习各种不同的角色，理解角色的行为规范，了解角色间的冲突，体验角色的需要和情感，并根据网络另一端的用户的回馈来检验自己角色扮演的情况，进而更好地反思自己在现实中的角色扮演情况和社交行为，提高自身社交能力，更好地适应周围环境和社会。

（2）沟通联络，结交朋友。人类属于群居动物，渴望结交朋友、逃避孤独是人们的基本心理状态。互联网的崛起，为人们提供了一个全新的群体互动平台。借助网络，人们不仅可以维系与熟人之间的情感联结，而且能够结交新的朋友，扩展自己的社交网络，拥有更强大的社会支持。黄少华2008年的调查表明，联络沟通、结识朋友是青少年群体最主要的网络交往动机之一，其相对频率达到了37.8%，其中与熟悉朋友联络占24.2%，结交新朋友占13.6%。

（3）表达自我，放松心情。由于网络空间的去身体性、匿名性等特征，人们在网络社交中的话题往往比较广泛。例如，在聊天室中，人们常常是无话不谈，甚至把自己在现实生活中与家人和朋友都不坦露的秘密，也展露在网友面前，与不认识的网友倾诉压抑的情感和想法，从而达到放松心情，缓解日常工作、生活和学习中面临的各种压力的目的。又如，人们借助邮件、留言板等网络社交平台将自己在现实生活中碍于情面无法说出口的想法传达给上级或友人，以此达到宣泄不满情绪，增进心理健康的目的。

（4）满足高级心理需要。根据马斯洛的需要层次理论，个体除生存需要、安全需要之外，还存在高级的心理需要，如归属、爱、尊重、自我实现的需要等。人们希望能被群体接纳，有一种归属感；希望被人关心，能够得到友谊；希望得到别人的赞许和尊重；人们也有着极强烈的表现欲望，希望突破现实生活的束缚，张扬自己的个性，展现个人的魅力。而网络自身所拥有的一些东西正好迎合了人们的这些高级需要。例如，人们可以在QQ上加入某一感兴趣的网络社群，同社群中的网友共同就某类话题，如政治、经济、文化等展开探讨，或者跟帖回答某个网友的问题等，由此获得一种满足感和归属感。又如，时下流行的微博救助，即人们可以将自己或身边发生的不幸的事儿、需要求助的信息发布在微博上，引起博友的关注、转发和帮助，由此体验人与人之间的大爱以及帮助他人、实现自我的快乐，等等。

2. 网络对个体的消极影响

（1）去个性化产生的影响。在一些环境条件下，如黑暗中、大规模人群中，个人的自我意识会受到阻碍或大大削弱，从而导致去个性化的发生。去个性化产生的不良后果有：调控自我行为的能力降低；作出合理的长期计划的能力削弱；趋于依靠现时的情感状态、实时的线索作出反应，并且个体很少考虑其他人对其行为的看法，甚至可能意识不到其他人的言行。研究者发现，网上交往的匿名性使人们处于去个性化状态，人们比在面对面的情况下显得较坦率，并且较有可能发生误解、敌意、攻击性行为和不规范行为。网上交流使群体一致性很难形成，增长了语言恶意和非个人化。通过匿名产生的去个性化本身并不产生负面行为，但是它降低了内部标准的影响和对行为的指导，而增长了外部环境线索的影响，当这些外部线索与负面的、反社会行为相连时，行为就会变为消极的，如出现恶意的人身攻击、网络诈骗、入侵电子信箱、窃取他人密码等。

（2）引发心理信任危机。网络社交通常以匿名或化名的方式进行，交谈的双方很多时候无法了解对方的真实情况，无法规范彼此言论的真实性，这就导致双方缺乏建立可信的人际关系的前提条件。于是，很多人抱着游戏的心态参与网上交际，不仅自己撒谎面不改色，对他人的言论自然也是毫无信任感可言。对于身心发育尚未健全的青少年而言，网上交往的信任危机可能会影响到他们的现实交往，导致他们在现实交往中对他人真诚性的怀疑和自身真诚性的缺乏，进而影响他们与周围他人建立并发展良好的人际关系。

（3）导致人格障碍。在网络社交中，人们可以拥有多重身份，扮演不同的角色，并呈现出多重人格。然而，如果个体在线上和线下交替出现两种乃至多重不同的性格特征，"真实的我"、"现实的我"、"网络的我"发生冲突，当线上行为和线下行为缺乏统一性时，人格就会产生不和谐和不完整，导致自我迷失，出现偏执性人格、自恋性人格、边缘性人格、多重人格等障碍，危害身心健康。

网络世界的虚拟性会使大学生混淆视听，大学生在网络世界中可能形成与现实世界中不同的人格，并且这种人格将作用于现实中的个体行为。在这种人格作用影响下，个体难以正确评价自己的行为方式，难以正确处理复杂的人际关系和对周围环境刺激作出恰当的反应。这种人格的裂变将直接导致心理偏差，如社交恐惧、否定和逃避现实等行为的发生。

（4）易产生孤独、抑郁等消极情绪和情感。有学者指出，互联网是一种导致社会疏离的技术，当个体过分沉湎于网络交往时，现实生活中就会减少与朋友和家人面对面的接触与沟通，从而导致社会资本的减少。1998 年，Kraut 等人通过对美国匹兹堡地区家庭网络使用的调查发现，网络使用频率越高的人，通常其社会网络规模越小，与家人和朋友的沟通也较少，而且容易感受到孤独、压力和抑郁等消极心理和情绪。特别是对那些性格内向的个体来说，当他们从热烈的网络社交气氛中回到平静的现实生活中时，往往更不愿意袒露自己的情感，也不愿意接受别人的情感流露，这就容易导致他们出现更严重的孤独感和抑郁心理。由于刻意逃避现实交往，他们在现实生活中的人际交往能力极差，这样下去还会形成恶性循环。

（5）使青少年道德意识弱化。鱼龙混杂的网络信息中，不乏有色情、淫秽的信息内容，这使一些青少年难以抵抗，沦为网虫、网迷，进而导致不良的交往关系，并由此产生了不负责任、冒名顶替、虚假欺骗和粗言秽语等一系列的道德弱化现象。2008 年，Shin 对 21 名研究生的研究发现，网络活动会增强其自我意识，并削弱他们的公共意识或对他人的关心，减少其符合社会准则的行为。一些人利用网络匿名的特点进行欺诈，甚至无所顾忌地暴露自己的阴暗心理，产生了一些破坏道德底线的言论和行为，如恶毒的人身攻击，无理谩骂乃至发布违法言论。在这种冷酷无情的交流中，青少年逐渐失去接受道德教育与理想教育的兴趣，对前途迷茫，对社会缺乏责任感和公德心。

（二）网络游戏

网络游戏以其丰富的内容和多样的形式吸引着广大网民。2004 年，张玄桥通过对台湾网络游戏玩家进行调查发现，网络游戏的主要受众群为男性，且年龄在16～25岁之间，学历以大专为主，游戏群体主要是学生。可见，对于正处于心理发展关键阶段的青少年学生来说，网络游戏有着巨大的影响力。

1. 对个体的积极影响

（1）有助于调整角色定位，增强自我认识。网络游戏为玩家提供了尝试各种角色的机会，玩家可以通过角色的扮演来体验不同角色的性格、情感和经历，解决角色之间的冲突，并从游戏者之间的交流得到对于角色的评价，而这对于玩家，特别是青少年玩家在游戏中自我认同的建构具有重要意义。穆尔认为，网络游戏具有嬉戏的性质，玩家拥有较大的自由来决定自己的行为，因此，游戏必然是多线性的，这会导致不同类型的自我建构。侯蓉兰也认为，在网络游戏世界中，因为没有了现实生活的角色限制，青少年可以尝试预演现实社会的角色与任务，并发现自己的潜力，增加自我认识，这有助于青少年对正向角色的认定，形成自己对未来工作的概念与自我理想。

（2）获得更广泛的人际互动。Manninen认为，网络游戏不同于传统游戏的特点之一就在于它可以实现许多玩家同时在线参与，并且在游戏中展开人际互动。例如，在游戏中玩家们可以结伴作战，也可以相互交流或分享游戏经验，甚至可以成为游戏当中的最佳拍档或线下的好朋友。2004年，林鹤仙等在研究中曾以青少年为对象，在分析网络游戏中的合作行为，梳理青少年游戏玩家在网络游戏过程中的复杂互动机制的基础上，进一步指出，网络游戏对于青少年游戏玩家进行人际互动、建构社会网络、获得良好社会支持、增进心理健康具有重要意义。

（3）满足心理需求，丰富休闲生活。以往调查显示，休闲娱乐、忘掉压力和消磨时间是引发青少年玩网络游戏的主要动机。事实上，网络游戏作为一种休闲娱乐的工具，可以起到帮助玩家释放不良情绪，缓解身心压力和获得情感满足与慰藉的效果。才源源等2007年在研究中就曾指出，不同类型的网络游戏在心理需求的强度和内容上不尽相同，并且，网络游戏对于青少年心理需求的满足程度与青少年对网络游戏的使用程度间存在明显相关。相关研究还表明，网络技术促使玩家不断地学到如何克服挑战，从而获得自我成就的满足。从健康心理学的角度来看，网络游戏通过丰富玩家的休闲娱乐生活，满足了玩家的一些心理需求，有利于玩家身心健康。

（4）增强团队合作精神，建立规则意识。某些网络游戏往往需要多个玩家的参与，并且要求玩家在游戏过程中相互协调与配合，同时按照一定的游戏规则规范自身的角色身份与角色行为，否则就被剔除出游戏团队或小组。因此，玩家在参与这类游戏的同时，自身也会树立起一定的责任感和规则意识。同时，玩家以团体或小组的形式参与游戏，增强了玩家社会群体的身份认同和群体归属感。当玩家将这种相互协作的意识、行为和经验以及强烈的归属感迁移到现实生活中时，无疑就会更好地适应周围他人和社会，从而更好地维护身心健康。

2. 对个体的消极影响

任何事物都具有两面性，同样，网络游戏也是一把“双刃剑”，也存在一些负面影响。

（1）游戏成瘾。大量数据显示，游戏成瘾是游戏玩家群体中的“通病”。如2011年梁志中等调查发现，在被调查的79名网络游戏玩家中，游戏成瘾者共计37名，检出率达46.84%。关于游戏成瘾，有学者指出，个体钟情于网络游戏，可能有其深刻的心理动机。然而，长期沉迷于网络游戏，个体将容易表现出一些内倾性行为问题，如社交退缩、焦虑、抑郁等，并且还可能产生不同程度的“网络性心理障碍”，危害身心健康及社会适应。

（2）网络模仿攻击犯罪。网络游戏对于个体的消极影响具体还体现在网络暴力游戏对个体真实暴力行为的影响上。绝大多数研究都证实，媒体暴力与真实暴力间存在因果关系。1999年4月，美国两名十几岁的学生，在科罗拉多州制造了一起轰动全球的校园枪杀案，致使15人死于非命，两名少年最后也饮弹自尽。据警务人员调查，这两名凶手平时就爱好上网，并且经常与同学一起玩“世界末日”等暴力游戏。无独有偶，2010年1月，我国北川中学一名高一学生持刀杀害了同年级学生李某，最终李某因抢救无效死亡。据警方介绍，凶手平时也爱好上网，并且也经常玩一些网络暴力游戏。可以说，这几位“学生凶手”的极端行为与网络暴力存在较大关联。近期的研究表明，网络暴力游戏可以同时在短期和长期内引发并增强人们的攻击性和反社会性，严重危害人们的社会适应性，进而威胁人们的身心健康。

（3）影响正常心理活动和人格发展。长期沉溺网络游戏就会对正常的心理活动和过程造成多方面的影响。因为正常的心理活动和过程均源自对现实情境的真实感知。然而，长期沉溺于网络游戏中，个体对现实情境就会发生不同程度的认知歪曲、记忆失真、情感错位、意志丧失等。此外，长期沉溺网络，还会致使个体的个性中充满游戏的诸多因素，对现实的态度、行为均建立在虚拟的游戏经验之上，个体可能会发展出一些错误的认知观、价值观，甚至发展出不良个性和人格，妨碍社会适应，危害身心健康。特别是对于身心迅速发展的青少年，沉迷于网络游戏，对其人格的发展将产生不利影响。

（三）网恋

在五彩缤纷的网络世界里，人们通过网上聊天、互传照片等方式，产生了所谓的“网络恋情”，或称网恋（见图12—1）。网恋是网络社交的一种“产物”，指男女双方通过

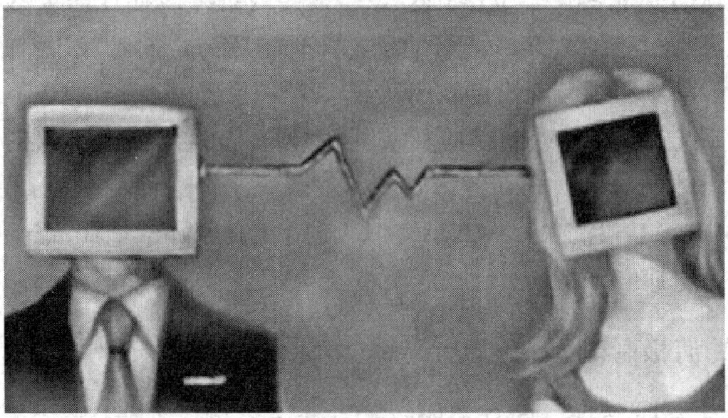

图12—1　网恋是虚拟的，具有匿名性

现代社会先进的网络媒介进行交往并恋爱。网恋有以下两个层次：一是人们在虚拟网络中相识，通过敲打键盘来交谈，彼此关心，彼此倾慕，以致希望最终通过见面来真正实现彼此拥有。二是永远停留在虚拟的网络中进行的爱情。孙彩平和王春梅 2010 年对国内 10 个省、市、自治区 16 所中学的调查发现，两成左右的被试有网络恋爱的经历。

1. 网恋的积极面

网恋给人的心理带来了一些有益影响：一是“减压阀”作用。网恋可以使感情交流直抒胸臆、无须隐瞒。在工作和生活节奏加快，竞争日趋激烈，压力日益紧张的现代社会，这种感情交流无疑起到了必要的宣泄情感、缓解压力、增进心理健康的作用。二是促进人格的发展。网络空间是一个虚拟的自由开放的民主社会，在这里，人人都是平等的，都有发言权，个人的自由与创新力也可得到充分的发挥。三是网络情感迎合了现代人求新猎奇的心理需要。在网络中，人们可以借助文字塑造新的自我形象，扮演各种神秘角色，结交形形色色的网友，摆脱时间、空间的限制，体验一种新奇的感受。可以让网恋者全无顾虑而感到“无比的解脱和快乐”[①]。四是网络爱情满足了现代人求便利的心理需要。竞争的加剧、压力的增大，使人们在闲暇生活中迫切渴望轻松的感受，希望通过简单、快捷、灵活的方式消遣，使身心得到解放。五是网恋部分地满足了人们多恋情结的需要。多恋性是人类感情心理的一个本能要求，在一夫一妻制的传统恋爱交流方式中人们的多恋情结被抑制，而在网恋中人们则可以通过虚拟身份获得若干个恋爱“对象”。

2. 网恋的消极后果

网恋在给人们带来积极影响的同时也存在一些弊端。第一，由于网络去身体性和匿名性等特点，网恋双方往往对彼此缺乏全面的、深刻的认识，这就导致很多网恋无疾而终；或者网恋双方中一方受到另一方的欺骗、伤害甚至残杀。例如，有报道称，天津某学院一位女生及家人发现家中两张数额巨大的存款单被偷，经警方调查确认后，作案人员系该女生两周前在网上认识并带回家中的网恋男友。第二，异常网恋会使人产生网络性心理障碍，出现情绪低落、生物钟紊乱、思维迟缓，甚至自残意念和行为。第三，网恋缺少面对面的实质接触，导致恋爱的双方可能失去相互支持和温情的感觉，无法真正提供心理上的安全和快乐。第四，网恋者回归现实后，往往会由于失望或被他人拒绝而产生自卑心理，导致自我效能感下降。第五，网恋者不能容忍自己网上的恋人如此虚幻，不能把情感和现实分开，使其心理的煎熬和压力增加，心理健康受到威胁。第六，网恋引起的“婚外情”使原本完整的家庭走向解体，人们传统的爱情观和家庭观受到冲击。

需要指出的是，尽管网恋对于人们，特别是学生群体具有一定的危害性，但是没有必要禁止。有调查显示，网恋失败并不一定会导致个人的自卑、消极心理，有时反而能使个人更加客观地评价自我。从网恋者的社会适应性来看，他们在现实生活中经常受到他人的鼓励和支持，得到他人的肯定和赞扬，与周围人也能相处融洽，不存在人际交往障碍，社会适应良好。

---

① 黄梅：《解读“网恋”》，载《社会》，2001（9）：35。

3. 利用网络解决大龄青年的婚恋问题

当前社会大龄单身男女青年越来越多，出生于20世纪80年代的群体，正逐渐步入大龄青年的时代。据中国青年网报道，我国当前大龄单身男女人数达到1.8亿。有些“80后”已工作10余年，有些跨出校门步入社会不久，他们普遍感觉到工作压力大，生活成本高。导致大量大龄单身青年现象的原因主要包括：（1）大部分大龄青年忙于生计，工作繁忙，或为了追求事业的成功，较长时间地求学或频繁的社会流动，推迟和挤占了他们的婚恋时间。（2）工作环境相对封闭，社交圈较窄，很少有时间接触其他领域的异性，更没有发展成恋人的可能性。（3）生活成本大，特别在一线城市，如果没有父母的支持，很难在城市买房、买车，很多“80后”奋斗了好几年还没有能力购房。（4）传统婚恋择偶观要求的“门当户对”择偶标准缩小了他们的择偶范围。

鉴于当前大龄单身青年的实际情况，要充分发挥网络交往的积极面，利用网络信息传播快、信息丰富、人流大、关注度高等特点，引导大龄单身青年通过网络渠道与异性相识。可以利用网络平台，搭建婚恋类型的网站，把单身男女青年的信息发布上去，为他们进行相互选择提供平台；也可以利用网络发布相亲活动的方案，让更多的人得到活动的消息。在网络上，单身男女可以遇到不同工作领域、不同层次、不同地区的异性，加大了异性选择的余地。如某婚恋网站，目前拥有6 800万会员，而且，以每年1 000多万的人数增加。从这个数字可以看出，选择网上相亲这一方式的人不在少数。尽管如此，网络上鱼龙混杂，一定要加强对婚恋网站的管理，大龄青年自身也要加强自我保护，防止他人利用网络相亲对自己造成伤害。

第二节 防治网络心理障碍

网络心理障碍是心理障碍的一种，它是指个体没有一定的理由、无节制地花大量的时间和精力在互联网上持续地浏览或聊天，以致损害身心健康，且在生活中出现各种行为失控、心理异常、人格裂变、交感神经功能部分失调等现象。

一、常见的网络心理障碍

网络心理障碍的表现症状为：开始是精神上的依赖，渴望上网，随后发展为身体上的依赖，不上网则情绪低落、疲乏无力、外表憔悴、茫然失措，只有上网后精神才能恢复正常。常见的网络心理障碍有网络依赖、网络孤独、网络自我迷失、网络犯罪、网络色情等。

(一) 网络依赖

网络依赖个体通常表现为上网行为冲动失控，他们长时间沉溺于网络游戏、上网聊天，迷恋网络技术、网上信息、网上猎奇等，从而对网络过度依赖和依恋，导致实际的学习、工作、生活及社会交往受到严重影响，个体的心理与社会功能有所损坏。他们常会置工作或学习于不顾，持久地从事网上活动，脑子里总不断浮现上网的想法、行为以及网上的场面。这种现象在精神医学上属于习惯和冲动控制障碍，目前已受到广泛关注。个体之所以会形成网络依赖，往往是发觉网络可以满足自己某种心理需求时，不自觉地被其吸引，此后不断去接触网络，结果用网越久就会产生越大的依赖感，没有网络以后就会觉得浑身不自在，发展到最后就会变成一种强迫性的行为，抓紧每一分钟上网，即使有时会后悔在网上浪费时间，但还是会忍不住上网。

(二) 网络孤独

互联网是开放的，人们通过上网可以获取大量信息，可以进行网上娱乐、网上人际交往等活动。但上网不能解除孤单，甚至可能加重了原有的孤独，因为从网上接受信息时面对的是冰冷生硬的网络、电脑等设备，并不像实际生活中的人际互动。一般来说，当一个人专注于某一事物时，对其他事物就会不同程度地忽视。如果长时间与电脑相处，个体还会在情感上对网络产生眷恋和过分依赖，从而忽视现实生活中的人际交流，逐渐变得不善与人交流，产生心理上的孤独感和人际交往障碍。例如，有些人在网络虚拟世界中，广泛结交网上朋友，但在现实生活中，对于自己的家人、同学却表现得越来越冷漠。这样，正常的人际交往和自身情感的发展就会受到影响，断网之后往往就会产生抑郁感和孤独感。

(三) 网络自我迷失

网络自我迷失又称网络人格心理失真。Willard 认为，网络空间抽象的心理学特征合理化了不合伦理规范的行为。她描述了人们为网络中的恶意言论给出的常用借口。例如，同伴的压力，“每个人都这么做”，所以我也可以这么做。由于网络具有隐蔽性和匿名性等特点，在网络交流过程中个体可以掩盖自己的真实信息，可以在网络中编造一个与实际身份和性格特点相差悬殊的虚拟自我，从而尝试不同的社会角色，这可能使上网者依赖虚拟现实，自我封闭，与现实世界产生隔阂，不愿与人面对面交往，逐渐失去对现实的感知力和参与意识，从而出现孤僻、冷漠和隐匿等心理特征。与此同时，如果个体在网络中的行为和塑造的形象与现实有很大的反差，还会导致他们把虚拟世界和现实世界混淆起来，出现角色混乱、反社会人格等。

（四）网络犯罪

伴随互联网的普及应用，网络犯罪现象也呈逐年上升趋势。关于网络犯罪的新闻和报道也时常见诸报端，利用网络诈骗、恐吓、敲诈勒索、非法传销、赌博甚至杀人等传统犯罪形式开始蔓延。近年来，大学生网络犯罪日趋严重，并且又呈现出了新的特点，例如，借用网络实施新的传统犯罪、网络入侵、网络智能化犯罪等，都给社会带来了一定的负面影响。除此之外，一些网络高手出于商业动机或政治目的，对他人的网络进行侵入和破坏。一些青少年为了获得某种挑战性和满足感，散播网络病毒等也屡见不鲜。当中，一些人不仅没意识到自己的网络行为已经涉嫌犯罪，甚至还对这类网络犯罪行为“欲罢不能”。这些青少年为自己破坏了他人的网络程序，成功欺骗了他人而感到自豪和兴奋，表现出一定程度的人格扭曲、心理失衡乃至精神障碍。

（五）网络色情

长期以来，我国性教育的相对保守和滞后，导致“性”这个话题富有神秘感和禁忌感，进而激发了人们，特别是青少年群体对性的好奇心，并导致一些网络用户由于自控能力不强，出现长期沉迷色情网站的现象。Wolak 等 2007 年的研究指出，66％的美国青少年曾无意接触过网络色情信息，34％的美国青少年曾有意接触过网络色情信息。2004 年，袁大中对我国大学生进行调查发现，56.8％的大学生浏览过网络色情信息，他们每周花在网络色情上的时间平均为 1 小时左右。王培和曾凡 2009 年对我国大学生进行的调查还发现，有 84.3％的大学生认为周围人群浏览色情网站现象是普遍的。

早在 2000 年，Cooper 等对 9 665 名具有网络色情行为的人开展的调查研究表明，其中有近 1％的人存在网络色情成瘾。有心理学家指出，沉溺于内容淫秽的网络、图像容易使人陷入无尽的色情幻想中，无法自拔，这不仅会毁坏个体的道德，也会影响人们正常的想象力，使人们对日常工作、生活和学习提不起兴趣，缺乏生活的动力，感到活着没有意义。此外，研究还显示，沉溺网络色情网站和信息的人常常在观看这类信息或下线之后，充满负罪感和内疚心理，但又无法阻止再次观看，使得他们的内心备受煎熬，并出现一系列身心适应问题。例如，2009 年 Cavaglion 在研究中证实，网络色情成瘾者存在高焦虑、低自尊、生活控制感降低以及工作和学习效率下降等心理健康问题。Mesch 2009 年的调查发现，过多接触网络色情的青少年会表现出对学校和家庭的严重疏离和对重要他人的亲情缺乏必要的情感回应。

二、网络成瘾

网络成瘾是随着网络的发展出现的一种越来越常见的心理问题，是一个令许多家长和学校头痛的问题。要解决这个问题，需要专业人员、有关单位和家庭的协同努力。

（一）网络成瘾的界定

在现实生活中，许多人由于对网络认识不足、自控能力不强等原因，表现出不同程度的网络成瘾（Internet addiction，IA）。网络成瘾属于行为成瘾的范畴，指由于过度使用互联网而对社会、心理造成明显损害的现象。又可称为“网络成瘾症”（Internet addiction disorder，IAD）、“病理性网络使用”（pathological internet use，PIU）和“强迫性网络使用”（compulsive internet use，CIU）。毕玉等2003年对北京高校811名大学生进行在线调查，结果发现，被调查者中12.9％的人存在一定程度的网络成瘾症状。图12—2是一张网络成瘾的漫画。

图12—2　网络成瘾严重危害青少年身心健康

从总体上看，网络成瘾主要表现为：过分依赖网络，对网络有依赖性和耐受性，对网络操作出现时间失控；无节制地花费大量时间和精力在上网或从事与上网有关的活动；只有通过长时间的上网，才能激起兴奋以获得心理满足，而且随着乐趣的增强，欲罢不能，难以自拔。患者多沉迷于网上聊天、浏览色情网页或网络游戏，并由此忽视了现实生活的存在，失去对现实生活的兴趣或对现实生活不再满足，逐渐丧失正常的人际关系，以至于影响了正常的学习、工作和家庭生活，损害了身体健康，并在生活中出现各种行为异常、心理障碍、人格障碍、交感神经功能部分失调等。此外，如果在一段时间内不上网，还会出现类似戒断症状的表现，如焦虑、烦躁不安等。

（二）网络成瘾的类型

网络成瘾是一个宽泛的概念，包含了大量的行为问题和冲突控制问题。从健康心理学的角度来看，网络成瘾是随着互联网技术的普及而出现的一种心理障碍。它涉及多个方面，具体来说，可以划分为以下几种类型。

（1）“单纯性”网络成瘾。此类成瘾者沉迷于网络，以玩各种游戏、聊天及观看综合性节目为主。

（2）情感性网络成瘾。此类成瘾者把全部的情感和精力投入到交友和两性的情感关系中，把在线的朋友看得比家庭的成员更为重要。

（3）网络游戏成瘾症。此类成瘾者将大量时间和金钱花费在网络游戏等活动中，导致家庭不和、财力丧失。

（4）信息性网络成瘾症。此类成瘾者花费大量时间在搜索与自己的工作、学习无关或者不迫切需要的信息上，造成工作和学习效率的下降。

（5）程序性网络成瘾症。此类成瘾者往往自认为自己能成为一流的游戏和计算机程序设计者，并且对此深信不疑，从而影响到正常的工作和学习。

（6）强迫行为性网络成瘾。此类成瘾者不可自控地参加网上赌博、网上购物及拍卖等商业活动。

（三）网络成瘾的原因

网络成瘾的危害毋庸置疑，要想预防和减少网络成瘾现象的出现就要了解和分析网络成瘾产生的原因。网络成瘾的出现可以说是诸多因素共同影响的结果，不仅包括内在因素，还包括外在因素。

1. 内在因素

加拿大心理学家 Davis 提出了网络成瘾的认知—行为模型，他认为个体的非理性认知位于病因链的近端，是造成个体网络成瘾的充分条件。而个体易患素质（指个体具有抑郁、焦虑、物质依赖等特征）则位于病因链的远端，是造成个体网络成瘾的必要条件。除此之外，Moody 2001 年等在研究中指出，网络成瘾者在现实生活中会表现出更多的消极人格特质和情感缺失问题。大量研究还发现，个体自控能力不强、应对方式差、缺乏良好的社会支持等与网络成瘾间也存在明显正相关。

近期的研究发现，网络可以满足人类不同层次的心理需求，这就是网络行为的动机来源。国内学者高文斌等 2006 年提出了网络的心理补偿作用和“失补偿”假说，以此解释网络成瘾形成的原因。“失补偿”假说认为，上网行为是青少年心理发育过程中受阻时的补偿表现。网络成瘾者在网络中满足有关的心理需求，包括性、改变感知体验、成就和控制、归属、人际交往、自我实现和自我超越。邓林园等 2012 年的研究发现，网络成瘾大学生的心理需求与网络满足的相关高于与现实满足的相关，但非成瘾大学生不存在这种差异。

2. 外在因素

网络的特点、家庭教育、学校教育和社会环境是影响个体网络成瘾的四大外在因素。

（1）网络的特点。网络的匿名性、交互性、强大功能性等特点本身对人们就有着很强的吸引力。例如，人们在网络中可以暂时抛开日常生活中的角色和责任，尝试扮演许多不同的角色，尝试向他人展示自我的其他方面。同时，人们也可以在虚拟社区中结交朋友、倾吐心声，在网络游戏中追求刺激，满足猎奇心理，宣泄不良情绪等。如此种种，一方面满足着人们的各种需求，另一方面又不断强化着人们的上网体验和感受，导致一些人更容易出现网络成瘾。

（2）家庭环境。家庭环境对个体网络成瘾的影响主要体现在未成年人身上。相关研究显示，家长经常吵架、亲子冲突不断、父母不关心子女或者采用简单、粗暴、专断的方式教育子女的，子女容易形成内向、敏感、自卑、攻击性强、缺乏责任心等个性心理特征，同时可能更容易形成不良的应对方式和情绪调节方式。例如，遭遇挫折或负性生活事件时，习惯于压抑、否定自己或者逃避现实。此时，网络中的很多东西正好能够迎合他们的需要，于是，网络聊天、网络游戏等成为他们转移和发泄不良情绪，获得情感归属和自我满足的重要场所，由此，他们也更容易成为网络成瘾的易感人群。

另有研究发现，网络成瘾青少年在成长过程中常常出现“父亲功能”缺失或不足的现象。所谓“父亲功能”并非简单是父亲这一具体人，主要指在教养过程中通常需要的父亲角色与作用，如规范性、力量性等。在大量网络成瘾的青少年中，75%以上有“父亲功能”不足，甚至缺失的现象，如单亲（母亲）家庭、幼年父亲不在身边、家长过于繁忙无暇顾及子女、父亲在子女教育中很少参与等。

（3）学校教育。由于中国特殊的国情和教育体制，学校班级人数多，教师负担重，学校片面强调升学率，教师只顾抓学生成绩而忽略学生的心理健康状态。加之很多学校对学生心理也不够重视，心理咨询老师形同虚设等，学生心理有问题后就会导致更多新问题的产生，网络成瘾就是其中之一。

（4）社会环境。社会对网络成瘾的影响主要体现在两个方面：首先，社会对网络的管理不到位，有关网络管理的立法不全，执法不严，对上网时间及网络游戏内容不加限制等，这是推动个体网络成瘾的大环境。此外，一些网络经营者受利益驱使，间接引导未成年人上网，甚至在网吧提供住宿，允许记账欠债等，也导致一些未成年人更容易沉溺网络。

其次，以娱乐性和通俗性为主要特征的网络文化也是造成许多人网络成瘾的重要因素。已有研究表明，在上网目的方面，网络成瘾者与非成瘾者的最大区别就体现在对于网络的娱乐功能和信息的感官刺激的追求方面。通常，成瘾者相比非成瘾者进入游戏网站和成人网站的频率更高。在我国，传统的文化似乎已经不能满足现代人，特别是年轻群体的强烈渴求，西方国家一些低俗的文化也使一些个体极易沉迷于网络世界。

（四）网络成瘾的诊断与治疗

1. 网络成瘾的诊断

就临床观察而言，病理性网络使用行为者具有与物质依赖者类似的行为障碍、冲动性控制障碍和其他精神障碍的综合性症状。目前有三种主要的诊断标准。

第一种诊断标准是参照物质成瘾标准修改而成的，它包括：

（1）耐受性（tolerance）。个体不断增加上网时间和投入程度，以获得原先体验过的满足。

（2）戒断症状（withdrawal symptoms）。个体不上网时，即产生不良生理反应和负性情绪，如焦虑、狂躁等。

（3）渴求程度（craving）。个体渴望更经常地上网和更长时间地停留在网上。

（4）冲突性（conflict）。个体因过度上网而与周围他人产生人际冲突或自我内在冲突，如失业、经济问题、婚姻和家庭问题等。

（5）突现性（salience）。互联网成为支配个体思维（全神贯注地思考如何打网络游戏）、情感（极度渴望上网）和行为的中心。

（6）情绪改变（mood modification）。个体通过上网来改变消极情绪。

（7）复发性（relapse）。对个体的互联网成瘾性行为，即使尝试控制与治疗，仍然反复发作。

第二种诊断标准由美国心理学家杨（Kimberly S. Young）提出的，主要针对青少年群体。他认为在描述的10种情况中，一年间只要表现出4种，就可判断为网络成瘾症。

（1）下网后念念不忘网络上的事情。

（2）总认为上网时间太少而不满足。

（3）无法控制上网时间。

（4）一旦减少上网时间就会焦躁不安。

（5）上网时所有烦恼就会消失。

（6）认为上网比上学、做功课更重要。

（7）为上网宁愿失去重要的交往和学习。

（8）不惜支付巨额上网费用。

（9）对亲人朋友掩盖上网的行为。

（10）离开网络就会感到失落。

第三种诊断标准主要参照冲动性控制障碍标准修改而成，包括8种情况。

（1）全身心迷恋互联网。

（2）为了获得原先体验过的满足增加上网时间。

（3）尝试控制、减少或停止上网而不成功。

（4）因减少或停止上网而感到焦躁、情绪低落、抑郁和愤怒。

（5）比预期的上网时间长。

（6）因为上网而使重要人际关系、工作、学习或谋职机会遭受损失。

（7）对家人、心理医生或他人隐瞒上网程度。

（8）利用互联网来逃避责任或调整负性情绪（如无助感、内疚感、焦虑、抑郁）。

研究者认为，必须同时具备前5条标准，并至少具备第6～8条标准中的任何一条，才能被判定为网络成瘾者。表12—1是常用的一个网络成瘾测试量表。

表12—1　　网络成瘾测试量表

编号	题目	选项				
1	你觉得上网的时间比你预期的要长吗？	几乎没有	偶尔	有时	经常	总是
2	你会因为上网忽略自己要做的事情吗？	几乎没有	偶尔	有时	经常	总是
3	你更愿意上网而不是和亲密的朋友待在一起吗？	几乎没有	偶尔	有时	经常	总是
4	你经常在网上结交新朋友吗？	几乎没有	偶尔	有时	经常	总是
5	生活中朋友、家人会抱怨你上网时间太长吗？	几乎没有	偶尔	有时	经常	总是
6	你因为上网影响学习了吗？	几乎没有	偶尔	有时	经常	总是

续前表

编号	题目	选项				
7	你是否会不顾身边需要解决的一些问题而上网查E-mail或看留言？	几乎没有	偶尔	有时	经常	总是
8	你因为上网影响到你的日常生活了吗？	几乎没有	偶尔	有时	经常	总是
9	你是否担心网上的隐私被人知道？	几乎没有	偶尔	有时	经常	总是
10	你会因为心情不好去上网吗？	几乎没有	偶尔	有时	经常	总是
11	你在一次上网后会渴望下一次上网吗？	几乎没有	偶尔	有时	经常	总是
12	如果无法上网你会觉得生活空虚无聊吗？	几乎没有	偶尔	有时	经常	总是
13	你会因为别人打扰你上网而发脾气吗？	几乎没有	偶尔	有时	经常	总是
14	你会上网到深夜不去睡觉吗？	几乎没有	偶尔	有时	经常	总是
15	你在离开网络后会想着网上的事情吗？	几乎没有	偶尔	有时	经常	总是
16	你在上网时会对自己说："就再玩一会儿吗？"	几乎没有	偶尔	有时	经常	总是
17	你会想办法减少上网时间而最终失败吗？	几乎没有	偶尔	有时	经常	总是
18	你会对人隐瞒你上网多长时间吗？	几乎没有	偶尔	有时	经常	总是
19	你宁愿上网而不愿意和朋友们出去玩吗？	几乎没有	偶尔	有时	经常	总是
20	你会因为不能上网变得烦躁不安、喜怒无常，而一旦能上网就不会这样了吗？	几乎没有	偶尔	有时	经常	总是

2. 网络成瘾的干预与治疗

对于网络成瘾者，家庭、学校和社会首先应给予他们足够的重视和关怀，鼓励他们走进心理咨询室，寻求心理咨询师的专业帮助。心理咨询师和工作人员首先应无条件接纳存在网络成瘾的来访者，倾听他们的心声，为他们提供足够的心理支持。其次，科学评估来访者的网络使用模式，例如，网络使用内容偏好、上网时间和上网地点等，并尝试通过这种评估过程了解来访者上网行为的引发和维持条件。再次，了解来访者的早期经验，特别是不良生活事件对来访者的影响，追溯来访者消极情绪和不良性格的根源。最后，根据来访者的具体情况进行干预和治疗。

通常对网络成瘾者可以进行个别咨询和团体咨询。个别咨询具体包括行为疗法、认知疗法、家庭干预、团体咨询等。

（1）行为疗法。行为疗法包括强化法、行为契约法、厌恶疗法、松弛疗法、自我管理法等，通过强化个体的正确网络使用行为，惩罚或消退个体的过度网络使用行为，矫治网络成瘾的方法。例如，在2000年，Putnam提出利用行为主义的强化原理来治疗网络色情成瘾，具体来说就是通过消除网络使用与性唤醒之间建立起来的经典条件反射来帮助个体消除成瘾症状。譬如，对于轻度网络色情成瘾者，可以要求其在图书馆、奶茶屋等公共场所使用网络，借由公众的压力阻止其浏览色情信息。对于严重的成瘾者，则可以考虑在其电脑上安装过滤软件或者防护软件，使其难以接触到网络色情信息。经这样一段时间的治疗后，就可以消退之前建立的经典条件发射。

（2）认知疗法。认知疗法包括认知重建、积极暗示、压力管理训练等，通过与来访者一起客观分析网络技术、网络游戏、网络社交和网络信息的利弊，引导来访者树立正确的网络观，帮助来访者学会辩证地看待挫折和困难，协助来访者建立新的问题解决模式等。针对网络色情成瘾的来访者，Twohig和Crosby 2010年提出采用接受承诺疗法治疗网络色情成瘾。接受承诺疗法实质上属于认知行为疗法的范畴，是通过关注来访者的内心经历，以行为改变的策略治疗来访者心理问题的方法。该疗法在过程上可以分为5个阶段：阶段1，告知成瘾者治疗的内容，通过与成瘾者的交谈促使其接受治疗方法，并承诺完成全部阶段的治疗。阶段2，让成瘾者接受“性唤醒和浏览色情信息的欲望都属于正常现象”这一观点，而不是总是试图控制或消灭自己的这些行为。阶段3，在继续增强成瘾者对上述观点的接受程度的同时，引导成瘾者重建价值观，如重视工作、重视与周围他人一起的时间等。阶段4，主要是通过冥想训练使成瘾者学会表达自己的内心体验，让成瘾者学会以客体的身份观察自己的内心经历。总的来说，前4个阶段旨在让成瘾者接受自己的内心世界和建立新的价值观，形成认知的改变。阶段5则是让成瘾者践行对新价值观的承诺，逐步摆脱以前的网络色情行为，促成行为的改变。

（3）家庭干预。家庭干预主要调整家庭内部的心理过程、行为沟通以及成员之间的互动关系，着重通过改变整个家庭的结构和家庭功能来帮助来访者解决心理行为问题。它的实施分为以下几个步骤：预备性谈话、治疗性会谈、布置作业和后续访谈。在网络成瘾干预方面，家庭干预主要是帮助网络成瘾青少年认识上网成瘾的危害性，在咨询师的介入下改变成瘾者的家庭模式，引导家长帮助网络成瘾青少年合理安排上网时间，鼓励或陪伴网络成瘾青少年进行适当的体育活动，多在现实生活中结交朋友，并给他们提供交友的条件和支持等促进网络成瘾青少年的成长与成熟，进而帮助他们戒除网络成瘾。目前家庭干预在国内还处于起步阶段，相关的研究还不多，但已有的研究表明，该疗法在治疗青少年网络成瘾方面具有良好效果。

（4）团体心理辅导。团体心理辅导是由心理咨询师指导，借助团体的力量和各种个体心理咨询理论与技术，就团体成员共同存在的心理问题与他们一起商讨，并为团体成员提供行为训练的机会和心理帮助与指导，使每一位团体成员学会自助，解决心理障碍，最终实现改善行为和完善人格的目的。

网络成瘾者对网络有着共同的心理体验和认知，也容易对存在的问题产生共鸣。因此，在对网络成瘾者进行团体心理辅导时就容易产生“向心力”和心理场。对网络成瘾者进行团体心理辅导的目的，在于协助网络成瘾者从失序的上网行为与失序的生活中回归秩序与平衡。辅导的目标不是戒除上网，而是通过合理地、有控制地上网来合理安排上网与非上网的时间，从而，将网络世界与真实世界加以统合，并达成协调与平衡。这种方法于20世纪90年代被介绍到我国。近年来一些学者将这种方法推广到防治青少年的网络成瘾上来，并取得了比较好的效果。例如，团中央等部门已于2005年1月16日联合启动“为了明天——青春自护，远离网瘾行动”，帮助那些“IAD患者”恢复正常生活。一些地方学校也开始试办戒除网瘾封闭训练班，通过采用“心理＋军训＋拓展训练＋教育”的综合方法来帮助青少年戒除网瘾。

案例分析

大学生网络成瘾心理咨询案例

基本资料：

刘某，男，22岁，长春市某大学大三学生，家族无精神病史。刘某来自吉林省长春市，家庭条件一般，母亲下岗在家三年多，依靠父亲工作和母亲在家从事杂工的收入支撑刘某的大学学业。刘某说自己高中时学习成绩很好，一直想考东北师范大学数学系，可由于考试临场发挥不好，成绩不理想，被现在的大学录取。刚上大学时，刘某的确努力了一段时间，还经常参加班级和院校的活动，曾经申请了学校的助学贷款和贫困生补助基金，但与同学闲谈中表现出对学校专业的不满，与自己梦想的专业有差距，心里感到不平衡。

第一次考试时，刘某并没有取得理想的成绩，心情很郁闷，认为同学关系也没有高中的纯洁，觉得同学们都看不起他。室友买了电脑，刚开始时刘某只是借电脑偶尔上上网、打打游戏。时间长了，刘某发现在网络中自己可以得到更多的安慰和承认。随着现实的不理想，刘某就像疯了一样沉迷进网络。成绩越是不好，越是想逃避，越是想上网，这样就成了恶性循环，不能自拔。大二期中考试后，刘某3科不及格，辅导员老师通知了其家长，在其母亲的规劝下，刘某暂时控制住了自己的上网次数，开始拿起书本上自习，但是，他发现课程太难，难以补齐与同学的差距，于是开始感到失望，又回到了网络的虚拟世界，企图以此逃避。

期末考试，刘某有5科不及格，达到了学校的退学标准。在辅导员老师的帮助下，刘某才暂时免于被劝退。在此后的一段时间中，刘某并未安心学习，母亲的哀求、同学的劝阻、老师的教导对他都完全失去了意义。似乎只有在网络中，他才是真正存在的。为了逃避现实，他用网络麻醉自己，经常向同学借钱，借钱后又与同学形同陌路。为了上网，甚至一个月不洗澡，身上的衣服已经看不出原来的颜色，其体重由原来的71公斤降至被学生辅导员强制来到咨询室时的60公斤左右。据其同学反映，最近两个月，刘某为人木讷、懒散、神情麻木、目光迷离、脾气暴躁。

咨询诊断：

求助者的心理问题主要表现在网络成瘾的行为和心理的严重自卑情结上，无论其沉迷网络、人际关系紧张，还是学习成绩不良，都是因为对自身情况的不满意所导致的，并由此导致对学校教师及咨询师的抵触情绪。

分析指导过程：

针对刘某的情况咨询老师采取了以下方法：

(1) 正确认识现实，回到现实中来。针对刘某对自己现在这所大学不满意的现状，首先引导他正确认识现实，分析在这所大学的优点，引导他正确认识自己的长处与不足，唤醒他曾经有过的学习自信心。使他认识到这一系列的不良行为都是在其大学经历的背景和对自己上哪所大学过于执著而产生不满情绪后，不断习得和形成的。最终使他意识到回避现实、迷恋网络只能使自己越来越糟糕，甚至会丢失学业，成为无业游民。

(2) 分享生活感受。咨询老师与刘某共同探讨他家里的情况，分析他的父母对他的希望，引发他对父母的努力工作、供养他读书的感悟和体会，唤起刘某将要努力学习、将来为父母分担家庭经济责任的意识。

(3) 制订行为控制计划。指导刘某制订逐日减少上网次数的计划，包括月计划、周计划、日计划。

(4) 实施阶段。运用行为疗法使刘某逐渐减少上网游戏的时间，代之以增加学习的时间及与同学们讨论问题的时间，并适时记录减少上网的次数与咨询老师分享感受。

咨询效果：

经过了3个月12次的咨询和行为控制计划的实施，初步控制了上网时间，改善了与他人的关系，提高了人际交往水平。消除了对老师和咨询老师的抵触情绪。重新找回了学习兴趣，能集中注意力上课，成绩有提升。

对本案例的反思：

在这个咨询案例中咨询老师针对刘某的情况主要采用交互运用行为治疗和认知领悟疗法。不论是情绪的变化、行为的异常，都存在着个体社会认知的偏差和不合理思维等因素，而上网行为的不断重复和强化，加剧了个体的心理焦虑，导致人际交往上的障碍。如果不及时采取操作性、目标性、时效性很强的行为治疗和认知领悟疗法加以矫正，求助者可能陷入被劝退学的危机。

目前大、中、小学生中都存在网络成瘾的问题，应引起心理健康工作者的关注。

第三节 合理使用网络，维护心理健康

网络在为人类社会带来方便快捷的同时，也带来了一些负面效应和消极影响。一些人由于缺乏合理的网络认识，不加节制地使用网络，日常工作、学习、生活乃至身心健康受到不同程度的消极影响。为了尽量减少网络带来的消极影响，人们有必要提高自身的网络素质，学会健康使用网络。

一、提高个人的网络素质与网络道德水平

在网络使用非常普遍的今天，每个人都可以通过敲击键盘进入到不同的群中和他人聊天、购物、玩游戏等。网络作为公众平台，上网的人素质如何？是否有道德？这些都直接影响人和人的交流以及社会行为规范的形成。所以，提高网络使用者的素质和道德水准是维护网络心理健康的重要内容。

（一）提高个人使用网络的素质

1. 正确认识网络特性

调查发现，许多人对网络的认识相对片面，多数人仅关注网络的娱乐交友功能，而

忽视网络作为一种高新技术与信息载体所蕴含的强大功用。由此，很多人才会因为迷恋网络游戏或网络交友而出现成瘾症状。所以，提高个人网络素质，合理使用网络，学校、社会等首先应注重加强网络知识教育与宣传，通过知识竞赛、小区新闻等各种形式帮助人们了解网络的多种功能和真正功用，同时，利用大众媒体等传播媒介引导人们明确网络的本质，增强网络使用的鉴别力。

2. 养成良好的上网习惯

良好的上网习惯（包括上网时间、上网地点、上网频率等）是提高个人网络素质的重要一环。从健康心理学的角度出发，个体单次持续上网的时间不宜过长，除必要学习和工作以外，一般在线时间不宜超过30分钟。而在上网地点方面也要有安全的保证，有条件的话最好在学校、工作单位或家庭，尽量少去网吧。在此基础上，个人、家庭、学校或社区等还可以发动人们共同制定公认的《网络使用守则》，以制度的形式约束人们，号召人们主动遵守相关纪律，自觉规范自身上网行为。此外，为了帮助人们养成良好的用网习惯，互联网公司还可通过一些网络技术在网络软件和游戏中设置上网时间提醒，以此帮助人们加强自律，合理用网。

3. 树立正确的价值观

在这个价值多元化的时代里，人们常会感到生活找不到支点，备受道德危机的困扰，甚至对自己的生存意义和生命价值产生怀疑，尤其是处在人生发展重要阶段的青少年，更容易受到外界的影响而沉溺网络游戏、网络色情等。因此，提高网络素质，社会、家庭、学校、社区等首先应重视营造积极向上、遵纪守法、举止文明、互敬互爱的社会氛围，大力弘扬道德先锋模范的崇高精神，积极开展各类精神文明公益活动，以此引导人们树立正确的人生观和价值观，明确生活的方向和奋斗的目标，从而更充实、更积极地生活。

（二）提高个人的网络道德水平

网络用户首先要自尊、自爱、自律和自省，家庭、学校和社会也要重视帮助人们牢固树立网络道德意识，着力提高网络道德水平。

1. 家庭教育是网络道德形成的基础

《公民道德教育实施纲要》指出："家庭是受道德教育最早的地方。家长要加强对孩子正确使用网络的教育，对孩子多督促，积极指导，引导他们形成良好的网络道德。"那么家长如何引导孩子树立牢固的网络道德意识呢？第一，在未成年人上网时，家长可以通过与孩子制定"上网条例"，例如，规定孩子可以进入哪些网站，交流哪些信息以及如何交流等，以此来规范并监督未成年人的上网行为。第二，当发现未成年人存在不道德的网络行为，如网络用语不文明、故意中伤他人、恶意破坏某些网页或网络程序等时，要及时制止并进行疏导和教育。第三，最重要的是家长自己要遵守网络道德，为未成年人树立良好的榜样。

2. 学校教育是网络道德教育的主要渠道

（1）教师要发挥引导作用。在家庭以外，学校是未成年人最重要的活动场所。在校教师特别是与学生朝夕相处的班主任，在学生的成长和心理行为方面发挥着重要的引导作用。教师首先应主动提高自身的网络道德修养，努力做好学生的表率。其次，教师也可以有意识地向学生传递一些正向的网络道德信息，并借助班会、心理课、网络社群等与学生就网络中的一些典型的不道德事件展开讨论，或者就网络道德本身进行辩论，以此引导学生增强网络道德意识，自觉避免出现不道德的网络行为。

（2）增强网络的道德指导。学校在抓学生网络知识和网络技能教育的同时，还应该充分重视对学生进行网络道德教育，积极开设网络道德技能指导课程，如通过引导学生思考网络语言表述的道德性，网络交友中应注意的道德准则等问题帮助学生形成正确的网络道德态度和行为。

（3）构建绿色网络平台。通过建立内容健康丰富、形式独特而富有新意的校园网站，以及向学生推荐一些优秀的网站为学生构建一个绿色的网络平台，从而以积极主动的姿态，向学生传递正确的、健康的网络信息、资源和行为，最大限度地屏蔽掉不良网络信息、不道德网络思想和行为对学生的消极影响。

3. 社会是网络道德的支撑

社会是网络道德的大环境，各级政府及有关部门首先要对一些网站的内容、网吧的建设进行有力的监督和管理，对某些宣传色情、反动、不道德内容的网站、网吧进行有效的封杀和屏蔽。其次，应重视加强网上思想舆论阵地建设，坚持正确导向，营造积极健康的网络思想舆论氛围。最后，要倡导文明办网、文明上网，净化网络道德环境，努力营造文明健康、积极向上的网络文化氛围，共建共享美好的网络家园。

二、网络心理健康教育

网络心理健康就是指人们在使用网络时能够保持积极的心态，在断开网络时能够保持心理的平衡，能够较好地把握虚拟与现实之间的关系，无论是在线还是离线均能保持人格的统一，在虚拟性与现实性之间以及在现实离线时均不存在任何身心不适应现象。在心理健康教育领域，网络心理健康教育的应运而生，既是网络时代心理健康教育与时俱进的需要，同时又是现代心理健康教育理论与实践自身不断完善和发展的需要。

Keith 和 Anderson 对美国 8 所大学 1 300 名学生的网络使用情况进行了调查，结果发现近 10%的大学生存在严重网络依赖现象。2000 年，我国台湾的一项由政府资助的大学生网络成瘾调查显示，12 所台湾大学的 910 名学生中，存在网络成瘾症的人数比例为 5.9%。我国心理学家钱铭怡对北京市 12 所高校的近 500 名在校本科生进行调查，结果表明，网络成瘾者达到了全部被试的 6.4%。因此，思考并探讨如何通过加强网络心理健康教育帮助人们更健康地使用网络显得尤为重要。

（一）网络心理健康教育的原则

1. 防治性和发展性相结合

网络心理健康教育的开展，要将防治性原则和发展性原则有机地结合起来。所谓防治性原则，一方面要通过专题网页、网上心理课堂、网络论坛等形式来普及和宣传有关预防心理疾病、缓解心理压力等方面的知识；另一方面通过 BBS、电子邮件、在线交流的形式，充分利用网络的隐蔽性、虚拟性、及时性等优势，方便快捷地开展网上心理咨询和心理治疗。

网络心理健康教育作为一种新的心育模式，要体现时代的特点和心理健康教育的发展趋势，就必须坚持发展性原则，以大多数正常的学生为主要对象，以优化心理结构、提高心理机能、开发心理潜能为主要目标，通过网络征文、网络沙龙、网上自主训练等人们喜闻乐见的形式，营造健康积极的网络文化氛围，吸引人们参与其中，促进其心理素质的全面提高。

2. 自助与互助相结合

网络的即时性、自主性、隐秘性等特点可以充分发挥心理健康教育助人自助的原则。每个人是心理发展的主体，如果他人越俎代庖是不能帮助个体圆满地完成各阶段的心理发展任务的，因此，要帮助个体独立地解决问题，学会自我教育。网络心理健康教育的各种形式，如网上课堂、在线阅读、自主训练、专家咨询等为人们的心理自助提供了多种选择，选择何种方式完全由个人自主决定，这种方式下，心灵的开放程度较高，能更好地达到自助的目的，促进身心的健康发展。

除了助人自助，网络心理健康教育还应遵循互助的原则。所谓互助是指人与人之间通过网上的经验交流、互吐心声、相互答疑等形式，达到互相帮助、共同成长的目的。人们可以向自己的老师、长辈、同学、朋友倾诉，由于长辈等比自己人生阅历丰富，向他们倾诉可以得到他们的开导，分享他们的人生经验，促进心理的健康发展。同时，这还有助于培养人们团结合作、乐于助人的优良品质。

3. 互补性与协同性相结合

由于网络心理健康教育目前仅能作为心理教育结构体系的重要方面和必要补充，尚未成熟到能与之并驾齐驱甚至取而代之的程度。因此，开展网络心理健康教育还需遵循互补性与协同性原则。所谓互补性原则是指网络心理健康教育应和传统的非网络心理健康教育有机地结合起来，取长补短，优势互补。网络心理健康教育的不足之处包括：心理仪器难以使用，某些心理训练和心理治疗技术等无法通过网络进行；网络心理教育的效果难以进行评估；一些心理疾病，如网络成瘾、人格障碍、人际交往障碍仅通过网络心理健康教育本身是难以解决等。因此，开展网络心理健康教育并不能动摇传统形式的心理健康教育的重要性。所谓协同性原则是指网络心理健康教育不能孤立地进行，除了和非网络心理健康教育相结合，还必须与其他各级教育，如学校教育、家庭教育、社会教育有机地结合起来，避免网络使用带来的负面影响。

（二）网络心理健康教育的途径

1. 利用网络的高效快捷性宣传心理健康知识

第一，要加强心理健康知识的宣传、教育和普及，引导人们正确认识自我，悦纳自我，树立正确的健康观念，充分重视心理健康对于个体的重要意义。

第二，要积极构建网络心理健康教育的阵地和平台。例如，在学校、社区、单位和组织内部积极开设网络心理健康教育课或者定期开设网络心理健康专题讲座，通过电视、广播、报纸、杂志、网络社群、贴吧和论坛等向人们宣传网络心理健康知识，引导人们了解网络心理健康的标准，树立正确的网络心理健康观念。

第三，积极开展居民网络使用情况及网络心理健康普查工作，有条件的地方还可以建立居民网络心理障碍档案；重视构建网络心理健康咨询平台，积极开展各种形式的网络心理健康咨询。

第四，加强网络心理健康的研究与网络心理健康教育队伍的培训。网络心理健康问题是新出现的现象和情况。为此，要积极考察各类群体的网络心理健康现状，探讨影响人们网络心理健康状况的重要因素，探索提高网络心理健康，预防和治疗网络心理障碍的方法和策略。同时，运用已有的研究成果，指导网络心理健康教育工作者提高自身理论水平和实际工作能力。

2. 积极倡导自我教育和自我管理

网络使用与人的身心健康有密切的关系，合理使用网络能提高工作效率、愉悦心情。不良的、长时间的沉迷于网络则会严重影响身心健康，甚至使人颓废。网络使用与心理健康的关系主要体现在个体要有合理管理时间和自我教育的能力，因此，进行自我教育和自我管理首先要求人们树立正确的世界观、人生观和价值观，提高自身道德修养，培育健康的心灵。其次要求人们充分重视时间管理的重要性，积极掌握时间管理的策略，合理规划时间，增加自律能力，拒绝沉溺网络。最后，要求人们重视情绪管理的重要性，通过掌握常见的情绪调节策略与方法，增强自身情绪调节的自我效能感，更好地控制自身不良情绪，而不是单纯地依靠网络来宣泄负面情绪。

3. 提供网络咨询服务和心理测验

学校和单位可通过网络对学生和员工提供心理咨询服务。通过咨询服务，借助专业人员（包括精神科医师和心理咨询师）的协助，对存在心理困惑或心理问题的人进行专业辅导。网络在提供咨询时间、线上预约服务和心理咨询师值班表的同时，时常以电子邮件的方式与需要咨询的人进行互动。

此外，还可以利用网络，提供常用的心理测验，使人们正确看待并及时察觉自己可能存在的心理问题。人们可以直接在网上自行测验，并形成结果供参考。但是，有些测验要在专业的心理咨询师指导的情况下才能使用，因此，网络心理测验要与网络心理咨询相结合，以提高测验的准确性，促进人们的心理健康。

4. 优化社会环境，加强休闲教育

德国心理学家勒温曾指出，个体的行为是人格与环境相互作用的结果。好的群体环境不仅能给个体提供安全感和归属感，同时也能够通过群体目标、规范、文化与信念等影响个体的行为，为个体提供行为的参照标准。为提高人们的网络心理健康水平，应该充分重视在全社会形成积极健康的社会风气，在学校、社会、工作单位等积极开展丰富多彩的社会文化活动，并注重将有益身心的社会活动与网络文化有机结合起来，吸引人们的广泛参与。

学校、社会在抓心理健康建设的同时，也应重视通过各种形式在广大公民中间开展休闲教育。例如，在学校对学生进行闲暇时间指导，积极开设休闲辅导课程，向学生讲授休闲的知识，协助他们树立正确的休闲观，懂得如何合理安排休闲活动，恰当规划闲暇时间，健康娱乐和消遣等。力求通过多种形式的休闲教育，帮助人们养成乐观的生活态度和良好的生活习惯，避免因过度沉溺网络而诱发网络心理健康问题。

5. 家庭、学校、社会三位一体，维护青少年网络心理健康

为了促进和提高青少年网络心理健康水平，家庭、学校和社会还应积极引导未成年人科学地使用网络，对他们做好网络使用指导。家长有责任和义务关心孩子网络使用的状况，多关注孩子的网络行为。有条件的家庭，父母要与孩子交流网络使用心得，家长与孩子经常互动分享网络学习资源，能促进孩子通过合理地使用网络，健康地成长。学校应指导学生学会利用网络进行学习，查阅资料、扩展知识面、提高学习效率，同时，提高对网络内容的选择性和网络信息的过滤性，增强网络免疫力。社区要提供健康的网络活动环境，要根据青少年的年龄特点和发展需求，提供有益于他们成长的网络资源和网络游戏，让青少年在网络中有所收获，促进他们的健康成长。

【基本概念】

网络依赖　网络成瘾　网恋　网络心理健康教育

【复习思考题】

1. 常见的网络行为有哪些？它们对于个体心理发展又存在哪些影响？
2. 如何健康地使用网络？
3. 如何有效地辨别网络成瘾？
4. 网络心理健康教育包括哪些内容？
5. 选取一所中学，对其网络心理健康教育的现状进行分析。

【推荐阅读书目】

1. 黄少华．网络空间的社会行为——青少年网络行为研究．北京：人民出版社，2008.

2. 陈光磊，黄济民．青少年网络心理．北京：中国传媒大学出版社，2008.

3. 覃征，史哲文，王若莹等．网络应用心理学．北京：科学出版社，2007.

4. 万晶晶．大学生网络成瘾的心理需求机制研究．武汉：华中师范大学出版社，2011.

5. 王宁霞，王斌，魏然．青少年网络犯罪的心理分析及防治．兰州：甘肃人民出版社，2009.

6. 郭瑞芳．网络青年心理分析．北京：中国传媒大学出版社，2010.

7. 徐娟，于红军，张德兰等．青少年网络成瘾心理干预．北京：化学工业出版社，2010.

第十三章 休闲与心理健康

【学习目标】

1. 了解休闲的概念及理论观点
2. 掌握休闲对个体成长的意义
3. 理解各种休闲活动对身心健康的影响
4. 掌握在阅读中促进心理健康的具体方法

【章节导读】

“休闲学之父”亚里士多德认为，闲暇就是“手边的时间”，而休闲则是一种沉思的状态，是一种不需要考虑生存问题的心无羁绊的状态。他甚至认为，“人唯独在休闲时才有幸福可言，恰当地利用闲暇是一生做自由人的基础”。现代社会经济发展日新月异，人们的生活水平不断提高，闲暇时间也在增多。从1995年5月起，我国实行5天工作制，加上1999年开始实行“五一”、“十一”、“春节”三个长假，目前，我国法定休假日已达114天，即一年有1/3的时间是闲暇时间。如何合理地安排和享用休闲时间，使休闲给人们带来愉快的感受，维护身心健康是现代健康心理学需要研究的重要问题。本章主要探讨休闲的概念、理论观点，不同的休闲活动对个体身心健康的影响，阅读对心理健康的影响。

第一节
休闲与个体发展及心理健康

随着经济和社会的发展，人们开始有更多的休闲时间，也越来越重视休闲活动。事实上，休闲不仅是一种生活方式，而且也是积极的心理健康活动。

一、休闲的概念

图 13—1　气定神闲的钓鱼活动

休闲（leisure）是指每个人除完成工作和满足生理需要以外，完全由本人自由支配的时间和活动方式的总和。图 13—1 的钓鱼活动就是一种很好的休闲。学界一般在四个层面定义“休闲”：时间结构、行为活动、心理状态、体验。首先，将时间具体分为工作时间、生理必需的时间、家务时间以及闲暇时间。其中闲暇时间又具体分为休闲时间、消极行为时间、延伸性工作时间。而休闲活动则分为观赏活动、创造活动、教育培训活动、竞技活动等。Russell 将休闲分成三个维度：时间、娱乐（特定的行为）及心理状态。Neulinger 将休闲理解为一种“高峰休闲体验”（peak leisure experience），是指个体在休闲活动中所感知到的强烈的自由感与内在动力。无论对休闲做哪些方面或角度的研究或界定，都必须明了这样一个前提，即休闲是人的活动，是体现和实现人的全面性和丰富性的活动，是整合和提升人性的活动。

二、休闲的理论观点

现代休闲学始于 1899 年社会学家凡勃伦的《有闲阶级论》。他认为，休闲已成为一种标志和社会制度，不同阶层拥有的闲暇时间不同，通过闲暇时间的多少区分人们不同的社会地位，以排斥其他阶层人士的进入。马克思则将闲暇时间看作“自由时间”，是相对于“工作时间”而言的。凯利认为休闲是一种成为人的过程，成为人则意味着摆脱必须性的自由，探索和谐与美，承认生活的理性与感性，物质与精神的统一等。而戈比则提出了休闲已成为经济的新中心的观点。应从人性的三个方面，即人的自然属性、社会属性和意识属性及其整合提升上对休闲做一个宽泛而原则性的理解，即，休闲是人在生理必需活动之上和之外追求身体健康，身心协调，人与自然、人与社会、人与自身精神和社会文化和谐统一及其升华境界的实践活动。20世纪以来，皮伯、杜马哲迪尔、凯利、戈比进一步发展了有关休闲的理论。

一般而言，一个人的特质、所处的社会背景，以及居住和工作环境会影响他对休闲的认知，以及他参与休闲的动机、期望与偏好，并进而影响其选择参与的活动项目与参与方式。在参与休闲的过程中，个人会有主观感受的体验，进而对他个人的身心产生正面、负面或中性的影响，这些影响会进而对他的整体生活满意、休闲生活满意以及工作绩效产生影响。研究者从个人特质与社会交往、工作居住与休闲环境这两个方面提出了休闲的理论。

（一）个人特质与社会交往

1. 补偿理论（compensatory theory）

该理论主张工作是生活的主体，而休闲则是工作无聊后的补偿。例如，现在人们工作忙碌了一段时间后，常以旅游散心来放松自我、补偿犒赏自己前一阵时间的忙碌。

2. 延续理论（spillover theory）

如果工作使人感觉非常兴奋、顺畅或刺激，那工作者会持续有这样的感觉，选择令人兴奋、流畅、刺激的休闲。

3. 熟悉理论（familiarity theory）

一个人过去自在、可靠的休闲经验，会引导他继续以类似的方式安排休闲活动。熟悉理论将休闲行为与惯性相连，休闲者因习惯或安于某些习惯而做某些休闲。如，小时候常跟父亲去乡下溪边从事钓鱼活动，因此，长大成人后常会从事的休闲活动也是去钓鱼。

4. 同伴理论（personal community theory）

有相当高比例的休闲行为受到同伴团体的影响。休闲行为常与同阶层、同学、同事、工作环境或是邻里环境相关联。我们所从事的休闲活动，其形式多由某种已熟悉那种活动的人所启发。如下了班，同事邀约去唱卡拉OK。

（二）工作居住与休闲环境

1. 休闲参与模式

凯利将休闲参与模式分为三种：（1）固定模式（stereotypes model），一个人选择参与休闲活动内容是刻板固定的。（2）均衡模式（balance model），一个人参与休闲活动内容是多元的，并会基于均衡生活体验、健全生活内涵的原则，去选择适合的活动。（3）核心模式（core model），一个人选择参与的休闲活动内容有些是重复的、经常发生的，其大部分都是经济、方便的活动。

2. 都市化与休闲商品化

都市环境给生活带来极大的便利，居民能在都市中选择购物场所和购物方式，选择各种娱乐活动和休闲方式。在现代都市中，休闲带有商业化气息，休闲活动已经被商品化了。

3. 工作与休闲的相对性

当工作和生活质量提高后，会进一步促进人们运用自由时间参与多元化的休闲活动。一些职业心理学家认为，休闲活动对职业选择、就业准备有着重要的发展性作用。例如，Super 将休闲活动视为个体及工作技能发展的关键性因素。人们在休闲中体验着轻松、愉快，在工作中体验到自我价值感，所以，工作和休闲是个体身心健康的两个方面。

知识拓展

休闲的层次

刘啸霆把人类的休闲分为以下几个层次：

(1) 休息，如睡眠等，这是在劳动的间歇为缓解疲劳而进行的一种自发的休整，目的是为了更好地劳动。

(2) 闲暇，即空闲，是有了相对自由时间而未能有目的地安排休闲活动的闲散状态，如，北方农村传统的“猫冬”习俗。

(3) 有意休闲，即把休闲当作一种有意识、有准备的活动，追求一定的休闲质量，其隐含的目的还是为了更好地劳动。

(4) 追求休闲意蕴，这是在有了相对充裕的自由时间后，把休闲本身当作直接目标的一种社会行为。

比较这四个层次，第一种是有休无闲，是“不得不”；第二种是有闲无休、无所休；第三种虽有休有闲，但是为了别的什么，近乎忙里偷“闲”；只有第四种属于休闲就是休闲，这是真正的休闲，也是休闲研究的核心议题。

三、休闲对个体的意义

休闲是一种生活方式，也是一种生活态度，它对于个体具有多方面的意义。

(一) 休闲与生存

休闲与人的生存有密切关系。常言道，生命在于运动，但无休止的运动也不利于人的健康发展。因此，生命也在于休息。对休息方式（如睡觉、安坐、阅读、网游、听音乐、看影视、练气功、喝茶聊天、打牌下棋、做操散步和其他户外活动等）有意识的选择、计划、安排，就属于休闲的范畴。休闲能够为人的休息提供有益的指导，让每个人都能根据自己的情况选择适宜自己的休息方式。

生存需要健康，因为健康是生命的基石。WHO给健康的定义是：身体上、精神上、社会适应上的完好状态，而不仅仅是没有疾病。这种完好状态的获得，可以说离不开休闲。有资料显示，人类正处于一个充满压力的时代，社会竞争所造成的紧张压力正吞噬着人类的健康，人们的生理和心理疾病急剧增加，许多人处于亚健康状态。一些分析发现，工作紧张、事务繁杂，以及随之而来的休闲、运动时间的缺乏，还有家庭不和一起构成亚健康发生的危险因素。由此可见，休闲确实与我们的健康密切相关。

休闲不仅是生命的保障，也是生命的一种状态。休闲不仅能够给人们带来身心健康，也能让人们有时间对生命进行思考、探索，还能带来快乐，陶冶性情，丰富生活。人们在休闲中可以感受到按照自己的意志自由自主地从事活动所带来的轻松和愉快，从而，获得一种精神上的自由感、解放感。因此，休闲对生存的意义不仅在于恢复体力、保持健康、获得身闲，更重要的是在于结出美丽的精神硕果——心情的舒畅和心灵的宁静，即心闲。

（二）休闲与个体发展

发展心理学家通常把“玩耍”（play）及“休闲”视作促进个体发展的重要元素。1980年，Kleiber将生命历程分成6个阶段：童年早期、童年中期、青春期、成年早期、中年期、晚年期（含退休期）。休闲发展模型认为，休闲态度（leisure attitudes）存在着年龄段差异。2007年，张蕾的调查发现，农村中学生在休闲时间的安排上，50.9%的中学生选择看电视、听音乐，20%的中学生选择与同学、朋友游玩，其次是选择锻炼身体（18.9%）、进行其他活动（4.7%）、睡觉（3.9%）和上网（1.6%）。不同性别的农村中学生在休闲时间的活动情况有所不同，男生主要选择看电视、听音乐和锻炼身体，而女生则主要选择看电视、听音乐和与朋友、同学游玩。

大学生正处于青春期，休闲也为其提供了探求恋爱关系及发展偏爱性群体的机会，该阶段完成了个体从童年期到成年期、从家庭依恋到成人承诺的过渡。成年期主要展现个体围绕工作及家庭所作的承诺，如，追求与他人的亲密度、目标设置及职业发展是成年期的主要任务。社交性目标仍是休闲活动选择的影响因素之一，在成年晚期，工作和家庭责任会限制个体的休闲。

Kleiber在1980年还研究了老年期的休闲活动，发现在退休期内，休闲成为老年人生活的焦点，与此同时，休闲再次对老年人的个体自我认同、自我接纳及自尊产生了重要影响。如果此阶段老年人身体状况良好，那么，其休闲模式趋于稳定。对于那些生命历程早期休闲满意度较高的个体而言，其退休适应期要比那些未经历过休闲满意度的个体短一些。

（三）休闲与工作

传统观念告诉我们，人们必须要勤恳工作，工作是人得以在社会中定位自身的筹码，而人类文明也是借助大多数人的共同努力工作所造就出来的。然而，我们现在不得不思考这样一个问题：人活着就是为了忙碌工作吗？一些调查显示，在当今社会中，人们为了获得物质财富而拼命工作的动机越来越弱，在闲暇时间中度过有意义的人生这种意识越来越强烈。

其实，人的生活并非只是为了工作，相反，工作是为了让人更好地生活，而休闲同样也具有这种作用。由于现实社会还不能够让每个人都从事自己喜爱的职业，于是在休闲中，我们才能真正做自己喜欢做的事。可以说，工作与休闲虽然在理论上可以严格区分开，在实际生活中，却是交融混杂在一起的。这就需要我们合理安排工作与休闲，保持两者之间合理的张力与平衡。其实往往休闲得好，生活得到适当的调剂，工作效率也才能得到提高。如果一个人不能得到休闲，紧张的精神不能得到放松，这样势必反过来影响工作，降低工作效率。

（四）休闲与家庭

有很多人认为家庭成员是休闲的重要主体，那休闲也必然是家庭生活的一项主要内容与形式。对个人的家庭生活而言，休闲可以增进夫妻及其他家庭成员间的沟通与情感，能为家庭生活增添乐趣，有利于家庭和谐。

一些调查得出结论认为，拥有共同休闲时间的夫妇比没有共同休闲时间的夫妇对生活更满意，共同参加休闲活动能显著促进幸福与和睦的夫妻关系。休闲活动也是家庭成员交流互动的一种形式。在休闲的交流互动中，家庭成员可以轻松愉快地沟通思想，引发情感共鸣，强化家庭观念，消除隔阂，有利于创造家庭成员之间的共同话题，增进家庭成员之间的感情，创造融洽和谐的家庭氛围。如果一个家庭养成了共同休闲的习惯，那就是一个和睦、幸福的家庭。

总之，对人们来说，休闲活动是生存的基本需要，是工作的充电站，是家庭生活的调味剂，是社会交往的重要媒介，也是人们享受生活和自我实现的一个重要条件。

（五）休闲与社会交往

人是社会性的动物，离不开与他人的交往。人的交往形式与渠道多种多样，休闲也是其中的一种。休闲活动作为人的交往方式，能够扩大人的社交范围，丰富人们的社交生活，增进友谊，建立更全面、融洽的人际关系。人们在休闲活动中结识了与自己有相同情趣和爱好的朋友，与他们进行轻松愉快的交流互动、扩大了自己的交际圈。

休闲作为交往方式从性质上说，基本上是一种非功利性的社会交往，它对于培养人的社交能力，拉近人与人之间的关系以及获得社会温暖至关重要。休闲活动具有自主选择性，这种自主选择性使成员之间暂时抛开了一切复杂的人际关系，回归到人与人平等、本真、单纯的伙伴关系，共同寻求心灵的放松、自由。这样轻松活泼的休闲交往，能够使人与人之间形成一种没有任何顾忌、自由自在的心灵对话，能让志趣相投的人们停下脚步来畅谈人生、交流心得、享受情谊。

四、休闲的心理健康功能

休闲对个体发展及个体调节身心状态具有重要意义。休闲的心理健康功能体现在以下几个方面。

（一）休闲可以帮助人们松弛身心

人们在工作、学习时，为了保证效率，总是要聚精会神，身心都很紧张，所以一段时间后人会感到疲劳，需要休息。但是，放下了手头的工作或学习并不意味着你就会获得身心的松弛，很多人在休息时间仍念念不忘工作或学习中的事。这时，去参加一些休闲活动就可以转移一下注意力、放松身体和精神。工作、学习之余，可以做些体育运动，欣赏一下风景，听听音乐等，这会使人神清气爽，消除身心的紧张。而且休闲活动本身不包含严重的利害得失，活动停止后，一切就随之过去，不会留下什么不良的影响，还可以让人们恢复精力。

（二）休闲可以满足心理需求

虽然说人们可以从工作或者学习中获得成就，但工作和学习不一定能完全满足人所有的心理需求。人们往往不能自由选择工作和学习的内容，但是，可以自由选择休闲活动。那些自己感兴趣的休闲活动可以使人们获得满足，比如，有些人有艺术才华，但又不从事艺术类的工作，那么就可以在闲暇时间里唱唱歌、跳跳舞，表现一下自己的艺术才华。这样的休闲活动不仅可以缓解工作后的疲倦心情，也可以增添获得心理满足的机会。

（三）休闲可以调节情绪

休闲活动可以协助个人疏通不良的情绪，通过各种娱乐消遣活动，人们的注意力得到转移，不良情绪得以发泄和释放。在很多时候，人们会发现，本来压抑的心情在休闲活动以后就烟消云散了，甚至在休闲放松的状态下，人们的灵感还会被激发。一些过剩的不良心理能量也可以通过休闲活动释放掉，从而使个体恢复平静良好的心态。可以说，休闲是一种滋养性情的活动，不仅能调节情绪，而且能使人们的情感变得丰富，心灵变得和谐。

（四）休闲活动可以扩展个体的生活经验

一般来说，如果一个人除工作外无其他活动，那么，他的生活经验将比较狭隘、局限。多参加一些休闲活动，可以帮助个体丰富自己的生活经验和交际圈。人们可以通过休闲活动结识志同道合的朋友，在与朋友交流和交往的过程中，开阔视野，吸收新思想，丰富生活经验。

总之，休闲可以满足人们的很多心理需求，休闲活动也会因休闲者所选择的休闲项目、休闲态度、动机和休闲的兴趣等因素而呈现出不同的特质，所以，人们应适当地选择适合自己的休闲活动，才能使休闲活动发挥最大的功能与价值，进而达到从事休闲活动的目的。

第二节 娱乐与心理健康

娱乐对人们的心理健康有重要的影响，俗语道"笑一笑，十年少；愁一愁，白了头"，这深刻地表明了愉悦的心情对人身心健康和长寿的影响。健康和休闲总是相伴而行的，娱乐活动不仅是休闲，而且是快乐的休闲。作为娱乐的休闲往往是有内容、有规则的。当人们有休闲时间时，才能更好地体验娱乐。

一、娱乐活动

娱乐是人追求快乐、缓解压力、体验喜悦的一种天性。从广义上来说，娱乐可被看作一种通过表现喜怒哀乐，或通过自己和他人的交往而让他人或自己感受喜悦，并带有一定启发性的活动。很显然，这种对娱乐的定义包含了电影、电视剧、各种比赛和游戏、音乐舞蹈表演和欣赏等。狭义的娱乐是指能给予观众乐趣的项目、表演或活动。虽然众多娱乐的形式或项目，似乎难以找到共通点，但对参与和使用娱乐形式或项目的人来说，娱乐活动具有一定的心理功能，积极向上的娱乐活动能促进个体心理的健康发展。

（一）娱乐活动的种类与方式

1. 棋牌类

棋牌类娱乐活动主要是脑力活动，是脑力、智力、心理上的综合运用。在这种活动的过程中，个体不仅能达到大脑的放松，还能挖掘智力潜力，进行心理上的技术和战术训练。此外，棋牌类活动还可以锻炼个体的思维、启迪智慧、陶冶情操，增进个体间的友谊，引导协调人际关系，使个体更好地适应社会环境。

2. 电视、电影

人们日常生活中离不开电视和电影。电视和电影作为重要的娱乐工具和活动，深受人们喜爱。2008 年，厉国刚和杨云的调查显示，影片对大学生的吸引力主要体现在情节（72.5%）、题材（45.5%）、演员（42.9%）、视听效果（41.5%）、思想性（35.8%）上。电影发展至今除了电影院放映的电影外，还产生了各种深受人们欢迎的放映形式，如球幕电影、水幕电影、立体电影、P2P 网络电影等。

3. 体育比赛

体育比赛作为一种娱乐活动指的是人们观看各类赛事和人们在工作生活之余进行的一些业余的体育活动。作为一种娱乐活动，体育比赛是为了达到增强体质、增进健康、改善生活方式、提高生活质量的目的。体育娱乐活动又与体育休闲存在差别，体育休闲是为了锻炼身体、改善健康，而体育娱乐是在活动的过程中得到心理上的愉悦和消极情绪的释放。

4. 文艺活动

文艺活动是指各种表演活动，包括音乐演奏、舞蹈、歌唱等形式。文艺活动包括个体作为观众观看各类表演和个体作为表演者体验表演的过程两种类型。文艺活动作为一种娱乐项目，与专业舞蹈演员、歌唱演员和器乐表演者的专业性表演和比赛存在区别。文艺娱乐活动是培养个体的审美意识和能力，提高艺术鉴赏力，陶冶情操的重要渠道和手段。

5. 电脑游戏

作为一种以电脑为媒介的娱乐形式，电脑游戏逐渐成为可与电影、电视相抗衡的重要的娱乐活动之一。电脑游戏不仅包括传统的单机版游戏，也包括网络游戏。随着信息社会的发展，以数字技术应用、充分互动及海量信息处理为特征的新媒介迅速吸引着越来越多青年的注意，成为他们重要的休闲娱乐方式和充分展示个性的空间。电脑游戏在提高个体的空间认知能力，满足心理需要，促进心理恢复和社会性发展等方面有着积极影响。

（二）娱乐活动的心理功能

娱乐活动是个体成长过程的实践载体之一，具有一定的心理功能，各类娱乐活动会对人们的心理和情感产生影响。对于个人来说，娱乐活动在愉悦身心、陶冶情操、增长知识、促进个体健康成长等方面具有重要的心理功能。对于群体来说，娱乐活动可以促进人际关系的发展和人际环境的改善。

1. 促进人际关系的发展

在人们日常的学习和工作中，普遍存在社交圈狭窄、人际互助有限等问题。在休闲娱乐活动中，结果已经不再重要，过程的意义凸显出来，娱乐活动可以成为人们生活和学习的有利补充。在娱乐活动中，竞争色彩明显淡化，合作氛围显著提升。如，在体育比赛和文艺活动中，人们可以增加与他人合作与互动的机会，不仅可认识和结交更多志趣相同的朋友，而且能够扩大视野、更新观念、满足归属感。人们从娱乐活动中真切体会到人际交往与合作的宝贵经验，从而有益于促进个体成熟的社会化历程。

2. 宣泄负面情绪

个体积蓄的消极情绪，会以两种方式释放出来：一是消极面对现实生活、冲动处理问题的外部消极取向，致使个体的处境更为糟糕，问题更难解决。二是表现为自责、内疚、自我惩罚的自我攻击取向，进而产生各种心理问题。在Gross提出的情绪调节的模式模型（modal model）中，他认为注意分配（attentional deployment）是一种非常重要的情绪调节模式。注意分配是指关注情境中的某一方面或某些方面，努力使注意集中于某情境，或注意离开原情境。如果个体将娱乐活动纳入自己的生活中，在产生消极情绪时将自身的注意离开产生消极情绪的事件，努力使注意集中于娱乐的过程，通过娱乐活动来进行适度的宣泄，可使个体摆脱沉重的精神压抑，缓解负性情绪，释放非理性冲动，进而调节心理问题，维持健康的心理状况。常见的释放负面情绪的娱乐活动包括看电影和电视剧、听音乐、玩电脑游戏、进行适度的体育竞技活动等。

3. 产生认同感

娱乐活动对人的心理上的作用还体现在个体认同感的产生。电视、电影类的娱乐节目允许观众分享他人的生活，因而，能够激发观众、教育观众，并促使观众进行想象和思考，使他们产生认同感。有研究认为，娱乐活动产生认同感的心理机制之一是通过幻想或想象而获得的。Polichak和Gerrig对观众观看电影的研究表明，观众观看和体验电影时会产生一系列的想象活动。这种想象反应的种类和数目依赖于不同的内外条件，包括故事的特性、个体自身的想象能力、个体的信仰和以往的经历，以及个体观看某一特定类型娱乐节目的动机等方面。

4. 获取社会参照

生活意义的体验与生活质量的评估是在社会比较中产生的。通常人们的学习、工作局限在一个相对封闭的环境中，接触的是与自己的行业相关的人群，较少接触社会的其他层面。长此以往，人们会对现有的工作、学习、生活状况产生倦怠，感受不到最初的幸福，也逃逸了应该担当的社会责任和义务，很少体验成功的喜悦，很少能提升到更为优越的生存状态。借助娱乐活动的机会，人们可以接触到社会的其他层面，了解其他行业的工作状况，认识其他人群的生活状态，对社会各阶层有更为真实的了解和比较，积极感受生活的幸福。

5. 学习新知识、新技能

现代社会发生着日新月异的变化，我们应该让毕生学习和发展成为生活的基本理念。运用休闲娱乐的便利方式，个体可以在轻松愉悦的过程中，从同伴那里获得新的信息、通晓新的技能；或者通过电脑和网络了解新的知识、学习新的方法。娱乐活动已经成为个体寻求知识更新、提升技术技能的重要方式和途径。

二、在娱乐活动中促进心理健康

健康的娱乐方式表现在娱乐时间和空间合理、娱乐活动文明、娱乐活动多样、娱乐活动具有个性等方面。在健康的娱乐中，要采取自我调控策略来维持健康的娱乐方式。

（一）把握娱乐活动的原则

1. 适合原则

现实生活中娱乐活动有很多，对于不同年龄阶段和不同健康状况的人，要根据身体状况、年龄特点和兴趣爱好选择适合自己的娱乐活动。例如，中老年人不适合参与剧烈的体育活动和高空活动等，特别是心脏病和高血压患者，尽量不参与高空游戏。颈椎不适与腰椎不适者不适合参加久坐的娱乐活动，如网络游戏或打麻将等。

2. 有度原则

任何娱乐活动都需要消耗身体能量和心理能量，因此，不宜活动时间过长，特别是对于需要消耗高能量的活动，要把握好时间，控制好“度”。参与娱乐活动的有度原则还体现在不要超越极限，而把娱乐看作一种陶冶情操的休闲活动。

3. 快乐原则

娱乐活动的目的是愉悦心情、感受快乐，体验参与的乐趣。所以，只要是适合自己又能够体验到乐趣的活动，一般对身心健康均有促进作用。

4. 调整心态，促进身心健康原则

节假日离开繁忙的工作，走进大自然，体验蓝天白云下的自我；离开喧嚣的都市和嘈杂的人群漫步在海边的沙滩上，体验休闲与放松。娱乐活动能达到调整心态、促进身心健康的目的，使心情平静，忘却烦恼和不快。

（二）预防娱乐病的发生

不良的娱乐方式不仅不利于身心的放松和休息，长期沉迷于某种娱乐活动，还有可能造成各种身心疾病。以下就是因不良的娱乐方式而导致的几种常见的“娱乐病”。

（1）电视病。很多人感到看电视愉快而轻松，但是长时间泡在电视机前，对人的健康是有害的。电视病一般表现为臀部、尾骨疼痛，腰背酸痛，头昏，食欲减退，眼睛怕光、流泪等。

（2）麻将综合征。通宵达旦玩麻将，可使神经紊乱，出现食欲缺乏、消化不良、恶心呕吐。由于头向前倾，脑部血流减少，容易出现头昏脑涨、失眠多梦、记忆力下降和

精神不振现象，而且容易患颈椎病、腰肌劳损、关节炎和下肢麻木、坐骨神经痛等。

（3）卡拉OK综合征。很多年轻人沉迷于唱卡拉OK，时间一久，很容易引起卡拉OK综合征，表现为声带劳累，负担过重，黏膜充血、水肿，黏膜下小血管破裂出血，声带肥厚、小结、息肉等。严重者还会产生咽喉充血堵塞、呼吸困难和肺功能下降等症状。而且，有些KTV包房内封闭严密，空气流通不畅，长时间停留其中还容易引发呼吸道疾病。

（4）歌舞厅综合征。舞厅内的光线刺眼伤目，使人头昏、头痛、失眠、食欲下降；地小人挤，室内空气污浊不堪，细菌滋生；震耳欲聋的声音令人烦躁不安、疲乏、听觉衰退；对于神经、心血管、消化、免疫和内分泌系统的功能也都有损害作用。

（5）互联网综合征。长时间上网容易导致食欲减退、肌肉酸痛、烦躁不安、容易激怒、上网耐受性和依赖性增强。

第三节 旅游与心理健康

大自然风光对人的心理有着积极作用，旅游能陶冶人的性情，提高人的心理健康水平。旅游是缓和心理紧张，增强心理健康的有效方法。有的国家把自然风光优美的地区建成“森林疗法”园地，使生活在城市里的人来此游玩，观赏自然风光，呼吸清新空气，促进心理健康。

一、旅游休闲与心理健康

人处于自然景观与人文景观中，能开阔胸怀，旅游是改善心理亚健康状态的较好方法之一。旅游休闲是人们在闲暇时间离开居住地做暂时性的逗留、游玩和观赏活动，享受优美的自然风光，体验独特的风土人情，领略先进的城市文明，参观历史悠久的古迹和建筑等。旅游能使人脱离造成心理问题的生活与工作环境，使人获得心理上的“移情易性”效果。

（一）旅游服务与心理健康

旅游服务（tourism-related service）是指旅游业服务人员通过各种设施、设备、方法、手段、途径等表现形式，在为游客提供能够满足其生理的和心理的，物质的和精神的需要的过程中，创造一种和谐的气氛，产生一种积极的心理效应，进而使游客乐于消费的一种活动。

旅游服务包括的方面很广。具体包括如下几个方面。

（1）为游客提供门票和告知游客如何使用。

（2）让游客在景区内能快速而有效地找到自己要去的地方和想看到的景点。

（3）保证游客的人身安全，告知游客哪里是安全的，哪里是危险的地方。

（4）为游客讲解景区的文化，让游客感受到景区的魅力。

（5）满足游客在景区的饮食和休息等方面的需求。

（6）满足游客对于拍摄和留念的需求。

（7）当游客遇到特殊情况时可以及时得到服务人员的帮助。

在旅游过程中，做好旅游服务，能对游客的心理状态带来积极的影响。1999 年，赵彦辉从游客心理预期的角度将服务类型归结为两类：功能服务与心理服务。前者是解决游客的实际问题，为其提供各种方便的服务；后者则是在为游客解决一些实际问题的同时，还能让游客在心理上得到满足。在旅游的过程中，游客在享受自然景观和人文景观带来的新鲜愉悦感的同时，良好的旅游服务还能触动游客情感，唤起他们心理上的共鸣，使游客在接受服务的过程中产生幸福、快乐的感觉。

（二）旅游地点的选择与心理健康

旅游地点的选择对提高心理健康水平有一定关系。如果游客选择的旅游地点与自己的意愿相悖，或旅游的地点没有任何吸引游客的地方，那旅游只是一种消耗时间的行为，并不能改善人们的心理健康状况。我国著名古建筑专家与园林艺术家陈从周教授指出，旅游要因人、因地、因时制宜。“年高的泛舟水中，怡然自得；年轻的，攀山登岩，历练意志；新婚夫妇，静舍小憩，蜜月更甜。”绿地、森林、海洋、草原、湖泊等自然景观，能使人精神愉悦、心旷神怡；石窟、雕刻、古建筑、博物馆等人文景观，能使人怀古惜今，在增长知识、陶冶情操的同时，获得心灵的洗礼。

（三）旅游可以调整亚健康心态

1. 心理的亚健康

亚健康状态是介于健康和疾病之间的“中间状态”，是一种动态变化的、特殊的、短暂的阶段。具体表现为躯体疲劳、易感冒、出虚汗、食欲缺乏、头痛失眠、心绪不宁、记忆力下降、焦虑、性功能障碍等。据调查，都市人处于亚健康状态的占人口总数的60%以上。心理亚健康主要是指一种持续的、消极的心理状态。在这种状态下，主体对社会不能良好的适应，影响身心潜能的充分发挥。它不是天生的，是后天环境中内外因素相互作用的结果。一项来自北京高校心理素质教育研究课题组的最新调查显示，在北京的大学生中，有 16%以上的人存在中度以上的心理卫生问题，有 28%的学生存在不同程度的强迫症、抑郁症和焦虑症等心理问题。李力生等 2011 年的研究也发现，在大学生样本中心理亚健康及心理症状的发生几率为61.8%，且性别对大学生的心理亚健康影响较大。

2. 旅游促进亚健康状态的改变

亚健康状态是由内外因素共同作用的结果，外在因素主要是工作压力、家庭和人际关系压力等方面，内在因素主要是指一个人的个性特点，如对工作压力和人际关系较为敏感，在工作之余转换又比较慢。人体就像一台机器，在长期运作下难免会生锈，因此，需要“润滑剂”来保养，使机器恢复到正常的运作水平。旅游作为一种休闲活动，可以很好地改变人的心理亚健康，使人从亚健康状态恢复到健康的心理状态。

旅游需要消耗较大的体力，物质享受与精神享受兼备。旅游过程中见到的风景名胜和领略的风土人情会带给人们新鲜刺激的感官体验，会不断刺激旅游者的大脑神经，体力上的劳累被感官的愉悦体验所掩盖，使旅游者乐此不疲。旅游就像心理的“润滑剂”，可以使人摆脱工作的压力和生活的烦恼，把自己从繁杂的事务中解脱出来。个体可以通过旅游改变自我感知，把自己的心态从繁杂和焦虑中解放出来，使心理恢复到良好的状态。此外，在旅游中欣赏自然景观和人文景观时，个体可以在短时间内改变自己所处的环境，使自己的感情发生转移，陶醉在旅游的过程中，乐而忘忧，从而达到改善心境的目的。

二、森林疗法

森林疗法也叫森林浴（见图13—2），在欧美和日本比较盛行。所谓森林疗法，就是在森林中，利用树木本身释放的含有芳香气味的萜化合物质，有效地杀灭病菌，达到治疗疾病的一种天然疗法。例如，森林中枞树释放出来的物质，对金黄色葡萄球菌、百日咳杆菌有较好的抑制作用；槲树释放出来的物质，对结核杆菌、肠伤寒菌有较强的杀灭作用，等等。与传统的“浸泡”在森林里的森林浴所不同的是，森林疗法的目的明确，在森林中几人为一组，一边步行一边交流，并充分利用森林本身的自然地理条件进行理疗，从而最大限度地提升健康指数。

森林疗法可采用人的“五感”模式，即视觉、听觉、触觉、嗅觉、味觉，来达到在中短期内调节、恢复人的心理健康的目的。

图13—2　森林里良好的环境能促进身心健康

（1）“视觉”：利用林中具有强烈视觉效果的植物，人工栽培树叶及树皮形态较为特殊的树木，供人们鉴赏。

（2）“听觉”：利用林中原有的松、杨等随风动便能发出声响的植物，配合以溪水的共鸣，形成令人陶醉的“交响乐”。选用树皮、砾石、树叶等可以发出声响的道路铺设材料，使人在散步的同时感受大自然的愉悦。还可以设置若干隐藏式音箱，播放节奏舒缓的音乐，作为整个听觉景观的背景声；或设置静寂的场所，让焦虑的情绪得到舒缓。

(3)“触觉”：种植有趣的触觉植物，如景天及各种观赏用的禾草科植物，使人们在触摸中体会落叶同土地的触感、木头与肌肤的接触。

(4)“嗅觉”：栽培具有木香、甜香等芳香的植物，让人在丛林徒步中体验前所未有的自由与惬意。

(5)“味觉”：设置百果园、蔬菜园等，通过对食物的收获、加工和食用来促进心理健康。

第四节 体育休闲与心理健康

绝大多数人的心理状态处于心理健康和心理疾病的两个极端之间，每个人多多少少存在一些心理问题。存在较严重心理问题的人无法保持正常人所具备的心理调节和适应的平衡能力，偏离心理健康标准范围，但尚未达到心理疾病程度。最常见的形式是性格缺陷和情感缺陷。体育心理学研究表明，各项体育活动需要较高的自我控制能力、坚定的信心、勇敢果断和坚韧刚毅的意志等心理品质作为基础。因此，要为存在不同心理缺陷的人群开展体育健身锻炼，以培养其健全人格，提高他们的群体适应能力。

一、休闲体育概述

休闲体育是社会体育的组成部分，指人们在闲暇时间以增进身心健康，丰富和创造生活情趣，完善自我为目的的身体锻炼活动，具有自由性、文化性、非功利性和主动性等特点。休闲体育对增进健康，强健体魄，预防疾病与康复，提高文化素养与精神文明建设，丰富生活内容与加强人际关系，以及促进人的社会化与个性形成等都有重要意义和作用。

(一) 身体健康的标准

身体健康指生理意义上的健康，即身体及其各部分的状态良好。主要有三项指标：(1) 肌肉具有工作所需的力量和弹性；(2) 肺有足够的容积吸收氧气，以支持心脏和肌肉的工作；(3) 心脏功能强，能适应工作和锻炼的基本要求。一般来说，身体健康的主要表现为身体发育正常、没有疾病；有良好的食欲；睡眠质量好；体态脸色好，精神焕发；能很好地进行日常活动；疲劳感消除快等。

（二）体育休闲

图 13—3　打高尔夫球是一种很好的体育休闲活动

当前社会，人们不再仅强调体质好，而是强调体质和心理的双重健康。休闲体育的理念是促使人们参加适度的休闲运动以改善健康（身体的和心理的）。1992 年，Blair 对促进健美的体育锻炼和促进健康的体育锻炼进行区分，说明健康这个含义的转变，即健康不仅包括生理的变化，还包括心理的变化。1975 年，Paffenbarger 和 Hale 对职业运动和休闲体育运动进行区分。体育休闲活动是人们在空闲时间所开展的运动，如打高尔夫球（见图 13—3）。

二、体育休闲的心理健康功能

体育休闲运动可以使人心身放松，在自然的环境中从事体育娱乐活动，强身健体，调整心态，对心理健康有很好的促进作用。体育休闲的心理健康功能，主要有以下几个方面。

（一）产生心理愉悦

从事体育休闲活动会让人感到欢欣鼓舞、精神放松。有研究表明，体育会减轻对心理应激源的反应，可以阻止和减轻沮丧、消沉的感觉。1992 年，King 等提出，运动的心理效果可以促进身体满意度，而身体满意度与自尊和自信相关。与体育休闲活动有关的社会活动及其引起的自信与自尊的增强能够改善心理状况，使个体产生心理愉悦。

凡是美的事物都可以使人获得精神上的快感，通过休闲体育活动，可以使得自身更加健康。由于这种活动大多在户外进行，所以还可使人感受到大自然之美。Rice 提出的从事体育休闲给人带来的心理社会益处有如下几条：（1）增加自控和自我满足感。（2）增加自信心。（3）改善身体形象和自尊。（4）改善在工作压力下大脑的活动节奏。（5）改善心理功能，提高效率。（6）宣泄在人际交往或工作中的负性情绪。（7）降低应激水平。（8）摆脱轻度烦恼。

（二）有助于促进心理发展

体育休闲的新需要与原有心理水平的矛盾，是心理发展的一种动力。原有的心理水平往往不能满足所学习的运动项目的需要。几乎任何体育休闲项目，都要求人们有勇敢、坚持、自制、不怕困难等良好的意志品质和乐观、友爱、愉快、同情等多样的感情。在个体进行体育休闲的过程中，原有心理水平便慢慢获得提高。体育休闲活动的新需要与原有心理水平之间的矛盾，推动了心理的持续发展。例如，登山促进了个体积极向上的心理品质。

（三）有助于认知能力的提高

通过休闲体育活动可以促进个体认知能力的提高，休闲体育活动为人们接触自然、接触不同人群提供了机会和条件，使得个体可以借此机会认识自我、认识自然、认识社会、认识人与人之间的关系、认识自我生命的价值和意义。

（四）有助于促进个性的发展

休闲体育活动以其特有的方式为个性的发展提供了必要的条件与可能。个性的发展无论是发展的内容还是发展的形式，主要取决于活动。只有在现有的生活条件和环境中积极地活动，个性才能够得到协调、充分地发展。在进行体育活动时，人们可以自由选择自己活动的时间、地点、内容以及方式。休闲体育活动环境的广阔性、内容的多样性以及方式的灵活性，为参加者提供了充分的自由、自主的选择机会，从而可以使得参加者充分发挥自己的才能，并体验到按照自己的想法进行活动的乐趣。同时，还可以培养人们的自主独立性以及积极向上、勇于挑战的精神，勇敢顽强的意志品质，团结合作的态度以及活泼开朗的性格。

（五）有助于缓解心理压力

休闲体育活动可以降低心理负荷压力。在现代生活中，对人类健康和生命威胁最大的疾病是心血管病、糖尿病以及癌症等慢性疾病，对这些疾病的病因学研究已经揭示，过重的心理压力是重要的内部诱因，它可以加速这类疾病的发生与发展过程。在不同的生活条件和环境中，人们会自发地、自觉或不自觉地寻求某些疏解心理压力的途径，如吸烟、酗酒等。但在这些途径中，有些违背了身体健康的基本原则，有些则会对社会造成负面影响，而休闲体育活动无疑是最理想的缓解心理压力的方式之一。参加体育休闲活动时，在精神上不负担任何胜负成败，从而忘却学习、工作、生活中的一切烦恼、痛苦，在精神上获得一种解放感、自由感和快乐感，同时，在锻炼身体的过程中还能产生“高峰体验”、“流畅感觉”等良好的情绪体验。

（六）可以增加社会交往

随着城市生活节奏的加快，许多城市人越来越缺乏适当的社会联系，人与人之间的关系趋向冷漠。因此，体育休闲活动就成为一个增进人与人接触的最好形式。有研究发现，休闲体育活动对于治疗孤独症和人际关系障碍有显著作用。通过体育休闲活动，使个体与社会交往的需要得到满足，丰富和发展了人们的生活方式，同时，还有利于个体消除孤独感。通过跳舞、体操等活动，可以增加人们的信息沟通、增进友谊、调节情绪、增加安全感和亲密感。

第五节 阅读与心理健康

阅读不仅是获取知识的重要途径，而且也是一种重要的休闲活动。适当的阅读方式和阅读内容，对于促进心理健康有重要的作用。

一、阅读与休闲

阅读是人类获取知识的一种主要手段，是人类学习知识、传承文明、提高民族素质的基本途径。《中国大百科全书》中指出："阅读是一种从印的或写的语言符号中取得意义的心理过程，阅读也是一种基本的智力技能，这种技能是取得学业成功的先决条件，它是由一系列的过程和行为构成的综合活动。"健康的阅读方式和阅读内容能使个体保持健康的心理状态。

（一）休闲阅读

人们的读书活动可以归结为两类，即实用性阅读和休闲性阅读。实用性阅读是存在功利性的阅读方式，如考试前的阅读、工作中的阅读等，而休闲性阅读是人们在闲暇时间进行的阅读，可以缓解压力、增长知识。休闲性阅读的特点是费用低廉，地点随意，方便快捷，阅读者体力消耗小，以精神享受为主。根据《第九次全国国民阅读调查》显示，2011年我国18～70周岁国民包括书报刊和数字出版物在内的各种媒介的综合阅读率为77.6％，其中，图书阅读率为53.9％；报纸阅读率为63.1％；期刊阅读率为41.3％。调查还显示，2011年我国18～70周岁国民人均阅读图书、报纸和期刊分别为4.35本、100.70期（份）、6.67期（份）；人均阅读电子书1.42本。

休闲阅读是指人们在闲暇时间根据个人喜好，自主选择书报、刊物进行阅读，起到缓解工作疲劳、愉悦心情、陶冶情操、修身养性，潜移默化地增长知识的作用。休闲阅读是人们在内心之爱驱动下自主选择的以阅读为内容的休闲方式，是阅读与休闲的结合，是阅读性休闲和休闲性阅读的统一。阅读赋予休闲文化内涵，提升休闲的文化品位；休闲赋予阅读审美内涵，提升阅读的趣味性。另外，休闲阅读是现代社会中人们进行心理自我调节的一种有效方式。

休闲阅读的关键是要选择不同的休闲读物，休闲读物要根据自己的职业、兴趣、心境、身体状况等来选择。若日常工作繁忙，可选择自己的兴趣爱好方面的书籍来读，如集邮、摄影、书法、园艺、收藏、流行时尚、音乐等；压力较大、心情抑郁时则可选择娱乐消遣类书籍，如漫画、笑话、传奇故事、短篇小说、心理保健等；当卧病在床时，可随心所欲地翻翻诗词书画、杂感、小说等，既可养精蓄锐，又不费心力。

（二）现代休闲阅读

媒体技术和设备的发展一直在改变着人类的阅读方式。在现代社会中，运用相关设备（手机、Ipad）等阅读电子书籍或在网上进行阅读已经越来越成为时尚。当前人类开始进入读屏时代，电脑屏、电视屏、手机屏、平板屏，我们正处在纸版书阅读和电子书阅读时代更替的过渡中（张浩等，2011）。① 电子阅读是指各类文本文件在借助特定的阅读设备和阅读软件的条件下进行的阅读方式。美国新媒体联盟（NMC）和 EDUCAUSE 联合发布的 2011 版《新技术视野报告》中指出，电子书最有趣的一面不是它们使用的设备——阅读器，也不是文本内容自身，而是它所带来的新型的阅读体验。电子阅读可以分为网络阅读和手机阅读等多种方式。

网络阅读是一种借助于计算机和网络技术来获取多媒体信息的数字化阅读方式。网络存在动态开放的信息资源、虚拟互动的阅读环境以及简便快捷的阅读方式，能让读者迅速找到想要阅读的资料，大大拓宽了读者阅读的空间和渠道。网络阅读渐渐融入人们的生活，甚至成为生活中不可缺少的重要组成部分。随着手机的更新换代，人们把网络上下载的阅读材料拷入智能手机中，在手机屏幕上进行阅读，实现了“无纸化”的阅读方式。手机阅读不但节省了纸质资源，还为读者提供了方便快捷的阅读方式。

对于年轻人群来说，网络阅读是他们更容易接受的休闲阅读方式。网络阅读能在最快的时间里让人们看到自己需要看的内容，符合年轻人学习和生活的需要，受到越来越多的人的青睐。但是，复杂的网络阅读环境容易引起年轻人阅读心理的一些不良倾向，应采取积极可行的策略，引导年轻人控制网络阅读的内容，调整阅读的时间，指导他们取得更好的网络阅读质量。

二、阅读的乐趣

与为了学习或工作的阅读不同，休闲阅读有着多方面的功能，如人们在阅读中欣赏

① 参见张浩、钱冬明、祝智庭：《电子阅读方式分类研究》，载《中国电化教育》，2011（9）：25—29。

美，在阅读中释放压力，在阅读中增加乐趣等。

（一）阅读是缓解压力的有效方法

休闲阅读是以阅读的方式度过闲暇时间，获得快乐而充实的心理体验。有研究表明，在各种解压活动中，以阅读放松效果最佳，6 分钟内就能够降低压力水平 68%，而听音乐只能够降低 61%的压力。休闲阅读不会对阅读者产生任何精神压力，是一种最为自主和自在的阅读方式。阅读的自主性强，人们可以自由自主地选择阅读内容、阅读方式、读书地点等。读者在进行休闲阅读时，心理上处于完全放松状态，没有任何压力，加上他们选择的阅读内容都是自己喜欢的，这就使他们容易产生愉悦的情绪。在阅读时，个体的思想集中在文字中，沉浸在文章的情节和内容中，能使人忘却现实的压力，使身体处于放松状态，使大脑的节奏放缓，从而使身心维持平衡，缓解紧张和焦虑。

（二）阅读中的联想和想象增加了阅读的乐趣

联想是由一事物想到另一事物的心理现象；想象是对头脑中已有的表象进行加工改造创造出新形象的过程。在阅读理解中通过由此及彼、举一反三的联想和想象，可以扩展思维的宽度，使作品中的形象丰富、充实起来。在阅读过程中，将阅读内容中的人物特征、故事情节进行联想和想象，或猜测人物的去向、或分析故事的发展方向，将自己陶醉在曲折离奇的故事中，细细品味阅读内容中包含的意义，阅读的乐趣就体现出来了。

（三）阅读能满足个体的审美情趣

审美是个体休闲的重要组成部分，而且是不可缺少的部分。感知美、鉴赏美、创造美在生活中占有重要的地位。休闲阅读是随兴而为的一种活动，还能满足个体的审美情趣，获得内心的适意与满足。在阅读中，优美的文字本身，或者读者所感受到的文字所描述的优美的自然环境、生动的故事情节等，都能给我们带来美的体验，引导我们更好地感悟人生。此外，阅读的趣味性高，对人们产生较大的吸引力。人们可以选择各种感兴趣的内容进行阅读，休闲机会的易得性与可达性高，从而，在普通大众中得到普及和推广。如果说休闲和休闲阅读在生产力低下的时代，往往是少数人的特权的话，那么，在生产力高度发展和闲暇时间日益增加的今天，已经成为人民群众普遍享有的文化权利，成为老少咸宜与雅俗共赏的休闲活动。

三、在阅读活动中促进心理健康

阅读是读者将别人的“言”内化为自己的知识和精神的过程，从而实现知识的积累和身心愉悦的满足。新时代的阅读已经发展到利用工具阅读电子书和在网络上阅读，而阅读促进心理健康的功能仍发挥着重要的作用。可以说，阅读对心理健康发展有独特的促进作用，良好的阅读活动在情感、人格、个性等方面促进着人的心理健康。

（一）阅读能调节情绪情感

前苏联作家高尔基说：书，它会使你的生活轻松；它会友爱地帮助你了解纷繁复杂的思想、情感和事件；它会教导你尊重别人和自己；它以热爱世界、热爱人类的情感来鼓舞智慧和心灵。通过阅读，个体某些压抑的消极情绪情感能得以调节，心灵得以释放。

情绪调节（emotion regulation）理论认为，情绪的唤起可以是有意识的，也可以是无意识的；可以是自动的，也可以是被控制的。[①] 注意转移是调节和控制消极情绪的有效方法。当个体处于焦虑、抑郁等消极情绪状态时，选择自己感兴趣的读物能有效地控制消极情绪，还能实现由消极情绪到积极情绪的转化。

（二）阅读能培养良好习惯

阅读活动本身就是一个良好习惯养成的过程，拥有良好的习惯，有利于健全人格的形成。在阅读过程中，个体的能力、兴趣等各种心理特征和谐而统一。个体形成良好的阅读习惯，每天选择健康优美的读物进行阅读，使自己沉浸在优美文字的世界里，不但可以开阔视野、增长知识，还能陶冶情操、形成平和的心境。如果能将阅读的内容进行反思，融入自己的思想体系和行为模式中，还能纠正个体的不良行为模式，促进良好处事态度的形成。良好的阅读习惯能影响人的终身发展。因此，要养成良好的阅读习惯，让人们在生活中坚持阅读，时常体验到阅读带来的幸福感和满足感。

（三）阅读能增强人的自信心

现代认知心理学认为，新概念与个体原有认知结构中的有关知识相互作用，构成有意义的学习，从而形成更进一步分化的认知结构，在这个过程中，读者往往依据自身原有经验形成自己的观点。而阅读过程实质上就是读者在头脑中建构起关于文本内容、层次及主题的表征系统的过程，这个过程不仅包括对一个词和句子的理解，更重要的是要将当前加工的信息与文本先前的、不在读者当前工作记忆中的背景信息相整合，以形成局部与整体都连贯的心理表征。阅读是个体在主动建构的过程中吸收新知识，将新知识与个体大脑中已有的经验相联系的过程。奥苏贝尔（David P. Ausubel）认为，在学习过程中，个体能不断地得到成功的经验，而成功的学习经验又会使学习者期望在以后的学习中获得新的满足。因此，个体在阅读中能不断体验成功，并对以后的阅读充满期待。阅读能扩大读者的知识面，开阔视野，提升阅读能力，在阅读中吸纳、整合、内化和构

① 参见赵晶、石向实：《情绪调节：过程、影响因素及其神经机制》，载《辽宁师范大学学报：社会科学版》，2010，33（6）：39—43。

建的知识能使个体增强自信，不管在人际交往中，还是在个体的学习和工作中，都会表现出肯定自己，悦纳自己，充满信心地处理各种问题。

四、阅读疗法

1916年，美国学者克罗色尔斯（Samuel McChord Crothers）在《大西洋月刊》杂志上发表的文章中，首次创造了bibliotherapy一词，该词的发明标志着阅读疗法在西方的兴起。相比英文词“bibliotherapy”来说，国内一般更多用“reading therapy”来作为“阅读疗法”的英文翻译。因为“reading therapy”的范围更大，意思更明确，哪怕是一幅画、一首诗，只要是按照一定的医学原则精心选择出来，目的是让病人阅读以辅助治疗疾病的，都可称之为“reading therapy”。

国外有关阅读疗法的研究已有较长历史，而国内的研究时间较短，研究成果也较少，但阅读疗法确实是一种有效的治疗方法。如连灵和张敏2011年选取346名大学生为被试，采用阅读疗法对其进行为期4个月的心理干预，并采用SCL—90进行实验评估。结果发现，实验组的总体心理健康状况后测得分（除敌对和其他因子外）显著低于前测，这说明阅读疗法能够提高大学生的心理健康水平。

（一）阅读疗法的定义

《韦氏新国际英语词典》第三版将“阅读疗法”定义为，用有选择的读物辅助医学和精神病学的治疗；通过有指导的阅读，帮助解决个人问题。而国内学者王波于2007年将“阅读疗法”定义为：阅读疗法就是以文献为媒介，将阅读作为保健、养生以及辅助治疗疾病的手段，使自己或指导他人通过对文献内容的学习、讨论和领悟，养护或恢复身心健康的一种方法。结合已有学者的研究，我们认为所谓阅读疗法，是运用生理学、医学和心理学的理论与原理，通过选择特定的阅读内容和指导性的阅读来寻求心理问题的解决办法，以此排除读者的心理困扰和心理障碍，改善情绪，调整其心理状态和行为方式，以达到辅助医疗的治疗目的。阅读治疗通常是由图书馆员、心理治疗师，或其他相关专业人员，针对患者的个别需求选择阅读材料，并利用这些材料给予读者治疗。

（二）阅读疗法的分类

关于阅读疗法可从不同角度分为以下几种基本类型。

1. 科学的阅读疗法与技能的阅读疗法

这种分类方式是按照治疗主体的专业程度和治疗的目的进行划分的。Brown认为，阅读疗法既是科学又是技能。在实际的心理或生理疾病的治疗中，专业医师把阅读作为药方，可视为科学的阅读疗法。而尝试通过图书馆员或其他非医学人员所建议的阅读材料，来弥补人格缺失或协助解决个人问题，则视为技能的阅读疗法。这实际上是按照治疗主体的专业程度和治疗目的来界定的。

2. 隐性阅读疗法与显性阅读疗法

Jackson认为，阅读疗法可分为隐性阅读疗法（implicit therapy）和显性阅读疗法（explicit therapy）两种。前者是把文献作为一种“文化资源”，由读书顾问精选后提供给读者，以帮助读者领悟人生，增强信念，完善人格，预防疾病的发生；后者只能由专业医师施行，目的是配合常规疗法，辅助治疗已经发生的身心疾病。

3. 诊断、临床、发展性、预防阅读疗法

Opler将阅读疗法分为诊断（diagnostic）阅读疗法、临床（clinical）阅读疗法、发展性（developmental）阅读疗法和预防（protective）阅读疗法四种类型。诊断阅读疗法是向读者提供阅读材料，通过观察读者的阅读倾向、阅读趣味、阅读行为和阅读反应来评估读者的需求与人格特质。临床阅读疗法只有受过专门训练的心理专家方可运用，并在治疗过程中不断对阅读疗法的效果进行评估，临床阅读疗法针对的是存在心理疾病的人群。发展性阅读疗法与Hynes提出的一般阅读疗法相似，是利用阅读活动以维护读者的人格健全，针对亚健康状态进行调节，受过训练的人就可以成为阅读疗法治疗师。而Rubin认为，发展式阅读疗法主要适应对象是正常的个体，具体做法是采用教化与富有想象力的资料，在相关专业人员的协助下，由图书馆员、教师等以团体治疗的方式提升正常人的人格发展与自我实现，或维护心理健康。预防阅读疗法是指患者通过阅读为自己的思想寻找理由，从而维持心态安宁。

4. 以阅读为中心的阅读疗法和交互式阅读疗法

Hynes认为，以实施方式来划分，阅读疗法可分为两个流派：以阅读为中心的阅读疗法和交互式阅读疗法。以阅读为中心的阅读疗法是读者自我管理式的，指导者只负责选择和提供文献，至于怎么阅读，领悟到了什么，那是读者自己的事。指导者并不全程参与读者的阅读活动，最多只是在读者交还文献时同其进行简单晤谈，大略评测一下疗效。

交互式阅读疗法强调接触读者，对读者的阅读进行全程干预和管理，采取的方式多种多样，如发信件、打电话、定期会面、布置家庭作业、发放有提醒内容的自助手册等，让读者经常处在被监督或自我监督的状态，以保证读者对文献的阅读强度能达到指导者的要求，保证读者的领悟方向不偏离指导者设想的轨道。

5. 自疗式阅读疗法和他疗式阅读疗法

从治疗主体的角度出发，阅读疗法可分为自疗式阅读疗法和他疗式阅读疗法。他疗式又分为两种情况，一种是助他式，即自己治疗他人，另一种是他助式，即他人治疗自己。他疗式不仅包括治疗者指导被治疗者阅读，还包括指导者直接给被治疗者念读。

6. 个体阅读疗法和团体阅读疗法

从治疗对象多少的角度出发，阅读疗法可分为个体阅读疗法和群体阅读疗法。个体阅读疗法是读者指导的改良形式，被治疗者只有一人，治疗者可为一人或多人，治疗模式是一对一或多对一。团体阅读疗法是指被治疗者为两人及以上，治疗者可为一人或多人，治疗模式是一对多或多对多。

7. 自助式、创造式和非正式的阅读治疗

Liz将阅读治疗分成自助式阅读治疗、创造式阅读治疗和非正式的阅读治疗三种。自助式阅读治疗的图书处方为非文学作品及应对沮丧、消沉之类的精神健康类的劝导性图书。创造式阅读治疗就是使用文学、传记、创新性著作改善精神健康。非正式的阅读治疗就是以非组织的方式使用创造式阅读治疗的技术，包括成立阅读小组、工作人员推荐图书、图书馆的陈设展示等。

（三）阅读疗法的步骤

1. 确定阅读治疗师

阅读疗法最关键的是阅读治疗师的确定。在个体或群体需要进行阅读治疗时，为他们选配合适的阅读治疗师是治疗成败的关键。治疗师不但要有较强的业务和专业水平，还要有与患者建立和维持人际关系的能力。Jennings等2005年提出，治疗师的专业水准包括专业能力、谦虚谨慎、专业成长、开放地对待复杂性和模糊性、自我觉知等；建立和维持人际关系的能力包括关系联结、自主性、获益性、无伤害性等。

2. 明确治疗的人群

阅读疗法的适应症很多，如偏执、心理失调、手术应激反应、部分生理疾病、慢性疾病、人格障碍等，还包括抑郁、沮丧、紧张、忧伤、痛苦、孤独等情绪困扰方面。在治疗师决定采用阅读疗法进行治疗时，首先要确定患者所患的疾病，认真分析患者的特质和病情，在充分评估的基础上确定下一步的治疗方案。若进行个体阅读治疗，需具体分析患者的生活背景、人格特征、病情引起的原因等。若进行团体阅读治疗，则需分析团体的特征和遇到的问题，以便选取有效的阅读材料，提出有效的治疗方式。

3. 阅读材料的选择与编制

在阅读疗法中，为读者选择合适的阅读材料是非常重要的，也是心理治疗师必须要完成的任务。治疗师要根据读者的具体条件和所处的情境来选择合适的阅读材料。选择材料的原则包括读者的个人背景和材料的内容特征两个方面。

（1）患者的个人背景。

在选择阅读材料时，治疗师要注意读者之间的个体差异，包括不同阶段身心发展与思考能力、材料与读者个人问题之相关程度、读者个人的生活经验与兴趣、读者的职业和学历、读者的生活经历等。另外，治疗师也要注意读者对敏感议题的情绪反应，当读者阅读到某段文字引起较大反应时，治疗师要及时选择其他的阅读材料。

（2）材料的内容特性。

治疗师要选择积极的、具有激励作用的材料，以此来舒缓读者的情绪压力，解决其心理困扰。材料要具有新颖性，能传达正确的信息，且要具有故事性和趣味性。此外，治疗师要注意治疗实施过程中材料的衔接性，要引起读者的兴趣，激发认同感。同时，在一些文学作品中，一些敏感问题也会以文学的形式表达，读者会对材料中与其个人遭遇相似的角色产生共鸣，这样会加剧他们的焦虑或负面情绪。因此，在材料的选择中要避免敏感问题的出现。

4. 阅读治疗过程

患者按照治疗师开出的“药方”（阅读材料），进行阅读治疗。治疗过程可分为认同、宣泄和领悟三个阶段。

（1）认同阶段。

患者阅读材料，并认同故事中或真实或虚构的人物和事件。认同开始于患者建立起与作品主人公的联系，患者好像加入到一个支持系统中，认识到其遇到的困难也是许多人遇到的，从而减少孤立无助感，摆脱消极的应对方式，增强自信，提高行为的主动性。

（2）宣泄阶段。

宣泄阶段主要完成的任务是情感净化，即通过对社会不接受事情的符号化满足或社会赞赏行为的替代性满足而舒缓紧张情绪。个体在安全的条件下把情感投入到故事中能够释放被压抑的情绪。

（3）领悟阶段。

领悟阶段的任务是发展问题解决的见解，提高解决问题的能力。此时个体开始意识到他的问题是可以解决的，把自己个人的问题摆到审察的位置，使问题得到客观化和明晰化。患者对阅读材料中主人公存在问题的解决方法产生认同，启发解决其自身问题的思路，并开始付诸行动。

5. 治疗的分析与反馈

阅读治疗师要注意病例的积累，认真分析阅读治疗过程中遇到的问题和产生的效果，以期总结出病因、治疗方案等方面的带有规律性的东西，为相似病人的治疗奠定理论基础和实践支撑。阅读治疗师还要倾听患者治疗后的感悟和反馈，特别留意负面的反馈，及时调整推荐的读物，以确保治疗的顺利开展和治疗的有效性。

【基本概念】

休闲　熟悉理论　森林疗法　娱乐活动　体育休闲　阅读疗法

【复习思考题】

1. 休闲的基本内涵是什么？
2. 休闲对心理健康有何重要意义？
3. 旅游如何促进心理健康？

4. 体育休闲有什么心理健康功能？

5. 随着阅读方式的变革，新时代的阅读方式给人们的心理健康带来哪些影响？

6. 阅读疗法的心理学原理是什么？

【推荐阅读书目】

1. SeppoE. Iso-Ahola. 休闲社会心理学. 谢彦君，等，译. 北京：中国旅游出版社，2010.

2. 马惠娣，张景安. 中国公众休闲状况调查. 北京：中国经济出版社，2004.

3. 杰弗瑞·戈比. 21 世纪的休闲与休闲服务. 昆明：云南人民出版社，2000.

4. 刘纯. 旅游心理学. 北京：高等教育出版社，2002.

5. 汤舜. 休闲心理学. 北京：线装书局，2012.

6. 王万清. 读书治疗. 北京：世界图书出版公司，2003.

参考文献

中文参考文献：

阿伦森等．社会心理学．侯玉波，等，译．北京：人民邮电出版社，2005.

艾泽欧-阿荷拉．休闲社会心理学．北京：中国旅游出版社，2010.

安德烈亚·马克斯，贝蒂·罗斯巴特．青春期完全健康手册．张静，译．北京：中信出版社，2004.

巴莺乔，洪炜．女性心理学．北京：中国医药科技出版社，2006.

白素英，李长庚．中小学“留守儿童”学习倦怠研究．教学与管理：理论版，2011（27）：19－21.

毕玉，苏文亮，孙雅峰，曹慧，王建平．大学生网络成瘾者心理行为特点的在线研究．中国临床心理学杂志，2003，13（2）：170－172.

布雷姆等．爱情心理学．郭辉，等，译．北京：人民邮电出版社，2010.

才源源，崔丽娟，李昕．青少年网络游戏行为的心理需求研究．心理科学，2007，30（1）：169－172.

蔡禾，曹志刚．农民工的城市认同及其影响因素——来自珠三角的实证分析．中山大学学报：社会科学版，2009，49（1）：148－158.

蔡忠平．图式理论与阅读个性化研究．河北师范大学学报：教育科学版，2003，5（3）：59－62.

曹欢．不良家庭类型与子女心理健康．西南师范大学学报：人文社会科学版，2003（5）：37－41.

车文博．心理咨询大百科全书．杭州：浙江科学技术出版社，2001.

陈传锋，何承林，陈红霞等．我国老年痴呆研究概况．宁波大学学报：教育科学版，2012，34（2）：45－50.

陈传锋，武雪婷，严建雯．国外社区心理健康服务研究综述．宁波大学学报：教育科学版，2007，29（5）：10－15.

陈光磊，黄济民．青少年网络心理．北京：中国传媒大学出版社，2008.

陈洁，谷传华．电脑游戏的积极影响．华中师范大学研究生学报，2012，19（1）：138－143.

陈永胜，牟丽霞．西方社区感研究的现状与趋势．心理科学进展，2007，15（1）：169－173.

陈再勇．试论休闲体育的价值功能．浙江体育科学，2008，30（2）：48－50.

程培霞，达朝锦，曹枫林等．农村留守与非留守儿童心理虐待与忽视及情绪和行为问题对比研究．中国临床心理学杂志，2010，18（2）：250－253.

程玮等．女性心理学．北京：科学教育出版社，2012.

崔轶，洪炜，苏英，刘晓柳．七省市家庭暴力现状调查及影响因素报告．中国临床心理学杂志，2012，20（3）：360－362.

戴健林，王乐伟．人际冲突来源的理论与实证研究．心理科学，2009，32（5）：164－166.

戴健林，王乐伟．人际冲突：理论模型与化解方式的研究．华南师范大学学报：社会科学版，2008（6）：110－116.

邓林园，方晓义，万晶晶等．大学生心理需求及其满足与网络成瘾的关系．心理科学，2012，35（1）：123－128.

董奇，陶沙．动作与心理发展（修订版）．北京：北京师范大学出版社，2004.

多洛西·罗杰斯．不惑之年——中年心理引论．张承芬，官燕明，译．济南：济南出版社，1990.

樊富珉，张翔．人际冲突与冲突管理研究综述．中国矿业大学学报：社会科学版，2003（3）：82－91.

福特．人际关系：提高个人调适能力的策略（第4版）．王建中，等，译．北京：高等教育出版社，2008.

傅小悌．中小学心理健康教育组织管理系统的设计与完善．教育与管理，2007（5）：37－38.

高福海，李平，江雯．新生代农民工心理状况的调查分析——以武汉经济技术开发区部分企业为例．中国青年研究，2012（1）：52－55.

高焕民，柳耀泉，吕辉．老年心理学．北京：科学出版社，2007.

高文斌，陈祉妍．网络成瘾病理心理机制及综合心理干预研究．心理科学进展，2006，14（4）：118－125.

高钟．企业社会工作概论．北京：社会科学文献出版社，2007.

龚惠香．社会变迁与研究生心理健康调适——以浙江大学为例．浙江学刊，2011（4）：215－220.

顾瑜琦，张颖．健康心理学．北京：中国医药科技出版社，2006.

郭晓飞，藏学萍，刘刚等．特殊家庭教养方式与子女心理健康状况的关系．中国特殊教育，2008（2）：85－91.

郭新彪．环境健康学．北京：北京大学医学出版社，2006.

贺金波，李兵兵，郭永玉等．青少年网络色情成瘾研究进展．中国临床心理学杂志，2010，18（6）：772－774.

胡娟，罗碧茹．产后抑郁的相关因素及护理．护理研究，2004，18（5）：82－83.

黄少华．网络空间的社会行为——青少年网络行为研究．北京：人民出版社．2008.

黄文倩，张蓉，柳迎新，朱婉儿．团体辅导提高研究生心理健康水平的效果研究——基于积极心理学的理论．中国临床心理学杂志，2012，20（4）：527－529.

黄希庭，郑希付．健康心理学．上海：华东师范大学出版社，2003.

黄翔岳，辛利．老年心理解读．广州：中山大学出版社，2001.

贾依娜．妇女就业中遭受“隐性歧视”问题的成因及对策浅析．妇女与社会发展，2004，62（2）：20－23.

简·奥格登．健康心理学（第三版）．严建雯，陈传峰，全一波，等，译．北京：人民邮电出版社，2007.

简新华，黄锟．中国农民工最新生存状况研究——基于765名农民工调查数据的分析．人口研究，2007，31（7）：37-44.

江立成，杨峰．当前我国研究生心理健康问题分析及对策．中国高教研究，2005（7）：31-34.

蒋善，张璐，王卫红．重庆市农民工心理健康状况调查．心理科学，2007，30（1）：216-218.

金燕，魏雪，孙一萍．兰州市中学生心理健康状况调查报告．教育探索，2010（1）：140-142.

卡拉．希格曼．生命全程发展心理学．陈英和，审译．北京：北京师范大学出版社，2009.

肯尼迪．老年心理与精神保健指南．李君，译．北京：中国轻工业出版社，2003.

兰惠敏．关于我国高校教师职业倦怠的调查研究．教育探索，2012（5）：143-145.

劳拉·E·贝克．婴儿、儿童和青少年（第5版）．桑标，等，译．上海：上海人民出版，2008.

李宝峰．农村“留守子女”的心理健康问题及其干预．教育探索，2005（5）：82-83.

李昌庆，何木叶，张鑫．我国农民工心理健康的整合性研究．健康研究，2011，31（4）：267-270.

李超海，唐斌．城市认同、制度性障碍与“民工荒”现象——长三角、珠三角和中西部地区实地调查．青年研究，2006（7）：19-28.

李浩然，孟群英．对留守儿童心理健康研究的元分析．中国健康心理学杂志，2012，20（1）：77-79.

李虹．大学教师的工作压力类型和压力强度研究．清华大学教育研究，2005，26（5）：97-102.

李力生，井蕊，王泓午．大学生心理亚健康及心理症状的相关研究．中国健康心理学杂志，2011，19（8）：990-992.

李立文，余冲．新生代农民工的社会适应问题研究．中国青年研究，2006（4）：12-14.

李琼，尹天子，杨帅，王晓刚．农民工心理健康服务需要的现状调查与对策．西南大学学报：社会科学版，2011，37（3）：12-16.

李琼，张国礼，周钧．中小学教师的职业压力源研究．心理发展与教育，2011（1）：99-106.

李晓驷，李泽爱，谢雯等．合肥市中学生网络成瘾流行病学调查报告．中国心理卫生杂志，2006，20（1）：51-54.

李妍，郑书深，史广玉，陈海英．医学研究生心理健康与压力、应对方式的调查研究．河北师范大学学报：教育科学版，2011，13（11）：107-109.

李永鑫，务凯．职业健康心理学的发展和展望．中国心理卫生杂志，2008，22（6）：

455－459.

连灵，张敏．阅读疗法提高大学生心理健康水平的实验研究．中国健康心理学杂志，2011，19（8）：952－954.

梁宝勇，程诚．心理健康素质测评系统：中国成年人心理弹性量表的编制．心理与行为研究，2012，10（4）：269－277.

廖传景．青年农民工心理健康及其社会性影响与保护因素．中国青年研究，2010（1）：109－111.

林崇德．中国独生子女教育百科．杭州：浙江人民出版社，1999.

林洵怡，桑标．离异家庭儿童发展性研究综述．心理科学，2008，31（1）：163－165.

刘连龙，李琼，夏芸，胡明利，郭薇．西安市农民工心理健康状况调查及其影响因素．中国健康心理学杂志，2012，20（1）：61－63.

刘庆庆，杨守鸿，陈科．新媒介对青年休闲娱乐的影响研究．重庆大学学报：社会科学版，2012，8（1）：143－147.

刘贤臣，刘连启，李传琦等．青少年应激性生活事件和应对方式的研究．中国心理卫生杂志，1998，12（1）：46－48.

刘小禹．组织中情绪管理的文化视角与实证研究．北京：中国经济出版社，2011.

刘影春，王云．大学生恋爱伤害实证研究．华中师范大学学报：人文社会科学版，2012，51，（2）：155－160.

刘影春，王云，李芳等．大学生恋爱性行为调查与分析．教育学术月刊，2012（2）：31－34.

刘玉侠，尚晓霞．新生代农民工城市融入中的社会认同考量．浙江社会科学，2012（6）：73－77.

刘援朝．性教育与性心理健康．中国性科学，2001，10（3）：25－27.

刘媛，姜潮，林媛，李纯，赵岩．单亲家庭子女心理健康的研究现状．辽宁师范大学学报：社会科学版，2009，32（3）：56－59.

吕慧青，王进．大学生体育锻炼行为动机冲突解释模型研究．体育科学，2011，31（12）：30－37.

吕一军．高校学生心理健康状况调查与分析．教育发展研究，2005（7）：60－98.

罗伯特·费尔德曼．发展心理学——人的毕生发展（第4版）．苏彦捷，等，译．北京：世界图书出版公司，2007.

罗玉越，舒晓兵，史茜．付出—回馈工作压力模型：西方国家十年来研究的回顾与评析．心理科学进展，2011，19（1）：107－116.

洛克里．走出婚姻暴力的阴影．刘稚颖，译．北京：中国轻工业出版社，2001.

马建青．心理卫生与心理咨询论丛．杭州：浙江大学出版社，2004.

马喜亭，李卫华．研究生心理健康状况与生活压力调查研究．中国特殊教育，2011（4）：91－96.

孟四清．全国小学生心理健康状况调查．上海教育科研，2010（8）：42－45.

孟昭兰．情绪心理学．北京：北京大学出版社，2005.

蜜莉恩·施柏．家庭健康指南．张为远，李坚，译．北京：人民卫生出版社，2006.

缪丽珺，张继平．吸毒男性家庭教养方式与心理健康状况研究．教育学术月刊，2010（5）：53－54.

潘琼，肖水源．病理性互联网使用研究进展．中国临床心理学杂志，2002，10（3）：239.

钱伟，赵晶．高校青年教师职业压力形成的原因与对策．教育探索，2010（2）：104－106.

乔伊森．网络行为心理学：虚拟世界与真实生活．任衍具，魏玲，译．北京：商务印书馆，2010.

茄学萍，曾祥岚，王惠惠．青少年地震应激反应模型．心理学探新，2009，29（5）：51－55.

曲洪芳，陈书勤，李国海等．更年期综合症妇女心理健康状况分析．中国健康心理学杂志，2007，15（8）：703－704.

任春荣．学生家庭社会经济地位（SES）的测量技术．教育学报，2010，6（5）：79－84.

莎伦·伦得·奥尼尔等．职场人际关系心理学．石向实，郑莉君，译．北京：中国人民大学出版社，2012.

沈德灿．精神分析心理学．杭州：浙江教育出版社，2005.

胜利，耿力．在妇科门诊患者中进行精神障碍筛检遇到的问题．中国心理卫生杂志，2005，19（2）：77－80.

师保国，雷雳．近十年内地青少年心理健康研究回顾．中国青年研究，2007（10）：23－27.

石林．工作压力的研究现状与方向．心理科学，2003，26（3）：494－497.

宋宙红，邓远平．教师职业压力与心理健康水平关系研究．中国教育学刊，2011（3）：16－18.

孙彩平，王春梅．国内中学生“网恋”专题调查报告．上海教育科研，2010（10）：41－44.

孙圣涛，姚燕婕．中重度智力落后学生对不同句类理解的研究．中国特殊教育，2011（12）：33－36.

孙颖心．老年心理护理与康复咨询．北京：经济管理出版社，2006.

泰勒．健康心理学（原书第7版）．朱熊兆，唐秋萍，蚁金瑶，译．北京：中国人民大学出版社，2012.

滕春燕．4～7岁幼儿行为问题与父母心理健康的相关研究．西南师范大学学报：自然科学版,2011，36（3）：74－78.

王波．阅读疗法．北京：海洋出版社，2007.

王春光．新生代农村流动人口的社会认同与城乡融合的关系．社会学研究，2001（3）：63－76.

王锋生，孙业桓，钮娟娟等．我国农村留守儿童SCL—90测试结果的Meta分析．卫生研究，2010（2）：224－227.

王广新．西方现代社区心理学述评．吉林师范大学学报：人文社会科学版，2008（3）：90－93.

王敬群，邵秀巧．心理卫生学．天津：南开大学出版社，2005.

王利群，赵晓杰．关于女性研究生心理健康问题的思考．东北师大学报：哲学社会科学版，2012，1：197－200.

王亮．社区意识——社区共同体的灵魂．广西社会科学，2006（4）：182－184.

王培，曾凡．网络色情与性教育影响大学生的对比分析．中国性科学，2009（3）：7－12.

王鹏，林萍．中国社区心理咨询与治疗的两歧视野．山东师范大学学报：人文社会科学版，2009，54（4）：73－76.

王秋璐，阎世平．企业“80后”大学毕业生工作压力实证研究．广西大学学报：哲学社会科学版，2012，34（1）：114－118.

王群．大学生心理健康教育．上海：复旦大学出版社，2005.

王晓春，甘怡群．国外关于工作倦怠研究的现状述评．心理科学进展，2003，11（5）：567－572.

王雁飞．国外员工援助计划相关研究述评．心理科学进展，2005，13（2）：219－226.

Richard K. James，Burl E. Gilliland. 危机干预策略（第五版）．高申春，等，译．北京：高等教育出版社，2009.

韦有华，汤盛钦．几种主要的应激理论模型及其评价．心理科学，1998，21（5）：441－444.

魏祥迁，马红宇，张明亮．员工家庭压力与工作压力对健康的影响．心理研究，2012，5（4）：41－45.

文丰安．当前大学生网络犯罪现象之理性审视．东北师大学报：哲学社会科学版，2011（5）：225－227.

吴守宝，吴胜华．研究生心理健康现状、问题分析及对策思考．中国高教研究，2008（6）：81－82.

吴银涛．社会转型期青年网恋行为的缘起、发生及结果研究．青年研究，2009（4）：12－23.

吴育红．我国学前儿童交往的现状与对策．教育理论与实践，2012，32（14）：16－18.

吴振云．老年心理健康的内涵、评估和研究概况．中国老年学杂志，2003（12）：799－801.

肖水源．大学生心理健康．北京：人民卫生出版社，2005.

辛自强，张梅．1992年以来中学生心理健康的变迁：一项横断历史研究．心理学报，2009，41（1）：69－78.

徐安琪，叶文振．中国婚姻研究报告．北京：中国社会科学出版社，2002.

徐慧，张建新，张梅玲．家庭教养方式对儿童社会化发展影响的研究综述．心理科学，2008，31（4）：940－942.

许淑莲，申继亮．成人发展心理学．北京：人民教育出版社，2006.

鄢万春，钱晓．职业心理学理论与应用．重庆：西南交通大学出版社，2012.

杨慧．青年农民工“城市化”的问题与对策．云南社会科学，2008（2）：121-125.

杨莉萍，珀金斯．中国大陆社区心理学发展的现状、困难与机遇．华东师范大学学报：教育科学版,2012，30（2）：48-56.

杨玲，赵国军．学校心理学：学校心理辅导与咨询．兰州：甘肃教育出版社，2006.

杨心德．老年心理障碍．上海：上海三联书社，2001.

杨宜音．人格变迁和变迁人格：社会变迁视角下的人格研究．西南大学学报：社会科学版,2010（4）：1-8.

杨宜音，张曙光．社会心理学．北京：首都经济贸易大学出版社，2008.

姚本先．学校心理健康教育——理论研究与实践探索的结合．合肥：安徽大学出版社,2008.

叶浩生．心理学史．北京：高等教育出版社，2005.

叶一舵，白丽英．国内外关于亲子关系及其对儿童心理发展影响的研究．福建师范大学学报：哲学社会科学版,2002（2）：130-136.

叶一舵．中小学心理健康教育基本原理——教师通识读本．福州：福建教育出版社，2008.

叶玉清，张劲松．家庭结构缺陷对青少年心理成长的影响．中国青年研究，2006（7）：74-77.

俞国良．未成年人心理健康教育的探索．北京师范大学学报：社会科学版,2005（1）：64-69.

喻东山．产前产后抑郁症的机制和治疗．中国行为医学科学，2006，15（12）：1149-1150.

昝玉林，喻辉，昌灯圣．论青少年网络使用研究视角的发展．中国青年研究，2012（1）：75-78.

曾垂凯，时勘．工作压力与员工心理健康的实证研究．人类工效学，2008，14（4）：33-37.

曾荣，张冲，邹泓．中学生的学校人际关系特点及其与社会适应的关系．中国特殊教育，2010（12）：72-77.

翟娟，黎荔，岳锦春．人工流产女性心理健康调查现状及研究进展．中国妇幼保健，2011，26（29）：4625-4627.

詹姆斯·奎克，洛伊丝·蒂特里克．职业健康心理学手册．蒋奖，许燕，译．北京：高等教育出版社，2010.

湛佑祥，陈界，刘传和，夏旭．阅读疗法理论与实践．北京：军事医学科学出版社，2011.

张晨，班兰美，李彩娜．人际关系困扰对大学生主观幸福感的影响．中国健康心理学杂志，2009，17（12）：1466-1468.

张锋，徐梅，朱海燕．病理性互联网使用行为研究的新进展．教育研究与实验，2005（1）：46-51.

张福娟，江琴娣，杨福义．轻度智力落后学生心理健康问题的研究．心理科学，2004，27（4）：824－827.

张海波，童星．被动城市化群体城市适应性与现代性获得中的自我认同——基于南京市561位失地农民的实证研究．社会学研究，2006（2）：90－110.

张浩，钱冬明，祝智庭．电子阅读方式分类研究．中国电化教育，2011（9）：25－29.

张利增，陈英敏．社会支持：社区心理学的重要概念与应对策略．山东师范大学学报：人文社会科学版，2009，54（4）：69－72.

张泉水，刘晋洪，陈家建，黄晓宇，张秀芬．深圳市外来工心理卫生服务需求研究．中国健康心理学杂志，2006，14（4）：406－407.

张淑华，刘芳，李海莹．新生代农民工身份认同研究．沈阳师范大学学报：社会科学版，2012，36（1）：1－4.

张卫东．都市老年人居住环境心理初探．心理科学，2005，28（3）：681－682.

张卫东．社区老年人心理健康评价模式研究．心理科学，2001，24（5）：566－568.

张文新，林崇德．青少年的自尊与父母教育方式的关系——不同群体间的一致性与差异性．心理科学，1998（6）：489－493.

张西超，连旭，车宏生．IT企业员工压力源、应对方式与身心健康的相关研究．心理学探新，2006，26（1）：91－95.

张翔，樊富珉．大学生人际冲突来源及其处理策略．青年研究，2003（9）：45－48.

张向葵，郭娟，李建伟．退休人员的应付方式对其心理健康的调节作用研究．心理科学，2002：25（4）：414－418.

张玉柱，陈中永．高校毕业生择业焦虑的心理教育实验研究．心理发展与教育，2006（3）：99－102.

张玉柱，陈中永．高校毕业生择业焦虑问卷的初步编制．中国心理卫生杂志，2006，20（8）：555－557.

赵晶，陈传锋．学习困难：概念演变、认知表现及其影响因素．心理研究，2010，3（3）：19－25.

赵晶，石向实．情绪调节：过程、影响因素及其神经机制．辽宁师范大学学报：社会科学版，2010，33（6）：39－43.

赵延东，王奋宇．城乡流动人口的经济地位获得及决定因素．中国人口科学，2002（4）：8－15.

郑莉君．关于心理咨询与心理健康教育中国化的思考．心理科学，2003（1）：168－169.

郑莉君．内蒙古大学生心理健康研究．呼和浩特：内蒙古文化出版社，1998.

郑莉君．中国家庭教育的关键是什么——关注儿童心理健康．杭州：浙江大学出版社，2007.

郑莉君．中国心理健康教育的回顾与展望．内蒙古师范大学学报：哲学社会科学版，2000，29（4）：64－69.

郑名．离异家庭儿童行为问题与母亲教养方式的研究．中国特殊教育，2006（3）：

38－40.

周春明，徐萍．大学生心理健康．北京：北京理工大学出版社，2009.

周厚余，马剑虹．企业员工职业适应压力与职业健康的关系研究．人类工效学，2005，11（4）：5－10.

周建国．从“半城市化”到城市化：农民工城市化路径选择探究．江西社会科学，2009（11）：181－186.

周念丽．学前儿童发展心理学．上海：华东师范大学出版社，2011.

周燕．影响中小学生心理健康的主要家庭环境因素．华东师范大学学报：教育科学版,2000（6）：19－24.

周宗奎．儿童青少年发展心理学．武汉：华中师范大学出版社，2011.

朱镜德．现阶段中国妇女就业方面的差别待遇问题研究．妇女研究论丛，2005，65（3）：5－9.

朱声华，胡彩红．提高轻度智力落后学生应用题解题正确率的研究．中国特殊教育，2008（3）：11－16.

朱永新．中国本土心理学研究．北京：中国人民大学出版社，2011.

朱智贤．儿童心理学．北京：人民教育出版社，2003.

祝大鹏．体育比赛中亲社会行为与反社会行为量表中文修订版的检验．首都体育学院学报，2012，24（2）：170－173.

邹群，田铁杰．高校辅导员职业倦怠的现状分析与对策建议．教育科学，2012，28（1）：71－74.

英文参考文献：

Alschuler，K.，Hoodin，F.，Byrd，M. The need for integrating behavioral care in a college health center. Health Psychology，2008，27（3）：388－393.

Amaral，G.，Geierstanger，S.，Soleimanpour，S.，Brindis，C. Mental health characteristics and health-seeking behaviors of adolescent school-based health center users and nonusers. Journal of School Health，2011，81（3）：138－145.

Anne，P. D.，Sarah，J. P.，Taylor，N. A. Learning about violence against women in research methods：a comparison to traditional pedagogy. Psychological Trauma：Theory，Research，Practice，and Policy，2011，3（3）：215－222.

Aries，M. B. C.，Veitch，J. A.，Newsham，G. R. Windows，view，and office characteristics predict physical and psychological discomfort. Journal of Environmental Psychology，2010，30（4）：533－541.

Benfield，J. A.，Bell，P. A.，Troup，L. J.，Soderstrom，N. C. Aesthetic and affective effects of vocal and traffic noise on natural landscape assessment，Journal of Environmental Psychology，2010，30（1）：103－111.

Biden，J. Community mental health care ‘unacceptable’. Healthcare Counseling & Psychotherapy Journal，2007，7（1）：112－117.

Boschma，G. Community mental health nursing in Alberta，Canada：An oral history，Nursing History Review，2011（20）：103－135.

Brassard, A., Lussier, Y., Shaver, P. R. Attachment, perceived conflict and couple satisfaction: Test of a mediating dyadic model. Family Relations, 2009, 58 (5): 634–646.

Brog, V. Kristensen, T. S., Burr H. Work environment and changes in self-rated health: A five year follow-up study. Stress Medicine, 2000, 16 (1): 37–47.

Chan, S. H., Qiu, H. H. Loneliness, job satisfaction, and organizational commitment of migrant workers: Empirical evidence from China. International Journal of Human Resource Management. 2011, 22 (5): 1109–1127.

Cheng, S. T., Heller, K. Global aging: challenges for community psychology. American Journal of Community Psychology, 2009, 44 (1): 161–173.

Cooper, A., Delmonico, D., Burg, R. Cybersex users, abusers and compulsives: New findings and implications. Sexual Addiction and Compulsivity, 2000, 7 (1): 5–29.

Corral-Verdugo, V., Pinheiro, J. Q. Environmental psychology with a Latin American taste, Journal of Environmental Psychology, 2009, 29 (3): 366–374.

Crick, N. R., Zahn-Waxler, C. The development of psychopathology in females and males: Current progress and future challenges. Development and Psychopathology, 2003, 15 (3): 719–742.

Cullbertson, A. L., Rosenfeld, P. Depression and gender: An international review. American Psychologist, 1997, 52: 25–31.

De Garmo, S. D., Forgatch, S. M. Early development of delinquency within divorced families: Evaluating a randomized preventive intervention trial. Developmental Science, 2005, 8 (3): 229–239.

Donald, L., Siu, O. L. Moderation the stress impact of environment conditions: The effect of organizational commitment in Hong Kong and China. Journal of Environmental Psychology, 2001, 21 (4): 353–368.

Eisenberg, D., Gollust, S. E., Golberstein, E. Hefner, J. L. Prevalence and correlates of depression, anxiety, and suicidality among university students. American Journal of Orthopsychiatry, 2007, 77 (4): 534–542.

Elloy, D. F., Terpening, W., Kohls, J. A causal model of burnout among self-managed work team members. The Journal of Psychology, 2001, 135 (3): 321–334.

Farber, B. A. Treatment strategies for different types of teacher burnout. Journal of Clinical Psychology, 2000, 56 (5): 675–689.

Fox, R. A., Platz, D. L., Bentley, K. S. Maternal factors related to parenting practices, developmental expectations and perceptions of child behavior problems. Journal of Genetic Psychology, 1995, 156 (4): 431–444.

Frank, E. Gender and its effects on psychopathology. Washington D. C.: American Psychiatric Publishing Group, 2000.

Fredrickson, B. L., Roberts, T. A. Objectification theory: Toward understanding women's lived experiences and mental health risks. Psychology of women Quarterly, 1997, 21: 173–206.

Gifford, R. Environmental psychology: Manifold visions, unity of purpose. Journal of Environmental Psychology, 2009, 29 (3): 387-389.

Giuliani, M. V., Scopelliti, M. Empirical research in environmental psychology: Past, present, and future. Journal of Environmental Psychology, 2009, 29 (3): 375-386.

Günther, H. The environmental psychology of research. Journal of Environmental Psychology, 2009, 29 (3): 358-365.

Gross, J. J. Emotion regulation: Past, present, future. Cognition and Emotion, 1999, 13 (5): 551-573.

Heffner, K. L., Kiecolt-Glaser, J. K., Loving, T. J. Spousal support satisfaction as a modifier of physiological responses to marital conflict in younger and older couples. Journal of Behavioral Medicine, 2004, 27 (3): 233-254.

Holtz, P., Appel, M. Internet use and video gaming predict problem behavior in early adolescence. Journal of Adolescence, 2011, 34 (1): 49-58.

Huurre, T, Junkkari, H., Aro, H. Long-term psychosocial effects of parental divorce: A follow-up study from adolescence to adulthood. European Archives of Psychiatry and Clinical Neuroscience, 2006, 256 (4): 256-263.

Iris, E., M., Van Den Hout, Marcel, A., Kindt, Merel, et al. Peritraumatic dissociation and posttraumatic stress after pregnancy loss: A prospective study. Behaviour Research and Therapy, 2003, 41 (1): 67-78.

Jenkins, R. A. Applied roles and the future of community psychology. American Journal of Community Psychology, 2010, 45 (1): 68-72.

Jennings, L., Sovereign, A., Bottorff, N., Mussell, M. P., Vye, C. Nine ethical values of master therapists. Journal of Mental Health Counsel, 2005, 27 (1): 32-47.

Johnson, D., Savedra, P., Sun, E., Stageman, A., Grovet, D., Alfero, C., et al., Community health workers and medicaid managed care in New Mexico, Journal of Community Health, 2011, 35 (11): 1-9.

Johnson, Michael, P., Kathleen, J. Ferraro. Research on domestic violence in the 1990s: Making distinctions. Journal of Marriage and the Family, 2000, 62 (4): 948-963.

Joireman, J., Barnes, Truelove, H., Duell, B. Effect of outdoor temperature, heat primes and anchoring on belief in global warming. Journal of Environmental Psychology, 2010, 30 (4): 358-367.

Kaplan, S., Kaplan, R. Creating a larger role for environmental psychology: The reasonable person model as an integrative framework, Journal of Environmental Psychology, 2009, 29 (3): 329-339.

Kelldall-Tackett, K. A. Depression in new mothers: Causes, consequences, and treatment alternatives. New York: Haworth, 2005.

KellyJames, G., Song, Anna, V. Community psychology in practice: An oral history through the stories of five community psychologists. Routledge Member of the Taylor and Francis Group, 2010.

Kral, M. J. , García, J. I. R. , Aber, M. S. , Masood, N. , Dutta, U. , Todd, N. R. Culture and community psychology: Toward a renewed and reimagined vision. American Journal of Community Psychology, 2011, 47 (1): 46-57.

Kroesen, M. , Molin, E. J. E. , van Wee, B. Policy, personal dispositions and the evaluation of aircraft noise, Journal of Environmental Psychology, 2011, 31 (2): 147-157.

Lazarus, R. S. Emotion and adaptation, New York: Oxford University Press, 1991.

Lazarus, R. S. Stress and emotion: A new synthesis. New York: Springer, 1999.

Lewicka, M. What makes neighborhood different from home and city? Effects of place scale on place attachment, Journal of Environmental Psychology, 2010, 30 (1): 35-51.

Li, J. , Yang, W. , Cho, S. Gender differences in job strain, effort-reward imbalance, and health functioning among Chinese physicians. Social Science & Medicine, 2006, 62: 1066-1077.

McKenna, F. P. , Sharma, D. Reversing the emotional stroop effect reveals that it is not what it seems: The role of fast and slow components. Journal of Experimental Psychology: Learning, Memory and Cognition, 2004, 30: 382-392.

McNamara, J. K. , Wong, B. Memory for everyday information in students with learning disabilities. Journal of Learning Disabilities, 2003, 36 (5): 394-406.

Mesch, G. S. Social bonds and Internet pornographic exposure among adolescents. Journal of Adolescence, 2009, 32: 601-618.

Michael, P. J. , Johnson, K. F. Research on domestic violence in the 1990s: Making distinctions. Journal of Marriage and the Family, 2000, 62 (12): 948-963.

Modiba, P. , Schneider, H. Profile of community mental health service needs in the Moretele District (North-West province) in South Africa. Journal of Mental Health Policy and Economics. 2001, 4 (4): 189-196.

Moody, E. J. Internet use and its relationship to loneliness. Cyber Psychology & Behavior, 2001, 4 (3): 393-401.

Morris, M. A. , Schraufnagel, C. D. , Chudnow, R. S. , Weinberg, W. Learning disabilities do not go away: 20-to 25-year study of cognition, academic achievement, and affective illness. Journal of Child Neurology , 2009, 24 (3): 323-332.

Nelson, G. , Aubry, T. Introduction to community psychology in Canada: Past, present, and future. Canadian Psychology, 2010, 51 (2): 77-78.

Patterson, L. , Morzinski, J. , Ertl, K. , Wurm, C. , Hayes, A. , Whittle, J. Engaging community-based veterans' organizations in health promotion programs. Family and Community Health, 2011, 34 (4): 311-318.

Ralston, G. , Beesley, S. , Bogue, J. Users' needs and satisfaction with a community based mental health service. Psychiatric Bulletin. 1998, 22 (8): 473-476.

Riemer, M. , Reich, S. M. Community psychology and global climate change: Introduction to the special section. American Journal of Community Psychology, 2011, 47 (3): 349-353.

Sibley, M., Evans, S., Serpell, Z. Social cognition and interpersonal impairment in young adolescents with ADHD. Journal of Psychopathology and Behavioral Assessment, 2010, 32 (2): 193-202.

Song, Y., Wang, J. Overview of Chinese research on senile dementia in mainland China. Ageing Research Reviews, 2010 (1): 6-12.

Sörqvist, P. Effects of aircraft noise and speech on prose memory: What role for working memory capacity? Journal of Environmental Psychology, 2010, 30 (1): 112-118.

Stansfeld, S. A., Clark, C., Cameron, R. M., Alfred, T., Head, J., Haines, M. M., van Kamp, I., (…), Lopez-Barrio, I. Aircraft and road traffic noise exposure and children's mental health, Journal of Environmental Psychology, 2009, 29 (2): 203-207.

Talbot, J., Riley, C. No one knows: Offenders with learning difficulties and learning disabilities. British Journal of Learning Disabilities, 2007, 35 (3): 154-161.

Tsai, J., Salyers, M. P., McGuire, A. B. A cross-sectional study of recovery training and staff attitudes in four community mental health centers. Psychiatric Rehabilitation Journal, 2011, 34 (3): 186-193.

Twohig, M. P., Crosby, J. M. Acceptance and commitment therapy as a treatment for problematic internet pornography viewing. Behavior Therapy, 2010, 41 (3): 285-295.

Ulla, K., Taru, F., Anne, M. Testing the effort-reward imbalance model among finnish managers: The role of perceived organization support. Journal of Occupational Health Psychology, 2008, 13 (2): 114-127.

Uzzell, D., Röthzel, N. Transforming environmental psychology. Journal of Environmental Psychology, 2009, 29 (3): 340-350.

Waldron, I., Weiss, C. C., Hughes, M. E., Interacting effects of multiple roles on women's health. Journal of Health and Social Behavior, 1998, 39 (9): 216-236.

Webster-Stratton, C., Hammond, M. Marital conflict management skills, parenting style, and early-onset conduct problems: Processes and pathways. Journal of Child Psychology and Psychiatry: Allied Disciplines, 1999, 40 (6): 917-927.

Winkel, G., Saegert, S., Evans, G. W. An ecological perspective on theory, methods, and analysis in environmental psychology: Advances and challenges, Journal of Environmental Psychology, 2009, 29 (3): 318-328.

Winterbottom, M., Wilkins, A., Lighting and discomfort in the classroom, Journal of Environmental Psychology, 2009, 29 (1): 63-75.

Wolak, J., Mitchell, K., Finkelhor, D. Unwanted and wanted exposure to online pornography in a national sample of youth internet users. Pediatrics, 2007, 119 (2): 247-257.

图书在版编目（CIP）数据

健康心理学 / 郑莉君主编 . —北京：中国人民大学出版社，2014.4
21 世纪应用心理学系列教材
ISBN 978-7-300-18817-1

Ⅰ.①健…　Ⅱ.①郑…　Ⅲ.①健康心理学-高等学校-教材　Ⅳ.①R395.1

中国版本图书馆 CIP 数据核字（2014）第 070598 号

21 世纪应用心理学系列教材
名誉主编　张厚粲　杨玉芳
主　　编　孙健敏
健康心理学
主　　编　郑莉君
副 主 编　石向实　赵　晶
Jiankang Xinlixue

出版发行　中国人民大学出版社
社　　址　北京中关村大街 31 号　　**邮政编码**　100080
电　　话　010－62511242（总编室）　010－62511770（质管部）
　　　　　010－82501766（邮购部）　010－62514148（门市部）
　　　　　010－62515195（发行公司）　010－62515275（盗版举报）
网　　址　http://www.crup.com.cn
经　　销　新华书店
印　　刷　北京溢漾印刷有限公司
规　　格　185 mm×260 mm　16 开本　　**版　　次**　2014 年 5 月第 1 版
印　　张　22 插页 1　　**印　　次**　2022 年 5 月第 5 次印刷
字　　数　478 000　　**定　　价**　49.90 元

关联课程教材推荐

书号	书名	作者	定价
978-7-300-28928-1	发展心理学（第4版·数字教材版）	雷 雳	58.00元
978-7-300-13307-2	伯克毕生发展心理学：从0岁到青少年（第4版）	劳拉·E.伯克	89.80元
978-7-300-18303-9	伯克毕生发展心理学：从青年到老年（第4版）	劳拉·E.伯克	55.00元
978-7-300-25588-0	变态心理学（第3版）	王建平 张 宁 等	59.80元
978-7-300-25426-5	临床心理学（第2版）	姚树桥 傅文青 等	48.00元
978-7-300-24309-2	实验心理学（第2版）	白学军 等	59.90元
978-7-300-24280-4	社会心理学（第3版）	乐国安 管 健	52.00元
978-7-300-25616-0	心理与教育科学研究方法	杨丽珠 孙 岩 等	49.80元

配套教学资源支持

尊敬的老师：

衷心感谢您选择使用人大版教材！相关配套教学资源，请到人大社网站（http://www.crup.com.cn）下载，或是随时与我们联系，我们将向您免费提供。

欢迎您随时反馈教材使用过程中的疑问、修订建议并提供您个人制作的课件。您的课件一经入选，我们将有偿使用。让我们与教材共成长！

联系人信息：

地址：北京海淀区中关村大街31号206室 龚洪训 收 邮编：100080

电子邮件：gonghx@crup.com.cn 电话：010-62515637 QQ：6130616

如有相关教材的选题计划，也欢迎您与我们联系，我们将竭诚为您服务！

选题联系人：张宏学 电子邮件：zhanghx@crup.com.cn 电话：010-62512127

人大社网站：http://www.crup.com.cn

心理学专业教师QQ群：259019599

欢迎您登录人大社网站浏览，了解图书信息，共享教学资源

期待您加入专业教师QQ群，开展学术讨论，交流教学心得